Ostküste USA

Capital Region

Eine Übersichtskarte des Reisegebietes mit den eingezeichneten Routen finden Sie in der vorderen Umschlagklappe.

Horst Schmidt-Brümmer

Ostküste USA

Capital Region

VISTA ⬥ POINT VERLAG

Inhalt

14 ROUTEN FÜR DIE CAPITAL REGION

Ostküste USA – Capital Region
Eine Reise mit wechselnden Themen

Die amerikanische Ostküste zwischen New York und North Carolina erscheint auf der Landkarte als kleiner Fleck und ist doch ein weites Feld. Ein sehr weites sogar. Nicht wegen der Entfernungen, denn die sind, im Vergleich zu den südlichen und westlichen Regionen der USA, kaum der Rede wert. Auch nicht wegen öden oder unwegsamen Geländes: Die karge Bergwelt der Appalachen ebenso wie die salzigen Marschen des atlantischen Küstensaums sind komfortabel ausgebaut und leicht zugänglich. Selbst die Tatsache, dass im Reisegebiet mehr als die Hälfte der US-Bevölkerung lebt und New York, Philadelphia, Baltimore und Washington einen Städtekorridor bilden, der hinsichtlich des Ausmaßes und des politischen Gewichts seinesgleichen sucht, stellt trotz des beträchtlichen Verkehrsaufkommens von sich aus keine touristisch unlösbare Aufgabe dar.

Nein, es ist die schier unerschöpfliche Fülle geschichtlicher, kultureller und natürlicher Highlights, die, dicht an dicht gelegen, es besonders schwer machen, alles auf einmal zu sehen. Schwer zu sagen nämlich, was da an erster Stelle rangiert: Die geschichtsträchtige Mündung des James River, die Küstenregion oder das Shenandoah Valley – altes Siedlungsland also, das letztlich die ganze Nation geformt hat? Die Gedenkstätten des Revolutions- und Bürgerkrieges? Oder das einmalige Angebot hochkarätiger Museen und Sammlungen, die mit Kunst und Industriegeschichte ebenso gespickt sind wie mit nautischem Gerät? Die prächtige Plantagenkultur, die architektonischen Schmuckstücke von Thomas Jefferson oder die beneidenswert großzügigen Campusanlagen vieler Universitäten? Das eigentümliche Leben der Böhmischen Brüder, Amischen, Mennoniten und Quäker, die die Mittleren Atlantikstaaten zu den konfessionell vielfältigsten der USA machen? Oder ein offenes und einfaches, vom Tourismus noch nicht heimgesuchtes und daher weitgehend unbekanntes Amerika, wie wir es vor allem in Teilen von Virginia, North Carolina und im Ostzipfel von Tennessee antreffen?

Wie dem auch sei, für Abwechslung ist gesorgt im Grenzbereich der Nord- und Südstaaten, zwischen New York, New Jersey, Delaware und Pennsylvania einerseits und dem *Upper South*, d.h. Maryland, Virginia und North Carolina andererseits.

Entsprechend verläuft die vorgeschlagene Route, der »rote Faden«, der, ein Blick auf die Karte zeigt es, einen großen Bogen schlägt – zwischen Stadt und Land, staubiger Historie und frischem Seewind, *highlands and islands*.

Naturgemäß beginnt und endet diese Reise mit Biss – im »Big Apple«, in **New York**: ein Paukenschlag zum Empfang. Danach übernehmen die Highways die Regie, nicht gerade die der Flucht und »Einsamkeit« des Richard Kimble, sondern die des handfesten Verkehrs, schließlich führt der erste Turnpike gleich durch den bevölkerungsreichsten Staat der USA überhaupt, **New Jersey**. Er nennt sich »The Garden State«, bringt tatsächlich auch ungezählte Blaubeeren hervor, doch die raumfressende Indus-

Wasserspiele: Brunnen von Alexander Calder am Logan Circle, Philadelphia

trialisierung *(industrial sprawl)* und Zersiedelung *(overdevelopment)* haben für sein schlechtes Image gesorgt, was allerdings nicht alle Landesteile bestätigen, wie sich unterwegs herausstellen wird.

Mit dem Gefühl der großen »Freiheit«, das amerikanische Highways angeblich stets vermitteln, ist es in der Startphase also noch nicht weit her, unter anderem auch deshalb nicht, weil jeder erst einmal nüchtern zur Kasse gebeten wird. Straßengebühren sind Usus in diesem Landesteil, und das heißt: *Toll*-Töpfe, gierige Münzcontainer, die an Brücken und Parkways automatisch die Hand aufhalten – am liebsten für Abgezähltes, EXACT CHANGE, wie man von weitem lesen kann.

Princeton, jenes akademische Arkadien, im dem sich einst Albert Einstein, Thomas Mann, Hermann Broch und Robert Oppenheimer ergingen, bringt zunächst einmal Ruhe in die Reise. Und erst recht die beschauliche Fahrt am **Delaware River** entlang und über ihn hinweg – im Mietauto bequemer als einst in den Booten des couragierten George Washington im Kampf gegen die Engländer im eisigen Winter.

Gründerromantik, die ja den gesamten Osten zwischen Boston und St. Augustine, Florida, kräftig durchweht, beherrscht **Philadelphia** hochgradig im Umkreis seines schattigen Independence Park. Die Freiheitsglocke läutet zwar nicht mehr, aber alles ringsum ist so hergerichtet, als wolle Benjamin Franklin jedem Besucher noch persönlich die Hand schütteln. Doch Philadelphia ist nicht nur eine Historienidylle, sondern eine agile Großstadt, längst befreit vom Image der Verschlafenheit, das sie früher mit sich herumschleppte, als W.C. Fields noch witzelte: »Das Beste an Philadelphia ist der 5-Uhr-Zug nach New York«.

Lancaster County, Land der *Pennsylvania Dutch*, liegt vor der Haustür und mit ihm die frommen Nachfahren der deutsch-schweizerischen Glaubensgemeinschaften aus dem 16. Jahrhundert – ein makelloses Farm- und Ausflugsgebiet, eine unerwartete Welt für sich. Das Kloster in **Ephrata** zum Beispiel wirkt wie eine Art Zeitmaschine zurück ins deutsche Mittelalter, zu gottesfürchtiger Einkehr, Hymnenchorälen und Frakturschrift.

Andere Prioritäten setzte die Besiedlung im **Brandywine Valley** im winzigen Delaware, wo das Schießpulver zwar nicht erfunden, aber in rauhen Mengen hergestellt wurde, von der Familie Du Pont, die die chemische Industriegeschichte der USA einleitete. Aus ihrem unermesslichen Vermögen entwickelte sie eine feudale, mit Kunstschätzen vollgepfropfte Schloss- und Gartenkultur, die nicht nur französische Besucher verzückt.

Unter den Metropolen des Ostens wartet **Baltimore** mit dem wohl spektakulärsten städtischen Sanierungserfolg auf, mit seinem Inner Harbor, einer touristenfreundlichen Combo aus Restaurants und Geschäften, Menschen und Museen rund um das zentrale Hafenbecken.

Annapolis, eines der beliebtesten Seglerparadiese des Ostens, imponiert durch seine kompakte Stadtanlage, die jedem, der gern zu Fuß geht, Auslauf bietet. Hier wie auch sonst rund um die Cheasepeake Bay zählen die *Maryland blue crabs* zu den heimischen Delikatessen – am besten gedünstet in gepfefferter Soße in einem der *crab houses* auf »Tischdecken« aus Zeitungspapier.

Washington, als Regierungssitz auf sumpfigem Terrain am Reißbrett geplant, ist für den Tourismus wie geschaffen. In kaum einer anderen amerikanischen Großstadt liegt das Sehenswerte räumlich so auf der Hand und beieinander wie hier – die Museen, die Kongressbibliothek, der hinreißende Bahnhof. Einige Stadtteile und Vororte setzen farbige Kontrapunkte zum offiziellen und durchweg monumentalen Washington: das ethnisch gemischte Adams-Morgan, das feine, flotte Georgetown und der alte Tabakhafen **Alexandria**.

Farmer, Soldat und Staatsmann, das alles vereinte Landesvater George Washington in einer Person. Sein Landhaus auf **Mount Vernon** oberhalb des Potomac River zählt zu den schönsten Villen in Virginia. Wie die Independence Hall in Philadelphia oder das Lincoln Memorial in Washington ist Mount Vernon eine von vielen nationalen Pilgerstätten, mit denen die Mittleren Atlantikstaaten wahrhaft eingedeckt sind. Dabei blüht der amerikanische Ahnenkult noch im kleinsten Detail. Kein Nagel, Federkiel oder Stuhl, keine Apotheke oder Kneipe im Leben der Gründerväter, die nicht unter historische Quarantäne geraten wären. Die meisten Museen und nationalen Besinnungsorte ziehen alle Register moderner Unterhaltungstechnik, um aus gravierender Geschichte lockeres Entertainment zu zaubern. Tonbänder und Wachsfiguren, Videos und Dioramen, Light-Shows und Flutlicht-Opern leisten Beihilfe.

Neben dem Auf- und Angebot ungezählter Antiquitäten wimmelt es von historischen Souvenirs, von *plantation homes* als Stickvorlage bis zur Spielzeugkanone für den Nachttisch. In Princeton, Williamsburg oder New Market gehen die alten Schlachten mit viel kostümiertem Personal und Geballer in neuem Rauch auf *(reenactment)*, und in den rekonstruierten historischen Siedlungen erfreuen koloniale Laienspieler die ganze Familie beim Picknick am Wochenende. Original und Fälschung, Restauration und kreative Ergänzung, Dichtung und Wahrheit sind da oft schwer zu unterscheiden. Aber so ist das nun mal in den USA. Der (angeblich) Wilde Westen lebt, dank Hollywood, vom Mythos seiner angeblichen Wildheit, der Tiefe Süden (ebenfalls aus kine-matographischen Gründen) von »Tara«. Der Osten hingegen, von Romanschriftstel-lern und Regisseuren eher vernachlässigt, dramatisiert seine Vergangenheit durch Denkmalpflege – mit patriotischem Glanz und Gloria, mal heroisch, mal nostalgisch.

Von Washington nimmt die Route Kurs nach Westen und führt nach und durch **Virginia**, jenen Staat, in dem die Wurzeln des Tabaks ebenso wie die der amerikanischen Nation und insbesondere die des Südens am tiefsten reichen. Der ersten Abnabelung von England folgten die Geburt der Verfassung und Religionsfreiheit und die Schlach-ten des Bürgerkrieges. Hier fasste die Neue Welt zuerst Fuß, hier warfen die britischen Rotröcke das Handtuch und hier wurden (bisher) acht Präsidenten geboren.

Koketterie mit der Vergangenheit gehört deshalb in Virginia zum guten Ton und nimmt oft skurrile Formen an, etwa wenn herkunftsbegeisterte *Virginians* sich ganze Landhäuser in *Merry Old England* haben einpacken lassen, um sie dann Stein für Stein zu Hause wieder aufzubauen – einschließlich Bleiverglasung und Himmelbetten. Devise: *Forever England.* Oder: der elitären »Order of First Families of Virginia« (FFV) darf nur angehören, wer in den ersten Jahren der Kolonialzeit mit dem Schiff gekom-men ist. Kurz, aktuelle Selbstzweifel oder Zukunftsängste haben im virginischen See-lenhaushalt nichts zu suchen. Stolz im Rückspiegel ist gefragt.

Über **Manassas**, dem ersten Schlachtfeld des Bürgerkrieges (ein Nationalpark wie viele seinesgleichen), geht die Reise weiter ins Appalachen-Gebirge, genauer zum **Shenandoah National Park**, einem Naturschutzgebiet, das sich wie ein schmales Handtuch über die Blue Ridge Mountains legt. Die Bergwälder aus Hartholz, deren Blätter im Herbst in einen Farbenrausch verfallen, lassen immer noch ahnen, wie der gesamte Osten der USA früher einmal ausgesehen hat. Ein Eichhörnchen hätte da-mals, im 17. Jahrhundert, mühelos vom Atlantik bis zum Mississippi hüpfen können, ohne je den Boden zu berühren.

Im gleichnamigen Tal, dem **Shenandoah Valley**, verlief eine von Amerikas großen *Passages West,* wo der größte Pfadfinder aller Zeiten und *frontier hero*, Daniel Boone, die Grenzen zwischen Zivilisation und Wildnis verschob und Wege für neue Siedlungen im Westen auskundschaftete. Viele Siedler aber blieben auch wegen der fruchtbaren Böden, der reichlichen Wasservorräte, des angenehmen Klimas und der herrlichen Szenerie. Im Bürgerkrieg galt das Tal als »Brotkorb der Konföderation«, weil es einige Jahre die Armee von General Robert E. Lee versorgte. Heute nisten hier zierliche Kleinstädte.

Charlottesville bietet gut situierten Lebensstil in lieblicher Kurparklandschaft und hat sich als ein Refugium abseits des *American Way of Life* einen Namen gemacht. Hier draußen kann man die Kinder noch ohne Angst großziehen, den Hund ausführen und über Gartenpflanzen, Pferde und die Basketballergebnisse plaudern – eine heile Welt, die in den USA sonst nur durch ein *Get away from it all*-Denken und die dazu-gehörigen Finanzmittel gedeiht. Viele, die es sich leisten können, kehren den großen Städten den Rücken und wenden sich der Pflege der altamerikanischen Ideale auf dem Lande zu. Je problematischer die Städte, um so dringender der Wunsch nach einem Gegenbild: die kleine Stadt, fernab von Fastfood und diesen fremden Gerichten aus China und Frankreich, hin zu einfacher Kost wie der von der Oma auf der Farm.

Charlottesville, die heimliche Hauptstadt von Jefferson Country, gehörte zum enge-ren Wirkungskreis von Thomas Jefferson, dem großen Generator der amerikanischen

Verfassung, der wie kein anderer im *frontier Renaissance man* das Ideal des *homo uni-versale* verkörperte. Hier hat der »Architekt der amerikanischen Demokratie« sein bauliches Erbe hinterlassen, das elegante Landhaus **Monticello** und die **University of Virginia**, ein geradezu erhabenes Bühnenbild für Forschung und Lehre. Der Ruhm dieses Alleskönners strahlt bis heute. Als John F. Kennedy 1962 die Nobelpreisträger des Jahres zu einem Essen ins Weiße Haus lud, sagte er: »Ich glaube, dies ist die ungewöhnlichste Ansammlung von Talent und Wissen, die je im Weißen Haus zusammengekommen ist – mit einer möglichen Ausnahme: wenn Thomas Jefferson allein zu Abend aß.«

Richmond, die Hauptstadt von Virginia, entpuppt sich, wenn man genügend Zeit mitbringt, als eine kleine touristische Wundertüte. Anders gesagt, ihr eilt nicht gerade ein spannender Ruf voraus, und doch fördert ein Besuch bei genauerem Hinsehen bemerkenswerte Details zutage.

US-Geschichte en gros tut sich anschließend im Gebiet des *Tidewater* auf, in jener flachen und sandigen Küstenebene, die sich vom Atlantik ein paar hundert Meilen landeinwärts erstreckt. Dort, zwischen York und James River, wo sich heute Fischerei, Landwirtschaft und Pensionistenhäuschen auf Stelzen befinden, liegen die legendären Brennpunkte der amerikanischen Geschichte: Jamestown, Yorktown und Williamsburg.

Die amerikanische Besiedlung ist hier aufs Penibelste rekonstruiert worden, wenngleich nicht zu übersehen ist, dass die Konservatoren dabei sowohl dem herrschenden

Blue Ridge Mountains

Kostümtheater: Jamestown, Virginia

Zeitgeist als auch dem Freizeitgeschmack gehuldigt haben. Das gilt für das historische Freilichtmuseum des **Jamestown Settlement** ebenso wie für das Paradebeispiel amerikanisch-patriotischer Selbstbespiegelung, für **Williamsburg**, die einstige Hauptstadt des kolonialen Virginia.

Als bekannt wurde, dass Williamsburg unter der Regie und mit dem Geld Rockefellers wieder aufgebaut werden sollte, brach ein regelrechtes Restaurationsfieber aus, gegen das kein Archiv und keine Bibliothek des Landes immun blieb. Architektenbüros, Beraterfirmen, Denkmalsvereine und wissenschaftliche Gremien übertrafen sich gegenseitig bei der Forschung nach Vorlagen, historischen Details und archäologischen Daten. Resultat: eine perfekt rekonstruierte Kleinstadt als Kulisse für familiären Geschichtstourismus und doch zugleich auch Vision von *suburbia* der oberen Mittelklasse im 20. Jahrhundert.

Ab **Virginia Beach** dominiert schließlich das atlantische Thema. Wassersport und Faulenzen sind überall gefragt, bei den wilden Ponys in den stillen Reservaten von **Chincoteague** und **Assateague** und erst recht im quirligen **Ocean City**, Maryland. Die meisten Strände sind als Spielplätze der großen Städte in der Hauptsaison entsprechend bevölkert, genauer gesagt, durch eine lautstarke jugendliche Masse Mensch. Dennoch gibt es stille Ecken, wo man sich ungestört den Gesellen in der Luft und im Wasser zuwenden kann, die hier leben und die allesamt und ständig dem Prinzip des *all you can eat* hinterher sind. Die Delphine draußen vor den Küsten, die Pelikane, die aus der Luft den *catch of the day* ausgucken; die Sanderlinge auf fixen Beinchen, die notorisch im Sand des Flutsaums herumstochern; die weißen *egrets* (Silberreiher), die

11

gelegentlich aus den Wattwiesen herüberkommen, um die Fischkarte der Seeseite auszuprobieren, oder die fossilen *horseshoe crabs*, die seit mindestens 600 Millionen Jahren in den Ozeanen leben und deren kupferhaltiges Blut sich bei der Berührung mit der Luft blau färbt. Diese schwerfälligen Oschis, die trotz ihres bedrohlichen Panzers absolut harmlos sind, erweisen der Bakterienforschung nützliche Dienste. Sammler können dagegen ins Füllhorn der Muscheln greifen, die über die Strände ausgeschüttet werden, oder nach runden platten Plätzchen, den *sand dollars*.

Tabak war in der Frühzeit der Plantagen ein wichtiger Wirtschaftsfaktor und ist es auch heute noch

Nach der viktorianisch verspielten Pfefferkuchenwelt von **Cape May** wirkt **Atlantic City** wie ein schriller Schocker. »Unser Begrüßungsteppich ist ein sieben Kilometer langes Stück reine Elektrizität«, tönt die Tourismuswerbung der Glücksspielmetropole und lockt zum Big Business mit Kugel und Karte, Stars und Shows. Zwischen Brandmauern und Brandung verlaufen die harten Verwerfungen, aus denen der soziale Zündstoff der amerikanischen Gesellschaft stammt. Arm und Reich, Hütte und Palast – selten sieht man sie so dicht Wand an Wand. Hier sucht niemand nach den Kolonialmythen oder dem Glück im Winkel. Die täglich per Bus anrollenden Besucher träumen vom plötzlichen Reichtum im Lourdes der Neuen Welt.

Ob Cape May oder Atlantic City, niedliches Fin-de-siècle-Finale oder schräge Jackpot-Welt: von beiden Orten kann man am nächsten Tag die Abendmaschine in **New York** erreichen.

In **Virginia Beach** am Atlantik beginnt die Extraroute. Sie führt mit den **Outer Banks** gleich eine seiner Schokoladenseiten vor. Auf jeden Fall zählt diese weit ins Meer vorgeschobene Inselkette zu den schönsten und unbekanntesten Abschnitten der amerikanischen Ostküste.

Bei **Beaufort** und **New Bern** geht es dann landeinwärts durch North Carolina, fest und pragmatisch verankert im Tabak-, Textil- und Möbelgeschäft, neuerdings auch in innovativen Technologien. Merkwürdigerweise hat die Industrialisierung hier nicht wie anderswo zur Verstädterung geführt, sondern zu Wohnwagensiedlungen, die zahlenmäßig noch die in Kalifornien und Florida übertreffen. Nur, in North Carolina bewohnen keine sonnenhungrigen Rentner die *mobile homes*, sondern meist schlecht bezahlte Fabrikarbeiter, vor allem aus der Textilbranche. Anders als im Norden leben auch die Schwarzen nicht in den Innenstädten, sondern weiter draußen, oft sogar außerhalb der Stadtgrenzen.

Enorme Steuervergünstigungen, billiges Bauland und schwache Gewerkschaften haben den Staat in den letzten Jahren zu einem bevorzugten Industriestandort für internationale Firmen gemacht. Deutsche sind dabei besonders häufig vertreten, über 80 Firmen sind es schon (in South Carolina sogar über 100): Chemieriesen, Baukonzerne und Elektronikunternehmen. Nicht ohne Grund heißt der Highway zwischen Charlotte und Spartanburg, flankiert von Hoechst und Adidas, Mercedes und BMW, *Autobahn.*

Der wirtschaftliche Erfolg kompensiert vielleicht das Fehlen von erlesenen Familien und einer Pflanzeraristokratrie wie in Virginia oder von tollen Städten. **Raleigh**, Durham, Greensboro und Winston-Salem sind sich recht ähnlich und haben wenig eigenes Profil. In North Carolina arbeiteten noch kleine Farmer, die meisten von ihnen Schotten und Iroschotten, als Virginia schon große Präsidenten hervorbrachte. Der erste Siedlungsversuch von Sir Walter Raleigh auf Roanoke Island (Outer Banks) verschwand nach kurzer Zeit wieder von der Bildfläche. Jamestown machte das koloniale Rennen und erntete fortan den Ruhm. Möglicherweise hat all dies zum Motto beigesteuert, das North Carolina sich selbst gegeben hat, »ein Tal der Bescheidenheit« zu sein »zwischen zwei Gipfeln des Hochmuts«. (O-Ton: *A vale of humility between two mountains of conceit.*) Gemeint sind die als arrogant eingeschätzten Nachbarn Virginia und South Carolina.

Ein wichtiges staatserhaltendes Fundament ruht in der Kirche. North Carolina ist geradezu ein Sammelbecken religiöser Bekenntnisse – von den Quäkern bis zu den Böhmischen Brüdern in **Salem**, den Calvinisten in Mecklenburg und zu den ubiquitären Baptisten und Methodisten. Allesamt unterziehen sie sich den Sitten des *Bible Belt.* Das *all day preaching and dinner on the grounds* galt lange und zum Teil immer noch auf dem Land, wo es einmal im Jahr ein Gemeinschaftsessen draußen neben der Kirche gibt, vor und nach dem Gottesdienst, zu dem jeder etwas Hausgemachtes mitbringt, in der Summe das Beste, was man überhaupt weit und breit essen kann.

Auch das Thema Tabak wird in North Carolina groß geschrieben. Schließlich wurden hier um 1850 die ersten Zigaretten gedreht, heute führt der Staat in der US-Tabakproduktion – trotz des durch happige Schadenersatzklagen untermauerten raucherfeindlichen Trends im Lande.

Lange bevor die Europäer ins Land kamen, schnupften und kauten die Indianer das Kraut *(Nicotiana rustica)*, rauchten es als Zigarre und in der Pfeife und benutzten es als Beruhigungspille. Sir Walter Raleigh soll dafür gesorgt haben, dass der Tabak in den feinen Kreisen Londons in Mode kam, was das Importbedürfnis entzündete und damit die Tabakproduktion in den amerikanischen Kolonien erblühen ließ. Dort rauchte man Pfeife, schnupfte viel und ging zu Anfang des 19. Jahrhunderts derart massiv zum Kauen über, dass der Spucknapf (anstelle des Adlers) leicht zum nationalen Symbol hätte werden können. Noch Charles Dickens rümpfte die Nase über die ständig spuckende Neue Welt.

Nach der Industrialisierung der Produktion begannen die Tabakmogule sich als »Medici des Tabaks« außerhalb ihrer Fabrikhallen zu profilieren. Reynolds Kunstsammlung (Reynolda House) in **Winston-Salem** und die Universitätsgründung (Duke University) in **Durham** geben eine Anschauung davon.

Je weiter die Route nach Westen durch die Blue Ridge Mountains driftet, umso mehr berührt sie touristisches Neuland, ein einfacheres, direkteres und bescheideneres Amerika als das der meisten bekannteren Reiselandschaften der USA. Gerade das gebirgige Grenzland des Dreiländerecks von North Carolina, Tennessee und Virginia, früher oft als Hinterwelt der *hillbillies* und illegalen Schnapsbrenner *(moonshiners)* belächelt, erweist sich als eine ebenso erholsame wie landschaftlich schöne Partie. Sie beginnt mit der Slalomfahrt auf dem **Blue Ridge Parkway** in den »Blauen Bergen« (Amerikas meistbesuchter Naturpark), führt zum aparten Luftkurort **Asheville**, in das spirituell angehauchte **Black Mountain** (die Wirkungsstätte von Billy Graham) und schließlich am French Broad River entlang ins beschauliche **Jonesborough**, Tennessee, wo sich die Top-Geschichtenerzähler der Nation beim alljährlichen *Storytelling Festival* versammeln. Aber auch wenn sie nicht da sind, wimmelt es in Jonesborough von Geschichten. Man muss nur hinhören.

Richtung Nordosten folgt die Route wieder dem Verlauf der Appalachen, dem eigentlichen Rückgrat der Reise, und zwar über Roanoke ins hübsche **Lexington**, das als eine von insgesamt 14 Kleinstädten vom *Virginia Main Street Program* profitiert hat, einer durch günstige Kredite subventionierten Stadterneuerung, die den amerikanischen Trend zum Vorstadt-Shopping *(strip mall)*, zu *beltways* und *bybasses* umzukehren versucht: durch das *urbane facelifting* der Hauptstraße und die Stärkung des dortigen Einzelhandels.

Von Lexington querbeet durch Virginia, das bedeutet **Lynchburg**, wo die palladianisch angehauchte Villa **Poplar Forest** ein unverhofftes Wiedersehen mit der Baukunst von Thomas Jefferson beschert, **Appomattox**, wo 1865 mit der Kapitulation der Konföderierten der Bürgerkrieg zu Ende ging, **Petersburg**, das an der Geschichte der Eisenindustrie mitgeschrieben hat, und erneut der Unterlauf des **James River**, diesmal auf seiner Südseite. Schinken (**Smithfield**) und Marinehäfen (**Norfolk**) spielen hier die Hauptrolle.

Unverbaute Strände prägen viele der vorgelagerten Inseln in Virginia und North Carolina

Die Route(n) – und was man daraus machen kann

Weit stärker als der dünn besiedelte amerikanische Westen erfordert die Topographie der Ostküstenregion ein flexibles Reiseverhalten. An unzähligen Punkten des vorgeschlagenen »roten Fadens« kann man so oder so weiterfahren, abzweigen, einen Bogen schlagen oder umkehren. Reisen als *multiple choice*.

Der 14-tägige bzw. dreiwöchige Rundkurs enthält deshalb zahlreiche Abwandlungen, je nach Lust und Laune, Zeitvorrat und Reisekasse. Einige Reise-Bausteine sind hier auf unterschiedliche Längen gebracht und kurz kommentiert.

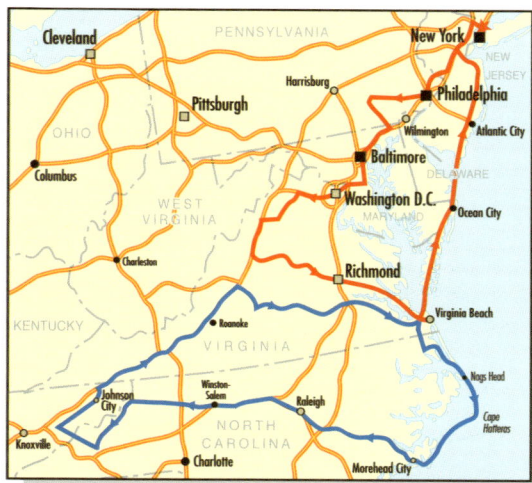

Diese Sortierung hat Vorschlagscharakter und widerspricht beileibe nicht der Möglichkeit, sich einfach mal in die Büsche zu schlagen und überraschen zu lassen: bei den Amischen zum Beispiel, im Shenandoah Park, an der »Eastern Shore« östlich von Annapolis oder auf den Outer Banks.

Capital Region plus North Carolina: 21 Tage, rote und blaue Route

Wie eine verwegene »Achterbahn« durchziehen die beiden Routen die *Capital Region* zwischen New York und dem Upper South und sorgen entlang ihrer »Schleifen« für einen abwechslungsreichen Rhythmus des Reisens zwischen Stadt und Land, *highlands and islands*.

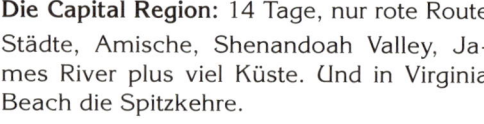

Die Capital Region: 14 Tage, nur rote Route
Städte, Amische, Shenandoah Valley, James River plus viel Küste. Und in Virginia Beach die Spitzkehre.

Kurz und bündig: 7 Tage Städtetrip
New York, Philadelphia, Baltimore und Washington: vier Metropolen auf einen Streich. Und auf dem Rückweg ein Tag am Meer.

Ohne Auto: die Ostküste mit dem Zug

Grundsätzlich und unabhängig von der Reisedauer ist es möglich, zumindest einen Teil der Route mit dem Zug zu fahren und vor Ort Busse, U-Bahnen und Taxis zu benutzen. Besonders für eine reine Städtetour bietet sich dieses Verkehrsmittel an, denn es spart Zeit und noch mehr Nerven. Das Schienennetz der amerikanischen Eisenbahngesellschaft AMTRAK ist im Bereich der Mittleren Atlantikstaaten besonders dicht und häufig frequentiert. Investitionen in Neubaustrecken (Philadelphia – Atlantic City) ebenso wie der Einsatz von Hochgeschwindigkeitszügen (Boston – Washington) deuten darauf hin, dass man den Schienenverkehr noch effizienter machen möchte.

Die untenstehende Skizze zeigt, welche Bahnstationen auf der Ostküstenroute liegen. (Vgl. dazu die Informationen S. 281 f. im Serviceteil.)

Streckennetz von AMTRAK im Bereich der Mittleren Atlantikstaaten

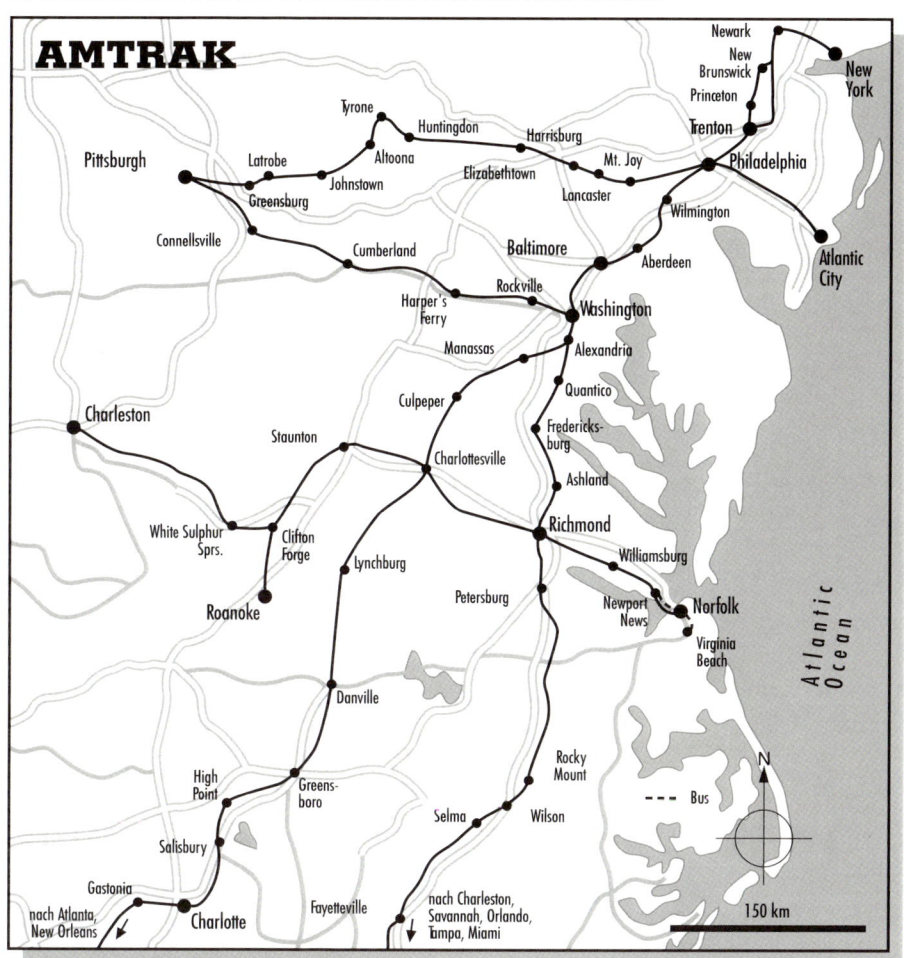

Chronik
Abriss der Geschichte der Mittleren Atlantikstaaten

von Siegfried Birle

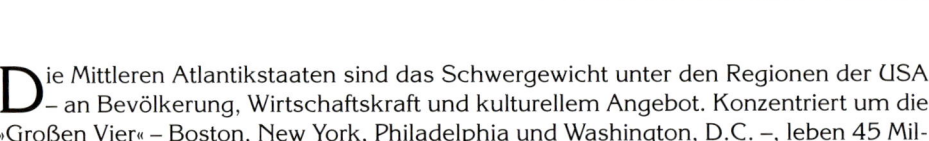

Die Mittleren Atlantikstaaten sind das Schwergewicht unter den Regionen der USA – an Bevölkerung, Wirtschaftskraft und kulturellem Angebot. Konzentriert um die »Großen Vier« – Boston, New York, Philadelphia und Washington, D.C. –, leben 45 Millionen Menschen im Städteband zwischen Süd-Neu-England und Nord-Virginia.

Nun ist dieser Raum nicht homogen verstädtert. Dicht bebautes Gelände wechselt mit weiten, parkähnlichen Vororten, geht über in das Niemandsland der Stadtrandzone, in Gemüse- und Milchfarmen, Feuchtgebiete und Wald. Die Hafenstädte der Mittleren Ostküste sind die Arbeitspferde der Nation, beschäftigt mit Warenumschlag, Handel, Finanzen, Industrie und Regierung. In Pennsylvania greifen sie nach Westen ins dicht besiedelte Anthrazitrevier und den Industriegürtel des Great Valley aus.

»Die Stadt Pomejok« in einer Darstellung des frühen 17. Jahrhunderts

In dem halben Jahrhundert zwischen 1920 und 1970 hat sich die Bevölkerung von Megalopolis von 20 auf 40 Millionen verdoppelt. In diese Zeit fällt die Verbreitung des privaten Automobils, die Suburbanisierung der alten Kernstädte, der Baby-Boom nach dem Zweiten Weltkrieg, die Zuwanderung von Schwarzen aus dem Süden. Gleichzeitig findet die Polarisierung der Metropolen statt. Während die Vororte weißer und wohlhabender werden, verarmen die Kernstädte, steigt der schwarze Bevölkerungsanteil. Seit 1970 wächst die Bevölkerung von Megalopolis nur noch langsam, deutlich langsamer jedenfalls als die Nation insgesamt. Viele Betriebe sind aus den alten, engen Zentren in neue Regionen gezogen, besonders in den *Sun Belt*.

Die Mittleren Atlantikstaaten sind geschichtsträchtiger Boden. Über das Land verstreut, finden sich Zeugnisse

Indianische Fischbratküche auf einem handkolorierten Holzstich von 1896 nach einer Darstellung von De Bry aus dem 16. Jahrhundert

und Monumente der Besiedlungsgeschichte, der Revolution, des Bürgerkrieges und der Industrialisierung. Eine bedeutende historische Grenze verläuft quer durch die Mittleren Atlantikstaaten. Während der Norden (New York, New Jersey, Pennsylvania) durch gemischte Landwirtschaft, Handel und Industrie geprägt wurde, herrschte im Süden (Virginia, North Carolina) die Monokultur des Tabaks vor; Maryland und Delaware bilden nach dieser Einteilung eine Übergangzone. Genau an der Nahtstelle reißen im Bürgerkrieg Nation und Region auseinander. Der Gegensatz beruht auf der frühen Industrialisierung des Nordens einerseits und der Plantagenwirtschaft des Südens andererseits. Eine weitere Grenze teilt den Süden selbst: Während im *Tidewater* große Pflanzer, auf Sklaven gestützt, Tabak für den Export anbauten, betrieben die Siedler im *Piedmont* oder in den Appalachentälern meist gemischte Landwirtschaft oder Subsistenzwirtschaft. Dafür brauchten sie keine Sklaven.

Geographisch haben die Mittleren Atlantikstaaten Anteil an folgenden drei Naturlandschaften: 1. Atlantische Küstenebene oder *Tidewater*, das Gebiet zwischen Küste und Falllinie; im engeren Sinne bezeichnet Tidewater das küstennahe Virginia. 2. Hügelland des *Piedmont*, das Gebiet zwischen Falllinie und Appalachen. 3. Gebirgsland der Appalachen und Alleghenies.

Vier große Ströme entwässern die drei Provinzen: Hudson, Delaware, Susquehanna und Potomac. Diese Ströme bilden zugleich die Eingangsrouten für die Besiedlung des westlichen Hinterlandes. Wo die großen und kleinen Flüsse entlang der Falllinie Fälle und Stromschnellen bilden, entstanden Handelsplätze und Manufakturen.

Als die weißen Kolonisten kamen, war das Land nicht unbesiedelt. Captain John Smith schätzte die Zahl der Indianer im Gebiet um Jamestown auf 5000. Auch für die östlichen Wald-Indianer bedeutete der Beginn der *Mississippian Culture* um 800 n. Chr. den Übergang zum Ackerbau, mit Mais als Nahrungsgrundlage; daneben dienten Bohnen, Melonen, Kürbis und Tabak als traditionelle Nutzpflanzen. Ackerbau machte die Indianer sesshaft; sie schufen feste Behausungen aus Flechtwerk und Lehm. Ihre Nutzflächen – *Indian old fields*, wie sie die Kolonisten nannten – gewannen sie durch Rodung. All das mussten die Kolonisten erst lernen, um zu überleben.

1524	Giovanni da Verrazano erkundet im französischen Auftrag die Ostküste Nordamerikas. Bei Cape Fear (North Carolina) geht er an Land. Weiter nördlich erkennt er die Lagegunst von New York: Ein »sehr angenehmer Ort, zwischen zwei kleinen, steilen Hügeln gelegen, in deren Mitte sich ein großer Wasserstrom [der Hudson] ins Meer ergoss«.
1564	Jacques le Moyne besucht die Carolinas und zeichnet Indianer bei der Feldarbeit. Er stellt fest: Mais ist ihre wichtigste Nutzpflanze. Außerdem machen sie die Europäer mit Kürbis, Bohnen und Gurken bekannt.
1585	Der englische Seefahrer Sir Walter Raleigh schickt »sieben gut ausgerüstete Schiffe« nach Nordamerika, um eine englische Kolonie zu gründen. Die Ko-

Karte von John Smith von 1606. Ein Jahr später gründet er Jamestown, verhandelt mit dem Indianerhäuptling Powhatan (siehe Darstellung links oben in der Karte) und freundet sich mit dessen Tochter Pocahontas an.

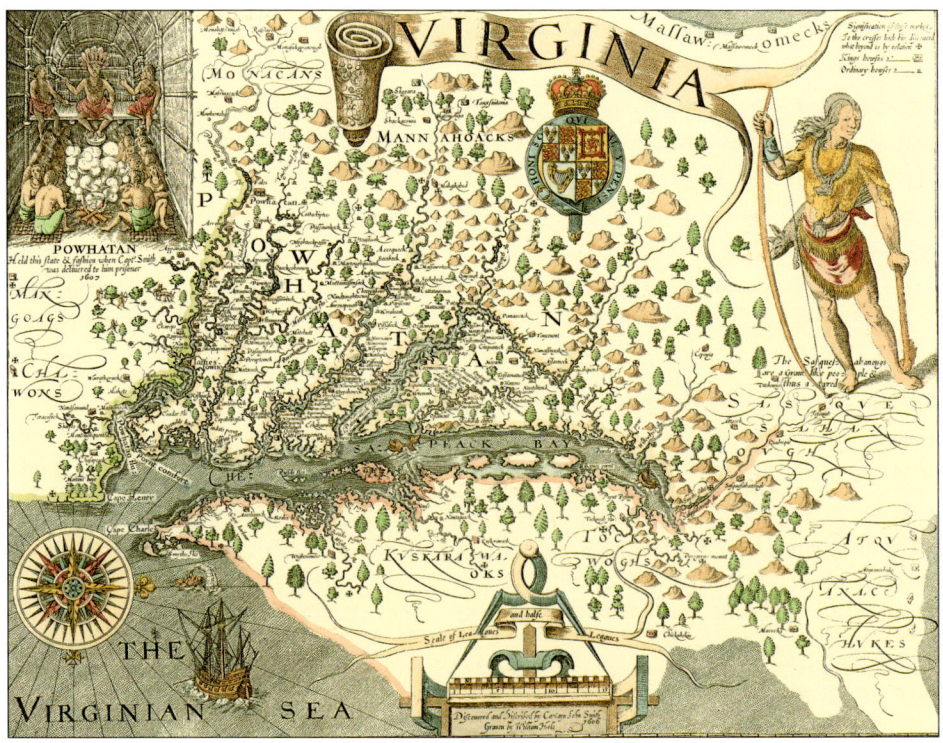

1607 landen die Engländer in Virginia

lonisten landen auf Roanoke Island in North Carolina. Sie geben ein Jahr später auf, doch 1887 siedelt sich eine zweite Gruppe an. Nach drei Jahren findet das Versorgungsschiff keinen der Siedler mehr vor. Das Schicksal der *lost colony* bleibt rätselhaft.

1606   König James I. von England gibt seinen Widerstand gegen die Kolonisierung Nordamerikas auf. Zwei privaten Gesellschaften, der Virginia Company of Plymouth und der von London, gewährt er königliche Freibriefe *(charters)*. Prompt teilen diese den neuen Kontinent unter sich auf. Die Virginia Company of London gibt ihren Kolonisten den Auftrag mit, nach Gold oder Rohstoffen zu suchen und möglichst die Passage nach Indien zu finden.

1607   Auf einer sumpfigen Uferterrasse im Mündungstrichter des James River gründet Captain John Smith die erste dauerhafte englische Kolonie auf amerikanischem Boden: James Towne. Allerdings – der Erfolg der Kolonie wird teuer erkauft: Von den 104 Siedlern der Virginia Company of London, die am 20. Dezember 1606 auf drei winzigen Segelschiffen von London in See stechen, überleben nur die Hälfte das erste Jahr. Im Winter 1609/10 finden 440 von 500 Siedlern den Tod – durch Hunger, Krankheit oder die Indianer. Sichern können die Kolonisten ihr Überleben erst durch Erlernen der heimischen Maiskultur.

1614   Tabak rettet die Kolonie. Das bittere Kraut der Indianer, *Nicotiana rustica*, mundete der Londoner Gesellschaft noch nicht, doch als John Rolfe 1612 die lieblichere Variante *Nicotiana tabacum* aus Trinidad und Venezuela mitbringt, hat Virginia seine erste Handelspflanze. Auch wenn König James gegen das »stinkende Kraut, abträglich dem Auge, widerwärtig für die Nase« anwettert, wird der »Virginia« zum Exportschlager der jungen Kolonie. Die Produktion steigt rasch.

Tabak wird der *cash crop* des ganzen Tidewater. Auf ihn gründen sich die großen Plantagen um Chesapeake Bay und die einmündenden Flüsse. Da die Schiffe an den Plantagen selbst anlegen können, exportieren die Pflanzer direkt nach London. Der Siegeszug des Tabaks beginnt in den 1620ern in Virginia, führt in den 1630ern nach Maryland und in den 1660ern nach (North) Carolina. Um 1700 macht der Tabak von Chesapeake Bay gar vier Fünftel des Gesamtwertes der Exporte der englischen Kolonien aus.

1619 Die ersten »Negersklaven« kommen nach Jamestown. Gouverneur John Rolfe notiert: »Gegen Ende August legte ein holländisches Kriegsschiff an, das uns 20 Neger verkaufte.« Diese Sklaven besitzen offenbar zunächst den Status von *indentured servants*, den sie mit angeworbenen Europäern teilen. Dies ist eine Methode, mit der sich Landeigentümer in den englischen Kolonien Siedler und Arbeitskräfte beschaffen: Sie bezahlen die Kosten der Überfahrt, und dafür verpflichten sich die »gepachteten Diener« zu drei bis fünf Jahren harter Arbeit für den Grundherren.

Als der Arbeitskräftebedarf so nicht mehr zu decken ist, werden »Negersklaven« ganz gezielt nach Virginia importiert (1659). Darauf wird der Sklavenstatus für erblich erklärt (1662). Schließlich werden Sklaven in Virginia per Gesetz als »Grundeigentum [*real estate*]« definiert, »das an Erben und Witwen übergeht« (1705). Gestützt auf solche Gesetzgebung, führt die arbeitsintensive Plantagenwirtschaft in Virginia zu einem starken Anwachsen der Sklavenbevölkerung, Ähnliches geschieht in South Carolina und später im Mississippi-Delta.

Im Jahr des Eintreffens der ersten schwarzen Sklaven schaffen die Bürger von Virginia die erste Form demokratischer Selbstverwaltung in Amerika: das *House of Burgesses*. Gewählte Vertreter bestimmen in diesem Organ mit über politische und finanzielle Belange der Kolonisten. Das Modell von Jamestown geht in spätere königliche Kolonialverträge *(charters)* ein. Zur Revolution macht das *House of Burgesses* nochmals Geschichte: Als es vom Gouverneur 1774 aufgelöst wird, formiert es sich als *Virginia Association* neu.

Auf Berkeley am James River wird das erste amerikanische Thanksgiving gefeiert – ein Jahr bevor die »Pilgerväter« in Massachusetts landen.

1622 In Virginia erheben sich die heimischen Weanock-Indianer gegen die Kolonisten. Fast ein Drittel der Siedler fallen der Verschwörung zum Opfer. Die Indianer sehen sich durch die wachsende Zahl der Weißen bedroht und von ihren Siedlungsplätzen verdrängt. Im folgenden Krieg rächen sich die Weißen zwar gründlich, doch bleibt die Kolonie geschwächt. Als sich die London Company wegen Misswirtschaft und innerer Streitigkeiten auflöst, wird Virginia 1624 Kronkolonie James' I.

1625 Nachdem Henry Hudson das Land am unteren Hudson River 1609 für die Niederländische Ostindien-Kompanie erkundet hat, errichten die Holländer 1613 einen festen Handelsplatz auf Manhattan Island und gründen 1621 die

Kolonie Neu-Niederlande. Dann befestigen sie die Südspitze von Manhattan und gründen Nieuw Amsterdam, das spätere New York.

1632 König Charles I. belehnt Lord Baltimore und seine Erben mit einem »Stück Land« in Amerika: Die 2,8 Millionen Hektar werden später den Bundesstaat Maryland bilden. Hier, wie im Falle von Pennsylvania und Carolina, wird Land an einen »Eigentümer« vergeben und nicht an eine »Teilhabergesellschaft«, wie im Falle von Virginia oder Massachusetts. Als Gegenleistung für ihr Lehen finanzieren die (meist adligen) Eigentümer in der Regel Überfahrt und Ausrüstung ihrer Siedler.

Maryland ist zunächst katholische Kolonie. Durch die Thronbesteigung der Oranier William und Mary in England, der Glorious Revolution von 1689, wechselt auch in Maryland die Macht. Die Regierungsgewalt geht vom katholischen St. Marys City an die Puritaner von Annapolis über. Fortan dürfen Katholiken ihre Religion nicht mehr öffentlich ausüben.

1638 Schwedische Lutheraner gründen Fort Christina am unteren Delaware (später Wilmington). Um 1654 blüht die Kolonie Neu-Schweden auf einer Strecke von 100 Kilometern entlang dem Delaware und seiner gleichnamigen Bucht. Doch bald streiten sich drei Nationen um das Gebiet: Erst kommen die Holländer und erobern es (1655), dann die Briten (1664) und schließlich William Penn mit seinen Quäkern (1682).

Wilmington, die größte Stadt von Delaware, wird im 18. Jahrhundert Mühlenzentrum und Getreidehafen, bis Monsieur Du Pont dort 1802 eine Schießpulverfabrik gründet und alles anders wird ...

1640er Virginia wird »Kavalierskolonie«, nachdem der Puritaner Oliver Cromwell die Gefolgsleute des Königs *(cavaliers)* besiegt hat. Diese Einwanderer von Stand verstärken die Pflanzeraristokratie des Tidewater, aus der berühmte Präsidenten der frühen Republik hervorgehen sollen: Washington, Jefferson, Madison. Die Kolonie hat Gewicht: Um 1650 sind zwei Drittel der 50 400 Siedler der englischen Kolonien in Virginia und Massachusetts konzentriert. Doch größere Städte gibt es nicht, weil die Plantagen weitgehend autark sind und direkt mit London handeln; sie entstehen erst, als die Schiffe größer werden und tiefere Häfen verlangen.

1649 Puritaner aus Virginia gründen Annapolis. Nachdem dieses 1694 Hauptstadt von Maryland geworden ist, lässt es Gouverneur Francis Nicholson 1695 im Stil des französischen Barock ausbauen: Kreise und Radien bilden den Grundriss (wie im Park von Versailles), Staat und Kirche nehmen die höchsten Punkte ein.

1655 Die Holländer unter Peter Stuyvesant erobern die schwedische Kolonie am unteren Delaware und beenden die Hegemonie der Schweden (seit 1638).

1663 König Charles II. von England vergibt Carolina, das Land zwischen Virginia und Spanisch-Florida, an acht hohe Adlige. Weil sie die Kolonie jedoch vernachlässigen, kauft die Krone das Land später zurück: als die Kronkolonien South Carolina (1721) und North Carolina (1729).

Beide Teile nehmen eine unterschiedliche Entwicklung. Während South Carolina eine sklavenabhängige Plantagenwirtschaft auf Reis und Indigo mit Zentrum Charleston aufbaut, siedeln sich in North Carolina viele kleine Farmer *(yeoman farmers)* an, die eine gemischte Land- und Waldwirtschaft betreiben, oft nur für die eigene Subsistenz. Es sind vor allem Deutsche und Iroschotten, die um die Mitte des 18. Jahrhunderts aus Pennsylvania ins Hinterland des Piedmont wandern. Entsprechend ihrer unterschiedlichen Siedlungs- und Wirtschaftsgeschichte wird South Carolina zum Vorreiter der Sezession, während North Carolina sich nur zögernd von der Union löst.

1664 Zwar haben die Holländer noch 1653 einen Schutzwall entlang der Wall Street gebaut, doch nehmen die Engländer Nieuw Amsterdam kampflos ein und taufen es um: in New York. Eine kluge Verwaltung integriert holländische Traditionen und englische Interessen und macht die Stadt früh zu einem Schmelztiegel der Nationalitäten.

1681 Pennsylvania wird als Eigentümerkolonie an den Quäker William Penn vergeben, der hier sein »Heiliges Experiment« religiöser Toleranz verwirklichen will. Penn kommt spät an den unteren Delaware, wo bereits etwa 4 000 Schweden, Finnen, Holländer und Deutsche siedeln. Doch Quäker sind friedfertige Menschen. Zu den weiteren Maximen der Mitte des 17. Jahrhunderts von George Fox in England gegründeten Glaubensgemeinschaft, auch *Society of Friends* genannt, zählen Wohltätigkeit, religiöse Toleranz, Kriegsdienstverweigerung und Vertragstreue gegenüber den Indianern.

Sofort wirbt Penn tüchtige Siedler unter deutschen und Schweizer Pietisten an. Nach 1688 werden Pfälzer den Grundstock der Pennsylvania Dutch bilden. Außer ihnen kommen im 18. Jahrhundert verschiedene religiöse Min-

Wasserfarben: William Penn schließt mit den Indianern einen Vertrag, als er 1681 die Provinz Pennsylvania gründet. Radierung von 1775

derheiten und Sekten – Amische, Böhmische Brüder, Dunkards – ins Land. Die Ortsnamen in Ost-Pennsylvania zeugen von Glauben und Hoffnung: Paradise, Promised Land, New Hope, New Freedom, Bethlehem, Nazareth, Temple, Emmaus, Palmyra, Ephrata, Quakertown …

1682 Gründung von Norfolk an der Atlantikküste von Virginia. Von hier verschiffen Pflanzer aus North Carolina ihre Produkte, da sie über keinen geeigneten Hafen verfügen. Als im 18. Jahrhundert die Transatlantiksegler größer werden und die Plantagen nicht mehr direkt anlaufen können, wird Norfolk zum Haupthafen der ganzen Chesapeake-Region. Als Endpunkt mehrerer Bahnlinien wird es nach dem Bürgerkrieg zu einem führenden Ausfuhrhafen für Kohle, Tabak und Baumwolle (die Kohle kommt seit den 1880ern aus West Virginia). Im 20. Jahrhundert wird es zum Marinestützpunkt ausgebaut.

1683 William Penn lässt Philadelphia planmäßig in großen Rechtecken anlegen, das damit zur ersten Stadt mit »schachbrettförmigem« Grundriss in Amerika wird. Große Freiflächen bestimmen das Stadtbild: Penn hat aus dem Beispiel des engen, von Feuer und Pest bedrohten London gelernt. Das frische geistige Klima der Stadt (Benjamin Franklin gründet hier 1743 die American Philosophical Society) lässt Philadelphia wirtschaftlich erblühen. In dieser damals größten Stadt der Kolonien werden die Unabhängigkeitserklärung (1776) und die Verfassung der USA (1787) beraten und beschlossen, danach ist sie für zehn Jahre Hauptstadt der USA (1790–1800).

Deutsche Mennoniten besiedeln Germantown, heute ein Stadtteil von Philadelphia. Sie sind die Vorhut weiterer Mennoniten, besonders der konservativen *Old Order Amish*, die sich vor allem in Lancaster County niederlassen und dort noch heute eine pittoreske Minderheit bilden.

1699 Virginia verlegt seinen Regierungssitz vom sumpfigen Jamestown in die acht Kilometer entfernte ehemalige Middle Plantation, jetzt Williamsburg. Sechs Jahre zuvor wurde hier das College of William and Mary gegründet, nach Harvard (1636) die älteste Hochschule der Kolonien. Doch die meiste Zeit des Jahres ist Williamsburg verlassen; nur wenn das House of Burgesses tagt, kommen die Pflanzer in die Stadt. 80 Jahre später (1779) wird die Hauptstadt nochmals verlegt, und zwar nach Richmond.

1710 Baron Christoph von Grafenried führt Schweizer und deutsche Siedler nach New Bern im küstennahen North Carolina. Sie legen den Ort auf kreuzförmigem Grundriss an. Doch Angriffe der Tuscarora-Indianer in den zwei Folgejahren treiben viele Siedler in die Heimat zurück.

1718 Die Auswanderung der Iroschotten nach Amerika beginnt. Als Presbyterianer wurden sie in Schottland verfolgt und gingen zunächst ins Exil nach Nordirland. Dann wandern sie nach Pennsylvania aus, halten sich aber dort nicht lange auf. Als die typischen Pioniere und Grenzer des Westens ziehen sie in unbesiedelte Gebiete weiter. Auf diese Weise gelangen sie ins obere Shenandoah Valley und in den Piedmont von Virginia und North Carolina.

1729 Relativ spät im Verhältnis zu den anderen großen Städten des Ostens wird Baltimore an einem Arm der Chesapeake Bay gegründet. An der Stelle hatte sich ein kleiner Verladehafen für Tabak befunden. Die steigende Nachfrage nach Weizen in Europa um die Mitte des 18. Jahrhunderts begünstigt den meteorhaften Aufstieg Baltimores zum Getreidehafen und Mühlenzentrum, denn es liegt ideal zu den Kornkammern von Maryland und Süd-Pennsylvania. Als es mit seiner Baltimore & Ohio Railroad die Kohlevorkommen in West-Maryland anzapfen kann (1842), wird Baltimore zum Kohlehafen und einzigen Standort einer Eisen-und-Stahl-Industrie im Tidewater. Als dieselbe Bahn Märkte im Mittelwesten erschließt, wächst eine Konservenindustrie in Baltimore.

1730 Iroschotten und Deutsche siedeln in Lancaster (Pennsylvania), das in der Kolonialzeit zur größten Stadt des Binnenlandes heranwächst. Nach dem Muster von Philadelphia wird es schachbrettförmig angelegt. Seine Lage im Binnenland, ohne schiffbaren Fluss, macht die Straße nach Philadelphia zur Lebensader. Sie wird als Lancaster Pike 1791–94 zur ersten *turnpike* der USA ausgebaut. Ist die isolierte Lage auch ein Grund dafür, dass deutsche Handwerker im nahen Conestoga Valley beginnen die schweren Conestoga Wagons zu bauen? Mit solchen Fuhrwerken werden Siedler und Händler hundert Jahre später die Prärien durchqueren.

Lancaster ist Mittelpunkt des Pennsylvania Dutch Country, dessen fähige und fleißige Landwirte das Land zur Speisekammer der Region gemacht haben. Heute zählt Lancaster County mit seiner intensiven, integrierten Landwirtschaft zu den produktivsten Agrarregionen der USA.

1740 Böhmische Brüder (Herrnhuter, *Moravian Brethren*) gründen in Pennsylvania zunächst Nazareth, dann 1741 Bethlehem. Von hier gehen sie 1753 nach North Carolina, wo sie auf einem 40 000 Hektar großen Besitz (Wachovia)

Knusperhaus: Quäker-Tempel in Philadelphia in einer Darstellung von 1810

Rheinromantik in der Neuen Welt: der Zusammenfluss von Potomac und Shenandoah River bei Harper's Ferry, West Virginia

die Gemeinde Bethabara anlegen. Auf demselben Gelände gründen sie 1766 Salem, das heutige Old Salem der Zwillingsstadt Winston-Salem. Während Bethlehem dank Kohle aus dem nahen Anthrazitrevier zur Stahlstadt heranwächst, wird Salem nach Gründung der Reynolds Company 1875 zur Tabakstadt; 1913 wird es mit Winston vereinigt.

1747 Nahe der Einmündung des Shenandoah River in den Potomac richtet John Harper einen Fährdienst ein. Er setzt Siedler über den Potomac, die aus Pennsylvania und Maryland kommen und ins Shenandoah Valley wollen. Harper's Ferry wird zum Nadelöhr auf dem Weg nach Westen. Hier zwängt sich sowohl die National Road (ab 1806) hindurch als auch der Chesapeake & Ohio Canal (wie schon sein Vorgänger, der Patowmack Canal) und die Baltimore & Ohio Railroad (beide um 1840).

1754 Es kommt zum *French and Indian War*, dem in Europa der Siebenjährige Krieg (1756–63) entspricht, als die Franzosen zur Sicherung ihres Handelsweges zwischen St. Lawrence und Mississippi an den Forks of the Ohio 1754 Fort Duquesne (später Fort Pitt, dann Pittsburgh) errichten. Die beiden europäischen Mächte verbünden sich mit jeweils anderen Indianerstämmen. Im Frieden von Paris (1763) verliert Frankreich seinen ganzen Kolonialbesitz in Nordamerika.

1763 Die Ingenieure Charles Mason und Jeremiah Dixon vermessen die Grenze zwischen Pennsylvania und Maryland. Die nach ihnen benannte *Mason-Dixon Line* (39° 43'18" nördliche Breite) gewinnt im 19. Jahrhundert politische Bedeutung als Demarkationslinie zwischen sklavenfreien (Pennsylvania) und sklavenhaltenden (Maryland) Staaten.

1769 Daniel Boone schaut durch Cumberland Gap in der Südwestecke von Virginia nach Kentucky hinüber. Als die von ihm ins *Bluegrass Country* geführten Siedler 1776 von Indianern bedroht werden, annektiert Virginia das Territorium. Damit beult die Indianergrenze *(proclamation line)* von 1763 kräftig nach Westen aus.

1774 Aus Protest gegen die vom Mutterland verhängten Coercive Acts, die als politische Schikanen empfunden werden, tritt in Philadelphia der First Continental Congress zusammen. Der Widerstand der Kolonien entzündet sich an der Frage der Besteuerung ohne politische Vertretung. Die Parole der Kolonisten lautet: *No taxation without representation!* Ein Jahr später tritt der *Second Continental Congress*, wiederum in Philadelphia, zusammen. Er beschließt 1777 die *Articles of Confederation*, die aber erst 1881 ratifiziert werden und dem nationalen Kongress nur geringe Macht zubilligen.

1775 Mit kleineren Scharmützeln in Massachusetts beginnt der Unabhängigkeitskrieg *(War of American Independence)*, bevor noch formell die Unabhängigkeit erklärt wurde (1776). Die ungeschulte *Continental Army* unter George Washington erleidet schwere Rückschläge. Unter Entbehrungen harrt sie im Winterlager von Valley Forge (Pennsylvania) aus (1777/78), während die Briten Philadelphia besetzt halten. Doch die kluge Führung Washingtons und seine geduldige Politik des Ausharrens ermüden die Briten und schwächen

»Washington Crossing the Delaware«, das berühmte Gemälde von Leutze, zeigt den Feldherrn, als er 1776 über den Fluss setzt, um die englischen Truppen bei Trenton anzugreifen.

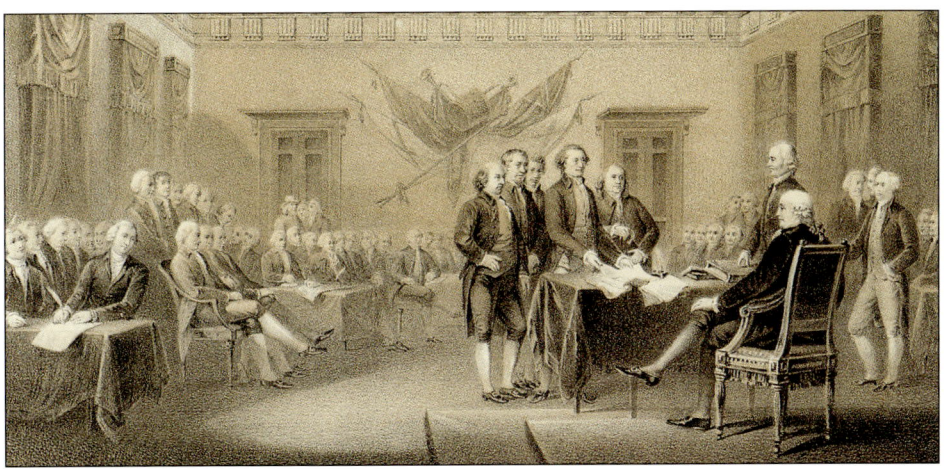

Unterzeichnung der Unabhängigkeitserklärung am 4. Juli 1776. Lithographie von 1875/76

ihre Kriegsbereitschaft. Der Kriegsbeitritt Frankreichs zu Gunsten der Kolonien 1778 bringt schließlich die Wende. Die alliierten Truppen schlagen die britische Hauptarmee 1781 bei Yorktown (Virginia). Im Frieden von Paris erkennt Großbritannien 1783 die amerikanische Unabhängigkeit an.

1776 Während der Beratungen des *Second Continental Congress* in Philadelphia arbeiten Thomas Jefferson und vier andere Delegierte die am 4. Juli angenommene Unabhängigkeitserklärung aus. Sie proklamiert nicht nur eine neue Nation, sondern auch ein Naturrecht auf Leben, Freiheit und Glück. Philadelphia ist mit seinen 28 400 Einwohnern das politische und wirtschaftliche Zentrum der Kolonien. Seine Agrarexporte, Schiffswerften und Eisenschmieden machen es zur bedeutendsten Handelsstadt des britischen Reiches nach London.

1779 Die Regierung von Virginia zieht zum dritten Mal um – nach Richmond. Der Gouverneur von Virginia, Thomas Jefferson, plant das neue Regierungsviertel selbst. Das 1737 an den Fällen des James River gegründete Richmond erblüht in den 1820er bis 1860er Jahren als Zentrum der Tabak-, Mühlen- und Eisenindustrie. Im Bürgerkrieg ist Richmond zugleich Rüstungsschmiede und Hauptstadt der Konföderation.

1783 Annapolis (Maryland) wird für kurze Zeit Hauptstadt der USA.

1785 Gründung der Patowmack Company durch George Washington mit dem Ziel der Öffnung einer Kanalroute entlang dem Potomac westwärts zum Stromgebiet des Ohio. Erst 1802 – drei Jahre nach Washingtons Tod – gehen die fünf Schleusen bei Great Falls in Betrieb. Transportiert werden Weizen, Mehl, Mais, Whisky und Roheisen, doch der schwankende Wasserstand und die Konkurrenz der National Road machen die Kanalfahrt unwirtschaftlich. Die Gesellschaft löst sich 1828 auf, ihre Anlagen werden von der Chesapeake & Ohio Canal Company übernommen, die den Kanalbau fortsetzt – auf der anderen Seite des Flusses.

Errichtung der ersten Freiheitsstatue in Philadelphia am 5. Juli 1776. Lithographie von 1875

1787   Nach viermonatiger Beratung unterzeichnen die Delegierten der verfassunggebenden Versammlung in Philadelphia die Verfassung der Vereinigten Staaten von Amerika. Darin werden vor allem die Interessen an einer starken Bundesgewalt und das Selbständigkeitsbedürfnis der kleineren Staaten miteinander versöhnt. Darüber hinaus teilt sie die Regierungsgewalt in eine legislative, exekutive und richterliche Gewalt.

Die Verfassung tritt Mitte 1788 in Kraft, nachdem neun von 13 Einzelstaaten sie ratifiziert haben. Sie ist die älteste, ununterbrochen geltende, schriftliche Verfassung der Welt.

1788   Das etwa im geographischen Zentrum des Staates gelegene Raleigh wird zur Hauptstadt von North Carolina bestimmt. Ihren wirtschaftlichen Aufschwung nach dem Bürgerkrieg verdankt sie vor allem der Textilindustrie.

1789   George Washington wird zum ersten Präsidenten der USA gewählt und in Federal Hall in New York vereidigt. Für kurze Zeit ist New York Regierungssitz, dann zieht die Regierung 1790 wieder nach Philadelphia.

1790   Der Kongress bestimmt im *Residence Act*, dass die künftige Hauptstadt der USA auf einem zehn mal zehn Meilen großen Gelände am Potomac entstehen und ab 1800 bezugsfertig sein soll. Obwohl etwa in der geographischen Mitte zwischen New Hampshire und Georgia gelegen, war der Standort »Potomac«, Grenzfluss zwischen Virginia und Maryland, den nördlichen Delegierten zunächst »zu weit südlich«. Ein politischer Kompromiss bringt die Entscheidung: Die südlichen Delegierten stimmen zu, dass der Bund die Schulden der Kolonien übernimmt, und die nördlichen »versüßen« (Jefferson) ihnen dieses Zugeständnis mit der Zustimmung zum »Potomac«.

1791   George Washington beauftragt den französischen Architekten Pierre-Charles L'Enfant mit der Planung der Federal City. Der Franzose erarbeitet in sechs Monaten einen Entwurf, der noch heute das Stadtbild von Washington prägt und als Modell für Hauptstadtplanungen in aller Welt gedient hat.

1792 24 Makler und Kaufleute gründen die New Yorker Börse – nicht die älteste Effektenbörse der USA, denn die arbeitet seit 1790 in Philadelphia. Die New Yorker Händler unterzeichnen die Gründungsurkunde auf dem Rinnstein von Wall Street, wo sie mit US-Staatsanleihen handeln.

1793 Der erste *Fugitive Slave Act* zementiert die Sklaverei im Süden der USA, indem er Beherbergung und Widerstand gegen die Festnahme entlaufener Sklaven unter Strafe stellt. Der *Fugitive Slave Act* von 1850 verschärft das Gesetz später. Bis zum Bürgerkrieg werden immer wieder Kompromisse ausgehandelt, die die »besondere Institution« des Südens schützen.

1794 Eli Whitney lässt seine *cotton gin* patentieren, eine Maschine, die die Baumwollfasern vom Kern trennt. Jetzt können auch kürzerfaserige Sorten verarbeitet werden, kann sich der Anbau von den Sea Islands auf den Piedmont der Südstaaten ausdehnen. Zur gleichen Zeit steigert die Mechanisierung der britischen Textilindustrie die Nachfrage nach amerikanischer Baumwolle. Der Export steigt von zwei Millionen Pfund 1794 auf 62 Millionen 1811!

1795 Auf die 1789 gegründete University of North Carolina in Chapel Hill, die erste Staatsuniversität der USA, folgen weitere Gründungen.

1800 Nachdem George Washington 1793 den Grundstein gelegt hat, wird die neue Hauptstadt, Washington, D.C., am 1. Januar proklamiert.

1801 Thomas Jefferson regiert als dritter Präsident der USA.

1802 Direkt in den Ausgang des Brandywine River bei Wilmington (Delaware)

Historischer Stadtplan von Washington, entworfen von Pierre-Charles L'Enfant

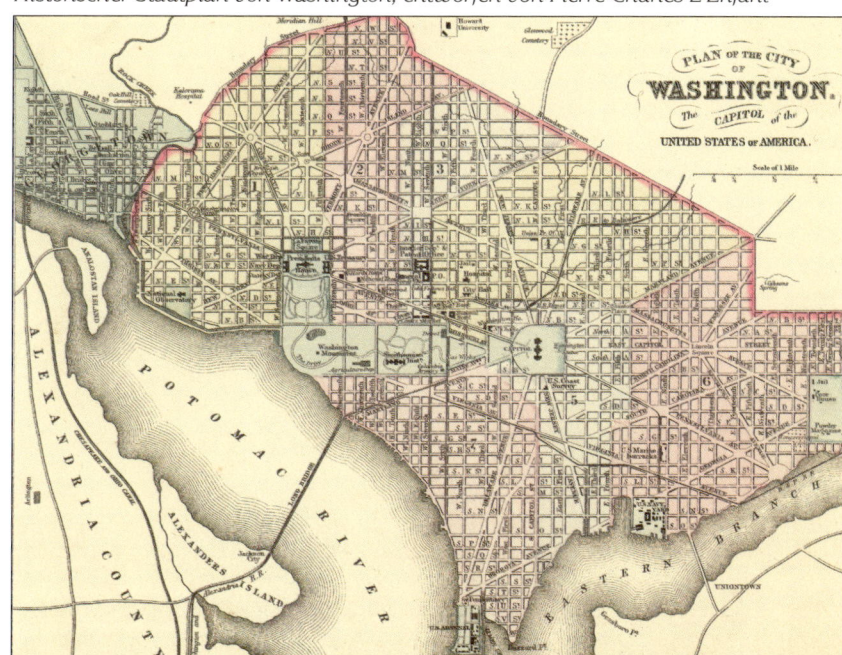

baut E. I. Du Pont de Nemours eine Schießpulverfabrik, die sich zum weltbekannten Chemiekonzern entwickeln wird.

1808 Der Import von Sklaven aus Afrika wird gesetzlich verboten, die Sklaverei als solche oder der interne Sklavenhandel jedoch nicht. Virginia wird zum Zentrum der »Sklavenzucht«. Beliefert wird vor allem der Mississippi-Raum, wo der Bedarf an Sklaven mit der Ausbreitung der Baumwolle wächst.

1811 Beginn des im »Gallatin Report« von 1808 angeregten Ausbaus der National Road von Cumberland (Maryland) westwärts. Im Osten knüpft sie an schon vorhandene Routen am Potomac und nach Pennsylvania an.

1812 Im Krieg von 1812, auch »Zweiter Unabhängigkeitskrieg gegen England« genannt, kämpfen die USA offiziell für »freien Handel und die Rechte der Seeleute«. Die »Falken« aber streben nach Vernichtung der Indianer, Expansion nach Westen und Süden und Annexion Kanadas. Der Shawnee-Häuptling Tecumseh sucht seit 1806 die Indianerstämme im Old Northwest zu einigen; er fällt 1813 in der Schlacht an der Thames. Die Briten nehmen 1814 Washington ein und brennen Regierungsgebäude nieder, darunter Kapitol und Weißes Haus; sie »vergelten« damit die Brandschatzung von York (heute Toronto) durch amerikanische Truppen.

1825 Nach der Vollendung des Erie-Kanals bemühen sich andere Häfen der Ostküste, den Anschluss zu gewinnen. Philadelphia kanalisiert den Susquehanna, um an die Anthrazitvorkommen um Scranton und Wilkes-Barre heranzukommen. Baltimore entwickelt seinen Chesapeake & Ohio Canal weiter; der kommt jedoch über Cumberland (Maryland) nicht hinaus. Richmond baut an

Architektonisches Spätwerk: die Universität von Virginia von Thomas Jefferson

seinem James River & Kanawha Canal, gibt ihn jedoch 1851 auf. Nach 1860 löst die Eisenbahn, die schon ab den 1830ern konkurriert, das »Kanalzeitalter« ab.

Den Vorsprung, den New York durch den Erie-Kanal gewinnt, kann es auch dann noch halten, als seine Lagegunst ab 1860 durch die Eisenbahn relativiert wird. In der Kolonialzeit nur drittgrößte Stadt nach Philadelphia und Boston, steigt es 1830 mit über 200 000 Einwohnern zur größten Stadt der USA auf. Heute ist New York nicht nur führende Hafen-, Handels- und Finanzstadt der USA, sondern auch die größte Industriestadt.

Im Siegerkranz Höherem geweiht: Thomas Jefferson in einer Darstellung von 1798/99

1829 Die Baltimore & Ohio Railroad, die erste amerikanische Eisenbahn, verlegt ihre ersten 24 Kilometer Gleise. Finanziert durch Aktien und Anleihen, wird die Gesellschaft zum Schrittmacher des Eisenbahnbaus in den USA. Die Linie erreicht 1842 Cumberland (Maryland), 1852 den Ohio, 1857 St. Louis. Sie baut Querverbindungen nach Pittsburgh und Chicago und verfügt 1875 über ein Streckennetz von 22 000 Kilometern. Außerdem wird der Chesapeake & Delaware Canal fertig gestellt.

1838 Präsident Andrew Jackson (1829–37) betreibt eine harte Politik der Indianervertreibung aus dem Südosten; in deren Folge gehen etwa 16 000 Cherokee-Indianer auf ihren *Trail of Tears* nach Oklahoma; 4000 von ihnen sterben unterwegs an Krankheit, Hunger und Kälte.

1846 Mit Mitteln des englischen Wissenschaftlers James Smithson wird die Smithsonian Institution gegründet, ein Jahr später mit dem Bau des Smithsonian Building auf der Mall von Washington, D.C. begonnen.

1849 Edgar Allan Poe stirbt 40-jährig in Baltimore. Er ist ein wahrer Mann der Mittleren Atlantikstaaten. In Boston geboren, wächst er in Richmond auf. Er studiert in Boston und West Point (New York) und lebt und arbeitet abwechselnd in Baltimore, Richmond, Philadelphia und New York.

1851 Fertigstellung des Chesapeake & Ohio Canal zwischen Georgetown (D.C.) und Cumberland (Maryland). Wegen der hohen Baukosten kann der Kanal jedoch nie mit dem Erie-Kanal konkurrieren.

1852 Vier Bahnlinien überschreiten die Appalachen, drei davon im Bereich der Mittleren Atlantikstaaten: die New York Central & Hudson River Railroad, die Pennsylvania Railroad und die Baltimore & Ohio Railroad. Um 1870 ist im nordöstlichen Quadranten der USA ein nationales Eisenbahnnetz entwickelt, seine Eckpunkte sind Boston, Baltimore, Kansas City und Minneapolis.

1860 Mit der Kandidatur Abraham Lincolns für die Republikanische Partei beginnt die größte innenpolitische Krise der USA. Lincoln definiert seine politischen Ziele klar: die Union zu bewahren und die Ausbreitung der Sklaverei zu verhindern. Das kann dem agrarisch orientierten Süden mit seinen Exportgütern Baumwolle, Tabak, Reis und Zuckerrohr nicht gefallen. South Carolina verlässt noch 1860 die Union, und Anfang 1861 folgen die sechs Staaten des Tiefen Südens.

1861 Der Bürgerkrieg wird zwischen Nordstaaten und Südstaaten erbittert geführt. Nach anfänglichen Erfolgen der Konföderierten unter General Robert Lee wendet sich das Blatt 1863 mit der Schlacht von Gettysburg. Im Raum zwischen Virginia, Maryland und Süd-Pennsylvania liegen die Schlachtfelder besonders dicht: Manassas, Fredericksburg, Antietam, Chancellorsville, Petersburg, Gettysburg. Am Ende kostet der Krieg 800 000 Tote und Verwundete auf beiden Seiten.

Für die Zeit nach dem Krieg sieht Präsident Lincoln eine Politik der Versöhnung vor, doch wird er 1865 von einem Südstaaten-Fanatiker ermordet. Sein Nachfolger kann nicht verhindern, dass im Zuge der *Reconstruction* (1867–72) der Süden militärisch besetzt und auf Dauer politisch und moralisch gedemütigt wird.

1862 Mit der *Emancipation Proclamation* erklärt Präsident Lincoln die Sklaven für frei. Dieser Erklärung folgen nach dem Krieg das 13th Amendment (1865), das die Sklaverei abschafft, das 14th Amendment (1867), das den Schwarzen die Bürgerrechte gewährt, und das 15th Amendment (1870), das ihnen das Wahlrecht gibt. Nach der erzwungenen Reconstruction schränken konservative Parlamente und weißer Terror im Süden die Bürgerrechte durch »Jim-Crow«-Gesetze wieder ein. Erst mit der Bürgerrechtsbewegung der 1950er und 1960er Jahre wird eine praktische rechtliche Gleichstellung erreicht.

1870 In nur zehn Jahren mausern sich die USA vom Importeur zum Exporteur von Stahl. Dieser Aufschwung der Produktion erlaubt den Ausbau des Eisenbahnnetzes.

Ein Hauch von Konstantinopel: Ansicht von Baltimore, Maryland, aus dem Jahre 1840

1873 Panik in Wall Street: Die New York Stock Exchange bleibt elf Tage lang geschlossen. Die folgende Wirtschaftskrise dauert fünf Jahre.

1876 Zum 100-jährigen Jubiläum der Unabhängigkeit findet in Philadelphia die Weltausstellung statt. Schwerpunkt ist die neue Industrietechnologie. Gezeigt werden Errungenschaften wie Telefon, Nähmaschine und mechanischer Webstuhl.

1883 Brooklyn Bridge in New York wird vollendet. Sie überbrückt den East River zwischen Manhattan und Brooklyn und gilt mit ihren 487 Metern als technisches Wunderwerk. Ihr Erbauer, Johann August Roebling aus Thüringen, hatte schon 1855 eine Eisenbahn-Hängebrücke über die Niagara-Fälle gebaut. Als Roebling 1869 an den Folgen eines Bauunfalls stirbt, vollendet sein Sohn Washington Roebling – inzwischen deutlich amerikanisiert – das Werk.

1884 In Durham (North Carolina) beginnen die Dukes mit der mechanischen Massenproduktion von Zigaretten. Um 1750 besiedelt, wird Durham durch Tabak zur Industriestadt. Mit ihrer neuen Fabrik übernimmt die Familie Duke dabei 1874 die Führung. Der Tabakmagnat und Philanthrop James Buchanan Duke gründet 1890 die American Tobacco Company, und 1924 Duke University.

1885 Einweihung des Washington Monument in Washington, D.C. Nachdem dieses bereits 1848 von Robert Mills entworfen wurde, stand es jahrzehntelang als Säulenstumpf in der Mall. Weitere Präsidentendenkmäler, das Lincoln Memorial (1922) und das Jefferson Memorial (1943), runden später das »monumentale Washington« ab.

1886 Im Hafen von New York wird die Freiheitsstatue (eigentlich Liberty Enlightening the World) eingeweiht. Vom französischen Bildhauer Frédéric Auguste Bartholdi entworfen und auf ein Innengerüst von Alexandre Gustave Eiffel gestützt, ist die Statue ein Symbol der französisch-amerikanischen Freundschaft, die aus der Unabhängigkeitszeit datiert.

1892 Im Hafen von New York wird die Einwanderungsstation Ellis Island eröffnet. Bis 1954 kommen hier zwölf Millionen Einwanderer durch. Der Gipfel wird 1907 mit 1,2 Millionen erreicht; zu dieser Zeit stammen die meisten aus Süd- und Osteuropa. New York wird schon früh im 19. Jahrhundert zum größten Einwanderungshafen der USA. Der Grund: seine führende Rolle als Exporthafen und freie Ladekapazitäten bei der Rückkehr der Schiffe. So können Reeder günstige Passagen für Immigranten anbieten. In den hundert Jahren nach 1830 kommen etwa 32 Millionen Einwanderer über New York in die USA.

1903 In den Kill Devil Hills der Outer Banks von North Carolina fliegt Orville Wright

Blick auf Staunton im Jahre 1857

Frauenarbeit: Zigaretten wurden vor Einführung der Mechanisierung mit der Hand gedreht, wie hier 1887 in der Fabrik Allen und Ginter in Richmond.

zwölf Sekunden lang mit einem Motorflugzeug. Damit bricht das Zeitalter der motorisierten Luftfahrt an.

1904 Die Interborough Rapid Transit Company eröffnet am New Yorker Broadway die erste U-Bahn-Linie der USA. Vier Jahre später unterquert eine Linie den East River.

1913 Fertigstellung der Grand Central Station in New York – des bis dahin größten privat finanzierten Bauprojektes der Geschichte. Nachdem es mit Hilfe der Elektrizität möglich wurde, die Stadt (und ihre Flüsse) zu untertunneln, kann der neue Bahnhof nun (neben Pennsylvania Station) Manhattan mit seinen Vororten verbinden.

1924 Der Immigration Act begrenzt die Einwanderung in die USA; künftig werden jeder Nation bestimmte (geringe) Einwanderungsquoten zugeteilt. Zuvor hatte die Einwanderung über New York Rekordhöhen erreicht.

1926 John D. Rockefeller finanziert die Restauration des historischen Williamsburg, Virginia.

1929 Am »Schwarzen Freitag« bricht die New Yorker Börse nach einer Phase maßloser Spekulation zusammen. Dem Börsenkrach folgt eine Wirtschaftskrise, die erst nach dem Zweiten Weltkrieg überwunden wird. Solche *crashs* oder *panics* hat es an der Wall Street wiederholt gegeben: 1857, 1873, 1893, 1907; stets folgten ihnen Jahre der wirtschaftlichen Depression.

1933 Mit dem *New Deal*, einem Bündel von Gesetzen und staatlichen Maßnahmen, versucht Präsident Franklin Delano Roosevelt die Wirtschaftskrise in den USA zu überwinden. Dazu gehören gezielte Staatsausgaben *(deficit spending)* zur Ankurbelung der Wirtschaft, Sozialgesetze, Arbeitsbeschaffungsmaßnahmen und Großprojekte zur Regionalentwicklung.

1935 Gründung des Shenandoah National Park in Virginia. Im Gegensatz zu anderen Nationalparks, die der Erhaltung ursprünglicher Natur dienen, will dieser altbesiedeltes Kulturland in die ursprüngliche Naturlandschaft zurückverwandeln. Zu diesem Zweck müssen 3870 private Grundstücke erworben und viele Bergbewohner umgesiedelt werden.

1955 Gründung des Research Triangle Park in North Carolina – so benannt nach dem »Universitätendreieck« Duke University (Durham), North Carolina State University (Raleigh) und University of North Carolina (Chapel Hill). Aufgabe dieses Forschungsparks mitten im Industriegürtel von North Carolina ist vorausschauende Industrieforschung mit dem Ziel, die traditionellen Industrien North Carolinas – Tabak und Textilien – zu diversifizieren. Der Park mit seinen 20 000 Beschäftigten (1993) wird zum Motor für die industrielle Entwicklung der Region. In den frühen 1980er Jahren ist North Carolina der Bundesstaat mit dem höchsten Anteil an Industriearbeitern in den USA!

1963 Auf dem Höhepunkt der gewaltfreien Bürgerrechtsbewegung führt Dr. Martin Luther King, Jr. einen »Marsch nach Washington«.

1964 Nach sechs Jahren Bauzeit ist der Chesapeake Bay Bridge Tunnel vollendet. Dieses 28 Kilometer lange Bauwerk aus Brücken, Tunnels und künstlichen Inseln verbindet das Gebiet von Norfolk/Hampton Roads mit der Eastern Shore von Virginia. Das einst stille Ocean City (Maryland) wird jetzt von Zehntausenden Wochenendurlaubern heimgesucht.

1965 Der Bauunternehmer James Rouse erhält den Auftrag, auf einer 5600 Hektar großen Fläche zwischen Baltimore und Washington eine geplante Stadt zu errichten. Das Ergebnis ist Columbia (Maryland) mit heute 110 000 Einwohnern.

Die Meistersinger von Baltimore: Eintrittskarte zum dortigen »Nationalen Sängerfest« 1903

1967 Rassenunruhen erschüttern die Ghettos der große Städte. Nach der Ermordung von Dr. Martin Luther King Jr. am 4. April 1968 in Memphis kommt es zu spontanen Gewaltaktionen besonders in Baltimore, Chicago und Washington, DC.

1976 Mit dem Seebad Atlantic City ging es nach dem Zweiten Weltkrieg bergab, bis New Jersey per Volksabstimmung das Glücksspiel erlaubte. Die Glücksstadt wird 1854 am Ende einer Bahnlinie gegründet, die Philadelphia auf dem kürzestem Wege mit der Küste verbindet. Bis in die 1920er Jahre bleibt Atlantic City der nobelste Badeort Amerikas.

1979 Der Fernsehpastor Jerry Falwell aus Lynchburg (Virginia) gründet die »Moral Majority«, die sich den Zielen seines Buches »How You Can Help Clean Up America« (1978) verschreibt. Getreu ihren fundamentalistischen Ideen unterstützt die Gruppe die politischen Ziele der Neuen Rechten – und die Wahl Ronald Reagans.

Auf Three Mile Island bei Harrisburg (Pennsylvania) ereignet sich der schwerste Atomunfall in der Geschichte der Kernindustrie der USA. Aus dem Kernkraftwerk im Susquehanna River entweicht eine kleine Menge radioaktiven Dampfes. Der Unfall bewirkt, dass bis Mitte der 1980er Jahre in den USA keine neuen Reaktoren mehr zugelassen werden.

1990 In den Kernstädten *(central cities)* der Metropolen der Ostküste New York, Washington, DC, Baltimore und Philadelphia nimmt die Bevölkerung seit 1970 kontinuierlich ab, allerdings überproportional unter den Weißen, während der Anteil der schwarzen Bevölkerung von 18 auf 46 Prozent steigt. In den Großräumen bleibt die Einwohnerzahl in etwa konstant. Das heißt: Die Weißen ziehen in die Vororte und andere Regionen, die Schwarzen von dort in die Central Cities. Andererseits findet eine Aufwertung *(gentrification)* der innerstädtischen Viertel durch den Zuzug wohlhabender Weißer statt.

Virginia und North Carolina verzeichnen jedoch einen Bevölkerungszuwachs, und zwar in jeder Dekade um etwa 15 Prozent. Noch deutlicher zeigt sich der Trend in einer modernen Stadt des »oberen Südens«, in Raleigh (North Carolina). In deren Stadtregion wuchs die Bevölkerung 1970 bis 1980 um 25,8 Prozent und 1980 bis 1990 um 31 Prozent. Hier wirkt sich der *Sun Belt*-Effekt aus.

1993 Mit Bill Clinton zieht nach langer Zeit wieder ein Demokrat als Präsident ins Weiße Haus ein.

2001 Nach knappem Wahlausgang und erst nach einer Entscheidung des Obersten Gerichtshofs tritt der Republikaner George W. Bush das Präsidentenamt an. Am 11. September entführen Terroristen vier Passagierflugzeuge, von denen zwei die Doppeltürme des World Trade Center zerstören, eines trifft das Pentagon – über 3000 Menschen werden getötet.

2005 Der Krieg im Irak und seine Folgen führen zu neuen Einreisegesetzen und verschärften Sicherheitskontrollen.

2008 Die Finanzkrise führt in New York zur größten Entlassungswelle seit der Weltwirtschaftskrise in den 1930er Jahren. Banken wie Lehman Brothers existieren nicht mehr, andere wie Fannie Mae und Freddie Mac werden verstaatlicht. Die Stadt rechnet mit einem Steuerloch von mehr als zwei Milliarden Dollar bis 2010.

Am 4. November wird der Kandidat der Demokraten, der 47-jährige Afroamerikaner Barack Obama, mit überragender Mehrheit zum ersten schwarzen US-Präsidenten gewählt. Mit 66 Prozent war die Wahlbeteiligung die höchste seit 100 Jahren.

2009 Barack Obama tritt am 20. Januar in den schwierigen Zeiten der weltweiten Finanzkrise sein Amt als 44. Präsident der Vereinigten Staaten. ✤

❶ Stadt auf der Überholspur
New York

von Hannah Glaser

1. Programm: New York

Ankunftsabend   **Empire State Building**.

Morgen   Zum Sonnenaufgang mit dem Taxi hinüber nach Brooklyn auf die **Brooklyn Heights**, Spaziergang entlang der Promenade und über den Fußgängerweg (Walkway) der **Brooklyn Bridge** (mit der aufgehenden Sonne im Rücken) nach Manhattan; am Ende der Brückenrampe nach links, vorbei an der **City Hall** zur **St. Paul's Chapel** an der Kreuzung Broadway & Fulton Street; wenige Schritte weiter zum **Ground Zero**, dem Schauplatz des Terroranschlags vom 11. September 2001 auf das World Trade Center.

Zurück zum Broadway und sechs Straßen weiter südlich nach links, vorbei an der Trinity Church in die **Wall Street** mit der Börse (New York Stock Exchange); links abbiegen in die Water Street bis zum **South Street Seaport**.

Nachmittag   Taxifahrt über die First Avenue (vorbei am UN-Gebäude) zur **Grand Army Plaza** am Central Park South & Fifth Avenue; Gang durch die Lobby des Hotels **The Plaza**, Bummel entlang der **Fifth Avenue** mit Stippvisiten bei Tiffany's, im Trump Tower, bei Cartier und im Kaufhaus Saks, dessen Schaufensterdekoration oft Stadtgespräch ist.

Nächste Station ist die Sunken Plaza des **Rockefeller Center**: Wer immer noch gut zu Fuß ist, macht die »Walking Tour of Rockefeller Center« (die Broschüre dazu liegt in der Lobby des zentralen G. E. Building aus) oder besucht die Aussichtsplattform **Top of the Rock**. Vier Blocks weiter südlich geht es über die 45th Street nach Westen bis zur Seventh Avenue: Hier beginnt der schmale, lang gezogene **Times Square**.

Abend   **Broadway-Show** (evtl. Karten zum halben Preis am TKTS-Schalter) oder (nur wochentags) eine romantische Fährfahrt nach New Jersey ins Restaurant **Chart House** mit großer Terrasse am Wasser, köstlicher und preisgünstiger amerikanischer Küche und Traumblick auf Manhattan. Am Wochenende muss man ein Taxi nehmen, denn die Fähre verkehrt nur Montag bis Freitag.

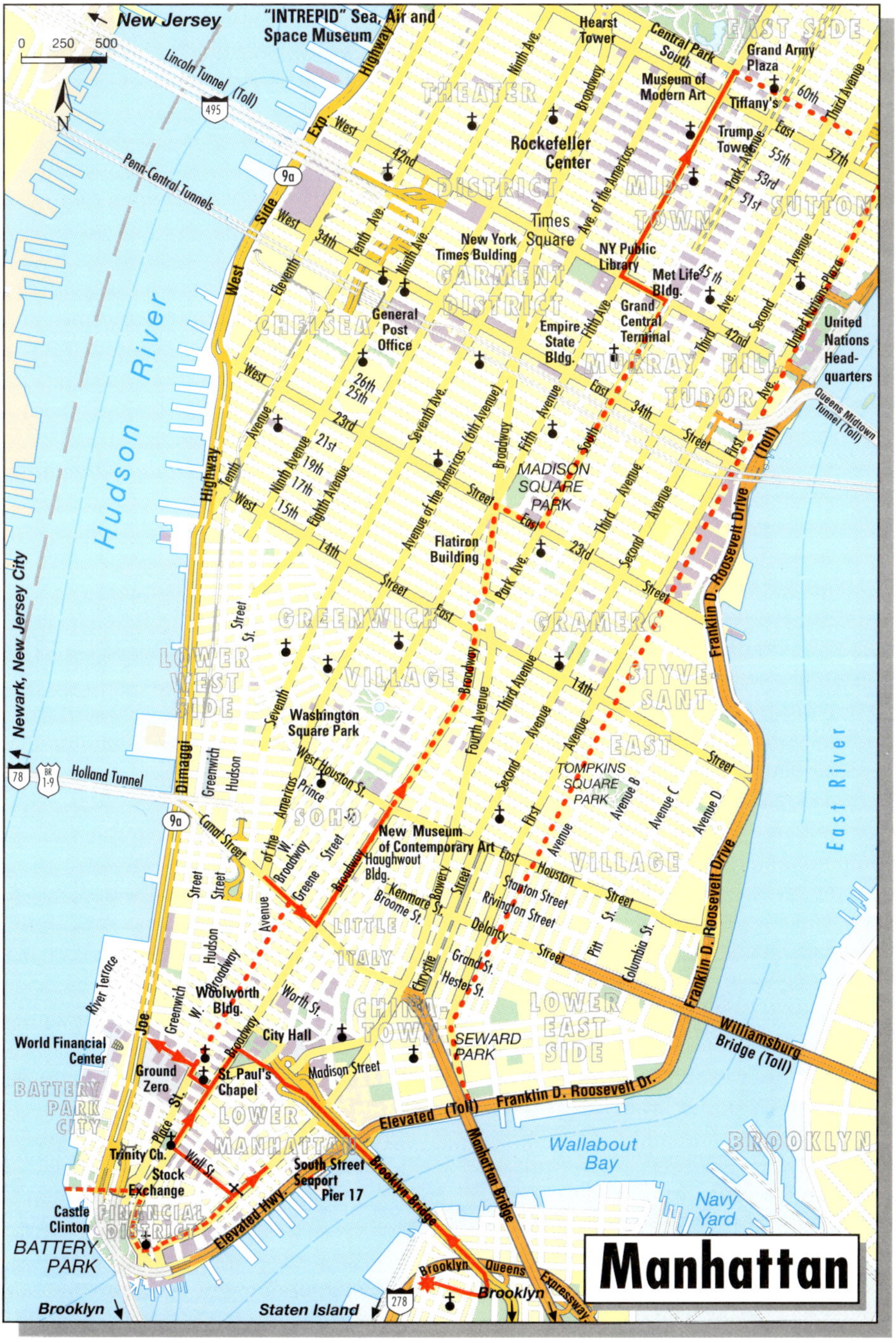
Manhattan
New Jersey
"INTREPID" Sea, Air and Space Museum
Lincoln Tunnel (Toll)
Penn-Central Tunnels
Hudson River
East River
Hearst Tower
Central Park South
Grand Army Plaza
Museum of Modern Art
Tiffany's
Trump Tower
Rockefeller Center
THEATER DISTRICT
MIDTOWN
SUTTON
Times Square
New York Times Bulding
NY Public Library
Met Life Bldg.
Grand Central Terminal
Empire State Bldg.
GARMENT DISTRICT
CHELSEA
General Post Office
MURRAY HILL
TUDOR
United Nations Headquarters
Queens Midtown Tunnel (Toll)
MADISON SQUARE PARK
Flatiron Building
GREENWICH VILLAGE
GRAMERCY
STYVESANT
LOWER WEST SIDE
Washington Square Park
TOMPKINS SQUARE PARK
EAST VILLAGE
SOHO
New Museum of Contemporary Art
Haughwout Bldg.
LITTLE ITALY
CHINATOWN
SEWARD PARK
LOWER EAST SIDE
Williamsburg Bridge (Toll)
Holland Tunnel
Newark, New Jersey City
Woolworth Bldg.
City Hall
World Financial Center
Ground Zero
St. Paul's Chapel
BATTERY PARK CITY
LOWER MANHATTAN
Trinity Ch.
Stock Exchange
South Street Seaport Pier 17
Castle Clinton
FINANCIAL DISTRICT
BATTERY PARK
Brooklyn Bridge
Manhattan Bridge
Wallabout Bay
Navy Yard
BROOKLYN
Brooklyn Queens Expressway
Brooklyn
Staten Island
Franklin D. Roosevelt Drive
Elevated (Toll) Franklin D. Roosevelt Dr.
Elevated Hwy.
West Side Highway
Joe Dimaggi Highway

Der 11. September 2001 hat New York in seinen Grundfesten erschüttert, der Rausch der Leichtigkeit und Lebenslust, der für Neuankömmlinge in Manhattan sofort spürbar war, ist einer nüchternen Betriebsamkeit gewichen. »Business as usual« ist die Devise, die helfen soll, die Schmerzen zu ertragen, die der Verlust des Gefühls der Unbesiegbarkeit mit sich bringt. Und nun muss New York seit 2008 mit der Finanzkrise, die hier ihren Ausgang nahm, einen neuen Tiefschlag verkraften.

Aber weder der Anschlag noch die Finanzkrise ändern etwas an der Tatsache, dass New York auch weiterhin die einzige wirkliche Weltmetropole bleibt, mehr als nur eine Kapitale des Konsums und ein Mekka des Showbusiness, nämlich das intellektuelle und künstlerische Epizentrum der Neuzeit.

New Yorks Flair wird gespeist von seinen Widersprüchen, vom Neben- und Miteinander aller Weltkulturen und Hautfarben. Hier wohnen mehr Juden als in Jerusalem, mehr Italiener als in Rom und mehr Griechen als in Athen. Sieben Millionen Menschen leben in der Metropole am Hudson, und mehr als doppelt so viele Besucher kommen jährlich, um für ein paar Tage am eigenen Leib zu spüren, was das heißt: Leben auf der Überholspur. Nirgendwo sonst erfährt der Neuankömmling im ganz normalen Alltag so viele magische Momente, werden Filmszenen Realität und die Bilder im Kopf plötzlich Wirklichkeit.

Ob das Opium Manhattan den Besucher high oder hilflos macht, liegt am Gemütszustand des Betrachters. In missmutiger Stimmung verstärkt New York den Kater, doch an allen anderen Tagen ist das Leben hier ein erster Preis und lädt den inneren Akku bis zum Anschlag. Dann siegt die sinnliche Folklore aus Verkehrslärm und dem Gesprächs-Stakkato vorübereilender Passanten, aus Möwengeschrei und dem dumpfen Röhren der Subway, die tief unterm Pflaster durch die Tunnel schrammt. Dann möchte man die Duftnote der Streets und Avenues auf Flaschen ziehen und mit nach Hause nehmen, diese unverwechselbare Mischung aus dem Geruch heißer Brezeln, der Salzluft des nahen Meeres und den warmen Abgasschwaden aus den Subway-Tunnel, die wie weiße Wolkenbahnen aus breiten Rohren in die Straßenschluchten aufsteigen.

Manhattan ist ein eigenes Universum, auch wenn es von den insgesamt fünf New Yorker Stadtteilen (Manhattan, Bronx, Queens, Brooklyn, Staten Island) ausdehnungsmäßig der kleinste ist: 21,5 Kilometer lang und maximal 3,7 Kilometer breit. 1,5 Millionen Menschen leben hier und verstehen sich als ganz besondere Spezies. Wem es gelungen ist, auf dem felsigen Eiland zwischen Hudson und East River Fuß zu fassen, für den sind alle anderen Erdenbewohner Ausgestoßene, und ganz besonders jene, die in den Suburbs von Queens und Brooklyn wohnen müssen – mögen sie dort auch Bäume hinterm Haus haben und einen eigenen Garten fürs Barbecue. Acht Brücken und vier Tunnel verbinden die Insel Manhattan mit dem Festland, doch geistig trennen sie Welten.

Manhattan ist die Heimat der Intellektuellen, der Verlagslektoren und Journalisten, der Künstler, Bohemiens, Bibliothekare und Studenten. Das restliche Amerika ist Provinz – und dazu gehören auch die vier übrigen New Yorker Stadtteile. Der Abscheu vor den

Vorstädtern entlarvt sich im Schlag-
wort von der *bridge and tunnel crowd*,
all jenen eben, die von auswärts, über
Brücken und durch Tunnel nach Manhattan kommen, um über alles herzu-
fallen, was als In-Place gehandelt wird.
Der wahre Homo Manhattan verlässt
daher am Weekend seine Wohnung
nur, um sich die kofferschwere Wo-
chenendausgabe der New York Times
zu holen oder Freunde zu besuchen.

   Dabei hat der Manhattan-Snob mit
der *middle class family* aus Queens
oder Staten Island Etliches gemeinsam,
zum Beispiel die innige Liebe zum **Empire State Building**, dem vielleicht
schönsten Wolkenkratzer der Welt. Für
die Einwohner ist das 381 Meter hohe,
elegante Baukunstwerk des Art déco an
der Fifth Avenue Wahrzeichen und
Symbol der Stadt – die obersten Stockwerke und die filigrane Spitze werden
deshalb je nach Jahreszeit und Anlass
farbenfroh geflutet, tannengrün in den
Weihnachtswochen und seit dem 11.
September patriotisch in den amerikanischen Nationalfarben.

   Für NY-Neulinge ist die unverwechselbare Silhouette des Empire State der
erste optische Anker im Straßengewirr.
Bis 1973 war dieser Turm der höchste
der Welt, und die Parade der Superlati-
ve beeindruckt immer noch: 60 000
Tonnen Stahl sind verbaut, 73 Aufzüge
schaufeln täglich 16 000 Angestellte
und knapp 7000 Besucher in 102
Stockwerke, 5600 Kilometer Telefonkabel sorgen für den Draht nach draußen,
und alle zwei Wochen müssen 6500
Fenster geputzt werden.

   Nach einmal Umsteigen erreicht man
das 102. Stockwerk mit verglaster
Aussichtsterrasse; doch schöner, weil
mit Open-Air-Plattform, ist der Blick

Manhattan Landmark: Empire State Building

Wenn es Nacht wird in Manhattan

von der vergitterten Freiterrasse im 86. Stock. Da steht es sich hoch droben und sturmumtost wie im Mastkorb eines Schiffes. Der Wind reißt in den Haaren, und ringsum wogt bis zum Horizont ein steinerner Ozean, dessen anschwellendes und abebbendes Brüllen aus unzähligen Klimaanlagen, röhrenden Schiffen, hupenden Taxis und heulenden Sirenen nach oben dringt.

Bis Mitternacht ist die Plattform geöffnet, Zeit genug auch für Neuankömmlinge aus Europa, den Ankunftsabend hier zu verbringen und sich bei einer ersten Orientierung die eigene Geographie Manhattans einzuprägen. Im Norden beherrschen die Türme des Rockefeller Center das Bild, dahinter dehnt sich der Central Park als großer, dunkler Teppich; im Westen fließt der Hudson, am anderen Ufer liegt New Jersey mit Piers und Hafenanlagen; im Osten lassen sich im Hochhausgewirr auf Anhieb zwei Bekannte ausmachen: das flache, schwarze Gebäude der United Nations am Ufer des East River und das prachtvolle Chrysler Building mit seinem siebenstufig geschwungenen Strahlenkranz.

Nach Süden schließlich öffnet sich ein breites Wellental, das die New Yorker »The Valley« nennen: der hochhausarme Flickenteppich der ethnischen *neighborhoods* mit den Vierteln Chelsea und Gramercy, Greenwich Village und East Village, SoHo, TriBeCa, Little Italy und Chinatown – ein Paradies für abendliche kulinarische und musikalische Erlebnisse. Dahinter, fast schon fern am Horizont, wächst die

44

letzte Hochhaus-Welle des Finanzdistrikts in den Himmel, die einst von
den beiden Türmen des World Trade
Center überragt wurde. Wie ein Schiffs-
bug pflügt die spitz nach Süden zulau-
fende Insel Manhattan durchs Wasser,
und an klaren Tagen geht der Blick
weiter bis zur Statue of Liberty und
über die Upper und Lower Bay.

Natürlich wird mit dem atemberau-
benden Ausblick jede Menge Geld gemacht, zahllose Souvenirshops bieten
im 86. Stock das Empire State in allen
Varianten an – von der Nachttisch-
leuchte bis zum T-Shirt. Für zehn
Dollar kann man sich samt Empire-
Kulisse aufs Titelbild des Time-Maga-
zine bannen lassen, und für etwas weniger gibt es ein drahtloses Ein-Minu-
ten-Gespräch heim nach Europa. »Ei
wärglisch, glaab mers doch, isch bin
alleweil ufm Emmbaier-Schdääd-Bil-
ding«, brüllt ein entnervter Pfälzer der
verschlafenen Verwandtschaft ins Ohr;
vor lauter Begeisterung hat er die Zeit-

verschiebung in die Heimat vergessen.
– Langsam stellt sich die rechte Bett-
schwere ein; wer sich gegen 21 Uhr
schlafen legt, hat gute Chancen, trotz
Jetlag bis vier oder halb fünf Uhr morgens durchzuschlafen.

Wer so früh schon munter ist, hat die
Gelegenheit, den Tag mit einem Paukenschlag zu eröffnen: Sonnenaufgang
über Manhattan. Der Logenplatz dafür
liegt jenseits in Brooklyn und ist jedem
Taxifahrer ein Begriff: **Brooklyn Heights
Promenade**. Der Promenadenweg führt
an der friedlichen Idylle denkmalge-
schützter Brownstone-Häuser entlang,
in denen Künstler und Schriftsteller
wohnen, die hoch über dem Ufer des
East River einen unverbaubaren Blick
auf die majestätische *beauty skyline*
des südlichen Manhattan haben.

Auch am frühen Morgen sind hier
schon einige Passanten unterwegs,
Jogger, Hundebesitzer, erste Banker
und Börsianer, die zum *power breakfast*
hinüber nach Manhattan eilen. Sie alle

Blick von Brooklyn auf Manhattan

Brooklyn Bridge

Finger Gottes: St. Paul's Chapel

nehmen weder Bus noch Subway, sondern beginnen den Tag mit dem schönsten Spaziergang, den New York zu bieten hat: Über den hölzernen Walkway der **Brooklyn Bridge** hoch über den Fahrbahnen hinüber nach Manhattan, wo Tausende von Fenstern und Spiegelfassaden im ersten Sonnenlicht glühen und gleißen. 22 Kilometer stählerne Seile halten die 1883 eröffnete und als Weltwunder gefeierte Hängebrücke mit ihren neugotischen Pfeilern und 530 Metern Spannweite. Der Wind, der manchmal wie ein Derwisch durch die gespannten Seile fegt, bringt die Stahlharfe zum Klingen, und mit jedem Schritt zerlegt das Gitternetz die Skyline in ein neues Bilder-Stakkato.

Am Ende der Brückenrampe führt unser Weg nach links durch die Park Row, vorbei an der **City Hall**, dem Sitz des Bürgermeisters, bis zum **Broadway** in die südlichste Spitze Manhattans und die Keimzelle der heutigen Stadt. An der Kreuzung Broadway & Fulton Street befinden wir uns bereits auf heilig-historischem Boden. **St. Paul's Chapel** aus dem Jahr 1766 ist New Yorks älteste Kirche. George Washington schickte hier ein Dankgebet zum Himmel, als er ins Präsidentenamt eingeführt wurde; im Nordchor ist sein Kirchenstuhl markiert.

Wenige Meter weiter westlich liegt das weite, eingezäunte Areal von **Ground Zero.** Der Wiederaufbau des World-Trade-Center-Komplexes mit dem Freedom Tower und drei weiteren Hochhäusern samt Vehicle Screening Center, dem großflächigen 9/11 Memorial und der neuen Subway-Station ist ein Mammut-Unternehmen, bei dem immer neue Probleme auftauchen – angefangen von der Finanzierung bis zu unterschiedlichen Vorstellungen der Angehörigen zur Gestaltung des Memorials. Bis zur Fertigstellung informiert eine Ausstellung im **Tribute WTC Visitor Center** (120 Liberty St.) die Besucher. Hier starten auch täglich 11 Uhr die gut einstündigen Rundgänge, geführt von Betroffenen und Angehörigen der Opfer, die den 11. September 2001 aus ihrer Sicht schildern. Das Motto heißt »Take a Walking Tour and Hear a Personal Story« (Karten gibt es für $ 10 im Tribute WTC).

Bis zum 11. September 2001 ragten hier die 411 Meter hohen Doppeltürme des **World Trade Center** in den Himmel. Sie waren 1974 eröffnet worden und galten zwar optisch nicht als architektonisches Glanzstück, waren jedoch mit 50 000 Mitarbeitern in Büros und Ladenpassagen das Herz des Finanzdistrikts und durch ihre schiere Höhe nicht nur ein Geld- und Machtsymbol, sondern vor allem eine unübersehbare Orientierungsmarke für ganz New York, die schon nach der Landung am Kennedy Airport die Richtung wies: Dort wo die beiden Hochhaus-Finger aus dem Dunst ragten, war die Südspitze von Manhattan. Auf den Erdmassen, die beim Bau des World Trade Center Anfang der 1970er Jahre ausgeschachtet und in den Hudson gekippt wurden, entstand ein neues Viertel, die **Battery Park City** mit Grünanlagen und Promenaden.

Zurück auf dem Broadway wartet die nächste Top-Adresse: **Wall Street**, auch nach dem 11. September weiterhin das Zentrum der amerikanischen Finanzmacht und das Herz des Kapitalismus. Ihren Namen hat sie von der hölzernen Mauer, die 1653 holländische Siedler vor den indianischen Ureinwohnern schützen sollte.

Die Auswirkungen der Finanzkrise, die im Frühsommer 2007 mit der US-Immobilienkrise begann, hat New York empfindlich getroffen. Innerhalb kürzester Zeit wurden an der Wall Street mehr als 500 Milliarden Dollar und 150 000 Jobs vernichtet. Die Arbeitslosenzahl stieg in der zweiten Hälfte 2008 proportional zum Sinkflug der Kurse an der Börse. Und es traf nicht nur Banker, Anwälte, Immobilienmakler, Schönheitschirurgen, Restaurantbesitzer oder Galeristen. Die Wall Street stellte etwa elf Prozent der Arbeitsplätze in New York. Und an jedem der gut bezahlten Jobs hängen und hingen weitere des »kleinen Mannes« – Imbissbudenbesitzer, Kellner, Kuriere, Schuhputzer …

Dort, wo die Wall Street in den Broadway mündet, steht die **Trinity Church** aus dem Jahr 1846, die für ein halbes Jahrhundert lang New Yorks höchstes Bauwerk war. Heute wirkt sie in der engen Schlucht der kurzen Wall Street zwischen den mächtigen Bauten der Banken und Börsen wie eine zierliche Kapelle. In der nahen Wertpapierbörse, der 1792 eröffneten **New York Stock Exchange**, einem Tempel mit korinthischen Säulen (11 Wall & 20 Broad St.) pokern die Broker um die Kurse. Auch wenn weltweit Konjunkturprogramme ins Leben gerufen werden, um die Auswirkungen der Finanzkrise zu bekämpfen, ist ein Ende noch nicht absehbar. Im Februar 2009 sagt die US-Regierung allein der Wall Street 500 Milliarden bis eine Billion für eine »Bad Bank« zu.

Kevin Hannafin führt die Besucher durch die »Firezone«, das interaktive Museum der New Yorker Feuerwehr

Für unsere wohl verdiente Mittagspause steht ein Kontrast auf dem Programm. Am Ende der Wall Street geht es linker Hand zum **South Street Seaport**, einem wieder belebten Relikt des historischen New Yorker Hafens, der 1967 unter Denkmalschutz gestellt wurde. Mittlerweile entstand hier, was die Amerikaner »Festival Marketplace« nennen, – eine attraktive Mischung aus Kneipen, Galerien, Museen und Shops. Der ganze Bereich ist Fußgängerzone und mit Kopfsteinpflaster und Straßencafés ein nostalgisches Flanierrevier mit mediterranem Flair.

An der Pier 16 liegen historische Schiffe, Pier 17 ist eine mehrstöckige Shopping Mall, über deren gesamten dritten Stock sich der Promenade Food Court mit unzähligen Delikatess- und Fastfood-Ständen zieht. Draußen vor der Glastür des Restaurants wartet ein großes Sonnendeck im Stil eines Kreuzfahrtliners. Auf den hölzernen Planken sind Dutzende bequemer Liege-

stühle bereitgestellt, und ebenso gratis ist der beruhigende Panoramablick auf East River und Brooklyn Bridge.

Nichts ist einfacher, als im South Street Seaport einen ganzen Tag zu vertrödeln mit Schiffe besichtigen, Galerien durchstöbern, Souvenirs auswählen, Muschelsuppe schlürfen und durch Museen bummeln. Wer also den zweiten Teil unseres Rundganges auf morgen verschieben kann – umso besser. Wenn nicht, wird nun ein Taxi gestoppt und ab geht die Fahrt durch die Gassen und Straßen von Chinatown und Little Italy und auf der First Avenue nach Norden. Ziel der Fahrt ist die Nobel-Adresse **Central Park South, Ecke Fifth Avenue**. Auf den letzten Kilometern passieren wir den Heliport, von dem aus die Helikopter-Sightseeing-Flüge starten, sowie das flache, hässliche Hochhaus der United Nations.

Der Taxifahrer entlässt uns an einer Kreuzung, deren direkte Umgebung genügend Stoff für ein weiteres Tagesprogramm bieten würde. Abgesehen von der Madison Avenue nördlich der 57. Straße, ist nirgendwo in New York so viel Glamour, Reichtum und Noblesse versammelt wie hier. An den beiden Flanken des **Central Park** reihen sich die teuersten und besten Hotels der Stadt mit Suiten, die nicht selten 3000 Dollar pro Nacht kosten. Als architektonisches Markenzeichen New Yorks gilt das elegante, im Stil französischer Schlösser gebaute **The Plaza**, einst eine Legende der Hotelwelt. Vor der Tür des Plaza, dessen Gästezimmer teilweise zu Eigentumswohnungen umgebaut wurden, parken die Kutschen für eine Rundfahrt durch den Central Park.

Doch das denkmalgeschützte Plaza ist nur der Auftakt aller glanzvollen Adressen, die bei unserem Spaziergang entlang der **Fifth Avenue** auf beiden Seiten Spalier stehen. Von Tif-

fany's, wo es weiterhin zwar teure Juwelen und silberne Souvenirs, aber immer noch kein Frühstück gibt, über den gigantisch in Gold schwelgenden Prunkturm des Baulöwen Trump mit fünfstöckigem Foyer aus orangefarbenem Marmor, stürzenden Wasserfällen und zahllosen Nobel- und Kitsch-Boutiquen über das japanische Edel-Kaufhaus Takashimaya bis zu Cartier und Saks sind es immer nur ein paar Schritte – aber jede dieser Adressen ist gut für einen mehrstündigen Besuch.

Das gilt erst recht für das **Rockefeller Center**, New Yorks »City-in-the-City«, einen Komplex aus 19 Skyscrapers und dem gewaltigen goldenen Prometheus über der tiefer gelegenen, fahnengeschmückten **Sunken Plaza**. Ein Highlight ist die spektakuläre Aussichtsplattform **Top of the Rock** mit 360-Grad-Panoramablick. Im Winter kann man hier Eis laufen, im Sommer lockt

Tempel des Geldes: Wall Street

ein Freiluftcafé – rund ums Jahr ist die Plaza prominentester Meeting-Point Manhattans. Anfang Dezember wird an dieser Stelle Christmas eingeläutet – mit Musikkapellen, Nussknacker-Paraden und 18 000 Glühbirnchen am größten Weihnachtsbaum New Yorks.

In der Eingangshalle des Hauptgebäudes liegt die Broschüre »Walking Tour of Rockefeller Center« mit neun Stationen aus. Zum Rockefeller Center gehört auch die **Radio City Music Hall**. Der Art-déco-Tempel, 1999 für 70 Millionen Mark restauriert, ist Heimat der Rockettes und des »Christmas Spectacular«, einer hinreißend kitschigen Show, die jeweils von November bis Januar über die Bühne geht und seit 1933 fundamentaler Bestandteil der amerikanischen Weihnachtszeit ist.

Vom Ende des Rockefeller Center sind es noch vier Blocks nach Süden und zwei Avenues nach Westen und wir stehen am **Times Square**, der lang gestreckten, aus unzähligen Lichtern und Leuchtreklamen flimmernden und flirrenden Kreuzung der Seventh Avenue mit dem Broadway. Für Theaterfans und Entertainment-Freaks liegt hier das Mekka der amerikanischen Showkultur.

In den Querstraßen bis zur Eighth Avenue konzentrieren sich über 40 Bühnen. Sie sind gemeint, wenn vom **Broadway** die Rede ist. An der Ecke zur 43rd Street hat **Nasdaq**, die größte Börse der USA mit etwa 5000 gelisteten Unternehmen, ihren Sitz. Täglich wird dort der Nasdaq Composite ermittelt, der zu den weltweit wichtigsten Börsenbarometern zählt.

Wer noch genügend Kondition hat, stellt sich am Stand mit den Riesen-Lettern »TKTS« (sprich: Tickets) an – hier werden ab 15 Uhr ganz offiziell alle

Nobel: Fifth Avenue

unverkauften Theater-, Ballett- und Showkarten für den jeweiligen Abend zum halben Preis abgegeben.

Wer weder stehen noch gehen mag und dem Broadway-Getümmel einen romantischen Tagesausklang vorzieht, nimmt an der nahen Ferry-Station West 38th Street die Fähre nach Lincoln Harbor in Weehawken und steigt nach der kurzen, idyllischen Überfahrt am **Chart House** in New Jersey aus. Das Restaurant liegt mit ausladender Terrasse an der Spitze einer hölzernen Pier und bietet neben Spezialitäten wie mit Sesam überbackenem Lachs oder köstlichen Beef-Medaillons (zu sympathischen Preisen) vor allem einen genialen Blick auf 21 Kilometer Manhattan-Skyline im Sonnenuntergang.

① Infos: New York

ⓘ NYC Visitor Information Center
810 Seventh Ave., zwischen 52nd & 53rd Sts.
✆ 1 (212) 484-1222, Fax 1 (212) 245-5943
Mo–Fr 8.30–18, Sa/So 9–17 Uhr
Außer kostenlosen Stadtplänen, Fahrplänen für Bus und Subway, Tickets für Museen und andere Attraktionen gibt es auch gratis den 160-seitigen »Official NY Guide« mit allen Adressen und geldwerten Coupons. Der **MTA Pass**, mit dem man grenzenlos Bus und Subway fahren kann, ist hier auch zu haben.

New York im Internet:
Unter www.nycgo.com finden sich Infos zu allen touristischen Themen. www.newyork.citysearch.com ist ein Kultur-Stadtführer mit Veranstaltungstipps und Empfehlungen von Bars bis Shopping. Unter www.NYCtourist.com kann man Stadtpläne und die Webseiten der Top-Attraktionen wie des Empire State Building sowie *Airport Informations* samt Lageplan herunterladen. Sehr gut: www.newyork.de.

Mit dem Flugzeug:
Jede US-Airline und alle internationalen Fluggesellschaften fliegen regelmäßig einen oder mehrere der drei New Yorker Flughäfen an: La Guardia Airport (Inlandsflugverkehr), John F. Kennedy International Airport (JFK), beide im Stadtteil Queens, sowie Newark International Airport in New Jersey.
JFK: Das Taxi nach Manhattan gibt es zum Einheitstarif von $ 45 (plus Trinkgeld und Gebühren für Brücken und Tunnels) und braucht je nach Tageszeit 35–60 Minuten. Alle 15–30 Minuten fahren die **New York Airport Service Express-Busse** von 6 bis 23 Uhr von allen JFK-Terminals ab. Die Fahrt dauert ca. 1 Stunde bis zum Port Authority Bus Terminal, zur Grand Central Station oder der Penn Station und kostet $ 13 (beim Fahrer zahlen).
  Der **Super Shuttle Manhattan** fährt nach Bedarf etliche Hotels direkt an ($ 15–19). Der **A-Train** ($ 5) und die **Busse Q10** und **Q3**, mit Subway-Anschluss, fahren regelmäßig Richtung Manhattan.
Newark: Das Taxi kostet etwa $ 40–55 plus Gebühren ($ 4) und benötigt 40 Minuten bis nach Manhattan. Die Mini-Busse des **Gray Line Air Shuttle** fahren auf Anfrage zwischen 6 und 23.30 Uhr zu allen großen Hotels ($ 14). Der **Olympia Airport Express** fährt von 4–23 Uhr alle 15–20 Minuten nach Manhattan ($ 12). Zur Verfügung stehen auch der **Super Shuttle Manhattan** (vgl. JFK) und der **Air Train**, der bis zur Penn Station ($ 11–15) fährt.
La Guardia: Das Taxi kostet $ 30 plus Gebühren und fährt 20–40 Minuten ins Zentrum. Alle 15–30 Minuten fahren die **New York Airport Service Express-Busse** (✆ 1-718-875-8200) von 7.20 bis 23 Uhr. Die Fahrt dauert ca. 30–45 Min. bis zum Port Authority Bus Terminal, zur Grand Central Station oder der Penn Station und kostet $ 10–13, die beim Fahrer zu bezahlen sind. Der **Super Shuttle Manhattan** fährt nach Bedarf etliche Hotels direkt an ($ 15–22). Die Busse **M60** (alle halbe Stunde), **Q33** und **Q47** (alle 10–20 Minuten) mit Subway-Anschluss fahren für $ 2 Richtung Manhattan.

 Baby Sitters' Guild
60 E. 42nd St.
✆ 1 (212) 682-0227
www.babysittersguild.com
Seriöse Babysitter-Agentur, die ausgebildete und lizenzierte Betreuerinnen in 16 Sprachen vermittelt ($ 10 pro Stunde, 4 Stunden Minimum).

 Wer über 300 $ pro Nacht ausgeben will, hat die Wahl unter mehr als einem Dutzend traditionsreicher Luxushotels mit legendären Namen, darunter der exklusive Art-déco-Tempel **Waldorf-Astoria** (✆ 1-212-355-3000, Fax 1-212-872-7272, 1410 Zimmer); das **Peninsula** mit Belle-Époque-Lobby und Jugendstilräumen (✆ 1-212-956-2888, Fax 1-212-903-3949, 250 Zimmer).
  Weitaus schwieriger ist es, in Manhattan ein Hotel zu finden, das Stil und Klasse hat, eine optimale Lage in sicherer Umgebung und dessen Zimmer dabei weniger als $ 150 (EZ) bzw $ 200 (DZ) pro Nacht kosten. Wir stellen (in geographischer Reihenfolge von Manhattans Südspitze bis hinauf zum Central Park) Exemplare dieser raren Spezies vor:

Seaport Inn

33 Peck Slip, Lower Manhattan
New York, NY 10038
✆ 1 (212) 766-6600 und 1-800-HOTEL-NY
Fax 1 (212) 766-6615, www.seaportinn.com
Sympathisches Hotel der Best-Western-
Gruppe mit 65 Zimmern im Landhaus-Stil in
ruhiger Umgebung nahe dem Pier 17 am
South Street Seaport; wenige Fußminuten zur
Brooklyn Bridge. Von den Zimmern in den
oberen Stockwerken filmreifer Blick auf
Brooklyn Bridge, East River und den nächtli-
chen Fischmarkt auf der South St. (Vermei-
den Sie die vier Courtyard-Zimmer: Von dort
geht der Blick auf den tristen Innenhof.)

 Chelsea Lodge

318 W. 20th St., zwischen 9th & 10th Aves.
New York, NY 10011
✆ 1 (212) 243-4499, Fax 1 (212) 243-7852
www.chelsealodge.com
22 Zimmer im historischen Brownhouse im
Herzen von Chelsea mit Waschbecken und
Dusche, der WC-Raum wird jeweils mit
dem Nachbarn geteilt. Alles erstklassig re-
noviert, Parkettboden, Top-Betten, sehr
gutes Preis-Leistungs-Verhältnis. $

 Portland Square Hotel

132 W. 47th St., Theater District
New York, NY 10036
✆ 1 (212) 382-0600, Fax 1 (212) 382-0684
www.portlandsquarehotel.com
Früher logierten hier die Stars der Gangs-
terfilme wie James Cagney, heute bietet das
Low-Budget-Haus 136 renovierte Zimmer
(auch mit 3 oder 4 Betten) in günstiger Lage
für Nachtschwärmer und Familien.

 Red Roof Inn Manhattan

6 West 32nd St., NY 10001
✆ 1 (212) 643-7100, Fax 1 (212) 643-7101
Reservierung ✆ 1-800-733-7663
www.redroof.com
Geheimtipp mit günstigen Preisen, Kinder
unter 18 Jahren übernachten kostenlos. Zwei
Fußminuten vom Empire State Building entfernt, alle Zimmer mit Kaffeemaschine (samt
Kaffee), Bügeleisen und -brett, Internetan-
schluss. Beim Concierge Service in der Lobby kann man Eintrittskarten für Attraktionen

kaufen (erspart das Anstehen an der Kasse)
und das Taxi zum Flughafen vorbestellen.
Continental Breakfast inklusive. $–$$$

 Empire State Building

350 Fifth Ave. & 34th St.
✆ 1 (212) 736-3100 und 1-877-692-8439
www.esbnyc.com, tägl. 8–2 Uhr
Eintritt $ 20/14
Wahrzeichen New Yorks aus dem Jahr 1931
und berühmtestes aller Hochhäuser (381 m
hoch). Schöner Blick vom offenen Observa-
tion Deck im 86. Stock und der Aussichts-
plattform auf der 102. Etage. In der Lobby
wird das Gepäck kontrolliert, Ausweis (mit
Passbild) mitbringen.

 Brooklyn Bridge

Die Lieblingsbrücke der New Yorker, de-
ren zwei Fahrbahnen ursprünglich für die
steigende Zahl der Pferdekutschen ange-
legt wurden, entwarf der deutschstämmi-
ge Ingenieur Roebling. Sie verband Man-
hattan mit der damals noch unabhängi-
gen Stadt Brooklyn. 1883 wurde sie nach
etlichen dramatischen Zwischenfällen
fertiggestellt und als achtes Weltwunder
gefeiert. Unter ihren neugotischen Gra-
nitpfeilern führt hoch über den Fahrbah-
nen ein romantischer, hölzerner Fußweg
(Walkway) über den East River mit Blick
auf die Freiheitsstatue und Manhattan.

 Ground Zero

Tribute WTC Visitor Center, 120 Liberty St.
✆ 1-866 737-1184, www.tributewtc.org
Mo und Mi–Sa 10–18, Di 12–18, So 12–17
Uhr, Eintritt $10, Rundgänge tägl. 11, 13 und
15, Sa 11, 12, 13, 14 und 15 Uhr, Preis $ 10
Hier starten die geführten Rundgänge am
Ground Zero, die etwa 75 Minuten dauern.

 Staten Island Ferry

Battery Park & White Hall St.
Aktuelle Informationen zum Fahrplan inner-
halb von New York unter ✆ 311 oder auf
www.nyc.gov/dot, www.siferry.com.
Die Überfahrt mit der Fähre nach Staten Is-
land ist kostenlos, dauert 20 Minuten je Stre-
cke und bietet einen Blick auf die Südspitze
von Manhattan. Fährbetrieb rund um die Uhr.

① Infos: New York

South Street Seaport
Museum and Marketplace, südl. der Brooklyn Bridge am East River
☏ 1 (212) 748-8786, www.southstseaport.org
Restauriertes Hafenviertel mit Museen, historischen Schiffen, Kunstgalerien, Restaurants und mehr als hundert Läden und Boutiquen (Pier 17); schöner Blick auf Brooklyn Bridge und East River. Täglich starten geführte Touren am Visitors Center in der Fulton St. Mitternacht bis morgens 6 Uhr großer, pittoresker Fischmarkt auf der South Street.

Rockefeller Center
Zugang zum Hauptgebäude: Fifth Ave., zwischen 49th & 50th Sts.
www.rockefellercenter.com
Stadt in der Stadt und renommierteste Büroadresse: ein Komplex aus 19 Gebäuden, darunter das 70 Stockwerke hohe G.E. Building. Von der Aussichtsplattform **Top of the Rock** auf den Etagen 67 bis 70 bietet sich ein 360-Grad-Panoramablick über Manhattan (tägl. 8–24 Uhr, der letzte Aufzug fährt 23 Uhr, Eintritt $ 18, Kinder von 6–13 Jahren $ 12).

St. Patrick's Cathedral
Fifth Ave. & 51th St., tägl. 7–21 Uhr
St. Patrick's, benannt nach dem irischen Nationalheiligen, ist New Yorks römisch-katholische Kathedrale und Sitz des Erzbischofs. Der neugotische Bau wurde 1858 begonnen und 1906 vollendet. Der St. Patrick's Day (17. März) eröffnet die Saison der New Yorker Paraden und wird mit einem feierlichen Hochamt in seiner Namenskirche begangen.

Hearst Tower
300 W. 57th St. & Eighth Ave.
www.hearst.com
Das 46-stöckige Hochhaus am Columbus Circle, das aussieht wie eine stählerne Waffel, wurde 2004 von Norman Foster auf das ursprüngliche, sechsstöckige Art-déco-Gebäude des Hearst-Medienimperiums aufgesetzt und ist mit Regenwassernutzung und modernsten Lichtsensor-Systemen der wohl umweltfreundlichste Büroturm der Stadt.

New York Times Building
620 Eighth Ave., zwischen 40th & 41st Sts.

www.newyorktimesbuilding.com
Der 228 m hohe Neubau an der Eighth Avenue wurde vom Pritzker-Preisträger Renzo Piano entworfen und 2007 eröffnet. Mit energiesparenden Systemen ausgestattet, gilt der viertgrößte New Yorker Skyscraper als einer der ersten Öko-Wolkenkratzer.

American Museum of Natural History
Central Park West & 79th St.
☏ 1 (212) 769-5100, www.amnh.org
Tägl. 10–17.45, Eintritt $ 15/11/8.50
Eine New Yorker Institution und ein Muss für Familien: Vom weltgrößten frei stehenden Saurierskelett über den 34-Tonnen-Meteoriten bis zum Saphir von 5 637 Karat fehlt keine naturwissenschaftliche Sensation. Einen intergalaktischen Hit bietet die Space Show im angeschlossenen **Rose Center for Earth and Space**. Dort wurde der modernste Sternenprojektor der Welt mit einem Supercomputer gekoppelt, der die Daten der wichtigsten Teleskope auf Erden und im Weltraum geladen hat. Tom Hanks ist der Guide dieser Reise durchs Universum, nach der einem sogar Manhattan eine Nummer kleiner vorkommt als gewöhnlich (Central Park West & W. 81st St., ☏ 1-212-769-5200, tägl. 10.30–16.30, Fr bis 19 Uhr).

Big Apple Greeter
1 Centre St., Suite 2035, NY 10007
☏ 1 (212) 669-8159, Fax 1 (212) 669-3685
www.bigapplegreeter.org
Der Knüller unter allen Sightseeing-Programmen: 450 geschulte New Yorker zeigen Besuchern kostenlos ihre Stadt. Die Rundgänge dauern 2–4 Stunden, das Thema richtet sich nach dem Wunsch der Gäste. Das Programm wendet sich ausschließlich an individuelle Besucher, Paare oder Familien, Trinkgeld ist tabu. Wünsche (Stadtviertel, Thema) am besten 2–3 Wochen vorab per Fax oder E-Mail anmelden.

Barolo
398 Broadway, zwischen Broome & Spring Sts., Soho, NY 10012, ☏ 1 (212) 226-1102
Garten und Weinliste des modernen Italieners sind top; 20–30-jährige Gäste beherrschen die Szene. $$$

Frühstück im Empire Diner

 The Chart House
Pier D-T/Lincoln Harbor
Weehawken, NJ 07086
✆ 1 (201) 348-6628, www.chart-house.com
Mo–Do 17–22, Fr 17–23, Sa 16–23, So 11–14
(Brunch) und 16–22 Uhr
Amerikanische Küche in großartiger Lage
auf der Spitze einer Pier direkt am Wasser
(Terrasse mit 40 Tischen) mit Traumblick auf
die Skyline von Manhattan. Sogar die Rech-
nung macht Spaß. Der Grund: Wir sind jen-
seits des Hudson und damit nicht mehr im
teuren New York, sondern in New Jersey. $–$$
Anfahrt: Mo–Fr mit der Fähre von der
Ferry-Station West 38th St. (Ablegestelle 2)
nach Lincoln Harbor in Weehawken (7–22
Uhr alle 15 Minuten, einfache Fahrt $ 5).
Das Chart House ist einen Steinwurf von
der Anlegestelle entfernt. Abends steht
ein Bus der Fährlinie an der 38th St. bereit,
der einen kostenlos an einem größeren
Sightseeing-Ziel nach Wunsch (z.B. Empire
State) absetzt. Sa/So verkehrt keine direkte
Fähre, da empfiehlt sich eine Taxifahrt
durch den Lincoln Tunnel.

 Chez Josephine
414 W. 42nd St., zwischen Ninth & Tenth Ave.
New York, NY 10036
✆ 1 (212) 594-1925, http://chezjosephine.com
Di–Sa 17–1, So 12–22 Uhr
Jean-Claude, eines der 13 Adoptivkinder
der Josephine Baker, hat ihr zu Ehren ein
französisches Bistro im plüschigen Stil der

1930er Jahre eingerichtet. Exzellente Küche,
Dinner mit Live-Musik. $$$

 Empire Diner
210 10th Ave. & 22nd St., New York, NY 10011
✆ 1 (212) 243-2736
www.theempirediner.com
Der American Diner ist bekanntlich eine Mi-
schung aus Eisenbahn- und Speisewagen
und hat mittlerweile den Status eine Kultur-
Ikone. Die Art-déco-Schönheit in Schwarz
und Chrom hat rund um die Uhr geöffnet. $

 H.S.F. Restaurant
46 Bowery, Chinatown, New York, NY 10013
✆ 1 (212) 374-1319, tägl. 8.30–24 Uhr
Der Raum hat den Charme einer Turnhalle
und ist besonders am Wochenende kra-
chend dicht besetzt mit Chinesen. Alle paar
Minuten kommen Mitarbeiterinnen mit ge-
füllten Schälchen auf rollenden Teewagen
aus der Küche und fahren an den Tischen
vorbei, wobei sich jeder bedient. $

 Katz's Deli
205 E. Houston & Ludlow Sts.
✆ 1 (212) 254-2246, www.katzdeli.com
Nicht erst seit dem Film »Harry und Sally«
gilt das Pastrami-Sandwich des 110 Jahre al-
ten Traditions-Deli als »orgasmusverdäch-
tig« (Zagat-Restaurantführer). $–$$

 **Michael Jordan's
The Steak House N.Y.C.**
Grand Central Terminal, 23 Vanderbilt Ave.
✆ 1 (212) 655-2300
www.mjrestaurants.com
Mo–Fr 11.30–24, Sa 12–14, So 12–22 Uhr
In der prächtigen Grand Central Station residiert dieses gediegene Restaurant. Zwar
ist der Besitzer, Basketballstar Michael Jordan, kaum anwesend und die Star-Memo-
rabilia werden nur im Eingangsbereich
verkauft, aber Essen und Ambiente sind
erstklassig. $$$

 Papillon Bistro & Bar
22 E. 54 St., zwischen Madison & 5th Aves.
 ✆ 1 (212) 754-9006
http://papillonbistro.com, Opera Nights Fr
21, Sa 20.30 Uhr, unbedingt reservieren

Infos: New York

Die legendären Opera Nights des Caffe Taci sind nach Midtown umgezogen; beim Italo-Amerikaner Leopoldo Mucci treffen sich alle, die verrückt nach Oper sind. Zum Saltimbocca werden Arien von Verdi und Puccini geschmettert. Iya Fedotova, Mitte 80 Jahre, begleitet am Klavier. $$

 Peter Luger Steakhouse
178 Broadway, zwischen Bedford & Driggs Aves., Brooklyn, NY 11211
✆ 1 (718) 387-7400, www.peterluger.com
Das Paradies für Fleischfresser residiert in einem historischen Bau und hat den Charme einer Bierhalle. Der Service ist fix, die Porterhouse-Steaks sind teuer, dafür aber die besten der Welt. $$$

 River Café
1 Water St., Brooklyn, NY 11201
 ✆ 1 (718) 522-5200, www.therivercafe.com
Der Blick auf das abendliche Lichtermeer Manhattans ist die eigentliche Attraktion, das Essen ist eher überteuert. $$$

 Water's Edge
44th Dr. am East River, Long Island City, Queens, NY 11011
 ✆ 1 (718) 482-0033
www.watersedgenyc.com, So geschl.
Gratis-Boots-Shuttle ab 18 Uhr zu jeder vollen Stunde von der Marina an der 34th St. Romantische Aussicht, elegante Räume, professioneller Service, amerikanische Küche, Jeans und Turnschuhe sind tabu. $$–$$$

 Beekman Top of the Tower
26th Floor 3 Mitchell Place, First Ave. & 49th St. (Beekman Tower Hotel)
 New York, NY 10017
✆ 1 (212) 980-4796, Mo–Sa 17–1 Uhr
Die Art-déco-Bar im 26. Stock (windgeschützte Terrasse) ist ein beliebter Treff der New Yorker; traumhafter Blick, Live-Piano.

 The Oak Room at the Algonquin
Algonquin Hotel, 59 W. 44th St., zwischen Fifth & Sixth Aves., New York, NY 10036
✆ 1 (212) 419-9331
Das historische Hotel hat die schönste Lobby Manhattans; in gedämpftem Licht und freundlicher Clubstimmung treffen sich hier seit 1902 Intellektuelle aus der Theater-, Film- und Medienszene.

 Don't Tell Mama
343 W. 46th St., zwischen Eighth & Ninth Aves., New York, NY 10036
✆ 1 (212) 757-0788
www.donttellmamanyc.com
Große und kleine Talente lassen ungeniert am Mikrophon der Piano-Bar ihren musikalischen Gefühlen freien Lauf. Gute Stimmung, niedrige Preise; in zwei Nebenräumen gibt es Kabarett, Stand-Up Comedy, Musical Comedy und Parodien vom Feinsten.

 Webster Hall
125 E. 11th St., New York, NY 10003
✆ 1 (212) 353-1600, www.WebsterHall.com
Riesiger Tanzpalast mit Soul im edlen Keller, Mainstream-Disco im Erdgeschoss, Techno im Obergeschoss und mehreren Bars.

 Village Vanguard
178 Seventh Ave. & 11th St., NY 10014
✆ 1 (212) 255-4037, www.villagevanguard.net
Wohl der traditionsreichste Jazzclubs der Stadt, in dem alle Großen des Genres aufgetreten sind, oft hochkarätiges Programm. Mo spielt eine Big Band.

 Blue Note
131 W. Third St., New York, NY 10012
✆ 1 (212) 475-8592, www.bluenote.net
Olymp der Jazz-Götter, täglich zwei Shows (um 20 und 22.30 Uhr), am Wochenende drei (0.30 Uhr), Reservierungen gelten nur bis 30 Minuten vor Showbeginn.

Cafe Carlyle
35 E. 76th St. (The Carlyle Hotel)
New York, NY 10023-1521
✆ 1 (212) 744-1600, www.thecarlyle.com
Tägl. außer So ab 20.45 Uhr, Eintritt bis $ 85
Das Carlyle mit seinen Wandmalereien und dem romantischen Setting ist für Generationen von Kabarettisten und Jazz-Musikern eine Institution. Stars wie Eartha Kitt und Dixie Carter treten hier auf, immer montags z.B. Woody Allen mit seiner Band Woody Allen & The Eddy Davis New Orleans Jazz Band. ❖

2 Crossing the Delaware
New York, Princeton, Philadelphia

»Counting the cars
On the New Jersey Turnpike.
They've all come
To look for America.
All Come to look for America«

(Paul Simon, »America«)

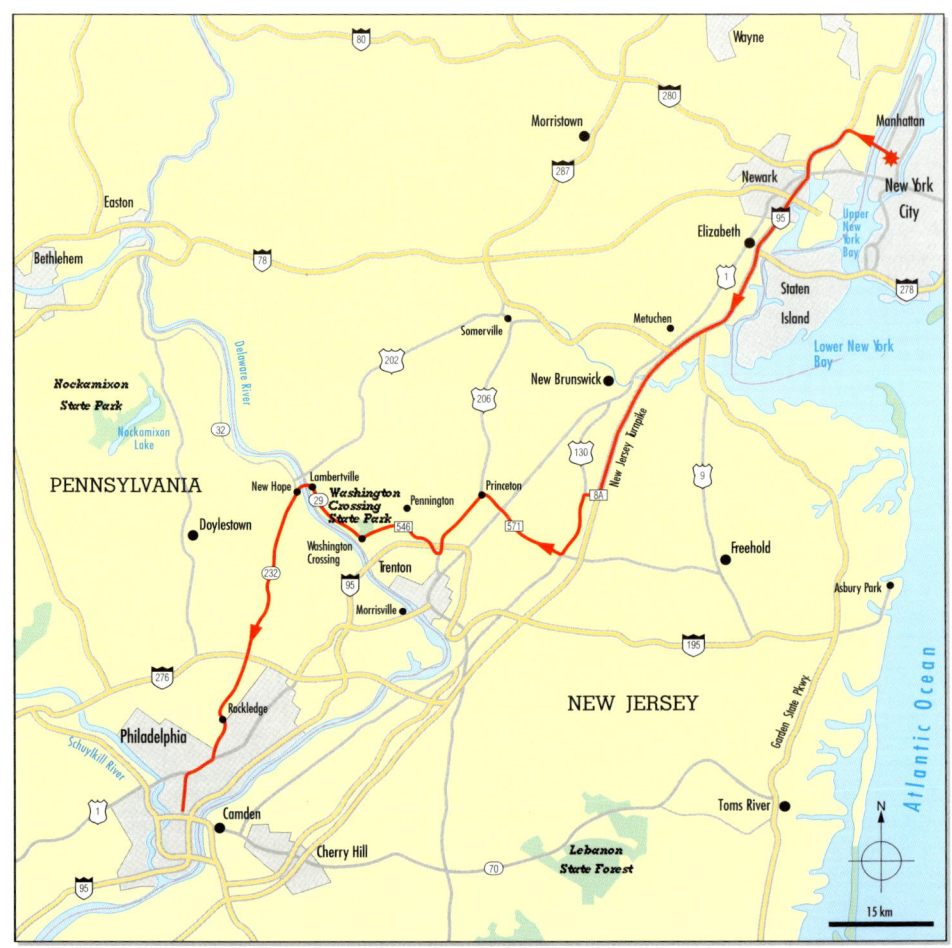

2. Route: New York – Princeton, NJ – Philadelphia, PA (187 km/117 mi)

km/mi	Zeit	Route
0	9.00 Uhr	In **New York:** von Midtown W. 39th St. durch den Lincoln Tunnel (I-495 West); I-95 South zum New Jersey Turnpike South, Exit 8A, Rt. 130 South, Rt. 571 West und den Schildern folgen nach
94/ 59	10.30 Uhr	**Princeton** (parken z. B. im Parkhaus Rückseite von Palmer Sq., Hulfish St.), Stadtrundgang: **Nassau Sq.**, Nassau St. und **Campus der Universität**; Lunch.
	14.00 Uhr	Von Princeton US 206 South (Nassau St.), S 546 rechts Richtung Pennington und den Schildern WASHINGTON CROSSING STATE PARK folgen, S 29 nach Norden, Richtung
126/ 79	14.30 Uhr	**Lambertville** (entweder hier oder in New Hope 1 Std. Pause). An der Hauptkreuzung links Richtung Brücke und **New Hope**; dort die S 32 links nach Süden, dann S 232 nach Süden bis Rockledge und
171/107	16.30 Uhr	zur Kreuzung mit der US 1 (= Roosevelt Blvd.); dort rechts nach Süden und Ausfahrt bei Broad St., diese links Richtung
187/117	17.00 Uhr	Downtown **Philadelphia** (City Hall). **Einen Stadtplan von Philadelphia finden Sie S. 66.**

Alternative: Kürzester Weg von Princeton nach Philadelphia: US 206 South (Nassau St.), I-95 South hoch über den spektakulären Delaware River und vorbei an der Begrüßung WELCOME TO PENNSYLVANIA. AMERICA STARTS HERE; in Philadelphia Ausfahrt INDEPENDENCE HALL über Callowhill und 2nd St. (1 Std. Fahrzeit für 69 km), dann rechts entweder über Arch oder Walnut St. zum Zentrum (City Hall).

So weit New York, so gut. Danach, im Licht am Ende des Lincoln-Tunnels, beginnt die Reise – nach viel Asphaltdschungel mit der Hoffnung auf die Unschuld vom Lande. Allerdings scheint New Jersey dafür erst einmal die falsche Adresse. Der Staat gilt als übervölkert, zersiedelt und umweltbelastet, als ökonomisches Hinterland, Zulieferer und Auslauf von New York und Philadelphia, ja, als deren Schatten.

Leider ändern die ersten Reisemeilen zwischen den Skylines von Manhattan und Newark an diesem Ruf ebensowenig wie die grünen Flanken des New Jersey Turnpike, die jeden Blick aufs Land abschirmen. Der Straßenverkehr bietet erst recht keine Überraschungen. Allenfalls rauscht mal die Autokette einer Beerdigung vorbei: alle mit blinkenden Lichtern, vorn der Leichenwagen mit der schwarzen Fahne FUNERAL, dahinter die rollenden Trauergäste auf der rechten Spur, exakt im Tempolimit. Schließlich die optische Wende: ländliches Grün und parkähnlich gepflegte Landschaften, in denen sich Großverlage (McGraw Hill z.B.), High-Tech-Firmen und hypermoderne flache Verwaltungsbauten gut eingepasst haben. Data-Parks und Bio-Forschungsfirmen nisten neben manikürten Golfplätzen und wo-

Ältere Semester: Akademiker der Princeton University

genden Maisfeldern, und je näher **Princeton** rückt, um so prächtiger sehen die Alleen, Villen und Sportanlagen aus.

Princeton, so schrieb schon F. Scott Fitzgerald mit einem Seitenhieb auf New

Campus mit Durchblick: Plastik von Henry Moore auf dem Unigelände von Princeton

Jersey, erhebe sich wie »ein grüner Phönix aus dem hässlichsten Land der Welt«. Tatsächlich zeigt das stattliche Städtchen viel Grün. Als kleine Quäkersiedlung nahm es 1690 seinen Anfang und nannte sich erst einmal so wie der Bach in seiner Nähe, Stony Brook, dann Prince's Town, schließlich Princeton.

Der Ort, schon bald ein Widerstandsnest gegen die britische Kolonialmacht, galt später lange als stilles Universitätsstädtchen. Zahlreiche Firmenverwaltungen und Forschungslabors sorgten dann in den letzten Jahren für kräftiges Wachstum. Die Hotels haben am Wochenende meist Hochbetrieb. »Many weddings«, verrät der Portier, der in der Lobby die Koffer bewacht. Also, nicht allein zum Studieren kommt man nach Princeton.

Auf halber Strecke zwischen New York und Philadelphia eine Pause einzulegen, das hat in Princeton Tradition. Schon im 18. Jahrhundert hielten hier die Postkutschen. Der Kutscher und Postbote avancierte zur allamerikanischen Figur, zu *Yankee Doodle*. Alt und jung kennt ihn am besten aus dem Lied mit dem Vers:

YANKEE DOODLE CAME TO TOWN
RIDING ON A PONY
STUCK A FEATHER IN HIS HAT
AND CALLED IT MACARONI

Zum Volksgut gehören auch die zahllosen Gemälde von Norman Rockwell, der den pfiffigen Kutscher und folkloristischen Helden im populären Genrestil verschiedentlich in Öl auf die Leinwand brachte, mitunter auch direkt auf die Wand. Im traditionsreichen **Nassau Inn** am **Palmer Square** prangt so ein Original-Rockwell als Fresko über der Bar. *Yankee Doodle* kehrt sogar im Logo des hauseigenen Briefpapiers wieder, schließlich war der Inn die Herberge, in der die Postkutschengesellschaften ihre Pferdegespanne austauschten.

Nur ein Katzensprung über die **Nassau Street** trennt den hübschen Palmer Square vom Campus der **Universität**, die auf eine lange Geschichte und bedeutende Lehrer zurückblickt und heute (neben Yale und Harvard) zu den Elite-Schulen des Landes gehört. Albert Einstein lehrte seit Anfang der 30er Jahre bis zu seinem Tod 1955 am »Institute of Advanced Study«, und Thomas Mann lebte hier 1938–40 als Gastprofessor. Princeton gehört zur *Ivy League*, dem konservativen Verband von US-Top-Hochschulen an der Ostküste. Umfragen bestätigen immer wieder, dass deren Absolventen bessere Jobs bekommen als Kommilitonen anderer Hochschulen.

Was passt dazu besser als die Freiluft-Plastiken von Henry Moore oder die ebenfalls nicht ganz kostenlosen Mountainbikes vor den Hörsälen und zwischen munter springenden Eichhörnchen und gutgelaunten Piepsern: Lernen de luxe. Die schweren dunklen Natursteine der Bauten in der grünen, baumbestandenen Lernidylle – **Nassau Hall**, das älteste Uni-Gebäude, ausgenommen – wirken düster und gruftig und könnten ohne weiteres als Kulissen in einem englischen Schauerroman herhalten. Diese akademischen Steinburgen im Stil des *Collegiate Gothic* sind sicher nicht jedermanns Geschmack. Doch das schreckt hier niemanden, im Gegenteil. Studieren ist eins, aber Zurückkommen noch besser, am besten zum Heiraten: in der neugotischen und mit einigem Understatement als *chapel* bezeichneten Kirche auf dem Unigelände. Anschließend be-

Lernen de luxe: Campus der University of Princeton

wirtet man die Gäste standesgemäß im **Prospect House**, dem akademischen Clubrestaurant *(faculty only!),* dessen vorgelagerte blühende Tulpenfelder jeden Mensa-Beigeschmack vergessen machen.

Und noch etwas lässt die *Princetonians* stolz auf ihre Stadt blicken: Die berühmten Meinungsumfragen des »Gallup Poll« stammen aus Princeton, wo George Gallup 1935 sein »American Institute of Public Opinion« eröffnete, um den Vorlieben und Abneigungen seiner Landsleute auf die Spur zu kommen.

Standesgemäß gediegen verabschiedet sich Nassau Street stadtauswärts im Süden. Aus der feinen Wohnkultur erwächst bald eine liebliche Naturszenerie. Im Frühling steht alles im zarten Grün, Ginster und Dogwoodbäume blühen. Der **Washington Crossing State Park** erinnert an jenes Uferstück am Delaware River, wo George Washington in der eisigen Christnacht von 1776 in Flachbooten übersetzte, um die Engländer in der Schlacht von Trenton zu attackieren. Heute ist ringsum alles friedlich: entenbevölkertes Farmland mit vielen Teichen und weißen Zäunen.

»Tubing«: Freizeitspaß im Delaware River

Am **Delaware River**, oder genauer an dem parallel zu ihm verlaufenden Kanal, geht es rege zu, man fährt Kanu, wandert, joggt, angelt und picknickt. Der Floh- und Antiquitätenmarkt macht **Lambertville** zum kunstgewerblichen Zentrum der Region. Die Veranden an den Straßen sind herausgeputzt, und überall locken kleine *guest lodgings* und verspielte *Artsy-craftsy*-Läden die Touristen an. Die Baptist Church bietet einen Lunch vor der Kirchentür an, die Eisenbahn heult, Luftballons tanzen: Lambertville steht manchmal kopf am Sonntag.

Die Menge ergießt sich auch über die Brücke, über die Grenze nach Pennsylvania, hinüber nach **New Hope**. Der geschichtsbewusste Autofahrer wird sicher bei der Überfahrt einen Augenblick innezuhalten und an das historischen Vorbild denken! Wie komfortabel gerät sein »Crossing the Delaware« im Vergleich zu den Booten von George Washington im Packeis, das Emanuel Gottlieb Leutze auf jenem Gemälde (vgl. S. 28) entworfen hat, das seither aus keinem amerikanischen Geschichts- oder deutschen Englischbuch mehr wegzudenken ist.

Vom gemütlichen New Hope geht es durch Bucks County am Fluss zurück nach Süden, dann steil aus dem Tal heraus auf die Höhe, auf der sich Pennsylvania gefällig ausbreitet. Das ändert sich, je näher **Philadelphia** rückt. »Die Stadt ist hübsch, aber verzweifelt regelmäßig. Nachdem ich eine oder zwei Stunden darin umherspaziert war, hätte ich weiß Gott was für eine krumme Straße gegeben. Mein Rockkragen schien steifer zu werden und meine Hutkrempe sich auszudehnen in dieser Quäkeratmosphäre«, notierte Charles Dickens im Jahre 1842.

Tatsächlich geht die Stadtanlage auf William Penn zurück, den Quäker, der hier am Zusammenfluss von Delaware und Schuylkill River 1683 den Auftrag vergab, Philadelphia im Stil eines rigiden Schachbrettmusters anzulegen, wie es dem Layout Londons im 17. Jahrhundert ähnlich sah. Dem heutigen Besucher bringt das Orientierungsvorteile. Die Nord-Süd-Straßen tragen Nummern, die Ost-West-Achsen Namen von Bäumen aus den Wäldern Penns, aus Pennsylvania eben. Nur Sassafras und Mulberry Street wurden umgetauft: zu Race bzw. Arch Street.

Penn zerlegte das Areal in vier gleiche Teile, in dessen Mitte sich zwei Hauptstraßen kreuzten. Da ihm eine »greene Countrie Towne« vorschwebte, bekam jedes der vier Rechtecke einen quadratischen Platz, der zuerst als Park und öffentlicher Garten, später als Weideland genutzt und danach als Grünfläche für alle hart umkämpft wurde.

So gründete der fromme Mann optimistisch seine »City of Brotherly Love« und bescherte ihr ein hundertjähriges Goldenes Zeitalter. Die Quäker, nicht gerade Praktiker der Landwirtschaft, holten sich erfahrene deutsche Bauern ins Land. Unter dem Krefelder Franz Pastorius gründeten sie Germantown, heute ein Geschäfts- und Wohnviertel im Norden der Stadt. Philadelphia wuchs zur Kulturmetropole, zum Athen der Neuen Welt und nach London zur zweitgrößten englischsprachigen Stadt der Welt.

Doch dann begannen die Fundamente des »heiligen Experiments«, das der Religionsfreiheit und Toleranz in der Neuen Welt zum Durchbruch verhelfen sollte, zu bröckeln. Die Bundesregierung zog nach Washington, die Staatsregierung nach Harrisburg, Handel, Finanzen und Kulturszene nach New York.

Zwar bescherten, wie vielerorts, Eisenbahn und industrieller Aufschwung auch Philadelphia so etwas wie ein Ei-

sernes Zeitalter, aber die nachfolgende Dezentralisierung der Bahnen und Korruptionsaffären ließen seine Kraft dahinschmelzen. Erst nach dem Zweiten Weltkrieg, als sich verschiedene *Urban-renewal*-Programme der historischen Stadtviertel annahmen, brachen bessere Zeiten an. Zwar gab es auch dabei deutliche Rückschläge – bekannt wurden vor allem die dunklen Machenschaften des Bürgermeisters Rizzo, des »Mussolini von Philadelphia« –, aber zentrale

Downtown Philadelphia: Rathausturm und die »Große Klammer« von Claes Oldenburg

Geschäftsbereiche wie die East Market Street, die Shopping Malls der Galleries I und II und das glanzvoll wiedererstandene Bellevue Hotel haben neues Kapital, Mieter und Touristen angezogen.

»I went to Philadelphia last weekend, but it was closed« oder »I spent a month in Philadelphia last weekend«, diesen Spott über die Provinzialität ihrer Stadt nehmen die Einheimischen längst gelassen hin. Das war einmal. Heute pulsiert hektisches Leben durch die (fast)

South Street, Philadelphia

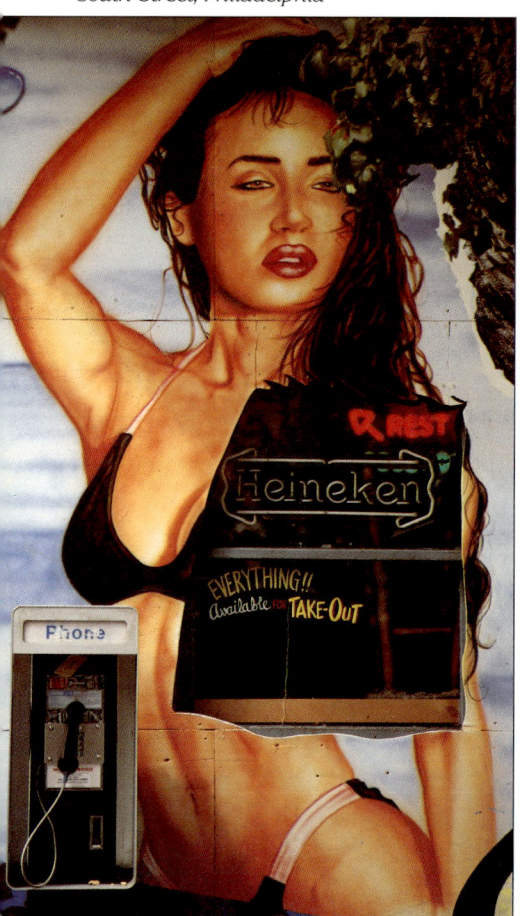

1,5 Millionen-Metropole (Großraum: 5,8 Millionen), gehupt wird an allen Ecken, und die Schlaglöcher im Asphalt schütteln jeden deftig durch, denn die extremen Temperaturschwankungen zwischen Frost und tropischen Höhen ramponieren die Straßen immer wieder. Doch trotz Verkehrsgetümmel, Abgasen und Lärm gehen die Uhren spürbar einen Tick langsamer als in New York.

Das Herzstück von Philadelphia liegt, wie selten in den US-Städten, im Zentrum: die neue Konzerthalle (Kimmel Center), die Theater, der grüne Rittenhouse Square, flankiert von imposanten Hotel- und Apartment-Komplexen, der baumbestandene und den Champs-Élysées nachempfundene Benjamin Franklin Parkway, das pittoreske Flussufer des Schuylkill River. Entlang Market Street reiht sich ein schönes altes Warenhaus ans nächste.

An vielen Stellen sind es die kleinen und irgendwie altmodischen Spezialgeschäfte, die der Innenstadt ihren Charakter geben, Antiquariate, Buchhandlungen und Läden, wo man sich Hemden nähen lassen kann.

Blinkend dazwischen und praktisch an jeder Ecke, die mobilen und aufklappbaren Alu-Karren, an denen meist emsige Asiaten Snacks verkaufen: *hoagies*, lange Baguette-ähnliche Sandwiches, und *soft pretzels*, die mit Senf gegessen werden. Besonders zur Lunch-Zeit bewähren sich diese Schleckerkisten als zugkräftige Magneten des Appetits.

Abends läuft **South Street** zur Top-Adresse für Gaumenfreuden und anderes Entertainment auf. Junge Leute drängt es dann gewöhnlich scharenweise in die Discos und Jazzclubs, Stehimbisse und Restaurants, die hier Wand an Wand dem Vergnügungsandrang standzuhalten suchen.

i **Historical Society of Princeton**
158 Nassau St., Princeton, NJ 08542
© (609) 921-6748, Di–So 12–16 Uhr
www.princetonhistory.org
Bibliothek, Fotoarchiv und Stadtrundgänge. Untergebracht im Bainbridge House von 1766.

Princeton University
185 Nassau St.
Princeton, NJ 08544
© (609) 258-1766, www.princeton.edu
1746 als »College of New Jersey« gegründet; 1756 Umzug nach Princeton in die Nassau Hall; starke Wachstumsphase und entsprechende Bautätigkeit nach dem Bürgerkrieg 1868–88.

1896 hieß das College dann »University«, und der spätere Gouverneur von New Jersey und US-Präsident, Woodrow Wilson, wurde 1902 ihr Rektor. Er bezog das **Prospect House**, wo sich heute der Fakultätsclub trifft. **Nassau Hall** wurde 1756 fertig gestellt (die *cupola* kam später dazu) und war während der *Battle of Princeton* im Unabhängigkeitskrieg von den Engländern besetzt. 1783, als sich hier ein halbes Jahr lang der Kontinentalkongress traf, war es US Capitol.

The Alchemist and Barrister
28 Witherspoon St. (Nähe Palmer Sq.)
Princeton, NJ 08540
© (609) 924-5555
www.alchemistandbarrister.com
Gute Stube für Cocktails, Lunch und Dinner. $$–$$$

Lahiere's
5–11 Witherspoon St., Princeton, NJ 08542
© (609) 921-2798, www.lahieres.com
So geschl.
Schön altmodisches Restaurant. Im Speiseraum hängt noch ein Foto von Einsteins Lieblingstisch. $$

Nassau Inn
10 Palmer Sq., Princeton, NJ 08542

 © (609) 921-7500 und 1-800-862-7728
Fax (609) 921-9385, www.nassauinn.com
Zentral gelegene, historische Herberge (seit 1756) am hübschen Palmer Square gegenüber dem Campus. Im Restaurant **The Tab Room** ($$–$$$) befindet sich ein kleines »Yankee Doodle«-Wandbild von Norman Rockwell. $$$$

Best Western Princeton Manor Inn
4191 Rt. 1, südl. von Princeton, ca. 1 km nördl. auf der Raymond Rd.
Monmouth Junction, NJ 08852
© (732) 329-4555, Fax (732) 329-1041
Preisgünstiges Motel mit Restaurant. Kleines Frühstück inkl. $$

Washington Crossing State Park
355 Washington Crossing
Pennington Rd., Titusville, NJ 08560
© (609) 737-0623
April–Sept. 8–20, Okt./Nov. 8–18, Dez.–März 8–17 Uhr
Im Visitor Center werden die Einzelheiten der Schlacht von Trenton erläutert. Das ehemalige Fährhaus (**Ferry House**) ist heute ein Museum (Mi–So 9–16 Uhr).

i **Lambertville Chamber of Commerce**
60 Wilson St., Lambertville, NJ 08530
© (609) 387-0055, www.lambertville.org
Tipps, Pläne, Adressen für Lambertville und Umgebung.

i **Philadelphia Convention & Visitors Bureau**
1700 Market St., Suite 3000
Philadelphia, PA 19103
© (215) 636-3300, Fax (215) 636-3327
www.philadelphiausa.travel/
Im Sommer bis 18 Uhr – voll im Einsatz für die Zukunft des US-Verfassungstourismus.

Öffentliche Verkehrsmittel
Neben **U-Bahn** und **Bus** (Southeastern Pennsylvania Transit Authority, 1234 Market St., © 215-580-7800, www.septa.org) verbindet **PHLASH** wichtige Haltestel-

len in Downtown. Der Pendelbus fährt knapp zwei Dutzend Attraktionen und Hotels zwischen Penn's Landing und Museum of Art an. März–Nov. tägl. 10–18 Uhr alle 12 Minuten. $ 2 für eine einfache Fahrt, $ 5 für Fahrten den ganzen Tag über.

30th Street Station
AMTRAK-Bahnhof jenseits des Schuykill River. Nach und von hier gute Verbindungen zur U-Bahn und zu SEPTA-Zügen.

Park Hyatt Philadelphia at the Bellevue

1415 Chancellor Court (Broad & Walnut Sts.), Philadelphia, PA 19102
✆ (215) 893-1234 und 1-888-591-1234
Fax (215) 732-8518
www.parkhyatt.com
Luxushotel in den oberen Etagen eines sanierten Gebäudes aus der Eisenbahnzeit (1904). Thomas Edison hat einige der Leuchter konzipiert. 172 Gästezimmer und Suiten, Restaurants, Bar, Sauna, Massage, Fitnessräume, Pool und Squash-Plätze.

Society Hill Hotel
301 Chestnut St.

Philadelphia, PA 19106
✆ (215) 925-1919

Fax (215) 925-3780
Verwinkelter, gut geführter B&B mit Messingbetten in 12 Räumen am Independence Park, beliebte Jazz-Bar und Restaurant. Mit Frühstück. $$$

Penn's View Hotel
14 N. Front & Market Sts.

Philadelphia, PA 19106
✆ (215) 922-7600 und 1-800-331-7634
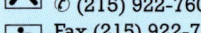
Fax (215) 922-7642
www.pennsviewhotel.com
Historisches Hotel mit Chippendale-Mobiliar und Blick auf den Delaware River. Italienisches Restaurant Panorama ($$-$$$) mit bemerkenswerter Wein-Kollektion. Fitnesscenter. Frühstück inkl. $$-$$$$

Thomas Bond House
129 S. 2nd & Walnut Sts.
Philadelphia, PA 19106
✆ (215) 923-8523 und 1-800-845-2663
Fax (215) 923-8504
Historischer B&B in der Nähe des Independence Park. 12 Zimmer. Nachmittags Käse und Wein, Frühstück. $$-$$$$

Loews Philadelphia Hotel
1200 Market St.

Philadelphia, PA 19107
✆ (215) 627-1200, Fax (215) 231-7305

www.loewshotels.com
Erstklassiges, zentral gelegenes Hotel in einem ehemaligen Bankgebäude mit 581 komfortablen Zimmern und Suiten, Bar- und Restauranträumen in unterkühltem Design, Fitnesscenter, Sauna. $$$$

Timberlane Campground
117 Timberlane Rd.

Clarksboro, NJ 08020
✆ (856) 423-6677, Fax (856) 423-5096
www.timberlanecampground.com
Der Campingplatz, der Philadelphia am nächsten liegt (24 km) – ruhig mit 96 Stellplätzen. Ganzjährig mit Sportanlagen, Waschsalon, Pool. Anfahrt aus Richtung New York: New Jersey Turnpike Exit 4, halbe Meile bis I-295 North, Exit 18B, rechts 1 Meile bis Friendship Rd., dort rechts, bis man Schilder sieht.

Kimmel Center for the Performing Arts
260 S. Broad St.
Philadelphia, PA 19102
✆ (215) 790-5800
Fax (215) 790-5801
www.kimmelcenter.org
Diese, Ende 2001 eröffnete Konzerthalle bringt das Philadelphia Orchestra, die Opera Company of Philadelphia und das Pennsylvania Ballett unter ein neues Dach. Baukosten: 325 Millionen Dollar.

Le Bec-Fin
1523 Walnut St. (zwischen 15th & 16th Sts.), Philadelphia, PA 19102

© (215) 567-1000
www.lebecfin.com
Genießt den Ruf des besten und feinsten französischen Restaurants in Philadelphia. 700 Weinsorten. Reservierung unerlässlich. So geschl. $$$

 Susanna Foo Chinese Cuisine
1512 Walnut St.
Philadelphia, PA 19102
© (215) 545-8800, www.susannafoo.com
Amerikanisiertes chinesisches Restaurant mit geschmackvollen Gerichten. $$$

 Buddakan
325 Chestnut St., Philadelphia, PA 19106
© (215) 574-9440, www.buddakan.com
Ein Riesenbuddha thront über den Gästen und eine Wasserfallwand aus Lichteffekten berauscht dieses schicke In-Lokal mit guter, fernöstlich angehauchter Küche. Gute offene Weine. $$$

  Rock Lobster
221 N. Columbus Ave. (Race St.)
Philadelphia, PA 19106
© (215) 627-7625
www.rocklobsterclub.com
Hummer- und Shrimp-Spezialitäten mit Strandhaus-Atmosphäre am Fluss, auch zum draußen Sitzen. Oft Live-Musik (Rock oder Jazz), aber nur im Sommer geöffnet. $$

 El Vez
121 S. 13th St., Philadelphia, PA 19107
© (215) 928-9800
www.elvezrestaurant.com
Designer-Restaurant: mexikanische Küche mit köstlicher Guacamole. $$–$$$

  Independence Brew Pub
1150 Filbert St. (Reading Terminal Market)
Philadelphia, PA 19107
© (215) 922-4292
www.independencebrewpub.com
Pool-Billard, Darts, Bier und Live-Entertainment. $–$$

 WarmDaddy's
1400 S. Columbus Blvrd. (Reed St.)
 Philadelphia, PA 19147
© (215) 462-2000, www.warmdaddys.com
Traditional Southern food und Live-Blues.

 World Café Live
3025 Walnut St., Philadelphia, PA 19104
© (215) 222-1400, www.worldcafelive.com
 Zwanglose Musikbühne im Bistrostil: zuhören, essen und trinken. Vorher Tickets
 besorgen!

 **The Victor Cafe**
1303 Dickinson St., Philadelphia, PA
19147-6213
© (215) 468-3040, www.victorcafe.com
Music Lovers Rendezvous seit 1918; italienisches Restaurant mit (Mi) Opernmusik und Opernstars. $$

 Cuba Libre Restaurant & Rum Bar
10 S. 2nd St., Philadelphia, PA 19106
© (215) 627-0666
 www.cubalibrerestaurant.com
Hommage an das alte Havanna: gute Drinks (viele Rumsorten), lateinamerikanische Gerichte, kubanischer Kaffee. $

 Continental Restaurant & Martini Bar
138 Market St., Philadelphia, PA 19106
© (215) 923-6069
 www.continentalmartinibar.com
Designerlokal (Konzept: Stephen Starr) mit köstlichen Kleinigkeiten (Tapas), einfachen Gerichten und jeder Menge Martinis. $

 Wichtigstes Fest:
Am Neujahrstag ziehen die verrückt verkleideten Philadelphia Mummers in bunter Parade über die Broad Street. Tausende sind dann auf den Beinen. Der Mummenschanz spiegelt Folklore und Brauchtum der verschiedenen Einwanderergruppen.

Weitere Informationen zu Philadelphia finden Sie S. 74 ff.

③ Heimatkunde
Philadelphia

*»All things considered,
I'd rather be in
Philadelphia.«*

(W.C. Fields)

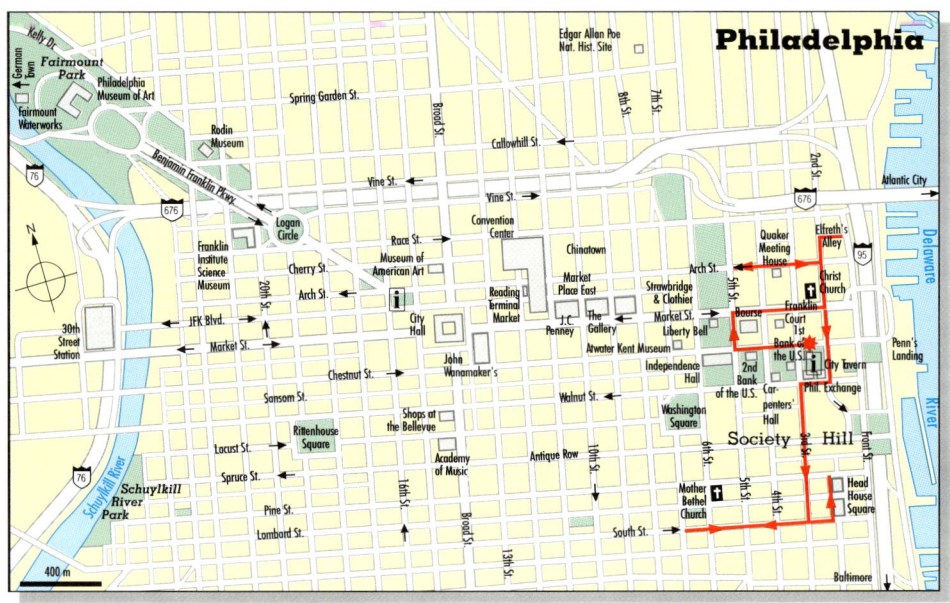

3. Programm: Philadelphia

Vormittag	**Independence National Historical Park** (und Umgebung), **Society Hill**, **South St.**
Nachmittag	Shopping- und Museumstour zu Fuß über **Market St.** Richtung City Hall oder **Kunstmuseen** am Benjamin Franklin Pkwy. (mit Taxi oder Bus) oder Ausflug nach **Germantown** und Rückfahrt durch den Fairmount Park.
	Autoroute: Walnut St. nach Westen, auf I-76 Richtung Valley Forge, Abfahrt Lincoln Dr. bis zu dessen Ende: Allan's Lane rechts und wieder rechts an Germantown Ave. – Rückfahrt: Lincoln Dr., vor dem Schuylkill River über Kelly Dr. nach Süden durch den **Fairmount Park**.

Die Glocke ruft. Nicht irgendeine, sondern eine berühmte, denn mit ihr schlug die Stunde der Unabhängigkeit der Vereinigten Staaten von Amerika.

Dass diesem Klang heute noch viele folgen, wird beim Rundgang durch das historische Zentrum von Philadelphia, den **Independence National Historical Park**, klar: Klumpen von Schulklassen, Busladungen voller *Golden Girls* aus allen Bundesstaaten tummeln sich hier auf den Spuren ihrer Geschichte. Dazwischen tun die stets charmanten grünen Rangerinnen ihren Dienst, klappern Kutschen mit kostümierten Männern auf dem Bock über Kopfsteinpflaster – Heimatkunde mit Stil.

Geschichte als schattiger Park: Wie kaum eine andere Stadt dieser Größenordnung hat Philadelphia – immerhin einmal zehn Jahre lang (1790–1800) die Hauptstadt des revolutionären Amerika und wichtigste Stadt der Unabhängigkeitsbewegung und Verfassungsgebung – seine bauliche Vergangenheit in Schuss gehalten. Nicht nur in Enklaven, sondern durchaus im Zusammenhang ganzer Viertel, die ebenso von den Maßnahmen der Stadterneuerung profitierten. In unmittelbarer Nachbarschaft betrifft das den hübschen **Washington Park**, im Süden das »Schöner Wohnen« von Philadelphia, **Society Hill**, und, entlang Market, Chestnut und Walnut Street, die wichtigsten Geschäftsbezirke, die bis zur poppigen »Wäscheklammer«-Skulptur von Claes Oldenburg und der schaurigschönen City Hall reichen, deren Spitze die Statue des Stadtgründers William Penn ziert.

Den Rundgang durchs Zentrum beginnt man am besten beim gut ausgerüsteten Visitors Center am Independence Park. Vis-à-vis steht die **First Bank of the United States** in klassizistischem Outfit, wahrscheinlich die älteste in den USA, die überlebt hat, – als Gebäude, denn drinnen geht's nicht mehr ums Geld, sondern um heiteres Sommertheaterspiel.

Die backsteinerne **Carpenters' Hall** erinnert an die 1724 gegründete Gilde der Zimmerleute, eine jener ersten Handwerksvereinigungen im Lande, die ihre Kollegen mit architektonischen Grundkenntnissen versorgten. Zu diesem Zweck errichteten sie einen Stammsitz, eben Carpenters' Hall: eine Art Baukunstschule zur Selbsthilfe. Wie maßgebend ihr Stil war, lässt sich an vielen Gebäuden in der unmittelbaren Nachbarschaft ablesen (Independence Hall, Old City Hall etc.).

Dagegen schöpft die **Second Bank of the United States** wieder aus dem Fundus griechischer Formen. William Strickland, neben Robert Mills einer der bedeutendsten amerikanischen Baumeister des Greek-Revival-Stils, entwarf die wohl proportionierte Schauseite. Wie schon bei der Vorgängerbank, bleiben die Schalter hier ebenfalls geschlossen: die Second Bank beherbergt eine Porträtgalerie.

Nur ein paar weitere Schritte durchs Grün entfernt, erhebt sich das eigentliche Kern- und Schmuckstück des Parks, die **Independence Hall**, die Geburtsstätte der Nation. Hier erklärten die unzufriedenen Siedler ihre Unabhängig-

keit und entwarfen später auch die im wesentlichen bis heute gültige amerikanische Verfassung.

Den meisten Fremdenführern wären solch trockene Fakten allerdings zuwider; ihre Sache ist die anrührende Geschichtsmalerei für Verfassungspatrioten. So leiden sie dann gern unter jenen

»Big Ben«: Benjamin Franklin auf einem kolorierten Stahlstich von 1879

heißen Sommern der Jahre 1775 und 1776, als die Versammelten hinter verriegelten Türen im Schweiße ihres Angesichts der Freiheit entgegenfieberten; deuten ehrfürchtig auf das silberne Tintenfass, das für die Unterschriften benutzt wurde, und schwärmen vom jungen Jefferson, der bei der Gala im oberen »Long Room« tanzend übers Parkett schwebte. Abends haben erst recht Gefühle und Stimmungen Vorrang vor Geschichtskenntnis – wenn der Historical Park zum Schauplatz der Multimedia-Show »Lights of Liberty« wird!

Jenseits von Chestnut Street ruht die Freiheitsglocke wie ein nationales Heiligtum im **Liberty Bell Pavilion** unter Glas. Es tut ihrer Würde überhaupt keinen Abbruch, dass sie mit ihrem Riss einen Knacks weg hat. Im Defilee der Historienpilger wird es manch einem so eng ums Herz, als könnten ihm die Tränen kommen. Selbst nachts sind dem Symbolismus keine Grenzen gesetzt; die Glocke wird angestrahlt.

Ihr gegenüber bietet sich die Möglichkeit, zwischendurch einen Blick in die kommerzielle Stadtgeschichte zu werfen, in eines der vielen alten Kaufhäuser, auf die man in Philadelphia so stolz ist. **The Bourse** präsentiert sich als ein massiver Altbau mit zentralem Lichthof, dessen kunstvolle Treppen und Umgänge den Eindruck vermitteln, man sei auf einem Ozeandampfer. Leider nur tut sich die stabile Eleganz der viktorianischen Architektur schwer mit der grellen Schnellimbisskultur ihres Innenhofs.

Franklin Court steht, wie zu erwarten, ganz im Zeichen von »Big Ben«, Benjamin Franklin, der bekanntlich seiner Zeit stets voraus war. Das Multitalent entdeckte die Elektrizität im Blitz, schrieb an der amerikanischen Unabhängigkeitserklärung mit, erfand einen Ofen, der fortan seinen Namen trug, war Botschafter in England und Frankreich und vermaß den Golfstrom.

Auch die University of Pennsylvania, deren szenischen Campus heute mehr als 20 000 Studenten bevölkern, wurde von ihm 1740 gegründet. Franklin Court sucht mit archäologischer Akribie (Ausgrabungen) und symbolischen Konstruktionen (ein stählernes Häuserskelett) sein ehemaliges Wohnhaus vorstellbar zu machen und zu seinem Kult beizutragen: viel Lärm um nichts.

Jenseits der belebten Market Street ragt die sehenswerte **Christ Church** auf, eine Kirche wie aus dem Bilderbuch der Kolonialarchitektur und dementsprechend mustergültig für viele Kirchenbauten an der Ostküste.

Durch das schon weitgehend ansehnlich restaurierte Viertel **Olde City**, das ähnlich wie der Stadtteil SoHo in New York von neuen Mietern, Künstlern und Architekten geschätzt wird, gelangt man zur **Elfreth's Alley**, die, wenn nicht gerade historische Kostümfeste gefeiert werden, einen zwar penibel aufgeräumten, aber auch ziemlich ausgestorbenen Eindruck machen kann. Immerhin: So oder ähnlich haben Wohnstraßen in Philadelphia früher einmal ausgesehen.

Das schlichte **Quaker Meeting House** ebenso wie das **Free Quaker Meeting House** (Ecke 5th & Arch Streets) erinnern an die gottesfürchtigen Stadtgründer, die sich allerdings nicht immer einig waren, wenn es um die Haltung zum Waffengebrauch ging. Die »Freien Quäker« hatten ihre pazifistischen Grundsätze aufgegeben, um den Amerikanern im Krieg gegen die Briten zu helfen.

Auf dem Weg zurück über die 2nd Street passiert man die alte **City Tavern**, in der schon Thomas Jefferson, George Washington und Ben Franklin ihr Ale getrunken haben, bevor es über die Walnut Street zu einem weiteren Werk von Wil-

Christ Church, Philadelphia

liam Strickland geht: zur **Philadelphia** bzw. **Merchant's Exchange** (1832/33), der städtischen Börse, einem verspielt-klassizistischen Bau mit halbrundem, von einer kecken Laterne bekröntem Säulenportikus. 3rd Street führt durch **Society Hill**, ein schattiges Stadtviertel, das seinem Namen alle Ehre macht. An den Eingängen zu den perfekt restaurierten Backsteinbauten aus der Kolonialzeit findet man keine Namen. Wer hier wohnt, wird nicht verraten.

Die mit Abstand quirligste Straße von Philadelphia, **South Street**, führt ins *hip shopper's paradise*: Schmuck, Klamotten und Kondom-Boutiquen, Theater, Clubs und Galerien, Bierkneipen, Bars. Erfrischend dazwischen das typische *South Philly Water Ice* oder Gefrorenes für ein paar Cents auf die Faust. Schon der unscheinbare *hole-in-the-wall* wie die »Ishkabibble's Eatery«, die einfach zwei Tische vor die Tür gestellt hat und Snacks und Drinks verkauft, reicht aus, um sofort Vertrauen zum Milieu zu fassen. Stundenlang könnte man hier sitzen, wenn die Plätze nicht ewig besetzt wären. South Street: fast ein Stück Sesame Street live, eine *neighborhood* mit allem, was täglich dazugehört: Friseure, Wäschereien, Nagelpfleger, Schuster und »Philly Delis«.

Mittagspause also. Wer danach zum Shopping nach Market Street zurück möchte und dazu die Kurve an der 2nd Street nimmt, kommt am **Head House Square** vorbei, einer schönen Markthalle, die seit dem 18. Jahrhundert an dieser Stelle steht und die anfangs als eine Domäne der Schwarzen galt – so wie übrigens auch Washington Square, der einst, weil er ein von freien Sklaven bevorzugter Treffpunkt war, »Congo Square« hieß. Philadelphia war eine Hauptstation der so genannten »Underground Railroad«, eines Systems von Fluchtwegen und Verstecken für entlaufene Sklaven.

Die Rolle der Schwarzen, die zur Zeit etwa ein Drittel der Bevölkerung ausmachen, in den 400 Jahren der Stadtgeschichte wird immer häufiger als Thema der »African American Heritage« aufgearbeitet, ein Trend, der vielerorts an der Ostküste zu spüren ist und der sogar auf den Tourismus übergreift. So listet ein eigener »Guide« für Philadelphia diverse historische Stätten, Kirchen, kulturelle Einrichtungen, Jazzclubs, Restaurants und Geschäfte, die mit der Geschichte der Schwarzen zu tun haben bzw. von ihnen unterhalten werden. Eine der ältesten Kirchen im kontinuierlichen Besitz von Schwarzen steht übrigens nur ein paar Blocks vom Head House

Square entfernt: die aus dem Jahr 1787 stammende **Mother Bethel African Methodist Episcopal Church** (419 S. 6th St.).

Über Market Street zum Rathaus: das kann leicht ein abwechslungsreicher Spaziergang im Reißverschlussverfahren werden – zwischen Kunst und Kauf, Museen und Märkten: Stadtgeschichte en detail im gemütlichen **Atwater Kent Museum**, Shopping im **Market Place East**, bei Strawbridge's oder The Gallery, ein kleiner Schlenker durch **Chinatown**, eine Stärkung im quicklebendigen **East Reading Terminal Market** oder im herrschaftlichen Crystal Tea Room des altehrwürdigen Kaufhauses von **Macy's** (ehemals Wanamaker's) gegenüber vom Rathaus oder ein Blick in die traditionsreiche **Pennsylvania Academy of the Fine Arts** ebenfalls in Rathausnähe. (Schnäppchen beim Shopping sind besonders bei Textilien zu machen, weil es in Philadelphia ausnahmsweise keine *sales tax* auf Kleidung gibt.)

Wer den Nachmittag den großen Sammlungen der Stadt widmen möchte, der ist im Philadelphia Museum of Art, Rodin Museum oder Franklin Institute gut aufgehoben. Sie alle liegen am Benjamin Franklin Parkway, der vom Logan Circle zum Fairmount Park und damit zu den grünen Ufern des Schuylkill River führt. Insbesondere das **Philadelphia Museum of Art** ist ein Museumstempel von Weltrang, für dessen Gründung der Publikumserfolg der Weltausstellung von 1876 den entscheidenden Anstoß gab.

Anfangs lagen die Schwerpunkte auf der angewandten Kunst und dem Industrie-Design, auf chinesischem Porzellan, europäischer Textilkunst und deutscher Keramik aus Pennsylvania. Später kamen Tafelbilder und Plastiken, Drucke und Zeichnungen hinzu und erzwangen

South Street, Philadelphia

bald einen geräumigen Neubau, der 1928 eröffnet wurde.

Der Abstecher nach Germantown berührt einen von vielen Vororten und Stadtteilen außerhalb des Zentrums, die die Textur des urbanen Flickenteppichs von Philadelphia ausmachen. Darunter gilt **Chestnut Hill** als besonders attraktive Wohngegend, nicht als typischer *suburb*, sondern als Viertel innerhalb der Stadtgrenzen, aber eher dörflich, mit dicht beieinander liegenden Häusern und Bäumen, ohne Malls, Department Stores, Pools und Hochhäuser, dafür aber mit einer der letzten Straßenbahnen.

Für die Langeweile des Nordostens ist im wesentlichen die homogene Mittelklasse verantwortlich; und West-Philadelphia zeigt neben seinen Universitäts- und Klinikkomplexen deprimierende Slums und damit erst recht keine städtische Schokoladenseite. In »South

Philly«, lange »Little Italy« und Geburtsort von Mario Lanza, Eddie Fisher und Chubby Checker, leben heute zunehmend Schwarze.

Auch in Germantown. Das macht die Spurensuche nach der frühen deutschen Siedlungsgeschichte von Pennsylvania auch zu einer des Alltags heute.

Die Interstate 76 in Richtung Valley Forge, wo einst der General von Steuben die Revolutionsarmee unter George Washington auf preußischen Zack brachte, zieht eine Weile am lieblichen **Schuylkill River** vorbei, bis es auf dem Lincoln Drive über den Fluss und kurvig durch den **Fairmount Park** in die prächtige Villenkolonie von Mt. Airy und Germantown geht.

Eingelassene Straßenbahnschienen (für eine der letzten *trolleys* von Philadelphia), in der Mitte und an den Rändern noch kopfsteingepflastert: **Ger-**

Spitzenstellung: Blick vom Kunstmuseum auf das Rathaus, bekrönt von einer Statue des Stadtgründers William Penn

mantown Avenue wirkt wie eine Demarkationslinie zwischen Welten, die sich zu beiden Seiten jeweils dahinter auftun: die ärmlichen Reihenhäuser der Schwarzen, die auch die Szene auf der Hauptstraße beherrschen, und die prächtigen Villen der Weißen, die sich im Schatten der Bäume verstecken.

Lange nach der Gründung durch Franz Daniel Pastorius und seine Krefelder Leineweber, die 1683 an Bord des Seglers »Concord« herüberkamen, blieb Germantown eine deutsche Siedlung und eine Art Vorzeigeviertel. Dass dies anfangs kein Zuckerschlecken war, belegt unter anderem die »umständige geographische Beschreibung«, ein 1700 veröffentlichter Bericht von Pastorius, in dem es unter der Überschrift *»Von unserer Teutschen allhiesigen Beruff«* heißt:

»*Solche Inwohner nun, wie auch andere ankommende zu ernähren, da müssen die Feldungen angebaut, und Aecker zugerichtet werden. Man wende sich aber hin wo man wolle … und ist alles mit Holtz überwachsen, also daß ich mir offt ein paar dutzet starcke Tyroler gewünschet, welche die dicken Aychen=Bäume darnieder geworffen hätten, so wir aber nach und nach selbst haben verrichten müssen, worbey ich mir eingebildet, daß die jenige Pönitentz, mit welcher Gott den Ungehorsam des Adams gestraffet hat, nemlich daß er im Schweis seines Angesichtes sein Brod essen solle, auch uns Nachkömlingen in diesem Lande dictiret und gegeben seye …*«

Noch ein halbes Jahrhundert später fand Gottlieb Mittelberger auf seiner Reise durch Pennsylvanien viel Mühsal in »diesem neuen wilden Land«. Die Leute wären schlecht informiert, wenn »sie glaubten, dass ihnen in Amerika oder Pennsylvanien die gebratenen Tauben ohngeputzt würden in den Mund fliegen«, schreibt er 1756.

Heute ist Germantown eine überwiegend schwarze Nachbarschaft mit afroamerikanischen Buchhandlungen, *black owned* Restaurants und Galerien mit afrikanischer Kunst. Unter den vereinzelten historischen Schätzchen entlang Germantown Avenue sind die Villen **Upsala** und **Cliveden** besonders ansehnlich.

In der **Germantown Historical Society** kann man in Schrift und Bild die Geschichte der Besiedlung studieren. Die erst einmal ziemlich selbständige deutsche Gemeinde begann sich in der Mitte des 18. Jahrhunderts mit den englischsprachigen Einwohnern von Philadelphia zu vermischen, weil diese mehr und mehr den pastoralen Charme des Vororts zu entdecken begannen und dort ihre Sommerhäuser hinpflanzten.

Boathouse Row: Blick über den Schuylkill River auf Downtown Philadelphia

Später flüchteten viele nach Germantown, um sich vor der Gelbfieberepidemie in den städtischen Niederungen zu retten – unter ihnen auch George Washington, der 1793/94 das **Deshler-Morris House** mietete und sich hier sein »summer White House« einrichtete. Es steht heute in schlichtem Weiß gegenüber dem Haus der Historischen Gesellschaft.

Schon 1775 überwogen die angelsächsischen Einwohner, was zum Bau des **Concord School House** (6313 Germantown Ave.) führte. Rings um die steinalte Schule hängen im Frühling frische Blüten in den Bäumen, während drinnen auf den Schulbänken noch die Schreibfedern stehen, mit denen die deutschen Kinder damals Englisch lernten. Leider ist der angrenzende Friedhof mit den Gräbern vieler Einwanderer und

Opfer der späteren Schlacht von Germantown nicht zugänglich. Das älteste Grab stammt von 1716.

Auf dem Rückweg fährt man kurz vor der Überquerung des Flusses auf den **Kelly Drive** ab und an den hellbraunen Fluten, Uferwiesen, Picknicktischen und der **Boathouse Row** entlang durch den weitläufigen Fairmount Park.

Am Kunstmuseum sollte man sich noch ein paar Minuten Zeit nehmen und von den Höhen der Kunst zu den Tiefen des Flussufers hinabsteigen. Dort, wo sich die Wassermassen über ein Wehr stürzen und Angler ihr Glück versuchen, stehen die **Fairmount Waterworks**, ein stillgelegtes Wasserwerk, ein Tempel für Turbinen. Hier und da blättert Putz ab und Patina liegt über den gealterten Säulen: dem Forum Philadelphiarum.

Infos: Philadelphia

 Independence Visitors Center
6th & Market Sts., Philadelphia, PA 19106
☎ (215) 925-6101 und 1-800-537-7676
www.independencevisitorcenter.com
Tägl. 8.30–17 Uhr
Infocenter und Buchhandlung. Hier gibt's auch den City Pass.

 National Constitution Center
525 Arch St. (Independence Mall)
Philadelphia, PA 19106
☎ (215) 409-6600
www.constitutioncenter.org
Mo–Fr 9.30–17, Sa 9.30–18, So 12–17 Uhr
Eintritt $ 12/8
Spektakulärer 185-Millionen-Dollar-Museumsneubau zum Thema der amerikanischen Verfassung.

 Independence Hall (State House)
601 Chestnut St. (zwischen 5th & 6th Sts.)
Philadelphia, PA 19106
☎ (215) 965-2305, tägl. 9–17, im Sommer bis 20 Uhr, Eintritt kostenlos
Errichtet von Andrew Hamilton im Stil georgianischer Architektur. Hier unterzeichneten die Siedler aus 13 Kolonien am 4. Juli 1776 die Unabhängigkeitserklärung. Das Bild des Turms schmückt die Rückseite der Hundert-Dollar-Note. Daneben: **Congress Hall**, wo der Kongress zwischen 1790 und 1800 tagte.

 The Liberty Bell Center
Zwischen 6th & Chestnut Sts. (gegenüber von Independence Hall)
Philadelphia, PA 19106
☎ (215) 965-2305, tägl. 9–17 Uhr
Die Freiheitsglocke mit Sprung.

Carpenters' Hall
320 Chestnut St., Philadelphia, PA 19106
☎ (215) 925-0167, www.carpentershall.com
Di–So 10–16 Uhr, Eintritt kostenlos
1770 als Hauptsitz der Gilde der Zimmerleute gebaut. Der erste amerikanische Kongress traf sich hier 1774, um gegen die englischen Repressionen vorzugehen, die die berühmte *Boston Tea Party* auslöste

hatte. Danach wurde der Bau als Lager- und Krankenhaus genutzt. Ein Modell veranschaulicht die Methoden der Konstruktion.

 First Bank of the United States
116 S. 3rd. St., Philadelphia, PA 19106
Restaurierter Klassizismus von 1795/97 mit dem ersten Marmor-Portikus der Neuen Welt. Nach dem Revolutionskrieg brachte die Regierung eine einheitliche Währung heraus. Die Bank des neuen unabhängigen Staates, von Alexander Hamilton ins Leben gerufen, sollte die Kriegsschulden unter Kontrolle bringen.

 Second Bank of the United States
420 Chestnut St., Philadelphia, PA 19106
☎ (215) 597-8974
Tägl. 9–17 Uhr, Mo geschl., Eintritt $ 2
Fassade mit acht schlichten dorischen Säulen nach dem Vorbild des Parthenons: Musterbeispiel des *Greek Revival*-Stils, 1818–24 von William Strickland erbaut, der durch diesen Auftrag berühmt wurde. Hier (ebenso wie bei den nachfolgenden Bauten) erfasst der neogriechische Stil lediglich die Fassade; die Längsseiten des Gebäudes bleiben davon unberührt. Die Marmoroberflächen täuschen: unterlegt sind Ziegelsteine.

  Bourse
111 S. Independence Mall E.
Philadelphia, PA 19106
☎ (215) 625-0300, www.bourse-pa.com
Das alte, in den 1980er Jahren restaurierte Finanzzentrum (1893–95) mit schönen Treppenaufgängen und umläufigen Balkonen vereint diverse Einzelhandelsgeschäfte und Imbissstände unter seinem Dach. Zur Lunchzeit wird daraus ein riesiger summender Speisesaal.

 Franklin Court
Market, Chestnut, 3rd & 4th Sts.
Philadelphia, PA 19106
☎ (215) 965-2305, tägl. 10–17, im Sommer bis 18 Uhr, Eintritt kostenlos
Ein Stahlrahmen von Robert Venturi und

John Rauch erinnert symbolisch an die Druckerei und das Haus von Benjamin Franklin, der hier die letzten fünf Jahre seines Lebens verbrachte. Mit seiner Druckerei und Zeitung (*The Pennsylvania Gazette*) wurde er so wohlhabend, dass er sich ein Leben als Philosoph und Schriftsteller, Staatsmann und Diplomat leisten konnte.

 Christ Church
2nd & Market Sts., Philadelphia, PA 19106
℡ (215) 922-1695, www.oldchristchurch.org
Mo–Sa 9–17, So 12.30–17 Uhr
Die anglikanische Gemeinde bildete sich 1696, die Kirche wurde von John Kearsly 1727–44 gebaut. Ausgewogen proportionierter Innenraum mit Stuckgewölbe. Auf dem nahe gelegenen Friedhof (**Christ Church Burial Ground**, 5th und Arch Sts.) liegt Benjamin Franklin begraben.

 Elfreth's Alley
2nd St. (zwischen Arch & Race Sts.)
Philadelphia, PA 19106
℡ (215) 574-0560, www.elfrethsalley.org
Älteste Wohnstraße in den USA mit Reihenhäusern aus den Jahren 1728–1836.

 The Mulberry Market
 236 Arch St. (gegenüber vom Betsy Ross House), Philadelphia, PA 19106
Tägl. 7.30–22 Uhr
Simpler Lebensmittelladen (*eat in* oder *take out*) mit ein paar Esstischen: Sandwiches, Salate und Riesen-Bierauswahl, Kaffee und Kuchen, Obst und Gummibärchen. $

 Arch Street Meeting House
320 Arch St., Philadelphia, PA 19106
℡ (215) 627-2667
Mo–Sa 10–16 Uhr, Spende erwünscht
Der schlichte, eingeschossige rote Backsteinbau (1803–05 und 1810/11 von Owen Biddle) diente den orthodoxen Quäkern als Versammlungshaus, heute der »Society of Friends«. Besucher bekommen außer einer alten Bibel einen Dokumentarfilm zu sehen.

 City Tavern
138 S. 2nd St. (Walnut St.)
Philadelphia, PA 19106
℡ (215) 413-1443, www.citytavern.com
Rekonstruierte Kneipe von 1773 mit langer Stadtgeschichte – ein passender Rahmen für ein gepflegtes Lunch oder Dinner. $$–$$$

 Öffentliche Wandmalerei
Straßenkunst in Gestalt von rund 3000 riesigen Wandbildern zieren heute die Innenstadt von Philadelphia – eine bunte Bildergalerie, die lokale Themen und geschichtliche Hintergründe der Stadt darstellen. Touren zu Fuß oder per Auto: www.muralarts.org.

 Atwater Kent Museum of Philadelphia
15 S. 7th St., Philadelphia, PA 19106-2313
℡ (215) 685-4830, Fax (215) 685-4837
www.philadelphiahistory.org
Wegen Renovierung bis Frühjahr 2010 geschl.
Überschaubares Stadtmuseum im *Greek-Revival*-Stil (1825): Geschichte und Alltagskultur von Philadelphia, u.a. eine Bibel von 1743, eine schöne *bride box* (Brautschachtel) aus dem 18. Jh. aus Deutschland, eine todschicke Sonnenbrille von 1800. Geräte, Werkzeuge und Wirtschaftsentwicklung: von den frühen Kolonialjahren über die erste Nähmaschine 1846 bis zur Ankunft von Radio, Telefon und Automobil. Ein Modell von Elfreth's Alley zeigt mehr als das Original, denn man kann die Straße von vorne, hinten und oben einsehen.

 Strawbridge's (Macy's)
Market & 8th Sts., Philadelphia, PA 19107
℡ (215) 629-6000
Renommiertes Kaufhaus. 1790–93 lagen hier die Büros von Thomas Jefferson in seiner Funktion als erster Außenminister der USA.

The Gallery at Market East
Market & 9th Sts., Philadelphia, PA 19107
☎ (215) 625-4962
www.galleryatmarketeast.com
Mo–Sa 10–19, Mi und Fr bis 20, So 12–17
Uhr
Super Shopping Mall, die größte inner-
städtische weit und breit, einschließlich
einiger Restaurants. Beim Bau spielte die
Rouse Co. die erste Geige, eine Entwick-
lungsgesellschaft, die sich auch durch
andere spektakuläre Shopping Centers
einen Namen gemacht hat, z.B. in Baltimore und Norfolk.

 Reading Terminal Market
12th St. (zwischen Arch & Filbert Sts.)
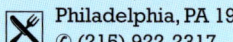 Philadelphia, PA 19106
☎ (215) 922-2317
www.readingterminalmarket.org
Mo–Sa 8–18, So 9–16 Uhr
Muntere Markthalle, Früchtekorb und
Augenweide im ehemaligen Bahnhof
(1891–93). Gut zum Frühstück und Lunch:
Fisch, BBQ, Amish-Gerichte (der Hit:
The Dutch Eating Place), Biergarten,
frisches Obst und Gemüse.

 Macy's Center City
1300 Market St. (13th St.), Philadelphia, PA
☎ (215) 241-9000
Mo–Sa 10–20, So 11–19 Uhr
Dieser älteste Department Store in den
USA, 1902–11 von Daniel H. Burnham u.a.
im Stil der *Renaissance Revival* gebaut
und lange Jahre als »John Wanamaker's«
bekannt, besitzt die prächtigste zentrale
Halle der Stadt.

 Pennsylvania Academy of the Fine Arts
118 N. Broad & Cherry Sts. (Nähe City
Hall), Philadelphia, PA 19102
☎ (215) 972-7600, www.pafa.org
Di–Sa 10–17, So 11–17 Uhr, Mo geschl.
Eintritt $ 10/6
Älteste Kunstsammlung und -schule im
Land (1805 gegründet) in sehenswertem
viktorianischem Bau von 1872–76. Ent-
wurf: Frank Furness. Ornamentreiches

Treppenhaus mit 1001-Nacht-Effekten.
Amerikanische Malerei (darunter diverse Washington-Porträts sowie Werke von
Mary Cassatt, Richard Diebenkorn, Georgia O'Keeffe), Grafik und Plastik.

 Bliss
220 S. Broad St., Philadelphia, PA 19102
☎ (215)731-1100
www.bliss-restaurant.com
Mo–Fr 11.30–14.30 und 17–22, Sa 17–23
Uhr
Gelungene Fusions-Küche – asiatisch,
italienisch und französisch inspiriert. $$

 AIA Bookstore
1218 Arch St. (Center for Architecture)
Philadelphia, PA 19107
☎ (215) 569-3188, Mo–Sa 10–18 Uhr
Gute Buchhandlung für Architektur,
Stadtplanung, Kunst und Design.

 Jones
700 Chestnut St., Philadelphia, PA 19106
☎ (215) 223-5663,
www.jones-restaurant.com
Amerikanische Standards im Stephen-
Starr-Design. Weekend-Brunch. $–$$

 The Franklin Institute Science Museum
222 N. 20th St. (Logan Circle)
 Philadelphia, PA 10103
☎ (215) 448-1200, www.fi.edu
Tägl. 9.30–17 Uhr, Eintritt $ 14.25/11.50
Lehrreich und unterhaltsam: Hinterlas-
senschaften des berühmtesten Bürgers
der Stadt und Erfinders des Blitzablei-
ters. Ein Riesenspaß für Kinder, denn es
gibt jede Menge zum Anfassen, Hantie-
ren und Ausprobieren.

 Rodin Museum
Ben Franklin Pkwy. (22nd St.)
Philadelphia, PA 19101
☎ (215) 568-6026
Di–So 10–17 Uhr, Eintritt $ 3
Umfangreiche Sammlung von Rodin-
Skulpturen, 1929 eröffnet, die größte
außerhalb Frankreichs.

3 **Infos:** Philadelphia

Philadelphia Museum of Art
Ben Franklin Pkwy. & 26th St.
Philadelphia, PA 19130
℗ (215) 763-8100, www.philamuseum.org
Di–So 10–17, Fr bis 20.45 Uhr
Eintritt $ 14 – sonntags zahlt man, so viel,
wie man möchte.
Bedeutende Sammlung mit Schwerpunkten in der frühen flämischen (u.a. Rubens'
»Gefesselter Prometheus«), französischen (u.a. Nicolas Poussin, Renoir, Rousseau, Cézanne) und italienischen Malerei, insbesondere Duchamp, aber auch
Werke von A. Stieglitz, R. Rauschenberg,
R. Lichtenstein und C. Oldenburg. Museumsrestaurant: ℗ (215) 684-7990, $–$$.

The Barnes Foundation
300 N. Latch's Lane, Merion, PA 19066
℗ (610) 667-0290, Fax (610) 664-4026
Sept.–Juni Fr–So 9.30–17, Juli/Aug. Mi–So
9.30–17 Uhr, Eintritt $ 12
Hochkarätige Privatsammlung französischer Impressionisten mit Werken von
Renoir, Cézanne, van Gogh, Rousseau,
Toulouse-Lautrec und Matisse. »Den Zutritt zu seiner Galerie zu verweigern ist
seine größte Wonne«, schrieb Simone
Beauvoir über den dickköpfigen Pharmafabrikanten Dr. Albert C. Barnes, den
neureichen Gründer, der auch ihr nicht
antwortete, als sie seine Sammlung sehen wollte. »Ein Menschenfeind«, fand
sie. Voranmeldung nötig.

Upsala
6340 Germantown Ave.
Philadelphia, PA 19144
℗ (215) 842-1798, Di, Sa 13–16 Uhr
Die elegante Villa im *Federal Style* entstand Ende des 18. Jh. aus einem einfachen Farmhaus niederländischer Siedler
von 1755.

Cliveden
6401 Germantown Ave.
Philadelphia, PA 19144, ℗ (215) 848-1777
April–Dez. Do–So 12–16 Uhr, Jan.–März
nach Vereinbarung, Eintritt $ 8

Stadtresidenz (mit beeindruckender Eingangshalle) im georgianischen Stil,
1763–67 von einem Rechtsanwalt entworfen und einem ortsansässigen Schreiner
ausgeführt. Hier beginnen auch Touren
durch den Stadtteil.

Wyck House
6026 Germantown Ave. (Walnut Lane)
Philadelphia, PA 19144
℗ (215) 848-1690, www.wyck.org
April–Dez. Di, Do 12–16, Sa 13–16 Uhr
Eintritt $ 5
Ältestes Haus in Philadelphia mit schönem Rosengarten. Kontinuierlich zwischen 1689 und 1973 von einer Quäkerfamilie bewohnt. 1824 war William
Strickland an Umbauten beteiligt.

Germantown Historical Society
5501 Germantown Ave.

Philadelphia, PA 19144, ℗ (215) 844-1683
Di 9–13, Do, So 13–17 Uhr
Museumseintritt $ 5
Dokumentiert die Geschichte der deutschen Gründung seit 1683.

Deshler-Morris House
5442 Germantown Ave.
Philadelphia, PA 18144
℗ (215) 596-1748
Fr–So 13–16 Uhr, Eintritt frei
Der reiche Kaufmann David Deshler baute sich dieses Sommerhaus Mitte des 18.
Jh.; an dessen Ende trafen sich hier Thomas Jefferson und George Washington,
der das Haus zeitweise gemietet hatte.

Fairmount Waterworks
Fairmount Park (unterhalb des Kunstmuseums)
Prosaisches Wasserwerk im poetischen
Greek Revival-Stil, entworfen von Frederick Graff und 1812–15 bei den Fällen
des Schuylkill River gebaut. Bis 1911 intakt, danach bis 1962 Aquarium.

Weitere Informationen zu Philadelphia finden Sie S. 63 ff.

④ Wilkum im »Garten Gottes«
Pennsylvania Dutch Country

*Die mit Haken und Ösen
wird unser Herr erlösen.
Die mit Knöpfen und Taschen
wird der Teufel erhaschen.*

(Volksmund der Amischen)

4. Route: Philadelphia – Intercourse – Bird-in-Hand – Lititz – Ephrata – Strasburg – Port Deposit – Baltimore, MD (330 km/206 mi)

km/mi	Zeit	Route
0	8.30 Uhr	**Philadelphia:** Walnut St. westl. bis 30th St., dann Richtung Valley Forge auf I-76 West über Exit 26 auf US 202 South, US 30 West, S 340 West (= Old Pennsylvania Pike) nach

99/ 62	10.00 Uhr	**Intercourse** (evtl. kurze Pause; Shopping). Weiter zum **Weavertown Schoolhouse** (Stopp) und **Bird-in-Hand**. US 30 West, 272 North am **Landis Valley Museum** vorbei, die Valley Rd. weiter bis zum Abzweiger S 501 North nach
133/ 83	11.30 Uhr	**Lititz**. Einfahrt über Broad St., an Main St. rechts dem Schild HISTORIC LITITZ. MAIN STREET SHOPS folgen zum **Moravian Church Square** ($1/2$ Std. Pause). Main St. (= S 772) weiter nach Osten über Rothsville und Rothsville Rd. und dem Schild EPHRATA nach links folgen, links über State St., an Main St. in Ephrata wieder links zum
147/ 92		**Ephrata Cloister** (Besichtigung und Lunch gegenüber ca. 1 $1/2$ Std.). Vom Parkplatz am Kloster links durch die Unterführung und sofort rechts auf die 727 South, dann S 772 East bis zur (schon bekannten) Kreuzung von 772 und 340 in Intercourse. S 340 West (rechts) bis kurz hinter das Weavertown Schoolhouse, wo die Ronks Rd. links nach STRASBURG abbiegt; an S 741 rechts nach Westen, durch **Strasburg** zum westlich davon gelegenen und ausgeschilderten
192/120	14.30 Uhr	**Hans Herr Haus** (Besichtigung ca. 1 Std.). An der Ausfahrt links (West) bis S 272 South, die zur S 222 wird, über **Port Deposit**, I-95 South, I-695 (BELTWAY) West, I-83 South bis Exit Maryland Ave.
330/206	17.30 Uhr	zum Hafen von **Baltimore**.

Einen Stadtplan von Baltimore finden Sie auf S. 92.

Alternativen: Wer in Lancaster County übernachten möchte, kann sich gleich morgens z. B. kurz vor Bird-in-Hand im **Amish Country Motel** ein Zimmer reservieren: 3013 Old Philadelphia Turnpike, Bird-in-Hand, PA 17505, ✆ 1-800-665-8780. $$. Oder im: **The Inns At Doneckers**, 318 N. State St. (Gästehaus), 301 W. Main St. (1777 House), Ephrata, PA 17522, ✆ 1-800-377-2206, www.doneckers. com: B&B in elegantem historischen Haus. Die Zimmer im »1777 House« sind nach Mitgliedern des alten Klosters von Ephrata benannt (www.doneckers.com). $$–$$$. Der direkte Weg von Philadelphia nach Baltimore: I-95 (etwa 2 $1/2$ Std. für ca. 170 km).

Sanft rollt der Wagen über den Highway, die Tyrannei der Löcher im städtischen Straßenpflaster ist gebrochen.

Philadelphia entschwindet über Landstraßen, die immer ruhiger werden und die mit jeder Meile die Zeit um Jahre zurückdrehen. Szenen wie aus dem Bilderbuch: Schafe am Weiher, frische Eier und Ziegenmilch im Angebot, markante Futtersilos bei den Scheunen. Auf den Äckern wird fleißig gepflügt und gefuhrwerkt, bärtige Bauern stehen hinter Pferdegespannen, dazwischen Mädchen in langen Kleidern und Jungen in Strohhüten wie Tom Sawyer und Huckleberry Finn.

Keine Frage, wir sind in **Lancaster County**, bei den *Amish* und *Mennonites*, im Musterland der weiß getünchten Zäune und Häuser, der schwarzen Kühe und der schwarzen Wäsche auf der Leine. Der häufigste Name an den Briefkästen: Stoltzfus. Ansonsten: Holtinger, Gebhard und Wiederrecht.

Knapp 20 000 Menschen leben heute in diesem Landstrich: mennonitische, amische und moravische Gruppen (Böhmische Brüder). Amische und Mennoniten besitzen gemeinsame historische Wurzeln. Ursprünglich gehörten beide zu den anabaptistischen Christen, die sich 1525 in Zürich zusammentaten, weil sich andere Reformer (z.B. Zwingli) nicht eng genug an das Wort der Bibel hielten und die Kindtaufe, die Einheit von Kirche und Staat und den Kriegsdienst mit der Waffe guthießen. Alle nannten sich anfangs Mennoniten, und zwar nach Menno Simons, einem ehemaligen katholischen Priester aus

Kutschen haben Vorfahrt im Land der »Pennsylvania Dutch«

Holland und einflussreichen Führer und Gelehrten.

Später (1693) kam der Schweizer Mennonite Jakob Ammann zu der Überzeugung, dass seine Sekte die Sünder nicht strikt genug ausschloss. Die Anhänger der neuen Gemeinde, die er deshalb gründete, nannten sich nach ihm: die Amischen. Da beide Glaubensgemeinschaften in der Schweiz, in Frankreich und Deutschland von den protestantischen und katholischen Würdenträgern (bis auf den Tod) verfolgt wurden, erschien ihnen die Einladung des Quäkers William Penn in die konfessionelle Freistatt Pennsylvania als Rettung. 1710 kamen die ersten Amischen und Mennoniten nach Lancaster County. Da beide die gemeinsame Herkunft teilen, fühlen sich viele Amische heute als die konservativen Verwandten der Mennoniten.

Von sich sprachen sie stets als »deutsch« bzw. »deitsch«. »Aber »deitsch« ist schwierig zu buchstabieren und schwer auszusprechen und wurde daher rasch vereinfacht zu »dutch«, heißt es in James A. Micheners Roman »Dresden, Pennsylvania«, der in dieser Region spielt. Die *Pennsylvania Dutch people*, die sich zwischen Delaware und Susquehanna River niederließen, waren also niemals Niederländer, sondern Deutsche. Ihr »Pennsylfaanisch« klingt wie eine Art tiefgefrorenes (weil historisches) Deutsch der Pfälzer und Rheinländer, durchsetzt von zahlreichen Anglizismen. Sie reden über »Würste und Bretzeln«, »Schmiercase«, »Schnitz« und »Souse«. Sie feiern das »Octoberfest« und haben ihren »Christkindlesmarkt«.

Weder damals noch heute übernahmen sie den *American Way of Life*, sondern blieben bibelfest, bei der Mode ihrer Ahnen und bei ihrer schlichten Lebensweise: Pferdekutschen statt Autos,

Auf den Feldern bei Strasburg

Esel und Pferde statt landwirtschaftlicher Maschinen und keine Starkstromleitungen über Land. Von Radio und Fernsehen, Telefon, Videospielen und anderer digitaler Hardware ganz zu schweigen. Kühlschränke werden mit Gas (Flaschen) betrieben. Die Männer tragen meist Hemden ohne Kragen und Kinnbärte, aber keine Schnäuzer, weil die ans Militär erinnern; die frommen Farmer sind überzeugte Pazifisten. Statt Knöpfen und Reißverschlüssen benutzen die Frauen lieber Sicherheitsnadeln. Schmuck und Pullover sind schlicht verpönt. Das Haar wird meist nicht geschnitten, sondern geflochten, geknotet und unter weißen Häubchen versteckt.

Dennoch, so ganz ohne Moderne geht's auch hier nicht zu. Neuerdings finden viele junge Amische Inlineskating durchaus schicklich. »Sie wollen nicht partout gegen jede Veränderung angehen«, erklärt ein Historiker und Kenner der *Amish people*, »sie wollen kein religiöses Williamsburg werden.« Wen wundert's also, dass sich das Amish County schon auf einer Webseite im Internet präsentiert!

Die kinderreiche Großfamilie bildet den Dreh- und Angelpunkt des sozialen Lebens, so dass sich die Bevölkerung der Amischen in den letzten Jahren stark vermehrt hat. Man heiratet noch weitgehend untereinander, und wer dagegen verstößt, dem kann der Ausschluss aus der sozialen Ordnung blühen.

Der Weigerung, staatliche Sozialhilfe anzunehmen (und auch Steuern dafür zu zahlen), entspricht die ungewöhnlich prompte Solidarhilfe aller, wenn ein Gemeindemitglied in Not gerät: Brennen Haus und Hof, baut sie die Gemeinschaft wieder auf. Von Renten und Pflegeheimen wollen die Amischen nichts wissen; die Alten bleiben zu Hause. Innerhalb beider Gemeinschaften gibt es zahlreiche Sondergruppen und Glaubensfraktionen mit mehr oder weniger strengen Sitten. Viele Amische und

Mennoniten *(plain people)* feiern ihre Gottesdienste abwechselnd in Häusern und Scheunen der Gemeindemitglieder; andere wiederum *(church people)* benutzen Versammlungshäuser wie die Quäker. In der Kirche singt und spricht man Hochdeutsch.

Auch im Alltag zeigen sich Unterschiede. Die Kutschen mit den abgerundeten und grauen Dächern gehören den Familien der Amischen; die mit den flachen und schwarzen den Mennoniten. Die Amish, besonders die Kinder, tragen Blau, Violett, Rot und Grün; die Mennoniten bevorzugen Grau und Schwarz. In anderen Bereichen verhält es sich eher umgekehrt: Die Amischen, vor allem die der traditionalistischen »Old Order« verpflichteten, leben insgesamt zurückhaltender als die Mennoniten, wenn es um den Einbezug moderner Technologie und um öffentliche und weiterführende Schulen für ihre Kinder geht. Sie halten an den einklassigen Schulen in

Eigenregie fest, in der Grundschüler aller Altersstufen gleichzeitig unterrichtet werden. Formale Erziehung (außer ein paar Grundfächern wie Lesen, Schreiben und Rechnen; Englisch, Geschichte und Geographie) gilt nicht viel; wichtiger ist die praktische Ausbildung für die Landwirtschaft.

Kaum eine andere Straße eignet sich besser als Einstieg ins »Land des einzigen Zeugen« als der **Old Pennsylvania Plke**. Zu beiden Seiten des Highway hat man für die Kutschen eine schmale Fahrspur reserviert, was man gut an den Pferdeäpfeln erkennen kann. Ab und zu trabt ein schwarzer Buggie mit schwarz gekleideten Frauen vorbei.

In **Intercourse**, 1754 gegründet, wo sich die bunten Läden an Main Street reihen, gibt es die ersten *country crafts and wears* zu sehen. Der **Old Country Store** verkauft Quilts (die absolute Nummer eins unter den kunstgewerblichen Erzeugnissen), Tischdecken und

Amische unterwegs nach Intercourse …

... und Farmer bei Bird-in-Hand

Spielsachen. Im Gemüseladen auf der Ecke freilich ist das Teufelswerk des Fortschritts durchgerauscht: Die Elektrokassen klingeln, und man bezahlt mit Schecks.

Weiter westlich steht ein Kuriosum, das man sich nicht entgehen lassen sollte: das **Weavertown One-Room Schoolhouse**, eine Art Zwergschule mit unterhaltsamem Innenleben. Im Klassenzimmer läuft eine computergesteuerte *animated show* mit lebensgroßen Puppen. Schüler und Lehrerinnen werden abwechselnd durch Punktstrahler erhellt, bewegen sich, reden und spielen Schule. Dazu gehören auch die Kartoffeln, die auf dem Bullerofen in der Ecke liegen. Die Schüler, so erzählt die Stim-

me im Lautsprecher, legten sie morgens auf den Ofen, so dass sie zum Lunch gar waren. »Stellen Sie sich vor, wie das geduftet haben muss!« Dann gibt es noch ein paar Hinweise auf das damalige und heutige Schulsystem der Amischen, aber das eigentlich Spannende bleibt die schwerfällig-komische Mechanik des pädagogischen Puppentheaters.

Bird-in-Hand folgt auf dem Fuß. Der Name stammt vom Schild eines Gasthauses, auf dem im Jahre 1734 eine Hand zu sehen war, die einen Vogel hält. Eine lokale Legende berichtet, dass zwei Straßenplaner einst hier vorbeikamen und den Eindruck hatten, dass »ein Vogel in der Hand besser sei als zwei im Gebüsch« – und hier übernachteten.

Manche mögen's schwarz: Große Wäsche

Heute gibt's vor Ort allerlei zu kaufen, zu futtern und zu erleben, z.B. die *buggie rides*, die Attraktion für Kinder schlechthin.

Ruhiger geht es im abgelegenen **Landis Valley Museum** zu, wo zahlreiche Möbel und Geräte aus der frühen Siedlungszeit zu sehen sind. Die Brüder George und Henry Landis, die das Museum ins Leben riefen, waren deutscher

Moravian Church Square in Lititz

Abstammung und begannen früh damit, Objekte der pennsylvanisch-deutschen Kultur des 18. und 19. Jahrhunderts zu sammeln. Draußen stellen einige historische Gebäude, die man aus der Umgebung hierher verfrachtet und originalgetreu wieder aufgebaut hat, das ländliche Leben nach. Um sie herum schnarren ein paar unfreundliche Gänse, die man zur Ordnung rufen muss.

In der Remise parkt der »Conestoga Wagon«, jenes Gefährt, das von den Pennsylvania Dutch erfunden wurde und das vor dem Bau der Kanäle und Eisenbahnen zum Transport der Farmprodukte diente, bevor es als Planwagen auf den Trails und Trecks gen Westen Karriere machte. Lancaster County trug im 18. Jahrhundert noch den Namen »Conestoga«, wie die hier ansässigen Indianer.

Den schönsten Platz weit und breit besitzt das kleine **Lititz** (8000 Einwohner): den **Moravian Church Square** – eine Augenweide! Gebildet wird er durch die schlichte Kirche und ihrem hübschen Glockenturm (nebst »Leichenkapellchen«), einige andere historische Bauten und von **Linden Hall**, einem Mädchenpensionat, dem ältesten in den USA.

Außer in Nazareth und Bethlehem, Pennsylvania, siedelten die Böhmischen Brüder in den USA zuerst in Lititz, bevor sie nach Salem, North Carolina, weiterzogen (vgl. S. 241 ff.). Zur Ortsgründung kam es 1757, nachdem schon Jahre zuvor eine Schule und eine Kirchengemeinde bestanden hatten. Namengeber war das Landgut Lititz östlich von Prag, wo sich 1457 die Mährische Kirche konstituierte, deren schriftsprachliche Grundlage später die in Tschechisch verfasste Kralice-Bibel wurde. Ein Jahrhundert lang gehörte ganz Lititz der Kirche, und nur Moravier

Schindel-Look: das Kloster in Ephrata

durften hier wohnen. Erst um die Mitte des 19. Jahrhunderts lockerten sich die Regularien der Kirchenväter.

Der grünen Oase gegenüber, unweit vom kleinen **Johannes Mueller House**, liegt die führende Bäckerei am Platz, das **Sturgis Pretzel House**. Der Mann im Laden gibt sich große Mühe, zu erklären, dass der Ursprung der Bäckerei nicht schweizerisch, sondern deutsch ist. Fairerweise kaufe ich ihm dafür eine *pretzel* ab, die als *soft 'n' sweet* gepriesen werden. Ein Missgriff: Moltofill.

Das **Kloster von Ephrata** (gesprochen: ef'REdda) gewährt den wohl tiefsten Blick in das frühe religiöse Gemeindeleben von Pennsylvania. Gegründet wurde es vom pietistischen Pfälzer Johann Konrad Beißel, der wegen seiner unorthodoxen Ansichten 1720 vom Rhein vertrieben wurde und zunächst nach Germantown auswanderte, um hier als Klausner seinen mystischen Neigungen nachzugehen.

Doch der »Aussteiger« blieb nicht lange allein, im Gegenteil, sein Charisma machte ihn äußerst einflussreich: Schon während der junge Ben Franklin Beißels Traktate druckte, zog dieser bereits nach Conestoga und scharte in Ephrata seine Glaubensbrüder um sich. Er schuf mit ihnen eine der ersten religiösen Kommunen in den USA, aus der bald ein international angesehenes Kunst-, Musik- und Druckereizentrum wurde. Selbst Voltaire rühmte Ephrata in seinem »Dictionnaire philosophique«.

Der Gang durchs Kloster gerät zur Spurenlese. Die Fremdenführerin (mit strenger Strickjacke) zeigt der kleinen Gruppe staunender Amerikaner die altdeutschen Fachwerkgebäude mit den steilen Dächern und charakteristischen Mansardenfenstern, die verwinkelten Räume und Zellen, die das asketische Leben der Mönche und Schwestern verraten. Mitte des 18. Jahrhunderts lebten hier 300 Männer und Frauen, die meisten getrennt und in striktem Zölibat. Die Verheirateten waren mit haushälterischen Aufgaben betraut.

Die Brüder arbeiteten als Farmer und Obstbauern, Müller und Schreiner zum Zwecke karger Selbstversorgung und mit freigebiger Hilfsbereitschaft nach außen. Man unterstützte die Armen auf dem Land, versorgte Durchreisende und Besucher (unter ihnen Graf Zinzendorf, August Gottlieb Spangenberg und der amerikanische Mathematiker, Astronom und Philosoph David Rittenhouse) und pflegte während des Unabhängigkeitskrieges Verwundete beider Seiten. Missionare schwärmten von Ephrata aus und gründeten neue Gemeinden im Südwesten von Virginia und im Osten von New Jersey.

Von Anfang an aber war das Kloster ebenso ein Ort der Erziehung und Wissenschaft wie ein Hort der Künste. Man komponierte, dichtete, übersetzte und druckte. Die exzellente Bibliothek verfügt über zahlreiche Originale – musikalische Kompositionen, religöse Erbauungsliteratur, Frakturschriften und illuminierte Manuskripte. Auf der Titelseite eines Hymnenbuchs steht: »Zionistischer Rosengarten. Von der geistlichen Ritterschaft in der Kirchen Gottes gepflanzet und erbauet. Bestehend in allerley angenehmen Melodien und Weisen. Zum nützlichen Gebrauch in der Kirchen Gottes. Ephrata 1744.«

Viele dieser Hymnen wurden vom Klosterchor im Falsett und a cappella gesungen. Es heißt, die Sänger hätten sich zuvor einer bestimmten Diät unterzogen, um die Reinheit ihrer Stimmen zu vervollkommnen.

1768 stirbt Konrad Beißel, der sich im Kloster Vater Friedsam Gottrecht nennen ließ. Sein Grab liegt auf dem dortigen Friedhof. Mit seinem Tod zerfällt die Gemeinde. Um 1800 wird das Zölibat

aufgehoben, deutsche Baptisten (die »Seventh Day German Baptist Church«) übernehmen die Anlagen und bleiben hier bis in die 30er Jahre des 20. Jahrhunderts. Dann wird das Kloster geschlossen.

»Wenn Sie durch Pennsylvania fahren, verstehen Sie auch, warum die Deutschen hier gesiedelt haben«, erzählt die sachliche Dame in der Strickjacke. Zum Abschied schlägt sie lyrische Töne an: »Ja, die Ähnlichkeit der Landschaften! Das Mittelgebirgische!« Im Herbst jeden Jahres fährt sie zu Besuch nach Baden. Die Kulturen bleiben in Kontakt.

Sicher ist der Highway 772 eine der schönsten Pisten durch den fruchtbaren Garten Gottes der Amischen – *heavy farming*, so weit das Auge reicht. Feldarbeit bei sengender Hitze: ganz so, wie es schon in der Bibel steht.

Die rund 5000 musterhaften Farmbetriebe auf den reichen Kalksteinböden von Pennsylvania zählen zu den ertragreichsten Ackerbaugebieten in den USA. Dieselbe Spitzenstellung hält die Viehwirtschaft.

Lancaster ist das ökonomische und vertriebliche Zentrum der Region. Hier donnern die meisten Trucks, die Milch und Eier, Steaks und Geflügel unter die Leute von New York, Philadelphia und Baltimore bringen. Hier spätestens merkt jeder, dass nicht alles ringsum so abläuft wie zu Großmutters Zeiten. Keineswegs nur Rechtgläubige und Zeitenrückte bestellen ihre Äcker; in Sichtweite siedeln auch US-Bürger mit Drittwagen in der Garage, Rasenmähern und anderen Segnungen der Neuzeit. Ganz abgesehen von den Enklaven des Tourismus, den Wachsmuseen, Minigolfplätzen, Spaßbädern und Vergnügungsparks. Die Vermarktung der Abgeschiedenheit, des pittoresken Glücks im Winkel, ist perfekt durchorganisiert.

Blau und mächtig: der Susquehanna River bei Port Deposit

Zumindest stellenweise – bis der Betriebsamkeit wieder die Idylle folgt. Dann tauchen plötzlich jene malerischen Holzbrücken *(covered bridges)* auf und flotte Einspänner, Kinder mit Hüten auf Rollschuhen. Und ab und zu ein kleines Mädchen mit weißem Häubchen wie aus Andersens Märchen. Fotofans sollten sich jedoch zurückhalten und Aufnahmen vermeiden, auf denen man Gesichter erkennen kann, denn auch in dieser Beziehung nehmen die Amischen die Gebote der Bibel ernst.

Westlich von **Strasburg** und seinem ansprechenden Allerlei aus Kunst und Küche der Region bietet das **Hans Herr House** noch einmal Gelegenheit, die traditionelle Bauernkultur der Mennoniten kennenzulernen: Alles hier ist orginalgetreu erhalten, d.h. *restored to its original medieval Germanic charm*. Das Haus stammt von 1719 – in Amerika

dauert das Mittelalter eben ein bisschen länger.

Nach Süden hin wechselt das Tempo auf den Straßen, und das sanfte Auf und Ab des *rolling terrain* zieht rasch vorbei. Die folgende Grenze von Pennsylvania und Maryland ist in die Geschichte eingegangen – als so genannte Mason-Dixon Line. 1767 gezogen, gewinnt sie ein Jahrhundert später Bedeutung als Demarkationslinie zwischen den sklavenhaltenden Staaten im Süden und den sklavenfreien im Norden, den Konfödertierten und den Yankees.

Sobald sich Highway und **Susquehanna River** näherkommen, sorgt der schäumende und mächtige Fluss für Abwechslung. Erst zischt er über die Staumauer, und dann blinkt er durch die lichten waldigen Flussauen. **Port Deposit** endlich, zwischen Eisenbahnlinie und steil aufsteigendem Granit ein-

87

geklemmt, serviert ein bauliches Kontrastprogramm aus stabilen Steinhäusern und ziselierten Viktorianern.

An der ersten Ampel in **Baltimore**, gleich nach Verlassen der Ringautobahn, haben sich zwei schwarze Kids postiert, um den Leuten bei Rot die Windschutzscheibe zu putzen. Der clevere Service wäre keiner Rede wert, wenn er nicht so nebenbei ein Manko dieser Stadt ans Licht brächte, das man zu diesem Zeitpunkt noch nicht kennt: die unfassbar langen Schaltphasen der Ampeln. Die *locals* haben sich einen

dementsprechenden Fahrstil zugelegt. Entweder brausen sie auf die Kreuzungen zu, um deren seltenes GRÜN zu erwischen, oder sie schlafen bei ROT einfach ein.

Ob GRÜN oder ROT, und egal, ob man erst mal die Hotelfrage löst oder nicht: Jede Einfahrt nach Baltimore endet zwangsläufig am Hafen – nach diesem Tag ein willkommenes Terrain, um sich in aller Ruhe die Beine zu vertreten oder eincs der agilen Wassertaxis zu nehmen, ins muntere Fell's Point zum Beispiel.

Hafenromantik: Inner Harbor, Baltimore

The Amish Barn
3029 Old Philadelphia Pike (Hwy. 340)
zwischen Intercourse und Bird-in-Hand,
PA 17505
✆ (717) 768-8886
www.amishbarnbuggyrides.com
Frühstück, Lunch ($) und Dinner für die
ganze Familie in rustikaler Scheune mit
angrenzendem Gemüsegarten. Souvenir-
laden. $–$$

 Weaverton One Room Schoolhouse
Old Philadelphia Pike (SR 340 East)
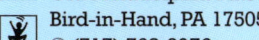 Bird-in-Hand, PA 17505
✆ (717) 768-3976

*Weaverton Schoolhouse: Zwergschule mit
computergesteuerten Marionetten*

Im Sommer tägl. 9–17 Uhr, sonst nur an
Wochenenden, Eintritt $ 3/2
Klassenzimmer (von 1877) einer für das
Pennsylvania Dutch Country typischen
Schule mit lebensgroßen Puppen, die
Schule spielen: ein kurioses Kabinettstück
amerikanischen Geschichtsunterrichts! Bis
1969 wurde in diesem Raum unterrichtet.

 **Pennsylvania Dutch Convention &
Visitors Bureau**
501 Greenfield Rd., Lancaster, PA 17601
✆ (717) 299-8901 und 1-800-723-8824
Fax (717) 299-0470
www.padutchcountry.com
Tägl. 9–16.30 Uhr, im Sommer länger

 Landis Valley Museum
2451 Kissel Hill Rd. (Oregon Pike/SR 272,
von Lancaster 4 km nach Nordosten)
Lancaster, PA 17601-4899
✆ (717) 569-0401, Fax (717) 560-2147
www.landisvalleymuseum.org
Mo–Sa 9–17, So 12–17 Uhr, Eintritt $ 12/8
Weitläufiges Freilichtmuseum mit Bau-
ernhäusern, Schule und Scheune, Taverne
und Ladenlokalen: deutsches Landleben
in Pennsylvania zwischen 1750–1940.

 The General Sutter Inn
14 E. Main St., Lititz, PA 17543
 ✆ (717) 626-2115, Fax (717) 626-0992
www.generalsutterinn.com
Wohnhaus des Schweizer Generals und
Siedlungsführers, bei dessen Mühle am
American River in Kalifornien 1848 Gold
gefunden wurde, das ihn selbst jedoch
ruinierte. Bereits 1852 war er pleite und
zog sich 1871 nach Lititz zurück. Auf dem
moravischen Friedhof hinter der Kirche
liegt er begraben. Heute ein Bed & Break-
fast Inn. $$

 Moravian Church
8 Church Sq., Lititz, PA 17543
Kirche von 1787 für die heute rund 1200
Mitglieder der bömisch-mährischen Ge-
meinde der Stadt.

 **Lititz Museum and Johannes Mueller
House**
137–145 E. Main St., Lititz, PA 17543
 ✆ (717) 627-4636
Mai–Okt. Mo–Sa 10–16 Uhr, Eintritt $ 5
Im zeitgenössisch eingerichteten Haus
von 1792 sitzt heute die Lititz Historical
Foundation.

 Sturgis Pretzel Bakery
219 E. Main St., Lititz, PA 17543
 ✆ (717) 626-4354
www.juliussturgis.com
Mitte März–Dez. Mo–Sa 9–17 Uhr, sonst
kürzer, Eintritt $ 3/2
Seit 1784 werden hier in alten Öfen Bre-
zeln gebacken. Die Führungen bringen

Aufschluss über den Zusammenhang von Naschwerk und Glaubenslehre: die Form der Brezel erinnere an die beim Beten verschränkten Arme!

 Ephrata Cloister
632 W. Main St., Ephrata, PA 17522
 ℘ (717) 733-6600, Fax (717) 733-4364
www.ephratacloister.org
Mo–Sa 9–17, So 12–17 Uhr, Eintritt $ 9/6
Zentrum der 1732 von Johann Konrad Beißel aus Ebersbach (Pfalz), dem »Wiedertäufer des Siebenten Tags«, gegründeten religiösen Kommune. Weder amisch noch mennonitisch, sondern adventistisch. Streng trennte Beißel seine Glaubensgenossen in zwei Gruppen (Alleinstehende/Verheiratete) und wachte darüber mit eiserner Faust. Das Kloster, das wegen seiner Schrift- (Fraktur) und Druckerkunst, Übersetzungen und Chormusik berühmt war und bis 1934 existierte, wurde 1941 von der Pennsylvania Historical & Museum Commission übernommen und restauriert. 12 Gebäude sind zu besichtigen.

 Cloister Restaurant
607 W. Main St., Ephrata, PA 17522
℘ (717) 233-2361
Genau das Richtige für ein *local lunch*. $

Hans Herr House and Museum
1849 Hans Herr Dr., Willow Street, PA 17584
℘ (717) 464-4438, www.hansherr.org
Im Sommer Mo–Sa 9–16 Uhr
Eintritt $ 5/2
Deutsches Bauernhaus von 1719. Weil es auch als Kirche genutzt wurde, gilt es heute als die älteste Mennonitenkirche in den USA. (Von Willow Street auf US 222 4 Meilen nach Süden, nach Abfahrt ca. 1 km weiter nach Süden.)

[i] **Baltimore Visitors Center**
401 Light St., Baltimore, MD 21202
℘ 1-877-225-8466 (Mo–Fr 8.30–17.30 Uhr)
www.baltimore.org
Im Sommer 9–18 Uhr, sonst kürzer

Neu und effizient: Stadtpläne, Hotelinfos, Reservierungen.

 Harbor Court Hotel
550 Light St., Baltimore, MD 21202-6099
 ℘ (410) 234-0550 und 1-800-824-0076
www.harborcourt.com
 Top-Hotel mit Hafenblick: 202 Zimmer und Suiten, Pool, Sauna, Whirlpool, Tennisplatz. Viel gepriesen: **Hampton's Restaurant** mit *Nouvelle American Cuisine* (Di–Sa $$$). $$$$

 Biltmore Suites
205 W. Madison St. (Mt. Vernon)
Baltimore, MD 21201
℘ (410) 728-6550 und 1-800-868-5064
Fax (410) 728-5829, www.biltmoresuites.com
Historischer B&B (1880) in einer stilleren Straße von Mt. Vernon mit Frühstück. Ein Erlebnis ist allein schon der eiserne Vogelkäfig, der hier noch als Aufzug dient. $$–$$$$

Peabody Court Hotel
612 Cathedral St., Baltimore, MD 21201
℘ (410) 727-7101, Fax (410) 789-3312
www.peabodycourthotel.com
Gediegen, in schöner Lage mit 104 Zimmern. Nichtraucher-Hotel. $$$–$$$$

 Admiral Fell Inn
888 S. Broadway (Fell's Point)
Baltimore, MD 21231
 ℘ (410) 522-7377 und 1-866-583-4162
Fax (410) 522-0707, www.admiralfell.com
Erst Seemannsheim, dann Essigfabrik, heute intimer Gasthof mit 80 Zimmern und Restaurants. Kleines Frühstück im Zimmerpreis eingeschlossen. $$$$

Celie's Waterfront Bed & Breakfast
1714 Thames St. (Fell's Point)
Baltimore, MD 21231
℘ (410) 522-2323 und 1-800-432-0184
www.celieswaterfront.com
Sieben Zimmer auf schmalem tiefem Grundstück mit kleinem Garten und Dachterrasse. $$$–$$$$

The Inn at Henderson's Wharf
1000 Fell St. (Fell's Point)
Baltimore, MD 21231
℗ (410) 522-7777 und 1-800-522-2088
Fax (410) 522-7087
www.hendersonswharf.com
Umgebautes Lagerhaus für Tabak. Gediegenes, ruhiges Hotel abseits des Tavernentrubels an der Promenade am Wasser und der Marina. Fitnessstudio. Mit Frühstück. $$$$

 Saffron
802 N. Charles St. (Mt. Vernon)
Baltimore, MD 21201
℗ (410) 528-1616
Gute eklektische Küche, gemütlich, Dekor mit asiatischen Akzenten, freundliche Bedienung. $$

 Brass Elephant
924 N. Charles St. (Mt. Vernon)
Baltimore, MD 21201
℗ (410) 547-8480, www.brasselephant.com
Originelles italienisches Restaurant, verwinkelt auf verschiedenen Etagen; Gerichte mit viel Geschmack, respektable Weinkarte. Lunch ($) und Dinner. $$–$$$

 Akbar Restaurant
823 N. Charles St. (Mt. Vernon)
Baltimore, MD 21201
℗ (410) 539-0944
www.akbar-restaurant.com
Nordindische Gerichte in exotischem Dekor. $–$$

 Amicci's
231 S. High St. (Little Italy)
Baltimore, MD 21202
℗ (410) 528-1096, www.amiccis.com
Unkompliziertes italienisches Restaurant; große Portionen, zu empfehlen: Chicken Lorenzo. $–$$

Obrycki's Crab House and Seafood Restaurant
1727 E. Pratt St. (Broadway)
Baltimore, MD 21231
℗ (410) 732-6399, www.obryckis.com
Baltimores berühmtestes *crab house* mit fangfrischen *blue crabs* aus Maryland. Lunch ($–$$) und Dinner. $$–$$$

  Bertha's Restaurant & Bar
734 S. Broadway (Fell's Point)
Baltimore, MD 21231
℗ (410) 327-5795
Bar-Schlauch, uriger Speiseraum. Spezialität: gedünstete Muscheln. Oft auch Jazz. $$

 The Black Olive
814 S. Bond St. (Fell's Point)
Baltimore, MD 21231
℗ (410) 276-7141
www.theblackolive.com
Nettes kleines Lokal mit guter Küche und griechischem Touch. Viele gesunde Sachen, vor allem Fisch im Tagesangebot. Lunch ($) und Dinner. $–$$

 Jimmy's Restaurant
801 S. Broadway (Fell's Point)
Baltimore, MD 21231
℗ (410) 327-3273
Seit 1922 eine reale Sache. Außer Hamburgern gute (und preiswerte) Steaks. $

 Ed Kane's Water Taxi
1735 Lancaster St. (Fell's Point)
Baltimore, MD 21231
℗ (410) 563-3901
www.thewatertaxi.com
Tagesticket $ 9/4
Shuttle-Fähren zwischen Inner Harbor und Fell's Point.

 Wichtigstes Fest
Die 3. Maiwoche heißt **Preakness Festival Week** – mit Paraden und Veranstaltungen in einzelnen Stadtvierteln.

 Baltimore Sun (Tageszeitung) und **Baltimore Magazine** (monatlich)

Weitere Informationen zu Baltimore sowie einen Stadtplan finden Sie S. 92 bzw. 102 f.

5 Cranach und Crab Cake
Baltimore

5. Programm: Baltimore

Vormittag	**Inner Harbor** (**World Trade Center** und **National Aquarium**); eventuell **Old Otterbein Church** und Umgebung
Lunch	**Harborplace** oder **Gallery of Harborplace** oder **Cross Street Market** (oder in der **Walters Art Gallery**)
Nachmittag	**Peabody Library, Walters Art Museum** oder/und **Baltimore Museum of Art** oder **Evergreen House**
Abend	**Little Italy** und/oder **Fell's Point**.

Seit seiner Gründung 1729 war der Hafen die treibende wirtschaftliche Kraft für Baltimore. Die erste Eisenbahn in den USA, die Baltimore & Ohio Railroad (B&O), setzte 1829 die Handels- und Transport-Karriere der Stadt erfolgreich fort, weil sie zwei Jahre nach der Fertigstellung des Erie-Kanals einen revolutionären Transportweg in den Westen eröffnete.

So überflügelte Baltimore schon bald das zunächst wesentlich größere Annapolis. Tabak und Weizen spielten anfangs die Hauptrolle im Handel mit England, später Kaffee, Ananas und Kohle. Die berühmten Baltimore Clipper blieben lange die Garanten für einen lukrativen Überseehandel. Dann aber änderten sich die Zeiten für Baltimore.

Rund ein Jahrhundert nach seinem Goldenen Zeitalter, Mitte der 50er Jahre des 20. Jahrhunderts, sah es ganz so aus, als würde im Gleichklang mit dem *inner city blues* anderer US-Großstädte auch das Zentrum von Baltimore rettungslos verfallen. Der allamerikanische Exodus der Mittelklasse nach *suburbia* entzog auch Downtown die wirtschaftliche Basis.

Wer heute am **Inner Harbor** steht, kann sich diese urbane Schwindsucht schwer vorstellen, denn rund um die windige Waterfront pulsiert reges Leben, verbinden Promenaden Hotels und Shopping Centers, historische Schiffe, hypermoderne Glasarchitektur und luftige Pavillons. Das offene Ensemble zeugt von einer städtebaulichen Renais-

Black Beauties: Kunstfestival in Baltimore

93

sance, die nicht nur die Stadt selbst auf Trab gebracht hat, sondern auch auf viele andere Städte im Land ermutigend gewirkt hat. Stadtverwaltung, Geschäftsleute und eine clevere Entwicklungsfirma (Rouse) krempelten den ehemaligen Ankerplatz der Schiffsindustrie gründlich zur Bühne um – für Freizeit und Entertainment mit den Restaurant- und Shopping-Arkaden von **Harborplace**, einem World Trade Center und originellen Aquarien. Und die Hotelkapazitäten werden noch kräftig ausgebaut. Die Wasserkante von Baltimore ist deshalb so erholsam, weil man sich überall hinhocken, Eis essen oder herumspazieren kann. Im Frühling, wenn die pinkfarbenen Blüten der Kirschbäume die Promenaden garnieren, zeigt sich der Hafen von seiner schönsten Seite.

Wer hoch hinaus und einen fünfseitigen Panoramablick über Stadt und Hafen genießen möchte, der kann dies auf der Aussichtsplattform im **World Trade Center** tun. Aber was sind schon Hafen-Folklore und Weitblick gegen das **National Aquarium**, in dem man auf Tauchstation gehen kann. Im stattlichen Reigen vergleichbarer Institute zählt es zu den besten in den USA, auf jeden Fall aber zu den dunkelsten, was das Unterwassergefühl spürbar verstärkt.

Neben den Haien und Super-Rochen machen die fütternden Taucher besonders bei den Kindern Eindruck, aber auch die exotischen Vögel hoch oben im tropischen Feuchtwald. Im angegliederten **Marine Mammal Pavilion** lassen sich außer einer quirligen Delphin-Show erstaunlich kluge Belugawale bewundern.

Auch die zweite Reihe des Hafenrunds hat das eine oder andere zu bieten. Zum Beispiel ein paar Schritte westlich die ansehnliche **Old Otterbein Church** und das zu ihr gehörende Viertel, das allerdings durch neuere städtebauliche Schneisenbildung ein paar Blocks von ihr entrückt liegt. Gleichwohl ist **Otter-**

Fischig: National Aquarium, Baltimore

bein (oder Federal Hill, das sich ihm anschließt bzw. oft in einem Atemzug mit ihm genannt wird) eine richtige Vorzeige-Nachbarschaft mit hübschen Stadtwohnungen im Klinker-Look an engen Gässchen und kopfsteingepflasterten Straßen mit Gärten und Bänken, auf denen schwarze Mamies gutgenährte weiße Kleinkinder betreuen. Die Niederlande könnten um die Ecke liegen, wären da nicht die *marble-stooped rowhouses*, Häuser, zu deren Türen jene drei weißen Marmorstufen führen, die für viele Wohnviertel in Baltimore typisch sind.

Schon Gottfried Duden, dessen positive Berichterstattung von seinem Aufenthalt in Amerika Anfang des 19. Jahrhunderts viele auswanderungswillige Deutsche bestärkte, lobte in einem Brief von 1824 die Wohnkultur in Baltimore, weil »die Gasbeleuchtung in den vorzüglichsten Theilen der Stadt, der weiße Marmor an so vielen Wohnungen, der allgemeine Gebrauch der Teppiche, so wie überhaupt der Aufwand in den Möbeln, dem Ankömmlinge aus Europa die Gedanken an Wildnisse so ziemlich vertreiben können ...«

Wie in diesem Quartier um Hannover, Barre, Lee, Hill Street und Welcome Avenue sieht es auch anderswo aus, wo seit den 1970er Jahren das Prinzip des *urban homesteading* die Speerspitze der städtischen Erneuerungspolitik wurde. In vielen, lange Zeit heruntergekommenen Gegenden verkaufte die Stadt die Häuser für einen Dollar an solche Bürger, die sich verpflichteten, sie wieder instand zu setzen und mindestens drei Jahre darin zu wohnen. Das zahlte sich aus.

In der 740 000-Einwohner-Metropole (mit Einzugsgebiet 2,5 Millionen) leben heute 60 bis 70 Prozent Schwarze.

Nur einen Baseballwurf von Otterbein entfernt, erhebt sich die gewaltige Sportkulisse des **Oriole Park**, Tummelplatz der berühmten »Baltimore Orioles«, die, vor allem bei Siegen, das kommunale Selbstwertgefühl päppeln. Hier lohnt es sich, schon herumzuspazieren, wenn die Vorbereitungen zum Spiel auf vollen Touren laufen und bei den Verkaufsbuden die Eiswannen für die Bierdosen gefüllt, die BBQ-Öfen angeworfen und die Brötchenhaufen aufgetürmt werden. Baseball, finden viele Europäer, sei so mit das Langweiligste, was Sport zu bieten habe. Sie vergessen, dass es ein dickes Geschäft ist, eben weil sich das Spiel endlos in die Länge zieht und Werbezeit en masse bietet.

Wer den Weg – zu Fuß, mit dem Auto oder dem Taxi – ein paar Blocks nach Süden nicht scheut, auf den wartet im **Cross Street Market** ein vorzügliches Tischleindeckdich, ein Lunch, das man sich nach Herzenslust selbst zusammenstellen kann. Unter den diversen Straßenmärkten der Hafenstadt gilt dieser als der authentischste, als die »reale« Alternative zum bekannteren, älteren und sehr viel größeren Lexington Market. An der *raw bar* stehen die Honoratioren der Stadt Schlips an Schlips und genießen ihre Austern und Sushi-Häppchen. Hier kungelt die politische Elite gern wie sonst auf dem Golfplatz, während die einfachen Leute sich an preiswertere Combos mit Ketchup halten. Aber insgesamt trifft man hier ein gemischtes Publikum, alt und jung, schwarz und weiß.

Außerdem liest sich der Markt wie eine illustrierte Speisekarte, denn Fische, Obst- und Gemüsesorten tragen kleine Namensschildchen. Spätestens hier lernt man, wie z. B. *squash, mustard*

95

greens, yams, squid, sea trout, red snapper, asparagus oder egg plant aussehen.

Stadteinwärts steigt vom Inner Harbor **Charles Street** langsam nach Norden an – zum **Mount Vernon**, jenem Platz, auf den die Baltimoreans besonders stolz sind. Schon bald nach seiner Gründung 1831 avancierte die Parkanlage zu einer begehrten Adresse. Elegante Stadthäuser, Brunnen und Statuen trugen dem Selbstdarstellungswunsch der Bewohner ebenso Rechnung wie dem herrschenden Zeitgeist. Und je näher man Mount Vernon kommt, umso verständlicher wird die Bemerkung von Henry James, der ihn für den »Salon« von Baltimore hielt.

Auch die Feinschmecker werden sich hier wohlfühlen, denn Charles Street durchzieht Parks und Paläste wie eine muntere restaurant row, wo man dem Völkermix auf den Geschmack kommt, weil indische, thailändische, chinesische oder marokkanische Düfte und Dekors locken.

Über allem erhebt sich das **Washington Monument**, das Wahrzeichen der Stadt, 1814 von Robert Mills entworfen, dem man gelegentlich nachsagt, der erste in Amerika gebürtige und ausgebildete Architekt gewesen zu sein. Er hatte Zugang zur Architekturbibliothek von Thomas Jefferson und arbeitete am Ausbau des Weißen Hauses in Washington mit.

Die schlanke Säule in Baltimore, die unverkennbar auf die von Trajan zurückgeht, war die erste große Hommage an George Washington und beflügelte seine nationale Anerkennung, Jahrzehnte bevor ihm Mills in der Hauptstadt erneut ein Denkmal setzte.

Mount Vernon

Ein anderes lokales Schmuckstück wird den europäischen
Besucher noch mehr erfreu-
en: die **Bibliothek** des **Peabody Conservatory of Music**,
der Musikakademie des ehemals ebenso berühmten wie
spendablen Bankers Peabody,
deren überwältigender Lesesaal sich verständlicherweise
schnell den Ruf einer »Kathedrale der Bücher« einhandel-
te. Fünfstöckig umlaufende
Eisenbalustraden gliedern
das riesige Textdepot: eine
ästhetische Alternative zur
Festplatte.

Das **Walters Art Museum**
erweist sich als eine wahre
Schatztruhe der Künste: Mi-
niaturen und illumininierte
Manuskripte, mittelalterliche
Elfenbeinschnitzereien, herrliche liturgische Objekte (Reli-
quiare, Kruzifixe, Monstran-
zen); italienische Malerei des
Mittelalters, der Renaissance
und des Barock; französische
Malerei des 19. Jahrhunderts,
Kunst aus Asien und Ägypten
– das Spektrum ist weit ge-
fächert. Ein besonders her-
ausragendes Stück ist das

Kathedrale der Bücher: Peabody Library in Baltimore

»Porträt einer jungen Frau« (mit Man-
delaugen!) von Lucas Cranach d. Ä. aus
dem Anfang des 16. Jahrhunderts.

Charles Street zeigt sich auch in
ihrem nördlichen Teil (bis Mt. Royal)
reizvoll, und ebenso bleiben ihr die
Straßencafés und Restaurants treu. In
der Nähe liegt der eliptische Bau der
Joseph Meyerhoff Symphony Hall,
des Stammhauses des angesehenen
Baltimore Symphony Orchestra, das
zwischen September und Juni Saison
hat.

Dann folgen **Pennsylvania Station**, der
aufwändig sanierte Bahnhof in präch-
tigem Beaux-Art-Stil, und schließlich
der Prestige-Campus und das renommierte Klinikum der (1876 gegründeten)
Johns-Hopkins-Universität. Neben den
Kunstsammlungen und der »Baltimore
Sun«, einer der besten Tageszeitungen in
den USA, gehören beide zu den tragen-
den Kultursäulen der Stadt.

Ihre Fundamente verdankt die Uni vor
allem Gönnern und Philanthropen: neben Johns Hopkins, George Peabody
und Henry Walters unter anderen auch

Enoch Pratt, dessen Erbe in einer bedeutenden öffentlichen Bibliothek weiterlebt.

Und wenn schon stadtbekannte Namen fallen, dann gehört auch der von Henry L. Mencken dazu, der des scharfzüngigen Journalisten, der in den 1920er und 1930er Jahren die »Sun« zu seinem Forum machte; aber auch Upton Sinclair, Frank Zappa und natürlich E.A. Poe. Sein Haus steht in der Amity Street, sein Grabstein auf dem Kirchhof der Westmister Church.

Wer das **Baltimore Museum of Art** besucht, findet unweigerlich noch zwei weitere Namen für die Liste der lokalen Kunst-Mäzene: Etta und Claribel Cone, das Geschwisterpaar, deren Nachlass das eigentliche Rückgrat der Sammlungen und Stiftungen dieses Museums bil-

det. Die Schwestern hatten in der ersten Hälfte des 20. Jahrhunderts einen wahren Batzen impressionistischer Werke zusammengetragen.

Die Freundschaft mit der in Paris lebenden Gertrude Stein eröffnete ihnen den Zugang zu den bildenden Künstlern in Europa, besonders zu Matisse. Ergebnis: Dutzende Gemälde, Drucke, Zeichnungen und Plastiken fügen sich zu einer der umfangreichsten Matisse-Sammlungen der Welt. Ja, und die Cafeteria ist sehr einladend, vor allem die Terrasse im Skulpturengarten.

Noch weiter nördlich streift Charles Street durch schöne Villenviertel, aus denen vor allem ein Kleinod herausragt. Inmitten großzügiger Parkanlagen leuchtet der korinthische Säulenportikus des gelben **Evergreen House** – auf

Shopping-Tempel: »The Gallery« am Inner Harbor

Stämmig: Blick auf das ehemalige Kraftwerk am Inner Harbor, heute ein Freizeitzentrum

den ersten Blick ein Stückchen stattliches 19. Jahrhundert. Drinnen freilich geht ein anderer Zeitgeist um, der im Wesentlichen aus den 20er und 30er Jahren des 20. Jahrhunderts stammt. Das hängt mit den wechselnden Hausherren zusammen.

Evergreen entsprang Ende des letzten Jahrhunderts dem Vermögen des Finanz- und Eisenbahnimperiums der Garrett-Familie, deren Enkel John und Alice das Anwesen 1920 übernahmen und die die zum Teil düstere viktorianische Innenausstattung durch ein eklektisches, in jedem Fall aber beschwingtes Stilgemisch der 20er und 30er Jahre ersetzten. Evergreen mauserte sich zum Schauplatz einer internationalen *creme de la creme*, hauptsächlich für Künstler und Freigeister, zu einem autonomen gesellschaftlichen Zentrum, das mit Baltimore sonst wenig zu tun hatte. Es gab ein Privattheater im Haus und Tanzstunden, in denen man die neuen Rhythmen Rumba und Charleston übte.

Vom alten Glanz sind heute zumindest noch zwei Kulissen geblieben: die schöne Bibliothek, das Holzkunstwerk eines Möbelschreiners aus Baltimore von 1928, und die eigentliche Seele des Hauses, das Theater, das 1885 zwar als Turnhalle gebaut wurde, später aber regelmäßig für Ballettaufführungen und Konzerte genutzt wurde.

Little Italy heißt der Stadtteil, der zwischen Inner Harbor und Fell's Point liegt und der als eine kulinarische Festung unter italienischem Oberbefehl ausgebaut ist, obwohl mehrheitlich Schwarze hier wohnen – ein Viertel mit ungewöhnlich reichem *ethnic mix*. Little Italy oder Little Lithuania sind nur zwei Beispiele. Die Vielfalt beeinflusst die Kochtöpfe ebenso wie die Musikinstrumente oder die Arbeit der kirchlichen und sonstigen Organisationen, die sich um die Probleme des Zusammenlebens kümmern, die jedoch oft genug der beunruhigend hohen Kriminalitätsrate der Stadt machtlos gegenüberstehen.

Ein Transfer mit dem Wassertaxi verschafft frische Luft und nach der Landung an Brown's Wharf in **Fell's Point** frische Eindrücke von Baltimores Vergangenheit als Hochburg des Schiffsbaus. 1730 vom Quäker William Fell gekauft und erschlossen, entwickelten sich die Werften zu den effektivsten Baustellen im Lande, auf denen Schoner und vor allem die »Baltimore Clipper« entstanden – flotte Segler, die von Kaufleuten ebenso geschätzt wurden wie von Piraten. Seefahrt hat seitdem Tradition.

Fell's Point mit seinen vielen kleinen bunten Häuschen gehört zu den attraktivsten Vierteln der Stadt, die hier ihre Schifffahrtsgeschichte schrieb. Liefen hier nicht die Skateboard-Freaks im Schlabberlook, sondern noch Damen im Reifrock und Herren in gewürfelten Hosen herum, dann könnten Bilder von Fell's Point gut und gern einen Dickens'schen Roman illustrieren. Zumindest tagsüber. (Dickens hat übrigens 1868 in Baltimore aus seinen Werken gelesen.)

Pittoresk: Fell's Point, das alte Schiffsbauzentrum von Baltimore

Bei genauerem Hinsehen erweist sich das koloniale Outfit von Kuriosa durchsetzt: Teddybär-Boutiquen, nautische Trödelläden, Perlengeschäfte zur eigenen Schmuckherstellung, ein knorriger Klausner, den sie den »Nikolaus von Fell's Point« nennen, weil er ganzjährig Weihnachtsschmuck und Baumbehang verkauft. Wenn das Geschäft nicht so läuft, gräbt er in einer Ecke seines Ladens (heimlich hinter einem Plastikvorhang) tief im Boden. Das täten viele hier, verrät er, die Ostküste sei voller archäologischer Energie.

Rund um die Markthallen am Broadway, am **Market Square**, kommt alles zusammen, was dem Entertainment und dem *bar hopping* dient: alte Pubs mit Live-Musik, Theaterbühnen und jede Menge Restaurants.

Trio: »Jimmy's«, Fell's Point

Kunst am Krebs – Baltimores kulinarisches Wahrzeichen

⑤ Infos: Baltimore

Top of the World
401 E. Pratt St. (World Trade Center, Observation Level & Museum)
Baltimore, MD 21202
✆ (410) 837-8439
Im Winter Mi–So 10–18, im Sommer tägl. 10–18, So bis 20 Uhr, Eintritt $ 5/3
Aus dem 27. Stockwerk des fünfeckigen Turmbaus (1977 von I. M. Pei konzipiert) Panoramablicke über Stadt und Hafen.

Harborplace & The Gallery
200 E. Pratt & Calvert Sts.
Baltimore, MD
✆ (410) 332-4191, www.harborplace.com
Mo–Sa 10–21, So 12–18 Ihr
Belebter Shopping-Komplex am Hafen, in dem man auch Kleinigkeiten essen kann.

National Aquarium
501 E. Pratt St. (Pier 3, Inner Harbor)
Baltimore, MD 21202-3103
✆ (410) 576-3800, www.aqua.org
März–Okt. tägl. 9–17, Fr 9–20 Uhr, sonst kürzer, Eintritt $ 30/20
Top-Aqua-Zoo über 6 Stockwerke: Fische, Vögel, Reptilien und Meeressäuger. Außerdem: Simulation eines südamerikanischen Regenwalds und eines atlantischen Korallenriffs.

The Power Plant
34 Market Place
Baltimore, MD 21202
✆ (410) 752-5444
www.powerplantlive.com
Baltimore's *hot spot* fürs Entertainment und Touristenmagnet: Musik, Buchhandlung, Cafés, Nachtclubs und Restaurants bevölkern den massiven Bau des ehemaligen Kraftwerks.

Old Otterbein United Methodist Church
Conway & Sharp Sts. (westl. vom Hafen)
Baltimore, MD 21201
✆ (410) 685-4703
www.oldotterbeinumc.org

Von deutschen Immigranten erbaut, steht die hübsche Kirche heute ziemlich verloren da, getrennt von ihrer Gemeinde, aber dafür umzingelt vom Kongresszentrum.

Maryland Science Center
601 Light St., Baltimore, MD 21230
✆ (410) 685-5225, www.mdsci.org
Im Sommer So–Mi 10–18, Do–Sa 10–20 Uhr, im Winter kürzer und Mo geschl. Eintritt $ 15/11
Familienunterhaltung: Planetarium, Shows, IMAX-Kino – Naturwissenschaft zum Anfassen. Café.

Cross Street Market
Cross & Light Sts.
Baltimore, MD 21230
Sehenswerte Markthalle, ideal zum *local lunch*: Baltimore live.

Lexington Market
400 W. Lexington St. (Eutaw St.)
Baltimore, MD 21201
✆ (410) 685-6169
www.lexingtonmarket.com
Mo–Sa 8.30–18 Uhr
Kulinarischer Potpourri auf altem Straßenmarkt (seit 1782).

Grab von Edgar Allan Poe
Fayette & Greene Sts.
Baltimore, MD 21202
✆ (410) 328-2070
Die Grabstätte ist passend gewählt, sie liegt auf dem Friedhof der Westminster Church, die über makabren Katakomben voll offener Särge mit Gebeinen errichtet wurde.

George Peabody Library of the Johns Hopkins University
17 E. Mt. Vernon Place
Baltimore, MD 21202
✆ (410) 659-8179
Di–Fr 9–17, Sa 9–13 Uhr, Mo nach Absprache
Eindrucksvolle »Kathedrale der Bücher« von 1857, heute Teil der Univer-

sität. Präsenzbibliothek mit 283 000 Bänden, hauptsächlich (britische) Geschichte, Technik und Wissenschaften des 19. Jh., Genealogie und seltene Periodika.

The Walters Art Museum
600 N. Charles & Center Sts.
Baltimore, MD 21201
✆ (410) 547-9000, www.thewalters.org
Mi–So 10–17 Uhr
Eintritt kostenlos
Nach dreijähriger, 24 Mill. Dollar teurer Renovierung wieder eröffnet: vorzügliches städtisches Museum in einem italienisierenden Palazzo von 1904 – mit schönem Innenhof und Renaissance-Plastiken, u.a. Pietro Francavillas »Apollo« von 1591. Die asiatische Sammlung füllt das angrenzende **Hackerman House**, eine helle elegante viktorianische Villa von 1851. Museumsladen und **The Pavilion Cafe.**

Antique Row
Howard St. (zwischen Madison & Read Sts.)
Baltimore, MD 21201
✆ (410) 728-6363 (für Öffnungszeiten)
In der Regel Mo–Sa 10–17, So 12–17 Uhr
Vom preiswerten Schnäppchen bis zum teuren Stück: Antiquitätenläden am laufenden Band.

Baltimore Museum of Art
10 Art Museum Dr. (N. Charles & 31st Sts.), Baltimore, MD 21218
✆ (443) 573-1700, www.artbma.org
Mi–Fr 11–17, Sa/So 11–18 Uhr
Eintritt kostenlos
Im Wyman Park gelegen. Die ständige Sammlung reicht von antiken Mosaiken bis zu zeitgenössischer Kunst. Die **Cone Collection** umfasst die französischen Impressionisten (vor allem Matisse, aber auch Renoir, van Gogh, Gaugin und Cézanne) und Picasso. Das 20. Jh. ist u.a. mit Jackson Pollack, Max Ernst und Wassily Kandinsky vertreten. Die amerikanische Abteilung zeigt angewandte Kunst (Möbel, Bestecke, Textilien) und historische Miniaturräume. Museumsladen, Cafeteria im ansprechenden Skulpturengarten.

Evergreen House
4545 N. Charles St.
Baltimore, MD 21210
✆ (410) 516-0341
Führungen zur vollen Stunde Di–Fr 11–16, Sa/So 12–16 Uhr, Eintritt $ 6/3
Edle Villa aus der Mitte des 19. Jh., lange im Besitz von Kunstsammlern.

Blu Bambu
621 E. Pratt St., Suite 120
Baltimore, MD 21202
✆ (410) 637-3398
Frische asiatische Gerichte – von Sushi bis mongolischem BBQ. Fastfood mit Pfiff. $

Weitere Informationen zu Baltimore finden Sie S. 90 f.

»Porträt einer jungen Frau« von Lucas Cranach d.Ä. (um 1520) in Walters Art Museum

❻ Von Kapitol zu Kapitol
Annapolis und Washington, DC

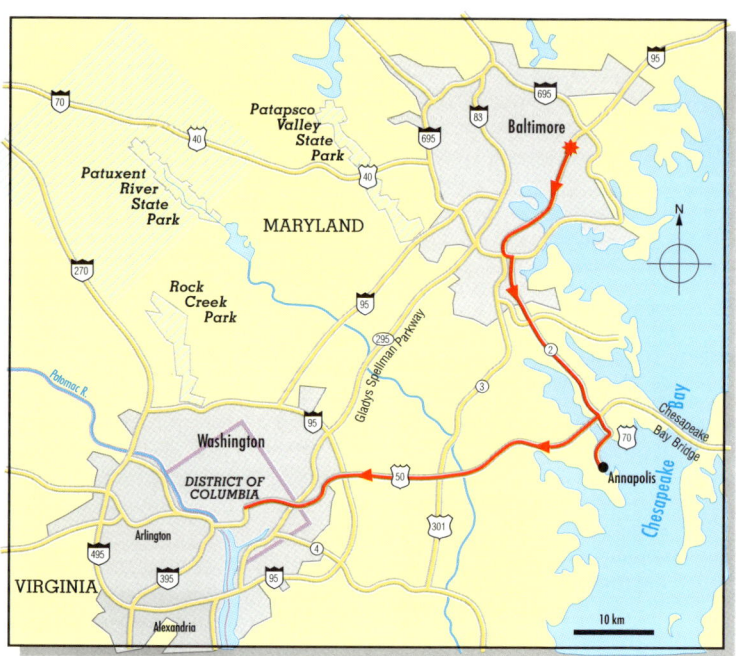

6. Route: Baltimore – Annapolis – Washington, DC (83 km/52 mi)

km/mi	Zeit	Route/Programm
0	9.00 Uhr	In **Baltimore** über Lombard St., links an Sharp St., rechts an Conway und dem Schild folgen: I-95 South, dann I-695 East, Abfahrt 3B auf die S 2 South (Ritchie Hwy.) Richtung Annapolis; kurz vor der Stadt auf US 50 West (= S 2) bis Ausfahrt 24A (STATE CAPITAL HISTORICAL DISTRICT), d.h. US 70 South über Roscoe Rowe Blvd. zum State House von
35/22	9.45 Uhr	**Annapolis**; rechts zum Church Circle, an Duke of Gloucester St. rechts und an Green St. links zum Hafen, wo man parken kann (Stadtbummel und Lunch).
	12.00 Uhr	Vom Hafen in Annapolis über Main St. bis Church Circle auf Bladen St. und dem Schild US 50 East folgen nach

104

83/52   12.45 Uhr   **Washington, DC** US 50 wird erst New York, dann Pennsylvania Ave.

Nachmittag Vom Hotel zu Fuß, mit U-Bahn oder Taxi zur **National Mall.**

Abend   **Dupont Circle** und/oder **Adams-Morgan.**
Einen Stadtplan von Washington finden Sie auf S. 118.

Südlich von Baltimore, auf dem Ritchie Highway, lichten sich die monochrom grünen Laubgardinen und legen ein typisches Stück Amerika offen: eine lose Folge dekorierter Schuppen und Riesenzeichen für Teppich- und Autoläden. Durchsetzt ist das wilde Gemisch von Shopping Centers inmitten blinken-

der Parkflächen auf der grünen Wiese, Konsum-Magneten, die viele ältere Innenstädte in den wirtschaftlichen Ruin getrieben haben.

Solche *commercial strips* werden die Reise auch weiterhin unerbittlich begleiten. Sie gehören einfach zu jeder örtlichen Ein- und Ausfahrt. Am liebsten

105

Denkmal und Pflegerin: William Paca House, Annapolis

nisten sie dort, wo es überhaupt keine Stadt mehr gibt – als deren Ersatz.

Bald aber folgen beschaulichere Seiten von Maryland, besonders, wenn sich Annapolis von der Brücke über den **Severn River** aus als Segelparadies empfiehlt: Boote, so weit das Auge reicht. Das Schild STATE CAPITAL HISTORICAL DISTRICT führt schließlich zum Ziel, zum reizvoll geschlossenen Ortsbild von **Annapolis**.

Die Siedlung nahm rasch Gestalt an, nachdem ein paar Puritaner an der Mündung des Severn River 1649 ihre Zelte aufgeschlagen hatten. Einige Jahrzehnte später folgten sie einem radialen Stadtplan, der Kirche und Staat auf den höchstgelegenen Stellen der Stadt vorsah und der Annapolis schließlich zu einer englischen Musterstadt in der wilden Neuen Welt machte.

In dieser frühen Kolonialzeit eröffnete die Chesapeake Bay den englischen Seefahrern noch leichten Zugang zu den Tabakplantagen. Später, in den Jahren 1783/84, wurde Annapolis sogar zur Hauptstadt der USA erwählt; das stattliche Kapitol, das heutige **Maryland State House**, bezeugt es. Hier wurden die Pariser Verträge unterzeichnet, die Ameri-

kas Unabhängigkeit von England besiegelten.

Seither scheint die Zeit in vielerlei Hinsicht stehen geblieben zu sein. Frisch getünchte Holzhäuschen, Kopfsteinpflaster und eine Reihe alter Backsteinvillen lassen das Kleinstädtchen mit seinen rund 36 000 Einwohnern wie ein koloniales Amerika im Westentaschenformat aussehen, wie ein ansprechendes, fußgängerfreundliches Geschichtsmuseum. Dessen Budget stammt in der Hauptsache von den Einwohnern des betuchten Bezirks von Anne Arundel County, in dem nicht nur viele erfolgreiche High-Tech-Firmen ansässig sind, sondern auch solvente Regierungsangestellte, die allein ein Drittel der Gesamtbevölkerung ausmachen.

Weitere Mittel fließen aus den Taschen großstadtflüchtiger Bootsfreunde, die gern in Reichweite der Chesapeake Bay sein möchten und den hiesigen Jachtklub zu würdigen wissen. Rund sechs Millionen Entnervte aus den nahen Ballungsgebieten von Baltimore und Washington, so schätzt man, sehen in Annapolis ihren Fluchtpunkt der Entspannung und nutzen dieses Segelzentrum der Ostküste auf die eine oder andere erholsame Art.

Die bootlosen Touristen tragen natürlich ebenfalls ihr Scherflein in die Gemeindekasse, was einerseits gern gesehen wird, aber auch Stimmen laut werden lässt, die vor den Kehrseiten warnen. Sie zeigen sich besonders an Wochenenden, beim Kampf um den Parkplatz am Hafen, beim Gedränge in den Restaurants, Bars, Boutiquen und Souvenirläden. Dann sind es zu viele, die da kommen, um sich am ästhetischen Stadtbild zu laben.

Die lokale Denkmalpflege, Attraktion für Zuwanderer und Besucher gleichermaßen, hat auch die sogenannte *gentri-*

Englische Musterstadt in der Neuen Welt: Annapolis, Maryland

fication gefördert, die Sanierung auf Kosten der sozial Schwächeren. Vor allem die Schwarzen wurden aus vielen Straßen der Innenstadt verdrängt, weil sie die Miete für die (vergleichsweise simplen) Holzhäuser nicht mehr bezahlen konnten. Bars am Hafen, die stets von Ausflüglern bevölkert sind, waren früher fest in der Hand der Schwarzen. Die meisten von ihnen wohnen heute in Sozialbauten am Rande der Stadt, und vielen weißen Arbeitern, Fischern und Krabbenfängern zum Beispiel, ist es nicht besser ergangen.

Unbehelligt davon (und in unschuldiges Weiß gekleidet) erscheinen davon jene Dauergäste, die aus Annapolis nicht wegzudenken sind: die knackigen Kadetten der U.S. Naval Academy, einer 1845 gegründeten Marineschule, deren Absolventen bei den Abschlussfeiern am Ende des Jahrgangs stets ihre

Mützen in die Luft zu werfen pflegen. Dieser so genannte *cap toss* ist der wirklich einzige Bruch mit der Kleiderordnung, denn ansonsten kreuzen die jungen Herren stets wie aus dem Ei gepellt durch die Gassen der Stadt. GO NAVY. Den Marineweißlingen von Annapolis kann man das so richtig ansehen.

Am Hafen geht es zumeist gemütlich zu. Im allseits beliebten **Market House** sind unzählige Leckereien Trumpf, und jeder, der die typischen *soft shell crabs* aus der Chesapeake Bay bisher noch nicht probiert hat, kann hier damit anfangen. Auch deren Derivate, das *crab bread* oder der *crab cake* zum Beispiel, lohnen einen Test. Kein Wunder, dass Annapolis früher einmal *Crabtown* hieß.

Auch die unglaublich preiswerten Austern (natürlich mit Ketchup) sind nicht zu verachten. Diese *east coast oysters*, die gleich nebenan in der Bay geerntet werden, gelten als besonders wohlschmeckend und würzig. Wem das Sortiment der Meerestiere nicht zusagt, der kann sich an den Backwaren und Delikatessen, an Obst, Gemüse oder Kaffee schadlos halten. Beim Publikum dieser Markthalle geht ebenfalls alles drunter und drüber. Stammgäste oder Touristen, Schwarze oder Weiße, Junge oder Alte – weder Dekor noch Herkunft zählen hier, nur Gaumen.

Die Bootsleute achten natürlich schon mehr auf Klasse. Einfach mit dem Auto nach Annapolis zu kommen und zu Fuß herumzulaufen ist bei ihnen nicht *in*. Wer etwas auf sich hält, legt vielmehr zünftig am **City Dock** an (nicht ohne Grund *ego alley* genannt), schlürft seinen Martini an der Hilton-Bar und verfüttert die *crackers* an die Möwen: der *American dream* – wassernah.

Der Sprung nach Washington vergeht im Flug, teils, weil wirklich nur ein paar Meilen dazwischen liegen, teils, weil die grünen Flanken der Straßen ringsum Niemandsland erzeugen. Nur ab und an gelingt ein Lichtblick auf die *country-side* von Maryland, auf eine ihrer hügeligen Farmen mit weißen Zäunen und wiederkäuendem Vieh.

Dann aber profiliert sich jenes unzertrennliche Spitzen-Trio, mit dem sich **Washington** unverwechselbar ankündigt: die Kuppel des Kapitols, der Obelisk des Washington Monument und die Silhouette der National Cathedral.

Eine lokale Bauvorschrift lässt diese Wahrzeichen so überragend erscheinen. Höher als das Kapitol darf nämlich niemand hinaus. Die Folge – keine Wolkenkratzer, keine Skyline – macht Washington deshalb zu einer ganz unamerikanischen Stadt. Auch sonst spiegeln ihre

Chesapeake Bay in Maryland

Washington, DC: Blick über die Mall

großzügigen und weitläufigen Avenuen und Boulevards, Parks und Plätze eher europäische Feudalmaße als das in den USA übliche Rastersystem, in dem die Straßen stur senkrecht oder parallel zu Main Street verlaufen. Überhaupt ist die Bundeshauptstadt in vielerlei Hinsicht ganz untypisch für das Land, das sie regiert. Abgesehen davon, dass viele Amerikaner der zentralen Bürokratie in Washington nicht über den Weg trauen, ist die Stadt am Potomac River eigentlich das genaue Gegenbild zum ländlichen Amerika. Sie gehört auch zu keinem Bundesstaat, sondern liegt in »DC«, dem »District of Columbia«, einer künstlichen Raute mit vier abstrakten Quadranten.

Von den rund 590 000 Einwohnern (Großraum: 6,1 Millionen) sind etwa 70 Prozent Schwarze. Dieser Prozentsatz ist ebensowenig repräsentativ für die USA wie die Tatsache, dass die *Washingtoni-*

ans erst seit 1964 den Präsidenten mitwählen dürfen und erst seit 1974 einen Bürgermeister haben. Und noch etwas: Washington hat keine Schwerindustrie. Es lebt statt dessen vom Weltmachtflair seiner vielköpfigen Bundesregierung und einer Kunst- und Museumskultur, die ihresgleichen sucht und dabei 20 Millionen Besucher jährlich findet. Die Tourismusindustrie ist, gleich nach der Regierung, inzwischen der zweitgrößte Wirtschaftsfaktor der Stadt. Der neueste Slogan der Stadtwerber – »The American Experience« – soll ihr weiteres Wachstum fördern.

Ihre raumgreifende Anlage verdankt Washington dem französischen Ingenieur und Freund von Thomas Jefferson, Pierre-Charles L'Enfant, der im Auftrag von George Washington 1791 ans Reißbrett ging, um aus den sumpfigen und mückensummenden Niederungen des Potomac River einen Batzen

Rom und einen Happen Athen heraus-
zumodellieren. L'Enfant führte seinen
Job allerdings nicht zu Ende, weil er ge-
feuert wurde. Der Quäker Andrew Elli-
cott und ein Schwarzer, der Mathematiker und Astronom Benjamin Banneker,
übernahmen die Nachfolge. Das Ergebnis war der »District of Columbia«, ein
rautenförmiges Filetstück, ziemlich sauber herausgelöst aus Landesteilen von
Virginia und Maryland.

Washington, nach Philadelphia die
Hauptstadt der Union, eine Stadt des
amerikanischen Südens? Anfangs
schon. In den ersten 40 Jahren nach
der Gründung bildeten reiche Pflanzer
aus Virginia noch die Creme der *Washingtonians*. Die heutigen Vororte
Rock Creek, Chevy Chase oder Bethes-
da waren ursprünglich südstaatliche
Plantagen. Als Abraham Lincoln zum
Präsidenten gewählt wurde, verhingen
die Südstaatler ihre Häuser mit

schwarzen Tüchern. Selbst die heutige
Universität von Georgetown begann vor
200 Jahren als eine Farm mit schwarzen Sklaven. Lincoln drohte, diese *se-
cessionist school* zu schließen.

Entsprechend unbeliebt war Washington bei den Kongressabgeordneten aus
dem Norden. Sie waren an das Leben
von Boston und Philadelphia gewöhnt
und rümpften die Nase über die sumpfi-
ge Hauptstadt und die bisweilen unge-
hobelten Manieren der Südstaatler, die
man der eigenen Familie nicht zumuten
mochte, so dass man sie meist gleich zu
Hause ließ.

Die Ära des südstaatlichen Washington endete jäh mit dem Bürgerkrieg, ja
schon in seinem Vorfeld polarisierten
sich die Bewohner derart, dass man von
einer gespaltenen Stadt sprechen konnte. Nach dem Krieg überfluteten *North-
erners* und Europäer die Stadt, und mit
dem Einfluss der südstaatlichen Abge-

Verklärte Demokratie: das Kapitol der Hauptstadt

Wuselige Wiese: die Mall in Washington

ordneten war es vorbei; sie überlebten allenfalls als Subkultur. »Die alte provinzielle Südstaatenstadt gibt es nicht mehr«, schrieb 1873 eine Korrespondentin aus Washington für eine New Yorker Zeitung. »Auf ihren Grundmauern ist eine andere Stadt entstanden, weder nordstaatlich noch südstaatlich, sondern national und kosmopolitisch.«

Washington hat bis heute sein südstaatliches Erbe nicht ganz verloren. Man sieht es gleich am ältesten öffentlichen Gebäude, am Weißen Haus. Von James Hoban, einem Architekten aus Charleston, South Carolina, entworfen, sieht der Bau einer Plantagenvilla ähnlich, die auch am Mississippi stehen könnte. Das gilt auch für einige andere Häuser aus dem Schatzkästlein klassizistischer Bauformen, ganz abgesehen davon, dass das alte Rathaus, Old City Hall, früher mal ein Sklavenmarkt war.

Noch 1991 sprach die damalige Bürgermeisterin Sharon Pratt Dixon in ihrer Antrittsrede von Washington als einer »verschlafenen Südstaaten-Stadt«. Liegt es daran, dass die Schreibtischarbeit dominiert und nicht die Schwerindustrie, die das Rückgrat der Städte des Nor-

dens bildet? Liegt es an der hohen Luftfeuchtigkeit? Am gedrosselten Wirtschaftswachstum durch das Fehlen akademischer Forschungsinstitute oder daran, dass nur die Museen der Smithsonian Institution und das Kennedy Art Center Weltklasseniveau erreichen?

Wie auch immer, eine gewisse Zwitterstellung bleibt der Metropole am Potomac erhalten – einer Stadt, die dem New York Steak ebenso huldigt wie dem Schinken aus Virginia, wo man zur Sache kommt und doch die gemütliche Anrede des Südens (»y'all« statt »you«) verwendet, wo Schneeflocken ebenso treiben wie weiße Dogwood-Blüten. John F. Kennedy hat dieses städtische Doppelgesicht einmal pointiert angesprochen, indem er die traditionellen Merkmale von Nord und Süd auf den Kopf stellte. Washington, meinte er, vereine *Southern efficiency and Northern charm.*

Dieser keinesweg unsympathische Mix stellte sich nicht über Nacht ein. Noch Charles Dickens spöttelte als Besucher: »Washington wird zuweilen die 'Stadt der großartigen Entfernungen' genannt, doch könnte sie passender die 'Stadt der großartigen Absichten' heißen; denn nur wenn man sie von der Spitze des Kapitols aus der Vogelperspektive betrachtet, kann man die hohen Ideen ihres Gründers, eines hochstrebenden Franzosen, verstehen. Breite Avenuen, die im Nichts beginnen und nirgends hinführen, meilenlange Straßen, denen bloß die Häuser, Fahrwege und Einwohner fehlen ...«, notierte er 1842 in seinen »Aufzeichnungen aus Amerika«. Dickens würde heute seinen Augen nicht trauen, denn Oasen und Grün, Plätze und Avenuen erfreuen sich vielköpfigen Zuspruchs.

Doch weder Staatsapparat noch Fremdenverkehr haben Washington, das architektonisch gern seine monumentale weiße Weste zeigt, vor internen Konflikten schützen können. Während nur rund 600 000 Einwohner in DC leben, kommen aus dem Großraum Washington, aus Maryland und Virginia, 2,9 Millionen hinzu, die täglich in die Stadt pendeln – die meisten von ihnen gehören der weißen Mittelklasse an.

Scharfe soziale Gegensätze bestimmen das tägliche Leben der verschuldeten Hauptstadt, Kontraste zwischen dem regierungsamtlichen Lebensstil und der Armut der Schwarzen, der Obdachlosigkeit der Habenichtse und der Korruption der Einflussreichen. Der Watergate-Skandal belegt das ebenso wie die Affäre des »Kokain-Bürgermeisters« Marion Barry, der 1990 aus dem Rathaus gejagt wurde, um vier Jahre später dort wieder einzuziehen: rehabilitiert und – von der Mehrheit der Schwarzen gewählt. Doch nach wie vor grassieren Drogenprobleme, Kriminalität und Gewalt in Stadtvierteln, in die kein Weißer je seinen Fuß setzt. Man darf gespannt sein, ob und wie sich der Einzug des ersten schwarzen US-Präsidenten und seiner Familie ins Weiße Haus auf die Atmosphäre der Stadt auswirkt.

Die Stadt ist für den Besucher dadurch nicht bedrohlicher als andere amerikanische Metropolen. Im Gegenteil. Solange man seinen Bewegungsspielraum im Wesentlichen auf den Nordwesten beschränkt und die Ghettos des Nord- und Südostens meidet, besteht kein Grund zur Beunruhigung. Außerdem erleichtert die Stadt die Orientierung durch ein klares Layout. Nord-Süd-Achsen heißen Streets und tragen Nummern, die in ostwestlicher Richtung auch, aber sie haben Buchstaben. Diagonal dazu verlaufen die Avenuen.

Mit der **Mall** zu beginnen wäre keine schlechte Idee für den ersten Nachmittag in der Hauptstadt. Das Gemischtwarenprogramm dieser riesigen Grünanlage bietet vom Top-Museum bis zum Kinderkarussell, vom schattigen Picknickplatz bis zum Mammut-Monument so ziemlich alles, was das Besucherherz begehrt.

Ausgangspunkt für einen Abendbummel könnte der **Dupont Circle** auf der Connecticut Avenue sein – nicht etwa benannt nach dem berühmt-berüchtigten Chemiekonzern, sondern nach einem Admiral der US-Armee. Die Gegend mit ihren sehenswerten Villen der Jahrhundertwende war in den 1960er Jahren häufig Zentrum des politischen Protests. Heute bestimmen wohl betuchte Singles und Schwule, Vollwertkost, Bluegrass, Folk und Punk die Szene.

Dupont Circle abends um halb neun. Viele Friseure schnippeln noch und verrenken ihre Glieder hinter den Köpfen der Kunden; Leser stöbern in den Buchhandlungen und Zeitungsläden; an den Hauswänden rappeln Schwarze mit Pappbechern um Almosen, während die Kunden von »Kramerbooks« leutselig und aufgekratzt wirken, denn hier gibt's nicht nur Lesefutter, sondern auch etwas Richtiges zu essen und einen guten

Tropfen – *afterwords*, aber auch vorher und währenddessen.

Wer von hier aus weiter nach Norden wandert, findet ein Washington wieder, das so gar nicht zu den monumentalen Postkartenansichten der offiziellen Hauptstadt passt – **Adams-Morgan**. In einigen der nicht gerade ärmlich anmutenden Stadtresidenzen und Apartmenthäuser lebten einst prominente Mieter, Generäle, Admirale und die Präsidenten Taft, Eisenhower und Johnson. Diese Wohnkultur spiegelt eine wichtige Phase der Stadtentwicklung im 19. Jahrhundert in Richtung Norden und Westen wider, den Drang vieler, in die baumbestandenen Hügel des Piedmont hinaufzuziehen, um möglichst weit weg von den sumpfigen Niederungen des Zentrums mit seinen malariaverseuchten Abwässern zu sein. Das verstärkte die Ausdehnung von Georgetown, Adams-Morgan, Kalorama und Le Droit Park.

Während heute die alte Eleganz im exklusiven und reichlich zugeknöpften Viertel Kalorama weiterlebt, liegen die Dinge in Adams-Morgan erfrischend anders.

Wer bis zur Ecke **Columbia Road** und **18th Street** vorstößt, trifft auf quirliges Leben. Sprachen, Klänge und Küchen sind hier ebenso bunt gemischt wie das Warensortiment der Verkaufsstände und das Programm der Musiker auf der Straße. Es duftet und klingt in diesem kosmopolitischen Basar. Mit seinem hohen Mischungsgrad in puncto ethnischer Zugehörigkeit seiner Bewohner ist Adams-Morgan zugleich das Zentrum der hispanischen Gemeinde der Stadt. Das öffentliche Leben wirkt hier ungezwungener und gastlicher als in anderen Vierteln von Washington, beispielsweise in den Straßencafés, bei herzhaften Hamburgern oder bei raffinierteren Genüssen äthiopischer Kochkunst.

Kunterbunt: 18th Street in Washingtons Stadtteil Adams-Morgan

6 Infos: Annapolis, Washington, DC

 Visitor Information Center
26 W. St. (Nähe St. Anne's Church)
Annapolis, MD 21410
℡ (410) 280-0445 und 1-888-302-2852
Fax (410) 263-9591
www.visitannapolis.org
Tägl. 9–17 Uhr

 Maryland State House
State Circle
Annapolis, MD 21401
℡ (410) 974-3400
Mo–Fr 9–17, Sa/So 10–16 Uhr
Führungen tägl. 11 und 15 Uhr
Eintritt und Führungen kostenlos
Ältestes Kapitol der USA (1772–79); zwischen 1783 und 1784 war Annapolis die Hauptstadt der USA, hier wurden die Pariser Verträge unterzeichnet.

 Maryland Inn
58 State Circle (Main St.)
Annapolis, MD 21401
 ℡ (410) 263-2641 und 1-800-847-8882
Fax (410) 268-3613
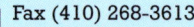 www.historicinnsofannapolis.com
Hübsches altes Hotel mit vorzüglichem Restaurant (**Treaty of Paris**). Montagnacht Jazz. $$$$

 William Paca House & Garden
186 Prince George St.
Annapolis, MD 21401
℡ (410) 267-7619
www.annapolis.org
Führungen Mo–Sa 10–17, So 12–17 Uhr
Eintritt/Führung $ 5–8
Aufwendig restaurierte georgianische Villa, 1765 erbaut von William Paca, einem der Unterzeichner der Unabhängigkeitserklärung und mehrfachem Gouverneur von Maryland.

Chippendale-Mobiliar vor Wänden in Preußischblau. Sehenswerte Gartenterrassen, die nach dem Original aus den 1760er Jahren entstanden.

 Hammond-Harwood House
19 Maryland Ave. (King George St.)
Annapolis, MD 21401
℡ (410) 263-4683
www.hammondharwoodhouse.org
Di–So 12–17 Uhr
Eintritt $ 6/3
Prächtige Kolonialvilla im georgianischen Stil, 1774 entworfen von William Buckland. Zeitgenössische Einrichtung. Führungen.

 The Rockfish Restaurants
400 Sixth St. (Severn Ave., Eastport Maritime District)
 Annapolis, MD 21403
℡ 410-267-1800
www.rockfishmd.com
Tägl. ab 11.30, So ab 10 Uhr
Seafood, Steaks, Burgers, Ribs, aber auch Pizza aus dem Holzofen. Lunch, Dinner und Sunday Brunch. $$

 Carrol's Creek Waterfront Restaurant
410 Severn Ave.
Annapolis, MD 21403
℡ (410) 263-8102
www.carrolscreek.com
Fischrestaurant am Wasser mit schönem Blick auf die Stadt – zum drinnen und draußen Sitzen. $–$$

 DC Visitor Information Center
1300 Pennsylvania Ave., N.W.
Washington, DC 20004
℡ (202) 289-8317 und 1-866-324-7386
www.dcchamber.org
Im Sommer Mo–Fr 8.30–17.30, Sa 9–16, im Winter Mo–Fr 9–16.30 Uhr
Info und Tickets für Touren.

 Hotel Lombardy
2019 Pennsylvania Ave., N.W.
Washington, DC 20006
 Metro: Farragut West
℡ (202) 828-2600 und 1-800-424-5486
www.hotellombardy.com
Kleineres Hotel mit europäischem Flair, zentral gelegen; Zimmer und Suiten mit Küche. Französisch-italienisches Restaurant. $$$–$$$$

Hamilton Crowne Plaza Washington
1001 14th St., N.W. (K St.)
Washington, DC 20005

© (202) 682-0111 und 1-800-263-9802
Fax (202) 682-9525
www.hamiltonhoteldc.com
Komfortables Hotel aus den 1920er Jahren in zentraler Lage: 318 Zimmer und Suiten, Restaurant, Sauna, Fitnesscenter. $$$$

The Georgetown Inn
1310 Wisconsin Ave., N.W.
Washington, DC 20007
© 1-888-587-2388

www.georgetowncollection.com
Gediegen und mitten in Georgetown. 96 Zimmer und Suiten. Restaurant und Bar. Waschsalon. $$$$

Willard Intercontinental
1401 Pennsylvania Ave.
N.W. (14th St.)
Washington, DC 20004

© (202) 628-9100
Fax (202) 637-7326
www.washington.intercontinental.com
Schon Charles Dickens soll sich hier wohlgefühlt haben. Im opulenten **Willard Room** lässt sich fein speisen (amerikanische Küche Mo–Sa, $$$), in der eleganten **Round Robin Bar** die Happy Hour genießen.
    Angeblich soll hier der Senator Henry Clay den südstaatlichen *Mint Julep*-Drink in Washington eingeführt haben. Fitnessraum. $$$$

Hotel Monticello
1075 Thomas Jefferson St., N.W.
Washington, DC 20007
© (202) 337-0900
www.monticellohotel.com
Solides Suiten-Hotel in Georgetown, beste Lage. $$$–$$$$

Adam's Inn Bed & Breakfast
1746 Lanier Pl., N.W.
Washington, DC 20009
© (202) 745-3600 und 1-800-578-6807
Fax (202) 319-7958
www.adamsinn.com
Angenehmer Viktorianer mit 25 Zimmern: *no frills,* freundlich und preiswert in Adams-Morgan. $$

Cherry Hill Park
9800 Cherry Hill Rd.
College Park, MD 20740-1210

© (301) 937-7116 und 1-800-801-6449
www.cherryhillpark.com
Nordöstlich von Washington (zw. US 1 und I-495 bzw. an der Kreuzung von I-95 und Capitol Beltway). 400 Stellplätze, Imbiss, Pool, Sauna, Waschsalon, Spielplatz, Metrobus und Grayline-Bus in die Stadt. Ganzjährig.

Duncan's Family Campground
5381 Sands St.
Lothian, MD 20711
© (410) 741-9558 und 1-800-222-2086
www.duncansfamilycampground.com
32 km südöstl. von Washington. Familienbetrieb, 310 schattige Plätze (auch für Zelte), Cabins. Bus zur Metro.

Old Ebbitt Grill
675 15th St., N.W.
Washington, DC 20005

© (202) 347-4800
www.ebbitt.com
Gegenüber dem Finanzministerium – eine Institution am Metropolitan Square: gesetzteres Publikum, es gibt Herzhaftes vom Grill. Kenner schwärmen vom Frühstück. Old Ebbitt ist die älteste Bar in der Stadt. $$

Rosa Mexicano
7th St., N.W. (F St.) (Penn Quarter)
Washington, DC 20004
© (202) 783-5522
www.rosamexicano.com
Mexikanische Küche für gehobenere Ansprüche; frisch zubereitete Guacamole-Salsa. $$

❻ **Infos:** Washington, DC

I Ricchi
1220 19th St., N.W. (M & N Sts.)
Washington, DC 20036
☎ (202) 835-0459
www.iricchi.net
Toskanische Küche in dekorativem Grotto-Look. Reservierung empfohlen. So geschl. $$$

The Oceanaire
1201 F St., N.W.
Washington, DC 20004
☎ (202) 347-2277
www.theoceanaire.com
Exzellenter Fisch, Hummer, Steaks und Weine. $$–$$$

Sea Catch Restaurant & Raw Bar
1054 31st St., N.W.
Washington, DC 20007
☎ (202) 337-8855
www.seacatchrestaurant.com
Mit Blick auf den C&O Kanal: erstklassiges Restaurant. $$–$$$

Cactus Cantina
3300 Wisconsin Ave., N.W. (Macomb St.)
Washington, DC 20016
☎ (202) 686-7222
www.cactuscantina.com
Beliebter Mexikaner, vorzüglicher Geschmack, reichliche TexMex-Portionen. Lunch und Dinner. $–$$

Bistrot Lepic & Wine Bar
1736 Wisconsin Ave., N.W.
Washington, DC 20007
☎ (202) 333-0111
www.bistrotlepic.com
Mo geschl.
Kleines, beliebtes Nachbarschaftsbistro und Lounge (1. Etage) mit guter französischer Küche und reicher Weinauswahl. $$

Kramerbooks & Afterwords Cafe
1517 Connecticut Ave.
Washington, DC 20036
☎ (202) 387-1400

www.kramers.com
Tägl. 7.30–1 Uhr, Fr/Sa rund um die Uhr
Für Bücherwürmer mit Appetit: Lesen, Essen und Trinken. Mi–Sa Live-Musik. $

CityZen
1330 Maryland Ave., S.W.
Im Hotel Mandarin Oriental
Washington, DC 20024
☎ (202) 787-6006, Fax (202) 787-6153
www.cityzenrestaurant.com
Washingtons exklusivstes und eines der besten Restaurants des Landes mit stilvollem Ambiente. Hier kocht der hoch dekorierte Eric Ziebold moderne amerikanische Küche auf höchstem Niveau – auch preislich. Achtung: Dress Code, keine Turnschuhe, Jeans nur in der Bar! $$$

John F. Kennedy Center for the Performing Arts
2700 F St., N.W.
Washington, DC 20566
☎ (202) 467-4600 und 1-800-444-1234
Fax (202) 416-8425
www.kennedy-center.org
Führungen Mo–Fr 10–17, Sa/So 10–13 Uhr
Am Ufer des Potomac: Opera House, Eisenhower Theatre, Concert Hall, Theatre Lab. Broadway Musicals, klassische Dramen.

Metrorail
☎ (202) 637-7000
www.metroopensdoors.com
Mo–Do 5–24, Fr 5–3, Sa 7–3, So 7–12 Uhr
Neben MARTA in Atlanta und BART in San Francisco das effektivste U-Bahn-System in den USA. Ein »M« markiert die Haltestellen. Mitfahren ist einfach: Die Fahrpreise stehen auf den Ticketautomaten, überall ist das Streckennetz der 6 Linien angeschlagen.

Tageskarten *(day pass)* für Bus und U-Bahn gelten wochentags ab 9.30 Uhr, Sa ganztägig. Erhältlich im Metro Center und bei der Concierge in den meisten Hotels.

116

Metrobus
✆ (202) 637-7000
Die Busse erweitern das öffentliche Verkehrsnetz. Man bezahlt beim Fahrer. Auskunft über Strecken und Haltestellen gibt es telefonisch.

DC Circulator
Ein Pendelbus zwischen Union Station und Convention Center bis nach Georgetown. Die Haltestellen erkennt man an den Roten Zeichen, Fahrpreis $ 1.

Taxis
Sie sind in Washington auch an der Straße leicht zu haben und vergleichsweise preiswert. Man bezahlt pauschal nach Zonen und nicht nach Zeit und gefahrener Strecke. Für ca. $ 8 kommt man im Zentrum fast überall hin.

Old Town Trolley Tours
✆ 1-800-868-7482

www.trolleytours.com
Zweistündige Rundfahrten mit kleinen Bussen bieten Einsteigern einen unterhaltsamen Überblick der Stadt. Start: Union Station, Georgetown Park Mall oder Old Post Office, aber man kann überall zu- und aussteigen: z.B. bei den Smithsonian Institutions, bei National Geographic, am Lincoln Memorial, Vietnam Memorial, White House, Capitol, an der Embassy Row, National Cathedral oder in Georgetown.

DC Ducks Land and Sea Tours
50 Massachusetts Ave. N.E.

✆ 1-800-213-2474
www.dcducks.com
Touren tägl. 10–16 Uhr jede volle Stunde, $ 32/16
Das kuriose Enten-Mobil erschließt Washingtons Highlights amphibisch, d. h. zu Lande und zu Wasser. Nachdem man die Museen und Monumente der Mall passiert hat, dreht die Ente noch ein paar Runden im Potomac River. Reservierung empfehlenswert.

Potomac Spirit Cruises
Pier 4, 6th & Water Sts.
Washington, DC
✆ 1-866-302-2469
An Bord der »Spirit of Washington« bei Lunch oder Dinner und Live-Entertainment auf dem Potomac River. Reservierung erforderlich. Auch Fahrten nach Alexandria.

Radfahren
Ein schöner Radweg beginnt am Lincoln Memorial und schlängelt sich durch den Rock Creek Park nach Maryland; ein anderer führt am C&O Canal in Georgetown entlang.

Fletcher's Boat House
4940 Canal Rd., N.W. (Georgetown)
Washington, DC 20007
✆ (202) 244-0461
www.fletchersboathouse.com
Verleih von Kanus und Ruderbooten für den Kanal und den Potomac.

TicketPlace
407 7th St., N.W.
Washington, DC 20004
www.ticketplace.org oder
www.cultural-alliance.org
Di–Fr 11–18, Sa 10–17 Uhr
Am Aufführungstag zum halben Preis gegen bar; für später voll – auch auf Kreditkarte. Außerdem gibt es Tickets vorab bei **Ticket Master,** ✆ (202) 397-7328 (Verkaufsstellen in der Stadt telefonisch erfragen.)

Smithsonian Information Center
1000 Jefferson Dr., N.W.
Washington, DC 20560
✆ (202) 633-1000
www.si.edu
Tägl. 8.30–17.30 Uhr
Im roten »Castle« an der Mall bekommt man Infos zu allen Museen des Instituts.

Weitere Informationen zu Washington finden Sie S. 132 ff. ✳

❼ Klassisch und Grün
Ein Tag in Washington, DC

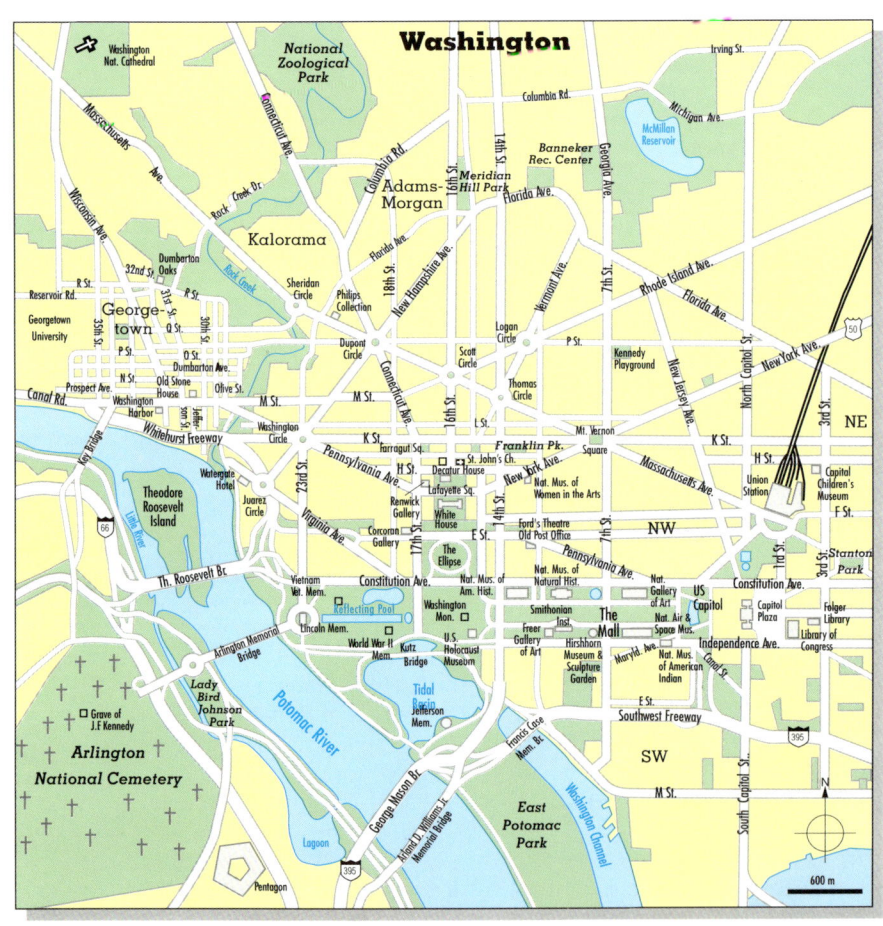

Vormittag	**Lafayette Park** (Metro-Station Farragut West) – **White House** – **National Mall** – **Capitol** – **Library of Congress.**
Mittag	**Union Station** (Lunch).
Nachmittag	Über F Street zum **National Building Museum** – Pennsylvania Ave. – **Old Post Office.**
Abend	**Georgetown.**

Unter den vielen Plätzen in Washington zählt der **Lafayette Park** zu den schönsten: eine grüne Oase, die den Autoverkehr auf Distanz hält, ein Ort zum Sitzen und Schauen. Auch zum Nachdenken, denn der Platz selbst und erst recht die Ästhetik der ihn umgebenden Bauwerke sind, wie es sich eben in Washington gehört, nicht ohne politische Untertöne.

Ringsum stehen die Statuen einiger europäischer Helden, die zur Unterstützung der amerikanischen Sache Hilfe in den Revolutionskrieg geschickt haben, allen voran der Marquis de Lafayette, aber auch der preußische Baron und spätere amerikanische General Friedrich Wilhelm von Steuben.

Eindrucksvoller noch als die Denkmäler wirkt freilich die zitronengelbe **St. John's Church**. Schon bald nach ihrem Bau Anfang des 19. Jahrhunderts etablierte sie sich als »Kirche der Präsidenten«, weil die meisten von ihnen hier die Gottesdienste besuchten. Für den jeweils amtierenden wird der Sitz Nr. 54 stets freigehalten. Der Kirche gegenüber liegt das noble **Hay-Adams Hotel**, dessen Lobby und Lounge wie viele ihresgleichen im Zentrum der Macht für alle Sorten der Geheimdiplomatie wie geschaffen sind. Washington ist, wen wundert's, überhaupt eine Fundgrube für Auf- und Fehltritte von Politikern in Hotels. Den Bürgermeister Marion Barry ertappte das FBI beim Kokain-Schmauchen im Vista International Hotel, Ronald Reagan erwischte die Kugel eines Attentäters bei der Einfahrt des Washington Hilton and Towers, und das Watergate Hotel bedarf erst gar keines Kommentars.

Mehr Geschichte als Geschichten hat das ansehnliche **Decatur House** an der Ecke von H Street und Jackson Place zu erzählen, blickt es doch auf eine Reihe illustrer Mieter zurück. Nach dem Tod des ursprünglichen Hausherrn, Commodore Stephen Decatur, der durch seinen Kampf gegen die Piraten und Briten zu einem der populärsten Marinehelden des frühen 19. Jahrhunderts aufstieg, zogen die Botschafter Frankreichs, Russlands und Englands ein, danach drei US-Außenminister, Kongressmitglieder und Edward Fitzgerald Beale, ein Entrepreneur, der Kamele aus dem Nahen Osten importieren wollte, um im Südwesten der USA die Packesel zu ersetzen.

Decatur House war übrigens das erste Privathaus am Lafayette Square und wie St. John's von Latrobe gebaut worden, der zur gleichen Zeit die Aufsicht über die Wiedererrichtung des Kapitols hatte, nachdem dieses ebenso wie das Weiße Haus von britischen Truppen in Brand gesetzt worden war.

Zu den weiteren guten Adressen in Sichtweite zählt das **Blair House** an der nächsten Ecke, das seit seiner Fertigstellung 1824 als feines Gästehaus der Regierung Dienst tut, wann immer ausländische Würdenträger auf Besuch bei jenem Herrn weilen, der gegenüber Quartier bezogen hat, beim Präsidenten im Weißen Haus.

Nach dem Rundblick also der Rundgang, denn zum **White House** sind es nur wenige Schritte, was ja auch den Lafayette Park traditionell für Demonstrationen geradezu disponiert hat. Doch nur gelegentlich versammeln sich die Protestler vor dem Gitter der Nordseite des Hauses, während sich die Touristen dort täglich die Nase platt drücken. »Das Palais des Präsidenten wüsste ich, sowohl nach dem Innern wie nach dem Äußern, mit nichts anderem zu vergleichen als mit einem englischen Klubhaus«, bemerkte einst Charles Dickens und reihte sich damit in die Bewertung vieler ein, die die Größe des Weißen Hauses eher als Understatement sahen.

Die meisten Besucher werden die **National Mall**, obwohl grün, mit Recht als den roten Begrüßungsteppich der Stadt ansehen. Was nicht heißt, dass man auch dort parken sollte. Das nämlich bringt meist Ärger, weil es alle versuchen. »You don't want to have a car«, erklärt denn auch jeder *Washingtonian* gleich dem Gast und rät, das Auto beim Hotel zu lassen und sich zu Fuß, mit der U-Bahn oder dem Taxi zur Mall aufzumachen. Sie bestätigt auf Anhieb den Hang dieser Stadt zum griechisch-römischen Stil, dazu, mit Bronze und Marmor Staat zu machen, obwohl der »District of Columbia« doch gerade keiner ist. Wie selten sonst auf der Welt, gehen hier Politik und Kultur, Macht und Kunst engste räumliche Bindungen

ein. Steinern flankieren mächtige Säulen, Freitreppen und Portiken das weitläufige Wiesenstück zwischen Kapitol und Lincoln Memorial. Manchmal führt die klassizistische Tresor-Architektur sogar zu Vexierspielen, etwa wenn umherirrende Japaner irgendein Bankgebäude für das Weiße Haus halten.

So ehrfurchtgebietend die Fassaden, so wenig beeindruckt verhält sich das »Volk«. Es nutzt die Mall als Spielplatz und Schaubühne der Nation: Sonnenanbeter, Busladungen voller High School Kids, Picknick- und Theatergruppen tummeln sich hier ebenso unbefangen wie entzückte Touristen, beschlipste Träger von Aktenköfferchen und unzufriedene Protestler. Da wird gefaulenzt und gefuttert, posiert und poussiert. Ein buntes Kinderkarussell vor dem rotbraunen Smithsonian »Castle« lockt die

The White House, Sitz des amerikanischen Präsidenten

Kinder, und nur ab und zu wird es politisch und laut. Dann schaukelt ein Polizeiauto über den Rasen beim Obelisken und fordert eine Gruppe auf, die Leinen ihrer Papierdrachen einzuziehen, weil in wenigen Minuten der Präsident mit dem Helikopter einschwebe.

Zum **Vietnam Veterans Memorial** zieht es die Trauernden. Rund 60 000 Namen gefallener und vermisster GIs, in polierte schwarze Granitplatten gehauen, dokumentieren ein dunkles Kapitel der jüngeren US-Geschichte. Im Winter setzen Eis und Schnee den demokratischen Korso fort. Der **Reflecting Pool** – zwischen Washington Monument und Lincoln Memorial – wird dann zur beliebten Eislaufbahn. Am 29. Mai 2004 wurde am östlichen Ende des Reflecting Pool das **National World War II Memorial**, die erste nationale Gedenkstätte für die Opfer des Zweiten Weltkriegs, offiziell eingeweiht. Der Taxifahrer bringt es auf den Punkt: Die Mall, ganz Washington sei eigentlich ein Sandwich, ein Ding mit zwei Seiten – Parties und Proteste, *celebrations* und *demonstrations*.

Gerade letztere sind am **Lincoln Memorial** häufig, denn das Denkmal hat sich zum Treffpunkt der Bürgerrechtler entwickelt. Seine größte Besucherschar erlebte der große, freilich auch ein bisschen bedröppelt aussehende Präsident 1963, als sich hier 200 000 Zuhörer versammelten, um der »I Have a Dream«-Rede von Dr. Martin Luther King Jr. zuzuhören.

Den zahlreich verstreuten Monumenten und Gedenkstätten siegreicher Präsidenten und verlorener Kriege hat sich neuerdings der **Roosevelt Memorial Park** hinzugesellt – eine Open-Air-Installation aus Bronzeskulpturen, Wasser und wuchtigen Steinquadern, in die berühmte Zitate des Präsidenten Franklin D. Roosevelt (1933–45) gemeißelt sind.

Vietnam Memorial und Washington Monument

An der Mall kann man mühelos Tage zubringen, denn die Schatzkammern der **Smithsonian Institution** sind unerschöpflich und machen die Wahl zur Qual. Dieses Mega-Institut verdanken wir dem englischen Chemiker und Mineralogen James Smithson, der 1829 ohne Erben starb und sein Vermögen der amerikanischen Regierung vermachte – mit der Auflage, damit eine Stiftung zur Volksaufklärung zu gründen. Das geschah denn auch 1846, und schon ein Jahr später schuf James Renwick jenen rötlichen Bau, der wegen seiner Ähnlichkeit mit einem neugotischen Schloss schnell den Spitznamen »The Castle« weghatte und in dem zunächst die anfängliche Sammlung Platz fand. Inzwischen ist die Smithsonian Institution auf 15 Museen, Galerien und

121

einen Zoo angewachsen; im Castle wird dieser größte Museumskomplex der Welt lediglich noch verwaltet.

In der Palette hochkarätiger Museen rund um die Mall bildet die **National Gallery of Art** nicht zuletzt wegen des architektonisch sehenswerten, vom Architekten Ieoh Ming Pei entworfenen Ostflügels einen Glanzpunkt. Er ist mit dem Hauptgebäude sowohl ober- als auch unterirdisch verbunden und wegen seiner Sonderausstellungen interessant. Die historischen Glanzstücke dagegen zeichnen die ständige Sammlung im klassizistischen Hauptgebäude aus: europäische und amerikanische Malerei und Skulpturen aus acht Jahrhunderten, übersichtlich gruppiert und großzügig gehängt.

Die Rotunda im Hauptgebäude erinnert unwillkürlich an das römische Pantheon und beeindruckt auf Anhieb durch den verschwenderischen Umgang mit dem Raum. Ähnlich ging es einst Simone de Beauvoir, als sie hier im Innern bestätigt fand, »was die Fassade bereits androhte. Mit seinen enormen, marmorisierten Säulen, seinen Stufen, seinen Fliesen und grünen Pflanzen ist dieses Museum ein Mittelding zwischen Mausoleum und türkischem Bad«, notiert sie 1947 in ihr Reisetagebuch.

Bildungspolitiker jubeln stets, wenn sie hören, dass die Museen in Washington zum überwiegenden Teil kostenlos sind. Böse Zungen halten dagegen, dass sich die Stadt hinterrücks die verschenkten Eintrittsgelder wieder hole, und zwar durch die erbarmunglos zuschlagenden Parkwächter, die mit beängstigender Präzision jede auch nur minutenweise Überziehung der Parkzeit

Reizvolle Rotunda: National Gallery of Art

Prototyp des technischen Museums: Das National Air & Space Museum

rigoros mit Strafzetteln *(tickets)* ahnden. Wer die Ausstellungshallen des **National Air & Space Museum**, gegenüber der National Gallery, zum ersten Mal betritt, dem dämmert, warum dieses Museum eines der meistbesuchten der Welt ist. Die Fluggeräte, Raketentriebwerke und Raumkapseln sind überwältigend inszeniert, denn man darf sie hier nicht nur aus nächster Nähe betrachten, sondern auch anfassen und betreten. Auch die Nostalgie kommt nicht zu kurz. Ballons, frühes Fluggerät und Mr. Spock lassen ebenfalls grüßen!

Auf jeden Fall kann es an einem einzigen Tag nur Kostproben geben rund um die Mall, die besonders im Frühling im Blütenglanz der *flowering cherry trees* leuchtet – mit einer *flower power*, die kein Fotograf als Vordergrund missen möchte. Was da so üppig sprießt, ist außer Dekor (die Bäume blühen nur und tragen keine Kirschen) auch ein Stück japanisch-amerikanische Geschichte.

1909 kamen die ersten dieser Bäume als ein Geschenk aus Tokio – die Geste sollte für die Verbesserung des politischen Klimas sorgen, denn drei Jahre zuvor hatte die Massenimmigration von Japanern nach Kalifornien eine derartige Verärgerung in den USA ausgelöst, dass es beinah zum Krieg gekommen wäre. Zu allem Überdruss erwies sich der Goodwill auch noch als infiziert, so dass erst die Bäume der zweiten Sendung tatsächlich gepflanzt werden konnten. Seit den 1930er Jahren entwickelte sich aus der Blütenpracht das wichtigste Fest von Washington: das »Cherry Blossom Festival«, das in jedem Frühjahr acht Tage Gaudi in die Stadt bringt.

The Capitol, Sitz des amerikanischen Parlaments, ist nicht nur geographisch das Zentrum des Washingtoner Straßennetzes, sondern auch die politische Mitte der Macht des Landes. In seinem Stadtplan setzte Pierre-Charles L'Enfant das Kapitol an das eine Ende von Pennsylvania Avenue, das Haus des Präsidenten ans andere, um auch symbolisch die Trennung von Legislative und Exekutive deutlich zu machen. Capitol Hill (zu seiner Zeit noch Jenkins Hill genannt) erschien ihm als natürlicher »Sockel, der auf ein Monument wartet«.

Doch bis dieses nach der Grundsteinlegung durch George Washington 1793 nach zahlreichen Bauphasen, An- und Umbauten letztlich seine heutige Gestalt erreichte, sollten über 70 Jahre verge-

Basilika der Bücherwürmer: Lesesaal der Library of Congress

hen. Zuerst entstand der Nordflügel unter William Thornton, einem Arzt, Maler und Amateurarchitekten aus Philadelphia, danach bis 1807 der Südflügel unter Benjamin Latrobe, dann kamen die zündelnden Briten und nach ihnen der Wiederaufbau und die erste Fertigstellung im Jahre 1829 – durch Latrobe und Charles Bulfinch. Die Architekten wechselten ebenso wie die Bauaufgaben, denn mit der Nation selbst erweiterten sich auch die Arbeitsräume der Abgeordneten – und nicht zuletzt die zentrale Kuppel, die anfangs sehr viel niedriger ausgefallen war.

Zu den Highlights im Innern zählen außer der Rotunda zweifellos die beiden Kammern der **House and Senate Chambers**, die strenge, von niedrigen Gewölbedecken begrenzte **Old Supreme Court Chamber**, in der früher einmal der Oberste Gerichtshof tagte, und die **Old Senate Chamber**, ein schöner halbrunder Plenarsaal aus dem Goldenen Zeitalter politischer Rhetorik mit Rembrandt Peales berühmtem Porträt von George Washington an der Stirnseite.

Durch die terrassierten Grünanlagen und schattigen Grotten rund ums Kapitol, vom Landschaftsarchitekten Frederick Law Olmsted entworfen, geht es hinüber zur **Library of Congress**. Sie ist keine Bibliothek für Kongressmitglieder, sondern (zumindest seit 1898) eine Multimedia-Enzyklopädie für jedermann, und zwar eine von imponierenden Ausmaßen, verteilt auf drei stattliche Gebäude, die unterirdisch durch Tunnel zusammenhängen. Seit seiner Gründung ist dieses Dokumenten-Imperium fortlaufend durch Schenkungen, Ankäufe und Pflichtabgabestücke (Belege für das Copyright) auf über 83 Millionen Stücke angewachsen, unter ihnen so einmalige Ausgaben wie die

Im Stil eines römischen Badehauses: Union Station

Gutenberg-Bibel von 1455 und das illuminierte Manuskript der Großen Bibel von Mainz (1452/53).

Der absolute Höhepunkt jedes Besuchs ist der große Lesesaal im **Thomas Jefferson Building**, eine Basilika der Bücherwürmer, die brav an ihren Arbeitstischen sitzen, während sich hoch über ihnen die Kuppel wölbt, verziert mit Statuen und Figurenprogrammen. Seinen Namen erhielt der Bau nicht von ungefähr, denn es war (der pensionierte) Thomas Jefferson, der seine zumeist auf Reisen in Europa erworbene Privatbibliothek, die damals (1815) als die beste im ganzen Lande überhaupt galt, dem Staat verkaufte: 6487 Bücher für 23 950 Dollar.

Von der grandiosen Bücherstube zum nicht minder grandiosen Bahnhof: **Union Station**. Den ganzen Tag könnte man in seinen hinreißenden Kuppelgewölben, vielseitigen Ladenlokalen, Restaurants und Bars zubringen, umgeben

von eiligen Reisenden, geschwungenen Treppenaufgängen und einem automatischen Konzertflügel, der für musikalische Untermalung sorgt.

Die Ausstattung des 1989 aufwändig renovierten und wieder eröffneten Baus aus dem Jahr 1907 ist nicht von schlechten Eltern. In der Eingangshalle strahlt italienischer Marmor, in den rote Rauten mit Steinen aus Vermont eingelegt sind. Unter vergoldeten Kuppeln und edlen Stuckdecken haben sich beachtliche Restaurants eingenistet – im ehemaligen Präsidentenflügel oder nebenan in geräumigen Nischen, in einer beschwingten Melange aus High-Tech-Design und Jahrhundertwendearchitektur, überwölbt von Deckenfresken mit funkelndem Sternenhimmel.

Aber Union Station tritt nicht nur als Prototyp des technischen Denkmals, sondern auch als Hauptquartier von AMTRAK auf, der privaten Eisenbahngesellschaft, die in den USA praktisch eine Monopolstellung genießt. Der Zugverkehr im dicht besiedelten Städtekorridor zwischen Boston, New York, Philadelphia, Baltimore, Washington und Richmond ist im Vergleich zum Rest der USA effizient ausgebaut und wirtschaftlich im Aufwind. Washington–New York in drei Stunden (nach Baltimore in 40 Minuten) – das ist so attraktiv, dass immer mehr Reisende vom Flugzeug auf den Zug umsteigen.

Über die Statuen im, am und vor dem Bahnhof wäre kein Wort zu verlieren, gäbe es da nicht einige amüsante Details. Ursprünglich wurden die 36 strategisch postierten römischen Legionäre in der Haupthalle nackt aus Italien angeliefert. Die Eisenbahner befürchteten rufschädigendes Aufsehen und ließen keusche Schutzschilde vor die steinernen Gäste setzen.

Auch mit dem Standbild von Christoph Kolumbus hat es eine besondere Bewandtnis. Der Mann, weltweit (und meist heroisch) als Entdecker Amerikas gefeiert, zeigt sich hier ausnahmsweise im Freizeit-Outfit, das heißt im Bademantel – ein architektonischer Wink mit dem Zaunpfahl, denn der Bahnhof wurde im Stil eines römischen Badehauses konzipiert.

Wer den Nachmittag dazu nutzen möchte, sich noch eins der großen Museen anzusehen, kann nach dem Imbiss in der Kuppelhalle der bahnhöflichen Kaisertherme über Louisiana Avenue zur Mall zurückgehen.

Stattdessen kann man aber auch den bisherigen ersten Orientierungsgang fortsetzen – zum Beispiel über F Street –, um zumindest einen kurzen Blick in das **National Building Museum** zu werfen,

Hehre Halle: der spektakuläre Innenhof des National Building Museum

mit Sicherheit eins der erstaunlichsten historischen Bauwerke in Washington und dennoch fernab von touristischem Andrang.

Hier lässt sich in Ruhe und gut gekühlt die Raumwirkung eines perfekt restaurierten Innenhofs genießen. Kaum zu glauben, dass die Vereinigung der 15 Millionen Ziegelsteine eine Rentenanstalt (Pension Building) für Bürgerkriegsveteranen ergeben sollte. Ein ebenfalls pensionierter Unionsgeneral wurde jedenfalls mit dem Bau einer solchen Behörde beauftragt. Immerhin verrät der schmale cremefarbene Terrakotta-Fries mit Unionsveteranen, der wie eine unendliche Prozession den gesamten Baukörper umläuft, die ursprüngliche Bestimmung. Ansonsten aber überwiegen bei der Gestaltung die Erinnerungen des Baumeisters an den Palazzo Farnese und die Ruinen der Bäder des Diokletian in Rom.

Nicht immer freilich traf der Mammutbau jedermanns Geschmack. »Maigs' alte rote Scheune«, hieß er anfangs. Und Unionsgeneral Sherman, dessen gnadenlosen Brandstiftungen ganze Südstaaten-Städte nichts entgegenzustellen hatten, fand es »zu dumm, dass das verdammte Ding feuerfest ist«.

So prächtig der Innenraum, so banal die Jobs, die ihn meist erfüllten. 1 500 Buchhalter errechneten die Kriegsrenten der Veteranen vor dem Ersten Weltkrieg. Doch schon ab 1885 diente das lichte Atrium der »Great Hall« als festliche Kulisse für die Inauguration diverser Präsidenten, die zu den gesellschaftlichen Höhepunkten gehörten. Das ging so bis in die 1920er Jahre, danach wurde die gesamte Grundfläche des prachtvollen Innenhofs mit Bürozellen überzogen.

Erst Richard Nixon ließ die Gala-Tradition wieder aufleben. In den 1980er Jahren entschloss sich der Kongress zu einer aufwändigen Sanierung und Umwandlung des Gebäudes in ein Museum, das sich Themen der Baukunst und des Designs widmen sollte und das vor allem selbst als ein gutes Beispiel voranging.

Von hier aus ist (über 5th, 6th oder 7th Street) **Pennsylvania Avenue** nicht weit, die Verbindungsachse zwischen Weißem Haus und Kapitol. Hier wie anderswo in Downtown, auf Capitol Hill oder in Foggy Bottom schlägt der hohe Puls all jener Bürokraten, Zuträger, Lobbyisten, Anwälte (26 000 soll es in der Stadt geben) und Agenten der Macht, die sich, vom »Potomac-Fieber« gepackt, zu den hart arbeitenden Workaholics zählen. Sie verdienen nicht schlecht und können zugleich auf eine Lebensqualität zurückgreifen, die landesweit hoch im Kurs steht, auf Gesundheitsfürsorge, gute öffentliche Vorortschulen und attraktive Privatschulen in der Stadt, auf schöne Parks, eine leistungsfähige U-Bahn und auf jede Menge Kulturangebote.

Einzig und allein das (zahlenmäßige) Verhältnis der Geschlechter zueinander lässt bei den Washingtonians gelegentlich Wünsche offen. Sieben Frauen kämen auf einen Mann, so ist zu hören. Dieser Männermangel wäre auch der Grund dafür, dass Beach Partys aus weiblicher Sicht so beliebt seien.

Unübersehbar flankiert der neuromanische Turm des **Old Post Office** Pennsylvania Avenue – ein Teil des raumgreifenden Postamts, das vielen wie eine Mischung aus »Kathedrale und Baumwollspinnerei« vorkam, gleichwohl aber vom Abriss verschont blieb und zu einem beliebten Shopping Center und Snack-Imperium umgerüstet wurde. Angesichts der wuselnden Mengen futternder und süffelnder Gäste im weiträumigen Atrium erinnert heute nichts mehr an die ursprüngliche Nutzung dieser Halle, in der Hunderte von Postlern Briefe und Pakete sortierten.

Weit mehr Klasse hat natürlich das altehrwürdige **Willard Inter-Continental Hotel**, das für eine gemütliche Happy-Hour geradezu am Weg liegt. Schon die Lobby des Grandhotel lässt kaum De-luxe-Wünsche offen. Marmor, Glas und poliertes Holz machen leicht nachvoll-ziehbar, warum der Begriff »Lobbyist« ausgerechnet hier entstanden ist. Präsi-dent Ulysses S. Grant soll ihn angeblich

geprägt haben, weil er sich über die Leute in der Lobby ärgerte, die den Poli-tikern auflauerten. Die »Round Robin Bar« im Hotel ist rund und schön. Kein schlechtes Plätzchen, um den ersten Kreislauf durch Washington genüsslich zu schließen.

Danach bleibt noch genügend Zeit für einen Abend in **Georgetown** – was nicht heißt, dass man dort nicht mühelos ei-nen ganzen Tag verbringen könnte. Die Geschichte des Stadtteils am Potomac

Wie ein riesiges Festzelt wölbt sich die Eisenkonstruktion des Old Post Office über den populären Futterplatz an der Pennsylvania Avenue

River begann als kleiner Tabakhafen, lange bevor es Washington überhaupt gab. Die Topographie spielt dabei eine wichtige Rolle, denn der Ort liegt genau an der Stelle des Flusses, an der sich das Piedmont Plateau, die Ausläufer der Appalachian Mountains, von den Niederungen des Tidewater, der Küstenmarschen, abhebt. Damit war Georgetown der äußerste Punkt, den ein Seeschiff landeinwärts bzw. flussaufwärts erreichen konnte.

In der jüngsten Geschichte, in den 1920er Jahren, verkam der Ort zum Slum und berappelte sich erst wieder im Zeichen des New Deal. Der Aufwind bläst bis heute kontinuierlich, so dass man hier nicht nur die teuersten Adressen auf den kleinsten Grundstücken der Welt findet, sondern auch eine sattsam von sich eingenommene Bürgerschaft, die sich gegenüber Washington eine Eigenständigkeit erhalten möchte, die stets zur Geschichte dieses Ortsteils gehörte. So verhinderte man nicht nur jede U-Bahn-Anbindung, sondern auch den Ausbau des Flussufers und jedes oberirdisch verlegte Telefonkabel. Seit Ende der 60er Jahre steht Georgetown sogar unter Denkmalschutz.

Auf die Dauer bildete sich zwischen der gleichnamigen 200 Jahre alten Jesuiten-Universität und dem Rock Creek Park ein stilles feines Viertel heraus, in dem unter anderen John F. Kennedy vor seiner Zeit als Präsident, sein Bruder Robert, die Kissingers und Elisabeth Taylor wohnten. Ingesamt hat sich hier häufiger demokratische als republikanische Prominenz hingezogen gefühlt.

Auch heute kann man noch viele traumhafte und ruhige Stadthäuser für elitäre Ansprüche finden, etwa an der P Street oder im Umkreis des wunderschönen **Oak Hill Cemetery**. Hier oben lässt sich gut erkennen, wie das sanft hügelige Piedmont in Georgetown für diverse Aufs und Abs sorgt und eine Art *rolling landscape* schafft – geradezu ideal für Landsitze in der Stadt, unter denen Dumbarton Oaks und Tudor Place zu den bekanntesten gehören. Hier könnte gut ein Spaziergang durch Georgetown beginnen: von den lichten Höhen hinunter zum Fluss.

Hinter dem filigranen, schmiedeeisernen Eingangstor öffnen sich die Gärten von **Dumbarton Oaks** – weitläufige Anlagen mit viel Blühendem, zahlreichen Wasserbecken, Brunnen und Skulpturen. Als Mr. und Mrs. Bliss das Anwesen 1920 kauften, waren angesichts des umgebenden Geländes viel Geduld und Phantasie erforderlich, um alte Scheunen und Kuh-Trampelpfade in einen schönen Garten zu verzaubern. Die Gartenarchitektin Beatrix Farrand machte möglich, was Mrs. Bliss, durch Europareisen geschult, vorschwebte: eine Kunstlandschaft, in der es praktisch ganzjährig blühen, die mal mehr, mal weniger streng aussehen und möglichst die typischen Merkmale des traditionellen italienischen, französischen und englischen Gartens vereinen sollte.

Genau das bietet Dumbarton Oaks heute – zum Beispiel Azaleen, Oleander, Chrysanthemen (also Frühling, Sommer und Herbst), eine geschickte Ter-

Die Ziergärten von Dumbarton Oaks zählen zu den schönsten an der Ostküste

rassierung der Anlagen über verschiedene Ebenen, die, je weiter sie abfallen und sich vom Herrenhaus entfernen, um so formloser werden, und den französisch-strengen **Pebble Garden**, die vielleicht schönste Augenweide des Parks, bei dessen Anblick Gartenfreunde leicht ins Schwärmen geraten.

Auf dem Weg zum Fluss liegt an einer der vielen ansehnlichen Wohnstraßen (31st Street), hinter Bäumen und Hecken versteckt, **Tudor Place**, auch eine Art Landsitz im Stadtmilieu. An der Architektur des klassizistischen Hauses, geschaffen von William Thornton, dem Architekten des Kapitols und zugleich einem Freund des Hausherrn, fällt besonders der von dorischen Säulen gestützte Pavillon ins Auge, der halb im Salon und halb außerhalb von ihm steht und sich von außen dementsprechend als ein halbrunder Säulenportikus zeigt. Sehenswert ist auch der Garten mit altem Baumbestand.

Auf den Straßen vermitteln Efeuranken, wilder Wein, altes Grün und frische Blüten den Gesamteindruck von einem ganz unoffiziellen Washington. Schon Simone de Beauvoir wunderte sich bei ihrem Besuch an dieser Stelle: »Diese kleinen Fenster, die spitzen Giebel, die Freitreppen und die schmiedeeisernen Tore erinnern mich an die Häuschen in den Dörfern an der Zuidersee ... Keineswegs hatte ich erwartet, rund um Washington das Pittoreske des alten Europa wiederzufinden.« Heute fände sie noch anderes: alarmgesicherte Jaguars und getrimmte Terrier, die hinter Herren im Tweed und Damen hertrotten, die so aussehen, als seien sie soeben mit der »Mayflower« eingetroffen oder doch zumindest von einer kolonialen Amme großgezogen worden.

Über M Street gelangt man am **Old Stone House** vorbei zum Kanal (Jeffer-

Entertainment en gros: Georgetown, Ecke Wisconsin Avenue und M Street

son Street südlich von M, zwischen 31st und 30th Street), wo eines der schmalen flachen Boote vor Anker liegt, die von *mules* auf dem Leinpfad gezogen werden. Dem National Park Service ist es zu verdanken, dass er die verrotteten Reste der ehemals bedeutenden Wasserstraße Ende der 1930er Jahre kaufte, sanierte und den Lustfahrten öffnete.

Wer keine Kähne mag, kann genausogut am Kanal spazierengehen: teils schattig, auf jeden Fall ohne Autolärm, dafür mit Joggern, Leuten, die ihre Hunde ausführen, und Radfahrern – ein hübscher Weg, der meilenweit in Richtung Westen, also stadtauswärts führt. Am Potomac River direkt kann man nicht

vorbeigehen. (Dazu muss man die Promenade am Washington Harbor benutzen.) Doch später, außerhalb von Georgetown, hat man beides, Kanal und Fluss, neben sich. Zwischendurch kann man je nach Bedarf hochsteigen und wieder zurückgehen.

Romantische Gärten, Bilderbuchstraßen und nostalgische Kähne sind auf **Wisconsin Avenue** und **M Street** nicht gefragt. Tagsüber herrscht hier der flotte Zeitgeist: Boutiquen und Sortimente Nasen- und Ohrstecker und andere wesentliche Hardware für den Post-Punk-Poseur. Nach Büroschluss wird Georgetown zum bevorzugten Jagdrevier der *yup world*, der betuchten Jugendlichen, Aufsteiger und Amüsier-Freaks.

131

Saint John's Church
Lafayette Sq., Washington, DC 20005
☏ (202) 347-8766
Tägl. 9–15 Uhr
Leuchtend gelb mit goldenen Häubchen, 1816 von Benjamin H. Latrobe, dem ersten »professionellen« Architekten der USA gebaut, dessen Einfluss auf die Baugeschichte seiner Zeit viele fast so hoch einschätzen wie den von Thomas Jefferson.

 The White House
1600 Pennsylvania Ave., N.W.
Washington, DC 20560
☏ (202) 456-7041, www.whitehouse.gov
Seit 1800 Wohn- und Amtssitz des Präsidenten, in dem 5 der 132 Räume durch öffentliche Führungen zugänglich sind. Auskunft White House beim Visitor Center, s. S. 114.
Ausländische Besucher sollten sich bei ihrer Botschaft nach der Möglichkeit einer Tour erkundigen. Der in Irland ausgebildete Architekt James Hoban entwarf anfänglich den Bau, Benjamin Latrobe baute den halbrunden Portikus auf der Süd- bzw. Gartenseite, Thomas Jefferson entwarf die Terrassen auf der Ost- und Westseite. Die Inneneinrichtung spiegelt heute den Stil um 1800.

 National Museum of the American Indian (DC)
4th St. & Independence Ave., S.W.
 Washington, DC 20560
☏ (202) 633-1000
www.americanindian.si.edu
Tägl. 10–17.30 Uhr
Wasser umspielt die runden und weichen Formen des wuchtigen, 2004 eröffneten Kalksteingebäude ohne Ecken und Kanten. Gezeigt werden nahezu eine Million Ausstellungsstücke und Dokumente zur Kultur und Geschichte der Indianer. Schönes Atrium, erlesener Museumsshop und **Mitsitam Cafe**, in dem es Kostproben indianischer Gerichte gibt.

 Corcoran Gallery of Art
500 17th & E Sts., N.W.
 Washington, DC 20006
☏ (202) 639-1700, www.corcoran.org
Mi–So 10–17, Do bis 21 Uhr, Mo/Di geschl. Eintritt $ 10/8
Schwerpunkte: amerikanische Landschafts- und Genremalerei, französische Impressionisten, flämische Malerei aus dem 17. Jh. – und ein Bild von Albert Bierstadt, dem deutschen Maler des »Old West« (»Mount Corcoran«) aus dem 19. Jh.. Museumsshop.

 Franklin Delano Roosevelt Memorial
National Mall
Washington, DC 20024
☏ (202) 426-6841
Tägl. 8 Uhr bis Mitternacht
Open-Air-Skulpturenpark (1997) zum Gedenken an die Präsidentschaft von FDR (1933–45); Szenen aus der Great Depression und dem Zweiten Weltkrieg. In rötlichem Granit aus Dakota gemeißelt, ein Motto Roosevelt's: I HATE WAR.

 Vietnam Veterans Memorial
Constitution Ave., N.W.
Washington, DC 20024
☏ (202) 426-6841
www.nps.gov/vive
Tägl. 24 Std.
V-förmige Steinplatte zum Gedenken an die gefallenen und vermissten amerikanischen Soldaten in Vietnam. An diversen Ständen kann man Kriegsdevotionalien und Souvenirs kaufen.

 Washington Monument
National Mall (15th St.)
Washington, DC 20024
☏ (202) 426-6841, 1-877-444-6777 (Einzeltickets) und 1-877-559-6777 (Gruppenreservierungen)
www.nps.gov/wamo, tägl. 9–17 Uhr
Obelisk (169 m) mit 897 Stufen. Baumeister: Robert Mills. 1848 war Grundsteinlegung, doch schon 1854 ging das

Geld für den Weiterbau aus. Spott und Gelächter trafen den Rumpf, fast sollte er abgerissen werden. 1884 war er endlich fertig. Gut 100 m kann man in diesem Marmorstift mit dem Aufzug hochfahren – für einen lohnenden Rundblick über die Stadt. (Ticketverkauf: 15th & Jefferson Sts., ab 8.30 Uhr.)

Lincoln Memorial
National Mall (23rd St.)
Washington, DC 20024
℅ (202) 426-6841, www.nps.gov/linc
Rund um die Uhr geöffnet
Pompöser Tempel mit kolossaler Marmorstatue des 16. US-Präsidenten am Westende der Mall, umringt von 36 dorischen Säulen (je eine pro Unionsstaat zur Zeit, als Lincoln lebte) von Henry Bacon 1914–22 errichtet. Die lange Bauzeit erklärt sich vor allem durch den morastigen Grund, der verstärkte Fundamente erforderte. Die über 6 m hohe Statue stammt von Daniel Chester French. – Wie auch andere tragende Säulen von Washington (z.B. Schatzamt, Capitol) kursiert das Denkmal im täglichen Zahlungsverkehr: grünlich auf der 5-Dollar-Note und kupfern auf dem 1-Cent-Stück.

International Spy Museum
800 F St., N.W.
Washington, DC 20004
℅ (212) 393-7798, www.spymuseum.org
Im Sommer tägl. ab 9 Uhr, sonst später
Eintritt $ 18/15

Unweit vom Hauptquartier des FBI: Einblicke in die Arbeitsweise und Geschichte der Geheimdienste. Top-Spione von Mata Hari, Erich Mielke und Markus Wolff bis zu James Bond. Modernste Museumsdidaktik (Computersimulationen und Video) sorgt für publikumsfreundliche Displays.

Arlington National Cemetery
Am Ende der Arlington Memorial Bridge, Arlington, VA 22211
℅ (703) 607-8000
www.arlingtoncemetery.org
Informationen und Abfahrt des Tourmobils am Visitor Center. Mehr als 200 000 Tote aus dem Revolutions-, Bürger-, Spanisch-Amerikanischen, den beiden Weltkriegen, Korea-, Vietnam- und Golfkrieg ruhen auf diesem Heldenfriedhof. Besondere Aufmerksamkeit genießen u.a. das »Grab des Unbekannten Soldaten« (mit militärischem Ehrenzeremoniell) und die Grabstätten von John F. Kennedy und seinem Bruder Robert.

Thomas Jefferson Memorial
14th St. & East Basin Dr.
Washington, DC 20024
℅ (202) 426-6841, www.nps.gov/thje
Der das Tidal Basin überragende, von John Russell Pope 1942 entworfene Bau erinnert an Monticello, das Wohnhaus von Thomas Jefferson bei Charlottesville, Virginia. Kostenlose Führungen tägl. 8 Uhr bis Mitternacht.

United States Holocaust Memorial Museum
100 Raoul Wallenberg Pl., S.W.
Washington, DC 20024
℅ (202) 488-0400 und 1-800-400-9373
www.ushmm.org
Tägl. 10–17.30 Uhr
Das Museum (1993 von Bill Clinton eröffnet) dokumentiert die Verbrechen Nazideutschlands von 1933–45 durch Bilder des Grauens, denen sich der Besucher unvermittelt ausgesetzt sieht, wenn er aus dem Aufzug in die Ebene des 4. Stocks hinaustritt. Der Rundgang durch die abgedunkelte Dokumentenebene wird begleitet von Filmen, Großfotos, Texten, Gefangenenjacken und anderen historischen Objekten. Die Haupteingangshalle ähnelt einer Art postmoderner Fabrik aus Backstein und Stahl, wie überhaupt die ungewöhnli-

chen Bauelemente – Wachtürme, Rampen und Fabrikanlagen – an das Vernichtungslager Auschwitz erinnern.

Der Architekt, der aus Essen stammende und 1940 in die USA geflohene Ingo Freed, starb kürzlich im Alter von 75 Jahren. Ständige Ausstellungen, großes Dokumentationszentrum, hauseigene Forschungsabteilung.

National Gallery of Art
4th St. & Constitution Ave., N.W.
Washington, DC
✆ (202) 737-4215
www.nga.gov
Mo–Sa 10–17, So 11–18 Uhr
Aufgrund von Renovierungsarbeiten sind in den nächsten Jahren im Wechsel verschiedene Bereiche des Museums nicht zugänglich. Aktuelle Informationen hierzu erhalten Sie auf der Webseite oder unter ✆ (202) 842-6690.

Der lang gestreckte Baukörper mit zentraler Rotunda, 1938 von John Russell Pope entworfen, beherbergt europäische und amerikanische Malerei und Plastik vom 13. Jh. bis heute. Die Sammlung geht aus einer Schenkung des Millionärs Andrew W. Mellon hervor, der auch gleich das Gebäude bezahlte. Zahlreiche Sammler und Mäzene folgten.

Zu den Highlights des Hauptgebäudes zählen u.a. Leonardo da Vincis »Ginevra da Benci«, ein Selbstporträt Rembrandts, Raphaels »Alba Madonna« sowie Werke von Giotto, Tizian, Botticelli, El Greco und Dürer – und nicht zuletzt Cézannes »Knabe mit der roten Weste«. Im East-Wing-Gebäude hängen u.a. Bilder von Picasso und Matisse, Jasper Johns, Roy Lichtenstein, Robert Rauschenberg und Mark Rothko.

Für eine stilvolle Pause bietet sich das **Garden Café** im West Build-

ing an. Auf die Schnelle: Cafeteria mit Selbstbedienung im unterirdischen Verbindungsstück beider Häuser.

National Air & Space Museum
6th & Independence Ave., S.W.
Washington, DC 20560
✆ (202) 633-1000
www.nasm.si.edu
Tägl. 10–17.30 Uhr, Führungen
Mit jährlich 8–10 Mill. Gästen eins der meistbesuchten Museen der Welt. Fans der Fliegerei brauchen mindestens einen Tag, um die Geschichte der Fluggeräte vom »1903 Flyer« der Brüder Wright über Lindberghs »Spirit of St. Louis« bis zur Raumstation »Apollo 11« nachzuvollziehen. Außerdem Planetarium und IMAX-Filmtheater mit Superleinwand.

Hirshhorn Museum and Sculpture Garden
7th & Independence Ave., S.W.
Washington, DC 20013
✆ (202) 633-1000
www.hirshhorn.si.edu
Tägl. 10–17.30 Uhr
Die Schätze dieses baulichen Rundlings (Spitzname: *Doughnut on the Mall*) basieren auf der Privatsammlung von Joseph Hirshhorn, einem europäischen Immigranten, späteren Börsenspekulanten und Uran-Mogul, der durch seine Ankäufe in den 1930er Jahren eine international begehrte Kollektion aufbaute. Das Museum zeigt Skulpturen und Gemälde des 19./20. Jh., vor allem amerikanische Plastiken und solche von Daumier, Matisse, Rodin, Picasso, de Kooning, Moore, Giacometti und Brancusi. Hübscher Skulpturengarten. Verwaltung: Smithsonian Institution. Museumsshop.

National Museum of Natural History
10th St. & Constitution Ave.
Washington, DC 20560
✆ (202) 633-1000

www.mnh.si.edu
Tägl. 10–17.30 Uhr

Korpulent und ausgestopft begrüßt ein afrikanischer Buschelefant die Besucher in der Eingangshalle zu den umfangreichen naturkundlichen Schätzen des Hauses, die abwechslungsreich präsentiert sind (elektronische Visualisierung Millionen Jahre alter Fossilien): u.a. das Skelett eines Dinosauriers, ein lebendes Korallenriff und in der Schmucksammlung Supersteine und der blaue Hope-Diamant (45.5 Karat), der einmal Mary Pickford gehörte.

Kurios: die größte Küchenschabe der Nation, ein Beitrag von Houston, Texas, zum Insektenzoo. Unterhaltsame Animationsfilme für Kinder.

National Museum of American History
14th & Constitution Ave., N.W.
Washington, DC
℡ (202) 633-1000
www.americanhistory.si.edu
Tägl. 10–17.30 Uhr

Eine schier unerschöpfliche Fülle von Exponaten zur amerikanischen Wirtschafts-, Gesellschafts-, Wissenschafts- und Kulturgeschichte, darunter das Original von Henry Fords »Model T«, eine Pfeife von Albert Einstein und die Boxhandschuhe von Cassius Clay.

U.S. Capitol
Capitol Hill (National Mall)
Washington, DC 20515
℡ (202) 226-8000
www.aoc.gov
Tägl. Führungen 8.30–16.30 Uhr

Kostenlose, halbstündige Führungen durch den Sitz der beiden Häuser des amerikanischen Parlaments (Senat und Repräsentantenhaus) und die Rotunda beginnen alle 15 Min. in der Rotunda. In über 70 Jahren Bauzeit (1793–1864) erhielt das Kapitol seine heutige Gestalt; seither hat es vielen Regierungsbauten in den USA Modell gestanden.

Library of Congress
101 Independence Ave., S.E.
Washington, DC 20540
℡ (202) 707-8000
www.loc.gov
Führungen Mo–Fr 10.30–15.30, Sa bis 14.30 Uhr

Größte Präsenzbibliothek der Welt, die jeder benutzen kann: 22 Mill. Bücher, 30 Mill. Manuskripte, 10 Mill. Fotos, Grafiken und Spielfilme, 4 Mill. Karten, dazu Zeitungen, Zeitschriften und Musikinstrumente. Die Bibliothek ist nicht nur auf dem Copyright gebaut, sondern auch von ihm, denn seit 1870 müssen 2 Belegexemplare aller literarischer Werke der Bibliothek kostenlos zur Verfügung gestellt werden.

Um Leser und Forscher nicht zu stören, gelingt ein Blick in den hinreißenden Lesesaal, der unter der Rotunda des **Jefferson Building** (1886) liegt, nur von oben, d.h. im Rahmen einer Führung.

Union Station
40 Massachusetts Ave., N.E.
Washington, DC 20002
℡ (202) 289-1908
www.unionstationdc.com
Ladenöffnungszeiten Mo–Sa 10–21, So 12–18 Uhr

Palazzo der Eisenbahn-Ära, den AMTRAK für Städteschnellverbindungen nutzt. Entworfen 1903 vom illustren Architekten der so genannten Beaux-Arts-Bewegung, Daniel Burnham. Seit seiner Eröffnung 1907 blieb der Bahnhof 50 Jahre lang der wichtigste Verkehrsterminal der Stadt, erst Auto und Flugzeug ließen die Eisenbahn nach dem Zweiten Weltkrieg alt aussehen. Auch die Statistenrolle, die der Bahnhof in Hitchcocks »Strangers on a Train« spielte, half ihm nicht wieder auf die Beine. In den 1960er Jahren standen die Zeichen auf Abriss – heute findet man in dem weitläufigen Shopping Center 9 Kinos, Konferenzräume und Restaurants.

Infos: Washington, DC

 Center Cafe
Union Station
Mitten in der imposanten Kuppelhalle: leckere Kleinigkeiten zum Lunch.
$–$$

 National Building Museum
401 F St. (zwischen 4th & 5th Sts.)
 Washington, DC 20001
✆ (202) 272-2448, www.nbm.org
 Mo–Sa 10–17, So 11–17 Uhr, Führungen
1881 entworfen vom Quartiermeister, Ingenieur und Bürgerkriegsgeneral Montgomery C. Meigs, der zuvor das Washington Aqueduct und einige Forts rund um die Stadt während des Bürgerkrieges gebaut hatte. Bauzeit 1882–87. Massiver Baukörper mit prachtvollem Innenhof (Great Hall), farblich gut abgestimmt zwischen Grün- und Beige-Rosa-Tönen mit 8 korinthischen Hauptsäulen von bis zu ihrer Bauzeit ungekannten Ausmaßen, mittig plätscherndem Brunnen und – gut belüftet.

Außen umschließt ein nur 90 cm hoher, 400 m langer Fries mit Kriegsveteranen den Ziegelbau. 1980–85 zum Museum gemodelt und aufwendig restauriert. Rundum in den verschiedenen Stockwerken/Galerien gibt's Wechselausstellungen. Museumsshop: Schwerpunkt Architektur und Design. Museumscafé.

 Ford's Theatre & Lincoln Museum
511 10th St., N.W.
 Washington, DC 20004
✆ (202) 347-4833
www.fordstheatre.org
Tägl. 9–17 Uhr, Führungen
1863 gebaut, nach dem Attentat auf Abraham Lincoln am 14.4.1865 geschlossen und dem Verfall überlassen, 1968 als Theater wiedereröffnet. Wenn nicht gerade Probe ist (meistens für Komödien und Broadway Musicals), kann man das Theater und die Waffe besichtigen, mit der Südstaaten-Sympathisant John Wilkes Booth auf Lincoln geschossen

hat. Auch die Präsidentenloge Nr. 7 ist wieder restauriert.

 Old Post Office Pavilion
1100 Pennsylvania Ave., N.W.
 Washington, DC 20004
✆ (202) 289-4224
 Im Sommer Mo–Sa 10–20, So 12–19 Uhr, im Winter je 1 Std. kürzer
Dem Abriss entkommen: zum Shopping Center (mit Cafés, Restaurants) umgerüstetes Postamt von 1899 mit spektakulärem Atrium.

 Washington National Cathedral
Mt. St. Alban, N.W.
Washington, DC 20016
✆ (202) 537-6200
Fax (202) 364-6600
www.nationalcathedral.org
Mo–Fr 10–17.30, Sa 10–16.30, So 8–18.30 Uhr
Bauzeit: 1907–91. Perfekte Nachbildung einer gotischen Kathedrale aus Kalkstein aus dem 14. Jh. Theodore Roosevelt legte den Grundstein dieser komplett privat finanzierten Kirche. Ringsum einladende Grünanlagen, Zier- und Kräutergärten; die Pilgrim's Observation Gallery (Aufzug) gewährt schöne Blicke auf die Stadt, Maryland und Virginia.

 Dumbarton Oaks
1703 32nd St., N.W.
 Washington, DC 20007
✆ (202) 339-6401
www.doaks.org
Im Sommer Gärten tägl. 14–18, sonst 14–17 Uhr. Museum Di–So 14–17 Uhr
Eintritt $ 8/5
Das Kernstück der Villa (ursprünglich von W. H. Dorsey, einem Grundstücksspekulanten) entstand 1801, die Orangerie folgte später. 1940 übergaben die letzten Besitzer das Haus der Havard University, die es während des Zweiten Weltkriegs für geheime Atomforschungen nutzte, die Gärten fielen an den National Park Service.

Heute beherbergt das Haus eine bedeutende Sammlung byzantinischer Kunst. Die Präsentation der präkolumbischen Kunst in den von Philip Johnson Anfang der 1960er Jahre entworfenen zylindrischen Glasdomen ist ein Erlebnis für sich.

Sehenswert auch der eklektische »Music Room« mit einem späten El Greco, in dem neben anderen zeitgenössischen Komponisten Igor Strawinsky sein »Dumbarton Oaks Concerto« aufführte. Reizvolle Gartenanlagen.

Old Stone House
3051 M St., N.W. (Georgetown)
Washington, DC 20007
✆ (202) 426-6851 (Reservierung)
www.nps.gov/olst
Tägl. 12–17 Uhr
Das simple Steinhaus von 1764, 1767 und 1770 erweitert, 1950 vom National Park Service restauriert, ist das älteste Haus in Georgetown und gewährt Einblicke in das häusliche Leben des 18. Jh. Manchmal werden alte Handwerkskünste vorgeführt. Reservierung erforderlich.

C&O Canal National Historical Park
1057 Thomas Jefferson St., N.W.
Washington, DC 20007
✆ (202) 653-5190
www.nps.gov.choh
In Georgetown: Kartenverkauf und Startplatz für eine Tour in von Eseln gezogenen Booten auf dem Kanal (Juni–Sept.) Dauer ca. 1 1/2 Std. Am besten vorher für Fahrpreis und Reservierung anrufen (Ticket ca. $ 8).

Washington Harbor
3000 K St., N.W.
Washington, DC 20007
Multi-Komplex (1986) aus Wohnungen, Hotels, Geschäften, Büros und zahlreichen Restaurants mit einer Promenade direkt am Fluss, wo man bei schönem Wetter draußen sitzen kann. Z.B. **Bangkok Joe's**, ✆ (202) 333-4422,
www.bangkokjoes.com: Gutes Thai-Restaurant mit *Dumpling*-Bar. $–$$

1789 Restaurant
1226 36th St., N.W. (Georgetown)
Washington, DC 20007
✆ (202) 965-1789
www.1789restaurant.com
Es war einmal in Amerika ... *fine dining* (französisch angehaucht) in einer Villa des 18. Jh. *Dinner only.* $$–$$$

Clyde's of Georgetown
3236 M St., N.W.
Washington, DC 20007
✆ (202) 333-9180, www.clydes.com
Typisch für Georgetown: frische Meeresfrüchte (u.a. *soft shell crabs*), Steaks, Lamm und preisgekrönte Chile-Gerichte. Lunch und Dinner. $$

Sushi-Ko
2309 Wisconsin Ave., N.W.
Washington, DC 20007
✆ (202) 333-4187
www.sushiko.us
Eine der besten Sushi-Bars (auch Tempura und Gebratenes) in Washington. Lunch und Dinner. $$

Filomena Ristorante
1063 Wisconsin Ave., N.W.
Washington, DC 20007
✆ (202) 338-8800
www.filomenadc.com
Bei Kennern beliebter Gourmet-Italiener. Unbedingt reservieren! $$$

Blues Alley
1073 Wisconsin Ave., NW (Georgetown)
Washington, DC 20007
✆ (202) 337-4141
www.bluesalley.com
Tägl. 18–0.30 Uhr
Jazz Supper Club mit Südstaatenküche. Reservierung empfohlen. $$

Weitere Informationen zu Washington finden Sie S. 114 ff.

137

🔴8 Flussnah und ländlich
Alexandria, Mount Vernon und Gunston Hall

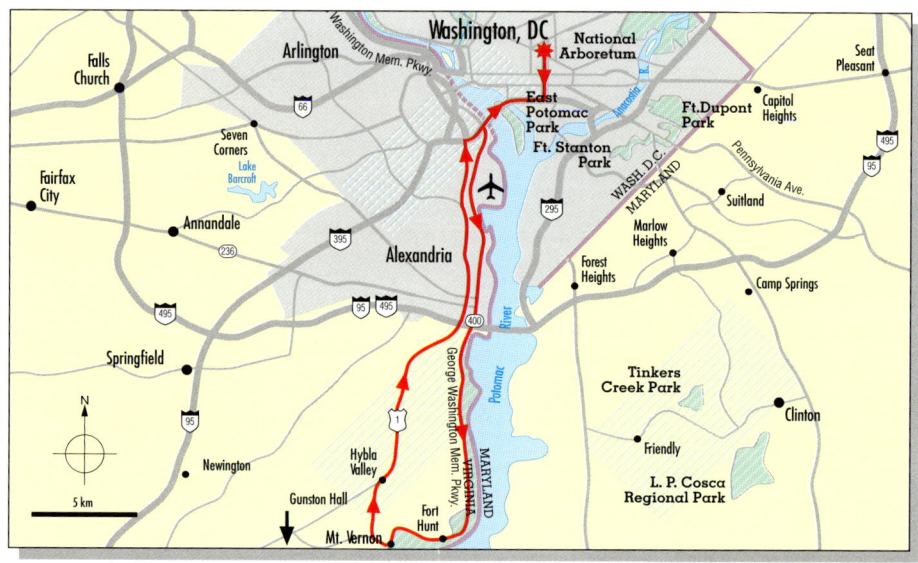

8. Route: Washington, DC – Alexandria – Mt. Vernon – Gunston Hall – Washington, DC (93 km/58 mi)

km/mi	Zeit	Route
0	9.00 Uhr	In **Washington** über Independence Ave. auf I-395 South, Washington Memorial Pkwy. und Schildern MOUNT VERNON folgen nach
14/ 9	9.30 Uhr	**Alexandria** (zum Parken: von der Washington St. an Wythe St. links, an N. St. Asaph rechts, an King St. links und noch einmal links an N. Fairfax St.: kurz danach linker Hand die Einfahrt zur Tiefgarage unter dem Market Square, schräg gegenüber vom Visitors Bureau). Rundgang und Lunch (ca. 3 Std.). – Weiter über Washington St. nach Süden bis
32/20	13.00 Uhr	**Mount Vernon** (Besichtigung ca. 2 Std.). Von dort S 235 South, US 1 South, S 242 East nach

138

51/32   15.30 Uhr   **Gunston Hall** (Haus und Garten ca. 1 $^1/_2$ Std.). Zurück zur US 1, dort rechts nach Norden und dem Schild zur I-395 North folgen. Auf der Memorial Bridge über den Potomac links halten und auf die US 1-North-Spur einordnen für

93/58   18.00 Uhr   **Washington, DC.**

Nach Alexandria fahren die U-Bahn und das Schiff. Wer das Auto wählt, nimmt am besten den Washington Memorial Parkway, der zwischen Flughafen und Potomac River nach Süden drängt und dabei anfangs Lärm von rechts, dann aber gefällige Landschaftsbilder von links vermittelt.

Old Town Alexandria liegt seit ihrer Gründung als Tabakhafen 1749 am Fluss und gibt sich große Mühe, so auszusehen, als hätte sich seit den Tagen,

als schottische Kaufleute hier ansässig wurden, eigentlich nichts geändert.

John Alexander, der Namenspatron der Stadt, war einer von ihnen. Kopfsteinpflaster, schmucke restaurierte Häuschen und Kunstgewerbeläden geben den nostalgischen Ton an. Antiquitäten statt Tabak, Kunst statt Weizen bestimmen das Warenangebot für die Besucher der 108 000 Einwohner zählenden Gemeinde im Schatten der Bundeshauptstadt.

George Washington, Robert E. Lee und Winston Churchill haben sie besucht: Christ Church in Alexandria

Im **Visitors Bureau** im historischen **Ramsay House** bekommt man die nötigen Informationen mit auf den Weg, den man schräg gegenüber bei der alten **Apotheke** beginnen kann. Das schlichte **Carlyle House** (etwas zurückgesetzt von der Straße) wirkt sehr ansehnlich. Vom

Stadtgründer und Banker John Carlyle errichtet, galt es einmal als das schönste Haus in Alexandria.

Gadsby's Tavern Museum, am Ende des 18. Jahrhunderts noch ein vitaler Prominententreff, überlebt heute als eine Art Speisemuseum, in dem Kostüme und Dekor für gegenwärtige Gaumenfreuden und verflossenen Zeitgeschmack gleichermaßen sorgen. Es ist überhaupt ein Merkmal der amerikanischen Ostküste, die sich als Wiege der Nation stilisiert, die alten Kolonial-, Gründungs- und Kriegszeiten mit den Mitteln des historischen Romans wieder aufleben zu lassen. Das gilt für die Indianersiedlungen am James River in Virginia ebenso wie für die Schlachtfelder des Bürgerkrieges, für die ersten Farmen im Shenandoah Valley nicht minder als für das koloniale Williamsburg.

Auf dem Bummel durch Alexandria markiert die **Christ Church** zweifellos einen architektonischen Höhepunkt. Im

Christ Church in weihnachtlichem Dekor

wunderschönen, in schlichtem Weiß gehaltenen Innenraum wird die zentrale
Kanzel von siebenarmigen Leuchtern
flankiert. Auch der Hintergrund der
Texttafeln zu beiden Seiten der wein-
glasförmigen Kanzel war ursprünglich
weiß und hat sich erst im Lauf der Zeit
golden gefärbt.

Der hübsche Friedhof diente bis 1809
allen Alexandrinern; viele Gräber gehörten zur Lee- und Mason-Familie, die aus
der amerikanischen Bürgerkriegs- und
Präsidentengeschichte nicht wegzudenken sind.

An der Washington Street steht das
Lyceum, ein *Greek-Revival*-Bau von
1839, in dem heute das Stadtmuseum
residiert. Die Prince Street, am **Athenae-
um**, der klassizistischen Front einer
Bank von 1851 und heute des Kunstver-
eins von Nord-Virginia, vorbei, mausert
sich besonders an ihrem Ende zum Fluss
hin, wo die kopfsteingepflasterte **Captain's Row** (zwischen Lee und Union
Street) von kleinen, individuell gestalte-
ten Reihenhäuschen gesäumt wird, die
ursprünglich von vielen Kapitänen bewohnt wurden.

Arbeiten, Ausstellen und Verkaufen
lautet die Devise der meisten Künstler
im **Torpedo Factory Art Center**, einer
1974 zu diesem Zweck umfunktionier-
ten Fabrik, in der zwischen den beiden
Weltkriegen Torpedos und andere Waf-
fen produziert wurden. Die Kulturfabrik
präsentiert sich als ein abwechslungsrei-
ches Konglomerat aus Werkstätten,
schicken Glas-Wellblech-Studios und
Shops bildender Künstler; Druckerzeug-
nisse, Keramik, Glas- und Emaillearbei-
ten, Schmuck, Malerei, Grafik, Skulpturen und Fotos gibt es hier zu sehen.

In Alexandria führt die Washington
Street nach Süden – einerseits weiter
am Potomac River entlang, zugleich
aber auch an Marschtümpeln *(swampy*

Old Alexandria: Wohnhaus in der Captain's Row

grounds) vorbei, die einen Hauch von
Südstaaten vermitteln und die andeuten,
wie Washington vor seiner Gründung
einmal ausgesehen hat. Der Highway ist
eigentlich eine erholsame Parkstraße –
landschaftlich geschützt – mit dem Dyke
Marsh Wildlife Preserve, Parkplätzen,
Radwegen und Joggern.

Für die Besichtigung von **Mount Vernon** muss man schon wegen des patrio-
tischen Bus-Andrangs und des aus ihm
resultierenden strikten Reglements der
Verwaltung einige Geduld und Zeit mitbringen. Schließlich zählt der Landsitz
zu den Top Ten unter den nationalen
Gedenkstätten. Entsprechend langsam
rückt denn auch gewöhnlich die Besu-
cherschlange in Richtung Haus vor.

Jährlich möchte rund eine Million
Amerikaner wenigstens einmal mit eigenen Augen sehen, wie der Gründungsvater der Nation, der große Soldat und
Staatsmann in seinen vier Wänden als

Kecke Cupola: Mount Vernon, die Heimatplantage von George Washington

Privatmann, Gentleman und Farmer gelebt hat. Und so nebenbei gewinnt man auch Einblicke in das Leben auf einer Plantage des 18. Jahrhunderts, ganz zu schweigen von der herrlichen Aussicht auf den inzwischen schon sehr breiten Potomac River von der Piazza auf der Rückseite des insgesamt eher bescheidenen Hauses aus. Die Schlichtheit seines Interieurs, das auf jede überladene Wohnkultur verzichtet, entspricht weitgehend dem Image des Landesvaters als Pflanzer.

Der österreichische Schriftsteller Sándor Friedrich Rosenfeld, alias Roda Roda, schrieb 1923 in »Ein Frühling in Amerika«: »Ein hübsches Schlösschen, außen holzgetäfelt, mit einem niedlichen kleinen Turm auf dem Dach, innen altväterlich einfach und doch so weiträumig, behaglich-wohlhabend, dass man meint, bei Goethe am Frankfurter Hirschgraben zu weilen.«

Neben Thomas Jefferson war George Washington der zweite amerikanische Präsident, der als »Gentleman-« bzw. »Kavaliers-Architekt« mit Andrea Palladio liebäugelte, indem er dessen Formenschatz eigenwillig aufgriff und damit aus den ihm durch seine Familie zugefallenen Bauten eines der wichtigsten vorzeigbaren Landgüter des 18. Jahrhunderts machte.

Mehr als 45 Jahre lang hat George Washington an diesem hübschen Fleck auf dem Hügel gehangen, obwohl er die weitaus meiste Zeit unterwegs war – auf Kriegspfaden oder in politischen Ämtern. Ob Kommandeur der Miliz von Virginia, Oberbefehlshaber der Kontinentalarmee oder Präsident, stets kümmerte er sich auf Kurzbesuchen oder per Fernorder um den alten Familienbesitz, erweiterte das Haus, kultivierte die Gärten und sorgte für den Betrieb der Plantage. Zunächst baute er Tabak, später

Weizen an. Als er sich endlich nach zwei Präsidentschaften ins ersehnte Privatglück auf Mount Vernon zurückziehen konnte, blieben ihm gerade noch zwei Lebensjahre.

Nach seinem Tod 1799 verfiel das Anwesen, und keiner wollte es haben. Doch wie so oft und an vielen Orten des Landes von historischer und nationaler Bedeutung, fand sich ein Kränzchen patriotischer Damen mit viel Engagement und Mut. In einer Sammelaktion machten sie genügend Geld locker und aus dem ramponierten Schlösschen ein Nationalheiligtum.

Seither ist Mount Vernon zumindest in dreierlei Hinsicht aufschlussreich. Sein Bau zeigt die für das 18. Jahrhundert typische Anpassung europäischer palladianischer Bauformen an die lokalen Verhältnisse in Virginia: Piazza, Holzbauweise, transparente Arkaden, die das Haupthaus mit den Nebentrakten verbinden. Im 19. Jahrhundert fand man darin, nach verschiedenen missglückten Versuchen, endlich ein angemessenes Monument für den Landesvater (einschließlich seiner sterblichen Überreste). Und schließlich hat Mount Vernon als Prototyp bisher jede Renaissance des Kolonialstils begleitet und wachgehalten.

Das nächste gründerväterliche Anwesen heißt **Gunston Hall**, ein bescheidener Backsteinbau am Ende einer Magnolienallee. Die Dogwoodbäume blühen weiß, und ihre vierblättrigen Blüten tragen, so sagt der Volksmund, jeweils in der Mitte die Abdrücke von Jesus' Fingernägeln.

Tabak war das wichtigste Produkt von Gunston Hall. 30 Nebengebäude hatte die Plantage in ihrer Blütezeit, Sklavenunterkünfte und Workshops für Künstler eingeschlossen. Vom Garten aus blickt man auf die Rückfront der von William Buckland entworfenen Veranda, während in den kunstvollen Buchsbaumskulpturen die Vögel zwitschern und die Spechte klopfen.

Vorn, in Richtung Potomac River, wo einst die Segler die Tabak- und Weizenernte nach Europa verschifften, lagen auch die Jagdgründe, in denen der Gutsherr mit seinen Gästen hinter dem Wild her war, wenn er nicht gerade philosophischen und staatspolitischen Aufgaben nachging oder als Hobby-Gärtner Hecken im Garten hochzog.

Der Führer, artig ausstaffiert in lindgrünem Jackett, zeigt der kleinen Besuchergruppe das senfgelbe Wohnzimmer und die in Preußischblau gehaltenen Wände des kleinen Landhauses. Im Grunde aber ist er auf seine Landsleute sauer, denn kein Mensch kennt diesen George Mason, dessentwegen schließlich der ganze Aufwand betrieben wird, weil er doch als ein erwiesenermaßen wichtiger Gründungspatriot einer der geistigen Väter der »Bill of Rights« war und großen Einfluss auf Washington und Jefferson hatte.

Kein Wunder also, dass der lindgrüne Mann jede Gelegenheit nutzt, um vom Thema abzukommen und von den Passionsspielen in Oberammergau zu schwärmen. Eigentlich hätten er und seine Frau ja in Germany bleiben wollen. Aber die Army!

Bescheidenheit in Backstein: Gunston Hall, der ehemalige Wohnsitz von George Mason

Metro/AMTRAK nach Alexandria
Metro-Station L'Enfant Plaza: Yellow Line bis Pentagon, umsteigen: Blue Line, 5 Haltestellen bis King Street, Alexandria (Fahrzeit ca. 15 Min.); AMTRAK-Züge halten einen Katzensprung davon entfernt. Von hier aus mit Taxi oder zu Fuß ins Zentrum.

Alexandria Visitor Center
221 King St. (Fairfax St.)
Alexandria, VA 22314-3209
✆ (703) 746-3301 und (703) 388-9119
http://visitalexandriava.com
Tägl. 9–17 Uhr
Die Leute im historischen **Ramsay House** (ca. 1724 gebaut und an diese Stelle transloziert) informieren gern, und der Garten mit Bänken und Stiefmütterchen lädt zum Verweilen ein.

Stabler-Leadbeater Apothecary Museum
105-107 S. Fairfax St. (schräg gegenüber vom Visitors Bureau)
Alexandria, VA 22314
✆ (703) 838-3852
www.apothecarymuseum.org
Di–Sa 10–17, So/Mo 13–17 Uhr, im Winter kürzer, Eintritt $ 4/2
Fossile Apotheke (1792 eröffnet) mit alten Gläsern und Heilmittelchen.

Carlyle House Historic Park
121 N. Fairfax St., Alexandria, VA 22314
✆ (703) 549-2997
Führungen Di–Sa 10–16.30, So 12–16.30 Uhr jede halbe Std., Eintritt $ 4/2
Hübsche Villa (1751–53) im georgianischen Stil der Häuser, wie sie im 18. Jh. in Nordengland und Schottland gebaut wurden. Museumsshop.

Gadsby's Tavern Museum

134 N. Royal St., Alexandria, VA 22314
✆ (703) 838-4242
Das Restaurant serviert Speisen aus der amerikanischen Küche im Dekor und Kostüm des 18. Jh. Aus der ehemaligen Taverne wurde ein Museum mit Möbeln aus der Kolonialzeit (Eintritt $ 4/2).

George Washington war hier ein häufiger Gast, nicht zuletzt deshalb, weil sein eigenes Haus in der Carmeron St. keine Küche hatte; die Taverne war außerdem Dreh- und Angelpunkt des sozialen, wirtschaftlichen und politischen Lebens des frühen Alexandria (1770–1810); später auch Stagecoach-Stopp. Lunch ($) und Dinner. $$

Christ Church
118 N. Washington St. (Cameron St.)
Alexandria, VA 22314
✆ (703) 549-1450
www.historicchristchurch.org
Mo–Sa 9–16, So 14–16.30 Uhr; auch Führungen möglich
Wohlproportioniert, im *Georgian Style* errichtet (1767–73). Schon George Washington und Robert E. Lee haben hier gebetet. Ungewöhnlich für Virginia ist die zentrale Stellung der Kanzel. Auf dem Friedhof Konföderierten-Gräber unter alten Magnolien, Eichen und Zedern.

The Lyceum
201 S. Washington St. (Prince St.)
Alexandria, VA 22314
✆ (703) 838-4994
Mo–Sa 10–17, So 13–17 Uhr
Eintritt $ 2
Der *Greek-Revival*-Bau von 1839, mal Bibliothek und gesellschaftliches Zentrum, mal Truppenlazarett, beherbergt heute das Stadtmuseum.

Torpedo Factory Art Center
105 N. Union St. (King St.)
Alexandria, VA 22314

✆ (703) 838-4565
www.torpedofactory.org
Tägl. 10–17 Uhr, manchmal länger
In der ehemaligen Munitionsfabrik am Fluss findet man Galerien, Studios, Künstler bei der Arbeit, eine Kunstschule und ein Archäologisches Institut unter einem Dach.

Torpedo Factory Food Pavilion
Gegenüber der Torpedo Factory am Potomac: luftige Fabrikhalle, Snacks drinnen und draußen.

Two Nineteen Restaurant
219 King St. (neben Visitors Bureau)
Alexandria, VA 22314-3209
✆ (703) 549-1141
www.219restaurant.com
Ideal für ein *lunch al fresco* mit kreolischem Geschmack im Bayou Room. Lunch ($) und Dinner. Abends oft Jazz. $–$$

Fish Market
105 King St. (Union St.)
Alexandria, VA 22314
✆ (703) 836-5676
www.fishmarketoldtown.com
Populär und spezialisiert auf Fisch: Lunch und Dinner. Abends oft Ragtime. $–$$

George Washington's Mount Vernon Estate & Garden
George Washington Pkwy.
Mount Vernon, VA 22121
✆ (703) 780-2000 und 1-800-429-1520
www.mountvernon.org
Führungen tägl. 8–17 Uhr, Eintritt $ 15/7
Das Familiengrundstück aus dem 17. Jh. wurde 1743 Domizil und Plantage von George Washington, der auch hier begraben liegt. Um das Herrenhaus gruppiert sich ein Bauensemble mit Küche und anderen Dienstgebäuden, Gärten und Sklavenquartieren. Seit 1752 sollen hier etwa 300 Sklaven gearbeitet haben, die Washington nach dem Unabhängigkeitskrieg freiließ.

1858 kauften die engagierten Damen der »Mt. Vernon Ladies' Association« das Anwesen und retteten es als nationales und historisches Eigentum vor dem Verfall. Ein interessantes Detail: Der Schlüssel zur Bastille, der hier seit 1790 hängt, ist ein Geschenk des Marquis de Lafayette an Washington.

Woodlawn Plantation
9000 Richmond Hwy.
(Kreuzung US 1 & Mt. Vernon Hwy.)
Alexandria, VA 22121
✆ (703) 780-4000
Fax (703) 780-6509
April–Dez. Di–So 10–17 Uhr
Eintritt $ 8.50/3
Haus (1800–05) des Neffen von G. Washington, Lawrence Lewis. Architekt: William Thornton, der erste Baumeister des Kapitols und des Tudor Place in Georgetown. Vom eleganten Portikus kann man in der Ferne die Bäume von Mt. Vernon sehen. Georgianische Bauformen, hübsche Musikzimmer, sehenswerte Gärten.

In der Nähe liegt das aus Falls Church, VA, an diese Stelle versetzte **Pope-Leighey House** von Frank Lloyd Wright (1940) – Prototyp der so genannten *Usonian*-Bauweise mit Ziegeln, Zypressenholz und Glas: gutes Design für den bescheidenen Geldbeutel und ein interessanter Kontrast zum symmetrischen Herrenhaus (www.popeleighey1940.org). Museumsshop (u.a. mit Wright-Literatur).

Gunston Hall Plantation
10709 Gunston Rd. (S 242)
Mason Neck, VA 22079
✆ (703) 550-9220, Fax (703) 550-9480
www.gunstonhall.org
Tägl. 9.30–17 Uhr, Eintritt $ 9/5
Plantagenhaus (1755 und später) von George Mason (1725–92), Staatsmann, politisch-philosophischer Kopf und Autor der »Virginia Declaration of Rights« von 1776 und einer der geistigen Väter der »Bill of Rights«, der hier ständig mit seiner Familie lebte. Entworfen wurde der Kolonialbau vom englischen Baumeister William Buckland, der später auch das Kapitol gebaut hat. Zum schlichten Haus am Potomac River gehört ein schmucker Garten; das Interieur beeindruckt durch Möblierung und Holzschnitzarbeiten.

⑨ Aufs Land: Nach Virginia
Manassas National Battlefield, Blue Ridge Mountains und Luray Caverns

9. Route: Washington, DC – Manassas – Luray – New Market – Harrisonburg – Staunton, VA (293 km/183 mi)

km/mi	Zeit	Route
0	9.00 Uhr	In **Washington** Constitution Ave., die zur I-66 wird, nach Westen, Ausfahrt 47B (MANASSAS NATIONAL BATTLEFIELD PARK) zum
50/31	9.45 Uhr	**Manassas National Battlefield Park**. Visitors Center (kurzer Stopp ca. 20 Min.); I-66 weiter nach Westen, Ausfahrt 13 (Linden) und dem Schild SKYLINE DRIVE folgen, durch **Front Royal** auf S 55 nach Westen, am Ortsende links über US 340 nach Süden auf den

115/ 72		**Skyline Drive** im **Shenandoah National Park.**
166/104		Abfahrt US 211 nach Luray und dem Schild LURAY CAVERNS folgen
184/115	12.00 Uhr	**Luray Caverns** (Besichtigung und Lunch ca. 1 $^1/_2$ Std.). US 211 West nach **New Market**, dort US 11 South über
232/145	14.00 Uhr	**Harrisonburg**, US 11, S 42 nach Süden über Bridgewater und Mt. Solon (Schild NATURAL CHIMNEYS folgen) zu den
259/162		**Natural Chimneys** (Pause ca. $^1/_2$ Std.). Zurück nach Mt. Solon und an der Hauptkreuzung weiter geradeaus S 731. In Moscow Hwy. 42 nach Süden über Parnassus und Churchville nach
293/183	15.30 Uhr	**Staunton.**

Alternativen: Wer das Schlachtfeld von **Manassas** gründlicher zu inspizieren wünscht, muss dafür mindestens 1–2 Std. einplanen. Dasselbe gilt für einen Stopp beim **New Market Battlefield Historical Park** (vgl. S. 158) und/oder **Harrisonburg**.

Abkürzung: Von Harrisonburg I-81 direkt nach Staunton: 21 km weniger; Fahrzeit ca. $^1/_2$ Std., also noch genügend Zeit für das Frontier Museum (vgl. S. 159), das man sonst wohl erst am nächsten Morgen besuchen kann. In der Nähe von Staunton ermöglicht der **Gipsy Hill Park** mit Swimmingpools, Picknick- und Golfplätzen einen geruhsamen Zusatztag.

Routenalternative: Von Washington direkt nach Richmond, VA, und zwar mit einem Zwischenstopp in **Fredericksburg** (Motto: »Where America Grew Up«). Route: I-395 South über den Potomac am monströsen Pentagon vorbei, I-95, über den Rappahannock River, Exit 130A nach Fredericksburg (= Hwy. 3 East, wird dann Williams St., an Princess Anne St. rechts, an Charlotte St. links, parken). Distanz: 90 km, Fahrzeit eine gute Stunde.

Fredericksburg, 1728 am Rappahannock River gegründet, stieg im 18. Jh. zum wichtigen Hafen für Weizen und Tabak auf. Die Schlacht von Fredericksburg (1862) zählt zu den blutigsten im Bürgerkrieg, siebenmal wechselte die heißumkämpfte Stadt die Seiten. Heute herrscht Frieden im Umkreis schmucker weißer Holzvillen unter duftenden Magnolienbäumen. Informationen: **Fredericksburg Visitor Center**, 706 Caroline und Charlotte St., VA 22401, ✆ (540) 373-1776 und 1-800-678-4748, tägl. 9–17 Uhr, im Sommer länger.

Highlights der Stadt, in der George Washington zur Schule gegangen ist, u. a. **Hugh Mercer Apothecary** 1020 Caroline St., ✆ (540) 373-1776, www.apva.org/hugh mercerapothecary, im Sommer tägl. 9–17 Uhr, Eintritt $ 5/2: Kleines, frei stehendes Holzhäuschen, perfekt wieder auf den alten kolonialen Stand gebracht und

mit alten Flaschen, Töpfen und Gläsern bestückt. **Rising Sun Tavern**, 1304 Caroline St., tägl. 9–17 Uhr: Wo heute kostümierte Bedienung Tee serviert, wohnte einst G. Washingtons Bruder Charles; 1760 erbaut, 1792 in Taverne umgewandelt.
Mary Washington House, 1200 Charles & Lewis Sts., ℂ (540) 373-1569, März–Okt. 9–17, sonst 9–16 Uhr. George kaufte dies Haus 1772 für seine Mutter. Restauriert. Enthält einige Stücke aus dem Besitz der alten Dame. Wahrscheinlich nur was für Amerikaner.
Lunchpause: **Sammy T's**, 801 Caroline St. (Hanover St.), knuffiger Coffee Shop: Suppen, Salate, Sandwiches ($).
Übernachtungstipps: **The Kenmore Inn**, 1200 Princess Anne St., ℂ (540) 371-7622. Eleganter B&B Inn im historischen Zentrum mit Restaurant, $$$.
Für Campingfreunde: **Aquia Pines Campground**, 3071 Jefferson Davis Hwy./Stafford, VA 22554, ℂ (540) 659-3447. Schattig, ganzjährig, Pool. Zwischen Washington und Fredericksburg an der S 1, etwa in Höhe des Exit 140 der I-95.
Weiterfahrt: zurück zur I-95 South und in **Richmond** Exit Boulevard und an Monument Ave. links in die Innenstadt. Entfernung: 91 km, Fahrzeit: 1 Std.

Blick vom Skyline Drive ins Shenandoah Valley

Farm im Shenandoah Valley

Vor den Toren der Hauptstadt zieht die METRO ihre eiserne Spur parallel zur Interstate 66 nach Westen. Dann öffnen sich die grünen Baumvorhänge, und während sich die ersten Farmen und Ranches zeigen, beflügeln Zäune, Scheunen und blühende Wildblumen das Erwachen heiterer Gefühle bei der Ankunft auf dem Lande: Virginia!

Dass hier auch so manche Schlacht geschlagen wurde, das erweist sich bereits kurze Zeit später an den Schildern zur nationalen Gedenkstätte des **Manassas National Battlefield**, wo sich am 21. Juli 1861 Yankees und Konföderierte das erste Gefecht lieferten. Trails, Inschriften, Rekonstruktionen und Kanonen versuchen den Hergang der Kämpfe nachzustellen, aus denen die Südstaatler erfolgreich hervorgingen. Ihnen voran Thomas J. Jackson, der spätere General, der sich hier wegen seiner sturen Verteidigungshaltung den Spitznamen »Stonewall« zuzog und dessen Spuren noch häufiger auf der Reise auftauchen

werden. Ein Jahr später schlug man sich erneut, gleich in der Nähe, am Bull Run Creek, und wieder siegten die Grauröcke, diesmal unter General Lee.

Die erste der beiden Schlachten kann heute zu Fuß nachvollzogen werden, die zweite als Drive-in-Erlebnis. Beide tragen, wie übrigens häufig, verschiedene Namen, weil der Süden die Schlachten anders benannte (»Manassas«) als der Norden (»Bull Run«). Wie auch immer, die Deko-Kanonen stören den morgendlichen Frieden nicht mehr, der über den Wiesen liegt, auf denen es einst um Leben und Tod ging.

»Der alte Süden ist voller Schlachtfelder«, notiert Henry Miller 1945 in seiner Essaysammlung »Der klimatisierte Alptraum« und fährt fort, »das ist eines der ersten Dinge, die einem auffallen … In Gettysburg, in Bull Run, in Manassas, in Fredericksburg … versuchte ich mir den schrecklichen Todeskampf zu vergegenwärtigen, in den diese große Republik vier Jahre lang hindurch verstrickt war.

Weide bei Front Royal, Virginia

Ich habe in verschiedenen Teilen der Welt auf vielen Schlachtfeldern gestanden, aber wenn ich vor den Gräbern der Toten in unserem eigenen Süden stehe, übermannt mich der Schrecken des Krieges mit trostloser Deutlichkeit. Ich sehe keine Ergebnisse dieses großen Kampfes, die das gewaltige Opfer rechtfertigen, das man uns als Nation abverlangte.«

Zurück zur Interstate. Schwarze und weiße Tupfer sprenkeln jetzt das liebliche Hügelland: Kühe und blühende Dogwoodbäume. Im Westen erkennt man immer besser die Waldrücken des Shenandoah-Parks in den Appalachen, jenem Riesengebirge, das von Neufundland bis Alabama reicht.

In den Höhen der **Blue Ridge Mountains** im **Shenandoah National Park** schlägt der **Skyline Drive** das weite Tal wie ein riesiges Bilderbuch auf. Geduld beim Blättern gehört dazu, denn die Kammstraße erweist sich als krumme Tour, voller scharfer Kurven und weicher Windungen, die an den *overlooks* und *vista points* zart kolorierte Postkarten von Virginia vorführen. Bei gutem Wetter und klarer Sicht sind diese Ausgucke meist gut besetzt. Unter rau-

schenden Baumwipfeln stehen dann besonders die Naturfreunde hier und genießen in grobkarierten Hemden, stramm sitzenden Baseballkappen und Schauinsland-Posen die Aussicht, beschreiben die Panoramen mit Gesten wie Feldmarschälle ihre Truppen oder erinnern sich an den Mut der frühen Pioniere, die einmal diesen Weg nahmen.

Die Siedlungsgeschichte des Shenandoah River Valley reicht weit zurück. Die ersten Kundschafter sprachen vom »Großen Tal«, ja, sogar vom »Euphrat«, aber schließlich setzte sich die Bezeichnung der Shawnee-Indianer durch, die in diesem Gebiet bis zum Anfang des 18. Jahrhunderts lebten und die das Tal zwischen den Blue Ridge Mountains im Osten und den Allegheny Mountains im Westen *Shenandoah*, Tochter der Sterne, nannten.

Der wabernde bläuliche Hochnebel, der häufig über den Bergwäldern hängt, gab später dem Gebirgszug seinen Namen: *Blue Ridge*. Doch ihr blauer Dunst erregte anfangs wenig Neugier, denn die weißen Siedler waren noch vollauf damit beschäftigt, das Marschland im Osten von Virginia zu kultivieren. Außerdem schienen die Berge für den Ackerbau höchst ungeeignet.

Zu den ersten weißen Siedlern um 1720 gehörten Engländer, Iroschotten und Deutsche. 30 Jahre später nahm Daniel Boone diesen Weg – auf der Suche nach der Cumberland Gap, jenem südlicher gelegenen berühmten Durchschlupf, der die Besiedlung des Mississippi-Tals vorantrieb. Der Nationalpark bildet das bisher letzte Glied in der Entwicklung dieser Landschaft, denn er bewirkte seit seiner Gründung 1935 praktisch eine Wiederaufforstung des Geländes, das die zuvor dort siedelnden Bergbauern so lange gerodet und bebaut hatten, bis es schließlich erodierte.

Die Jahreszeiten spielen in diesem ungewöhnlich schmalen Park eine wichtige Rolle. Im Winter dominieren Grau und Weiß durch Schnee und Frost – und die Stille. Blätter rascheln keine, die Bären schlafen, und die meisten Vögel sind verreist. Im Frühjahr steigt das neue Leben langsam die Hänge hinauf und entfaltet seine Pastelltöne, wo immer sich Wildblumen, Azaleen, Dogwood- und Apfelblüten breit machen und die Wasserfälle am kräftigsten rauschen. Im rundum grünen Sommer tummeln sich die Schmetterlinge und Salamander, Frösche, Wild und Bären. Und zwischen Mitte und Ende Oktober, wenn sich das Laub verfärbt, bricht die Saison der *technicolor hotspots* an. Allein in dieser Zeit fallen etwa ein Viertel der insgesamt zwei Millionen Besucher über das Naturschutzgebiet her, was an Wochenenden zu erheblichem Gedränge führen kann.

Dabei eignet sich der Skyline Drive nur sehr bedingt dazu, einfach über ihn hinwegzurollen. Eigentlich ist er ein Zubringer, denn die Schönheiten des Parks erschließen sich wirklich nur dem, der genügend Zeit mitbringt, um sich zu Fuß oder zu Pferd auf den Weg zu machen: zu Wasserfällen, zur Wild- und Vogelbeobachtung, zur farbenfrohen Falterfülle. Am bequemsten kann man diese Ausflüge von den Besucherzentren und Lodges starten, vom **Dickey Ridge Visitors Center** zum Beispiel oder von **Skyland** oder **Big Meadow**.

Bei Thornton Gap verlassen wir die Höhenstraße und winden uns hinunter in das beschauliche Tal in Richtung Luray und zu dessen gleichnamiger Tropfsteinhöhle, den **Luray Caverns**, dem be-

»Farming« und »Golfing« schließen sich im Shenandoah-Tal nicht aus

Orgel im Underground: Luray Caverns

deutendsten Reich Plutos ringsum. Sie
hat sich, wie die anderen Höhlen auch,
über einen langen Zeitraum aus den
Kalksteinablagerungen der Berge gebildet, die mit ihren mehr als 500 Millionen Jahren auf dem Buckel zu den ältesten Gebirgszügen der Welt gehören.

Seit ein- bis zweihundert Jahren sind
die meisten der Tropfsteinhöhlen zugänglich, um Abenteuerlust, wissenschaftlichen Forschungsdrang oder den
Tourismus zu befriedigen. Ab und an
diente die eine oder andere tiefe Kam-
mer (z.B. Grand Caverns) ungewöhn-
lichen Zwecken: im Bürgerkrieg als
heimlicher Truppenunterschlupf und im
späten 19. Jahrhundert als Saal für
Ballettvorführungen.

Die Karriere der Luray Caverns begann mit einem therapeutischen Einstieg. Als der Colonel T.C. Northcott sie
1905 von der Shenandoah Railroad
kaufte, plante er zwar den Ausbau zur
Touristenattraktion, aber zunächst einmal baute er über ihnen das erste Sana-
torium mit Klimaanlage: »Limair«. Durch
einen Schacht wurde die kühle Höhlen-
luft in das Gebäude geführt, ohne Staub
und ohne Pollen, ideal für Leute, die
schwach auf der Brust waren.

Herbst im Shenandoah National Park

Heute ist der unterirdische Hit von Luray die in der Welt einzigartige »Stalacpipe-Orgel«, das »größte natürliche Musikinstrument der Welt«, wie im Guinness Buch der Rekorde nachgelesen werden kann. Elektronisch gesteuert, schlagen Gummibolzen gegen die sensiblen Steinsäulen, um sie damit zum Klingen zu bringen. Verständlich, dass diese Unterwelt als Heiratskapelle beliebt ist. Leider sitzt alltags nicht immer ein Organist bereit, um den Leuten ein Concerto grosso zu bieten; eine mechanische Kostprobe muss genügen.

153

Harte Brocken: die Natural Chimneys bei Harrisonburg, Virginia

Bei der Überquerung des südlichen Arms des malerischen **Shenandoah River** hat man den Eindruck, dass sich hier von alters her wenig verändert hat; das satte Grün des alten Baumbestands lässt jedenfalls die Neuzeit vergessen. Überhaupt, je weiter die Straße nach Westen vordringt, um so schöner wird sie; und zuletzt übersteigt sie den **Massanutten Mountain**, eine der zahlreichen Gebirgsfalten, die sich zwischen den Süd- und Nordarm des Shenandoah River schieben.

Auch **New Market** verweist stolz auf seinen Battlefield Park, auf dem 1864 das »Corps of Cadets«, die halbwüchsigen Kadetten des Virginia Military Institute aus Lexington, gegen die Yankees antraten – und siegten. Die hübsche Congress Street wird zur US 11, einer Landstraße, die mit der Interstate 81 Katz und Maus spielt, mal parallel zu ihr verläuft, sie kreuzt und sich währenddessen ständig mit neuen Namen schmückt: *wilderness road* (in Anspielung auf die Pioniere) oder, wie hier, »Lee Jackson Highway«. Vereinzelte Landhäuser ziehen vorbei, hauptsächlich aber Vieh und Farmen mit Silos, deren Form an die im Lancaster County erinnert. Auffällig viele Hasen springen durchs Terrain, Mini- oder Zwerghasen,

wie es aussieht, denn die Burschen sind kaum länger als 20 Zentimeter.

Harrisonburg wird vom riesigen Turm der »Wetsel Seed Company« überragt, einer mächtigen Saat- und Samenhandlung der Region. Südlich der Kleinstadt sorgen die hügeligen Farmen für die schönsten Eindrücke des Tages.

Dass nicht alle Naturwunder in Virginia unter der Erde liegen, beweisen die **Natural Chimneys**. Als sich das Meer vom Grund des Shenandoah-Tals zurückzog, formten Millionen Jahre der Erosion diese 40 Meter hohen Brocken, die stark an die Externsteine im Sauerland erinnern. Man kann zu den Dächern der Felskamine hinaufkraxeln – oder es bleiben lassen und zu ihren Füßen seine Picknickvorräte auspacken.

Auf jeden Fall geht es ins hübsche Mt. Solon zurück und durch Moscow, durch schlichtes Weideland und tiefste Provinz. Parnassus übertreibt denn auch: von Apoll und den Musen keine Spur. Aber dann **Staunton** (gesprochen: 'STEN-ten), das zu den Perlen des immerhin über 300 Kilometer langen Shenandoah-Tals zählt und für einen Kurzbesuch wie geschaffen ist.

Bei gutem Wetter bereitet der Rundgang durch das **Museum of American Frontier Culture** reines Vergnügen und ein lehrreiches dazu, denn die penibel nachgebauten Bauerngehöfte veranschaulichen die Eigenarten der Einwanderer besser, als es Einzelobjekte in Museumsvitrinen je tun könnten. Es gibt auch kaum einen besseren Standort für solch ein landwirtschaftliches Denkmal als diesen Siedlungsschnittpunkt.

»Wo liegen eigentlich Anfang und Ende des Tals?«

»Nun, es beginnt bei Harper's Ferry und endet, je nach Definition, entweder in Lexington oder in Roanoke. Wahrscheinlich aber in Buchanan, also dazwischen«, erklärt der Museumsdirektor auf die Frage.

Die Höfe werden von Landwirten, die natürlich keine sind, ebenso sachkundig wie schauspielerisch geschickt bewirtschaftet: im Stil des 18. Jahrhunderts. Da wird geackert, gesponnen, Flachs gehechelt, Patchwork genäht und gebacken. Jedes »Erbgut« (der amerikanische Hof zeigt eine Melange aus den drei europäischen Siedlungseinflüssen) ist durch eine Lehrtafel aufgeschlüsselt, die Auskunft gibt, welche Früchte angebaut und welches Vieh gehalten wurde, über die Geschichte, die Bauweise der Scheunen und Wohnhäuser.

Rosa Kesterson arbeitet seit den 60er Jahren auf dem deutschen Bauernhof. Sie freut sich über jeden Besuch, vor allem über den ihrer ehemaligen Landsleute, denn dann kann sie ihr Pfälzisch wieder auspacken, das sie sich bewahrt hat: »Ai, isch kum aus de Kurpalz«, verrät sie, und erzählt, dass sie nur wenige

Kilometer von jenem Bauernhaus aufgewachsen sei, das nun hinter ihr originalgetreu in Virginia steht. Das dort drüben, und sie weist auf den ziegelgedeckten Fachwerkbau, sei jetzt ihr deutsches *und* amerikanisches Zuhause.

Staunton, 1732 gegründet, etablierte sich im wesentlichen in der ersten Hälfte des 19. Jahrhunderts durch die Errichtung von Schulen und Hospitälern, ab 1854 durch die Eisenbahn und den nahen Bergbau. Heute leben die rund 25 000 *Stauntonians* von diversen kleineren Industriebetrieben, der Landwirtschaft und dem Tourismus.

Da Staunton vom Bürgerkrieg verschont wurde, ist baulich vieles noch beim alten geblieben. Deshalb lohnt neben einer *self guided walking tour* durch das **Woodrow Wilson Birthplace and Museum** ein kleiner Rundgang durch dieses adrette Wuppertal von Virginia, denn viele Aufs und Abs verbinden die Kirchen und die zierlichen Porti-

»Ai, isch kum aus de Kurpalz«: Rosa Kesterson bewirtschaftet den deutschen Bauernhof im Museum of American Frontier Culture, Staunton

Durchblick: Hauptstraße in Staunton

Virginia Chardonnay«, der so gehaltvoll schmeckt, dass man glauben könnte, Virginia würde Kalifornien als Weinland bald in den Schatten stellen. Erst seit Mitte der 1980er Jahre hat sich der Rebenanbau hier ausgedehnt, hauptsächlich im Shenandoah-Tal, an den Hügeln rund um Charlottesville, längs der Nordostgrenze des Staates und an seiner Ostküste. Über 40 Weingüter wetteifern inzwischen bereits um die Gaumen der Kenner und laden alljährlich im Oktober zu trunkenen Festen.

Wie alles in Virginia hat auch der Weinbau eine Geschichte, die bis zur Geburtsstunde der europäischen Besiedlung zurückreicht, nämlich ins Jahr 1607, als die Neuankömmlinge in Jamestown die ersten Tropfen amerikanischen Weins erzeugten. Thomas Jefferson galt später dann als der eigentliche Wein-Pionier. Als Botschafter in Frankreich war er auf den Geschmack gekommen, und als er auch noch auf die Ähnlichkeiten der europäischen Weinbaugebiete mit der Topographie von Virginia aufmerksam machte, wuchs ein weinseliger Traum heran, der in den letzten zehn Jahren endlich Wirklichkeit wurde.

Später am Abend spazieren wir noch zur **Staunton Station**, zum alten Bahnhof von 1905, dessen Provinzpracht wieder erstanden ist – ebenso wie die seiner baulichen Nachbarschaft, des so genannten **Wharf Historic District**. »Hier sitzt auch eine Galerie, in der alle möglichen Künstler aus Virginia ausstellen. Keramiker, Maler, Silberschmiede, Glasbläser.«

Im »Depot Grille« regt sich noch Leben an der Bar, ansonsten hängt der Mond dick, rund und wie gemalt im Himmel. Staunton schläft. »Viele schließen ihre Häuser nicht ab und ihre Autos schon gar nicht.«

ken viktorianischer Zuckerbäcker-Villen und **Beverley Street**, die hübsche Hauptstraße. Die Liebe zur heimischen Geschichte kommt in Staunton sogar vielen Gärten zugute, wo sich Hausbesitzer der Pflege jahrhundertealter Pflanzen widmen.

Abends, auf der luftigen Veranda des Bed & Breakfast, treffe ich Sergei Troubetzkoy, dessen Familienbande sich zwar in feinste russische Adelsregionen verästeln, der aber voll im amerikanischen Tagesgeschäft steht, denn seinem städtischen Amt für Wirtschaftsförderung geht es darum, Staunton ins rechte Licht zu rücken.

Und wo könnte man das besser tun als bei einem frischen *buttermilk pie* und einem Gläschen »Prince Michel de

Manassas National Battlefield Park

12521 Lee Hwy., Manassas, VA 20109

✆ (703) 361-1339, www.nps.gov/mana

Visitor Center tägl. 8.30–17 Uhr

Eintritt $ 3

Auf dem ehemaligen Schlachtfeld kann man herumgehen und -fahren, picknicken und angeln.

Skyline Caverns

US 340, 1,6 km südl. von Front Royal, VA 22630

✆ (540) 635-4545 und 1-800-296-4545

www.skylinecaverns.com

Führungen im Sommer tägl. 9–18 Uhr

Eintritt $ 16/8

Die einzige Tropfsteinhöhle, die durch wissenschaftliche Methoden entdeckt wurde: 1937 vom Geologen Walter S. Amos. Die Hauptattraktionen sind hier die so genannten Anthoditen (»Orchideen im Königreich der Mineralien«), d.h. besonders zarte Stachel, die wie gebündelte Wunderkerzen oder staksige Eisblumen an der Höhlendecke kleben und der Schwerkraft gegenüber immun zu sein scheinen.

Shenandoah National Park

3655 US 211East, Luray, VA 22835

✆ (540) 999-3500 und 1-877-444-6777 (Reservierung für Camper)

www.nps.gov/shen

Eintritt Dez.–Feb. $ 10, sonst $ 15 pro Auto

Visitor Center, Rangerprogramme, Angel- und Picknickplätze, Reit- und Wanderwege. Genehmigungen (permits) für Trips und Camping im Hinterland (back country).

Blue Ridge Parkway

199 Hemphill Knob Rd.

Asheville, NC 28803

✆ (828) 271-4779, www.nps.gov/blri

469 Meilen lange Höhenpanoramastraße mit mehr als 2 Mill. Besuchern im Jahr. Wer sie ganz fahren möchte, sollte mindestens 2–3 Tage einplanen. Beste Jahreszeiten: Mitte Mai–Mitte Juni und Sept./Okt.

Dickey Ridge Visitor Center

Meile 4.6

Shenandoah National Park, VA 22630

✆ (540) 635-3566

Mitte April–Mitte Nov. So–Do 8.30–17, Fr/Sa 8.30–18 Uhr

Ausstellung und Info über den Park. Hier startet und endet der rund 2 km lange **Fox Hollow Trail** (1 Std.).

Skyland Resort

P. O. Box 727, Meile 41.7

Luray, VA 22835

✆ (540) 999-2211 und 1-888-896-3833

www.visitshenandoah.com

Ende März–Ende Nov.

Altes Resort (1890) auf dem höchsten Punkt des Skyline Drive mit karger Lodge, Cabins, Restaurant, Pferdeverleih. Beim Parkplatz beginnt der **Stony Man Nature Trail** mit schönen Aussichtspunkten (ca. 1 1/2 Std.). $$$

Big Meadows Lodge

P. O. Box 727, Meile 5.2

Luray, VA 22835

✆ (540) 999-2221 und 1-888-896-3833

April–Anfang Nov.

Besucherzentrum (Harry F. Byrd Sr. Visitor Center). Hier weihte Präsident Franklin Roosevelt 1936 den Nationalpark ein. Einfache Lodge, Restaurant, Campingplatz (✆ 540-999-3231 und 1-800-365-2267), Reit- und Wanderwege – mit Anschluss an den historischen **Appalachian Trail**, den längsten ununterbrochenen Wanderweg in Nordamerika: von Georgia bis Maine. $–$$

Luray Caverns

970 US 211 West, Luray, VA 22835

✆ (540) 743-6551

www.luraycaverns.com

Sommer tägl. 9–19, sonst 9–18 Uhr

Ganzjährig Führungen (ca. 1 Std.)

Eintritt $ 21/10

Diese größte Höhle der Region (ca. 55 m unter der Oberfläche) wurde 1878 entdeckt und zählt heute zu den populärsten an der Ostküste: »Dream Lake« voller bizarrer Reflektionen, bis zu 45 m hohe Steinräume, Stalagtiten-Orgel. Ein Kuriosum bilden die beiden »Spiegeleier«, Überbleibsel einer kleinen Panne beim Ausbau der Höhle, als zwei Stalagmiten an der Basis abbrachen. Nebenan **Oldie-Show**, darunter ein 1892er Benz, ein 1935er Mercedes und der 1925er Rolls von Rudolph Valentino. Imbiss, Motel und Campingplatz (℘ 1-800-420-6679).

  Endless Caverns
1800 Endless Cavern Rd.
US 11 (I-81, Exit 264), Nähe von New Market, VA 22844
℘ 1-800-544-2283
www.endlesscaverns.com
Im Sommer 9–18 Uhr, sonst kürzer
Eintritt $ 16/8
Schon die Namen der Highlights deuten auf Grottenzauber: »Feenpalast« oder »Zigeunerzelt«. Die Höhle wurde 1879 von zwei Jungen entdeckt, die auf der Hasenjagd waren. Man verwendet nur weißes Licht, um die natürlichen Farben hervortreten zu lassen. Besondere Attraktion: »Snowdrift«, eine Steinformation, die einem gefrorenen Wasserfall ähnelt. In der Nähe ein einfacher Campingplatz (℘ 1-800-544-2283), 5 km südl. von New Market, Abfahrt von US 11.

  New Market Battlefield State Historical Park
8895 George Collins Pkwy.
New Market, VA 22844
℘ 1-866-515-1864
Tägl. 9–17 Uhr, Eintritt $ 9/5
Schön gelegen, mit Blick auf den Shenandoah River. Das Museum (»Hall of Valor«), das u.a. die Schlacht von 1864 nachzeichnet, gilt als das vollständigste Bürgerkriegsmuseum in Virginia.

  Natural Chimneys Regional Park
Rt. 257 westl. von Mount Solon, VA 22843
℘ 1-888-430-2267
Tägl. 9 Uhr bis Sonnenuntergang

Eintritt $ 6 pro Auto
Pittoreske Kalkstein-Kamine: Wanderwege, großer Pool, Picknick, Campingplatz (März–Okt.). Die Ähnlichkeit der 7 kariösen Zahnhälse mit einer Burgruine hat sie zur Kulisse für mittelalterliche Ritterspiele gemacht, die (immerhin) seit 1821 alljährlich Ende Aug. stattfinden.

 Staunton Convention & Visitors Bureau
116 W. Beverley St., Staunton, VA 24401
℘ (540) 332-3865 und 1-800-342-7982
Fax (540) 851-4005
www.visitstaunton.com

  The Belle Grae Inn
515 W. Frederick St.
Staunton, VA 24401-3333
℘ (540) 886-5151 und 1-888-541-5151
Fax (540) 886-6641, www.bellegrae.com
Viktorianischer Country Inn, gastfreundlich und ruhig mit 14 Zimmern, hübschem Garten und vorzüglicher Küche. Frühstück und Dinner. $$$–$$$$

 Ashton Country House and Farm
1205 Middlebrook Ave.
Staunton, VA 24401
℘ (540) 885-3001 und 1-877- 885-3001
Fax (540) 885-3304
www.ashtonhousebnb.com
Kleines Landhaus von 1860 im *Greek Revival*-Stil, etwas außerhalb der Stadt. Still und ländlich (6 Zimmer) mit *high tea* und Frühstück. Kinder und Haustiere vorher anmelden; das Rauchen ist nur draußen gestattet. $$–$$$

  Comfort Inn
1302 Richmond Ave. (Rt. 250)
Staunton, VA 24401
℘ (540) 886-5000 und 1-877-424-6423
Fax (540) 886-6643
Gegenüber vom Museum of American Frontier Culture: 97 Zimmer, Pool und kleinem Frühstück. $–$$$

 Walnut Hills Campground
484 Walnut Hills Rd., Staunton, VA 24401

ℂ (540) 337-3920
www.walnuthillscampground.com
Feb.–Dez.: 125 Plätze für RVs und Zelte, Cabins, Cottages, Pool, Spielplatz, Waschsalon.

 The Frontier Culture Museum
1290 Richmond Rd. (Rt. 250)
Staunton, VA 24401
ℂ (540) 332-7850
www.frontiermuseum.org
Tägl. 9–17, Dez.–Mitte März 10–16 Uhr
Eintritt $ 10/6
Attraktives Freilichtmuseum der frühen Agrarkultur der Region. Originalgetreu wieder aufgebaute Bauernhöfe aus Amerika, England, Nordirland und Rheinland-Pfalz (Fachwerkbauten aus Hördt aus dem 18. Jh.).

 Woodrow Wilson Presidential Library
18–24 N. Coalter & Frederick Sts.
Staunton, VA 24401
ℂ (540) 885-0897 und 1-888-496-6376
www.woodrowwilson.org
März–Okt. Mo–Sa 9–17, So 12–17, sonst 10–16, So 12–16 Uhr, Eintritt $ 12/3

Geburtshaus von Woodrow Wilson in Staunton

Geburtshaus des ehemaligen US-Präsidenten Woodrow Wilson (1913–21) mit familiären und politischen Dokumenten aus seiner Amtszeit.

 Pampered Palate Cafe
26–28 E. Beverley St., Staunton, VA 24401
ℂ (540) 886-9463, Mo–Sa 9–17.30 Uhr
Gemütliche Stube für Kleinigkeiten: Salate, Sandwiches, Bagels, süße Sachen; Weine und Gourmet-Kaffeebohnen, auch zum Mitnehmen. Frühstück und Lunch. $

 L'Italia Restaurant
23 E. Beverley St.
Staunton, VA 24401-4322
ℂ (540) 885-0102, Mo geschl.
Italienische Küche: Geflügel, Meeresfrüchte, hausgemachte Pasta und Desserts. Lunch und Dinner. $

 The Depot Grille
42 Middlebrook Ave. (Bahnhof)
Staunton, VA 24401-4258, ℂ (540) 885-7332
www.staunton.depotgrille.com
Im alten C&O-Depot: solide Sandwiches, Steaks und Fisch. $–$$

⑩ Thomas Jefferson, Architekt
Staunton, Charlottesville, Richmond

10. Route: Staunton – Charlottesville – Scottsville – Dixie – Richmond (222/139 mi)

km/mi	Zeit	Route	Die Route finden Sie in der Karte auf S. 146.
0	9.00 Uhr		Von **Staunton:** US 250 East, I-64 East, Ausfahrt 94 (nach Waynesboro); durch Waynesboro, 250 East (= Jefferson Hwy.), in **Charlottesville** 250 East Business geradeaus weiter. Die Straße wird zu Ivy Rd. In Höhe der unübersehbaren Rotunda nach Schildern PARKING Ausschau halten, z.B. links an Elliwood Ave. (Parkhaus). Zu Fuß zur
66/ 41	10.00 Uhr		**University of Virginia** (Rundgang und Lunch: ca. 2 Std.). – Anschließend zurück, blauen Schildern zur I-64 folgen, S 29 South und weiter die Hinweise auf I-64 East (Richtung Richmond), Abfahrt auf S 20 South und von dort Abfahrt bei Exit 121A auf S 53 (MONTICELLO; ASH LAWN MITCHIE TAVERN). Schildern folgen nach
82/ 51	12.15 Uhr		**Monticello** (Parkplatz; Bus zur Villa, Rundgang und Besichtigung ca. 2 Std.). – Gegen 14 Uhr Weiterfahrt: Vom Parkplatz aus rechts zurück, S 53 bis zum Ende und links nach Scottsville (= S 20 South), ab hier S 6 East über Fork Union, Dixie, Goochland nach **Richmond**. – An Boulevard links und an der stattlichen Park Ave. rechts bis
222/139	16.30 Uhr		Downtown **Richmond**, Hotelsuche und Spaziergang zum **Capitol Square**. – Vorschlag für den Abend: **Shockoe Slip**.

Einen Stadtplan von Richmond finden Sie S. 172.

Alternativen: Wegen der Popularität von **Monticello** muss man u. U. mit langen Wartezeiten für die Besichtigung des Interieurs rechnen, so dass die hier vorgesehene Zeit nicht ausreicht.

Abkürzung: Die I-64 von Charlottesville nach Richmond ist zwar nicht so abwechslungsreich, spart aber Zeit (Fahrtdauer nur 80 Min.) und Kilometer (110).

Östlich von Waynesboro schraubt sich der Highway zur Rockfish Gap hinauf und schafft anschließend freie Blicke auf den Shenandoah Park. Überhaupt ist der **Jefferson Highway** eine beschauliche Landstraße, die die ganzen Vorzüge der Region um Charlottesville vor Augen führt – die leicht gewellten Hügel des Piedmont und die eingezäunten Felder, die weißen Portiken und roten Backsteinhäuser vor der Kulisse der Blauen Berge: ein amerikanisches Arkadien.

Verständlich also, dass **Charlottesville** die Hitliste der Wohnadressen in Virginia anführt. Mit anderen Worten, die 1735 gegründete Stadt am Rivanna River mit 45 000 Einwohnern (Einzugsgebiet 114 000), die ursprünglich aus einem Marktplatz für Tabak und vereinzelten Plantagen zusammenwuchs, hat sich prächtig entwickelt. Besonders pensio-

nierte Lehrer und demissionierte Diplomaten fühlen sich wohl hier und zeigen das durch geräumige Erst- und Zweitwohnsitze. Nationale Pilgerstätten, akademisches Flair, vorzügliche Weingüter in der Nähe und milde Winter machen Charlottesville zu einem ganzjährigen Kurort, dem alle Ansässigen etwas abgewinnen können. Sogar die meisten Studenten sind wild entschlossen, auch nach Beendigung des Studiums die Stadt nicht zu verlassen. Kellner mit Ph.D. (dem Doktortitel) oder M.A. (dem Master-Diplom) sind daher keine Seltenheit.

In der Nähe der Rotunda der Universität kann man parken, also gleich an der **Campus Corner**, der Futter- und Shopping-Ecke der Studiosi. Besonders zur Lunchzeit geht es zwischen Straßencafés und Imbissstuben, Klamotten- und Buchläden ganz munter zu.

Grüße von Palladio: die Rotunda der Universität von Virginia in Charlottesville

Der historische Kern der **University of Virginia** (UVA) ist nicht nur eine der ersten und damit ältesten *public schools* im Lande, sondern setzt sich aus den vielleicht schönsten Universitätsgebäuden in den USA überhaupt zusammen. Ihr Erfinder ist der »Gentleman-Architekt« Thomas Jefferson. Kein geringerer als er hat die Bauten ins Werk gesetzt – *as a hobby of old age*, wie es heißt. Immerhin war er schon 82 Jahre alt, als die Uni 1825 den Lehrbetrieb aufnahm, mit ganzen acht Professoren und 68 Studenten. Unter ihnen auch Edgar Allan Poe, der allerdings nur zehn Monate hier debütierte, denn als er seine Spielschulden nicht bezahlen konnte, musste er gehen. Heute ist aus dem ursprünglichen »akademischen Dorf« eine kleine Stadt mit knapp 20 000 Studenten und 2 000 Dozenten geworden.

Pracht- und Herzstück des baulichen Ensembles ist die **Rotunda**, ihre edlen Sitzungssäle und der prächtige Kuppelsaal stehen Besuchern offen. Jefferson konzipierte den Bau als »Tempel des Wissens« und orientierte sich dabei am Vorbild des römischen Pantheons, ohne selbst je in Rom gewesen zu sein. Zu Füßen der Rotunda breitet sich der terrassierte Rasen aus – *the Lawn* –, an dessen Flanken sich mit römischen Tempelelementen verzierte Pavillons (Wohnungen für die Dozenten) gruppieren, die ihrerseits durch Kolonnadenfluchten verbunden sind, an denen ebenerdig Studentenwohnungen liegen. Die Geschlossenheit der akademischen Gemeinde, die Nähe von Leben und Forschen, sollten sich im Sinne Jeffersons auch architektonisch bestätigen.

Bei seiner eigenen Alma Mater, dem College of William and Mary in Williamsburg, war das nicht so. »Sie war ein grober, missgestalteter Steinhaufen«, schrieb er später. Dagegen sollte die Uni in Charlottesville ein »Modell des guten Geschmacks und guter Architektur« sein.

Der Hang zum Ideal verrät sich auch in anderen baulichen Maßnahmen, zum Beispiel in einer optischen Täuschung bei der Umbauung der zentralen Rasenfläche. Um nämlich dem perspektivischen Gesetz entgegenzuwirken, nach dem alles, was vom Betrachter weiter entfernt liegt, kleiner aussieht, ließ Jefferson die Anzahl der Stundentenräume um so mehr anwachsen, je weiter sie von der Rotunda entfernt waren, so dass es so aussieht, als seien alle durchgehend in gleichmäßigen Abständen gebaut.

Auf den ersten Blick gleichen die Pavillons, die die Kolonnadenumgänge gliedern, einander wie ein Ei dem anderen. Doch bei genauerem Hinsehen entdeckt man, dass sie unterschiedlich hoch, mit verschiedenen Säulenarten und Kapitellen bestückt sind und von verschiedenen Baumeistern der Zeit beeinflusst bzw. gestaltet wurden. Die UNESCO bestätigte auf ihrer »World Heritage List« euphorisch, dass die University of Virginia architektonisch auf der gleichen Stufe anzusiedeln sei wie das Taj Mahal, die ägyptischen Pyramiden und Versailles.

Vor den Studentenwohnungen lagern Brennholz und Grillgeräte: Man möchte es warm und lecker haben. Dahinter erweitern üppige Gärten das akademische Shangri-La, in dem vereinzelte Studiosi lesend und sinnierend zu wissenschaftlichen Höhenflügen starten, umgeben von anmutigen *serpentine brick walls*, wellenförmigen Backsteinmauern, und blühenden Magnolien. Auch das zahlenmäßige Verhältnis von Lehrern und Eleven klingt für europäische Ohren paradiesisch: 1 zu 10 – Professoren zum Anfassen.

So leger die Atmosphäre, so streng die Anforderungen – einschließlich des Ehrenkodexes, den sich die Studenten in Selbstverwaltung auferlegt haben und der ins 19. Jahrhundert zurückreicht, als die Universität mehr noch als heute moralische Anstalt und Hort der Elite war, der mit dem klugen Kopf zugleich auch den Gentleman hervorbringen sollte. Lügen, Pfuschen und Stehlen sind verpönt und haben im Anwendungsfall die Exmatrikulation zur Folge.

Jeweils nur ganze 54 Studenten kommen in den Genuss, so klassisch im Sinne Jeffersons zu wohnen, denn nur, wer sich durch besondere akademische bzw. gemeinschaftsdienliche Leistungen qualifiziert hat, bekommt einen der begehrten *Lawn rooms* zugesprochen. Die überwiegende Mehrheit wohnt schlicht und ergreifend in modernen Studentenheimen.

Wie Erwählte fühlen sich trotzdem alle, was im vergleichsweise strengen Ausleseverfahren und nicht zuletzt in den happigen Gebühren begründet liegt. Davon bezahlt der Staat nur einen geringen Prozentsatz, die Hauptlast tragen die Immatrikulierten selber: Studenten aus Virginia pro Jahr in etwa 8500 Dollar, rund 14 500 alle anderen – Studiengebühr, Kost und Logie, Bücher und Lernmittel eingeschlossen.

Nach Schulschluss nach Hause, so könnte der Ortswechsel heißen, den die Fahrt von der Hochschule zum Wohnhaus von Jefferson mit sich bringt. Die ansteigende Waldstraße bestätigt, wie erhaben **Monticello** tatsächlich auf einem »kleinen Hügel« oberhalb des Rivanna River liegt. Vom Parkplatz fährt ein kleiner Shuttle-Bus hinauf zum Anwesen, von dem der Blick über die Gärten und Ländereien schweift, die belegen, dass der Präsident, Diplomat, Jurist, Philosoph, Patriot und Weltbürger

auch Farmer war. So wie George Washington. (Wer nicht sofort zum Haus möchte, erhält vor der Einfahrt in der Ausstellung des Thomas Jefferson Visitors Center eine gute Einführung in das Leben und Wirken des Hausherrn.)

Der 14-jährige Jefferson erbte dieses Stück Land von seinem Vater, einem Tabakpflanzer. Mit der Villa begann er 1768, verwarf den ursprünglichen Bau jedoch nach seinem Aufenthalt in Frankreich und begann 1796 aufs neue, und zwar diesmal nach Vorlagen des Andrea Palladio und des römischen Vesta-Tempels, um mit Monticello, wie er sich ausdrückte, einen »Architektur-Essay« zu schreiben. Seinen ersten.

Dieser »Essay« aus Stein trägt die Handschrift eines Liebhabers und Autodidakten, der ein Stück Klassizismus in die Neue Welt transplantierte, nicht nur, weil ihm die zeitgenössische provinzielle Bauweise in Virginia missfiel, sondern weil die palladianische Formensprache seinem Selbstverständnis und Anspruch wohl am nächsten kam. Sie bot ein

Leuchtendes Vorbild in der rauhen Wildnis: Thomas Jeffersons Wohnsitz Monticello in Charlottesville

Der James River von der Robert E. Lee Bridge in Richmond aus gesehen

leuchtendes Vorbild in der noch rauhen Wildnis, einen sichtbaren Ausdruck der in der amerikanischen Verfassung postulierten Ideale und nicht zuletzt eine Brücke zwischen feudalem Lebensstil und pragmatischem Handlungsbedarf, zwischen Gutsherrn und Landwirt.

Auf der Seitenterrasse, zum Abhang hin, steht noch immer das Teleskop, durch das Jefferson die Kuppel der Rotunda seiner Universität im Auge behalten konnte. Die umliegenden Gärten erinnern daran, dass Jefferson sich nicht nur als Baumeister, sondern auch als ambitionierter Gärtner und experimenteller Züchter von Nutz- und Zierpflanzen betätigte. Die Weinreben importierte er ebenso aus Europa wie die englischen Erbsen, deren zahlreiche Sorten im Küchengarten bestätigen, dass er sie gern gegessen hat.

Von der Mulberry Row, wo einst die Handwerksbetriebe der Plantage und die Sklavenunterkünfte standen, ist so gut wie nichts übrig geblieben. Man spricht von 110 Sklaven, die auf Monticello am Bau, als Farmer, Fahrer, Haushälter und Werkzeugmacher arbeiteten. Ein Drittel sollen Kinder gewesen sein. Jefferson hatte sie von seinem Vater und Schwiegervater geerbt, die sie direkt aus Afrika importiert hatten. Er selbst wirkte an dem Gesetz mit, das dies ab 1778 verbot. Doch obwohl er sich auch sonst öffentlich gegen die Sklaverei aussprach und sie für ein »scheußliches Verbrechen« hielt, blieb er in der Sklavenfrage gespalten. Er glaubte nicht, sie zu seinen Lebzeiten lösen zu können.

»Personen, deren Verhalten in der Sklaverei geformt wird, frei – oder richtiger: im Stich – zu lassen, ist dasselbe, als ließe man Kinder im Stich«, erklärte er. Er bemühte sich um gute Lebensbedingungen seiner Bediensteten, scheute sich aber auch nicht, später einige aus Geldmangel zu verkaufen.

Nach Richmond führt ein weiterer *Virginia Byway* (»The Constitution Route«), eine schöne Wald- und Wiesenstraße, durch verschlafene Nester und über träge Flussläufe – landschaftlich reizvoller als die schnellere Interstate. Ab und zu lockert sich das Immergrün der Strecke auf; in der Nähe von Dixie tun es die braunen Wassermassen des Rivanna River, bei Columbia der Little Lickinghole Creek.

So lange durch Virginia und dann endlich die Hauptstadt: **Richmond**! Hier gründelte man schon, als die Wasserfälle des James River den ersten Siedlern

flussabwärts als Wilder Westen erschienen. Denn William Byrd II, Herr über weitläufige Plantagen und Ländereien am James und Appomattox River, stellte schon bald Land und Pläne bereit für die Gründungen von Richmond und Petersburg. Doch erst am Vorabend des Unabhängigkeitskrieges, als der junge Patriot Patrick Henry in einer flammenden Rede in der St. John's Church George Washington, Thomas Jefferson und andere Zuhörer zum bewaffneten Kampf gegen die Briten aufrief, fasste Richmond in der Landesgeschichte Fuß und wurde daraufhin im Krieg, 1780, zur Hauptstadt erkoren. Sie lag weiter westlich und schien daher sicherer als Williamsburg. Gouverneur Thomas Jefferson und seine Regierung zogen nach Richmond – doch schon ein Jahr später musste er vor den Attacken der Kolonialherren fliehen.

Nach Kriegsende profitierte die Stadt von ihrer günstigen Lage an Fluss und Kanal. Getreidemühlen, Eisenhütten, Tabakfabriken florierten, und auch die

Lunch in Shockoe Slip: The Tobacco Company Restaurant

Straßenfest in Richmond

Kultur kam nicht zu kurz. Das Theater setzte gesellschaftliche Glanzlichter, und sogar Charles Dickens kam zu Besuch.

Unter den Städten des Upper South wurde Richmond um die Mitte des Jahrhunderts auch zur (zweiten) Heimat für viele eingewanderte Deutsche, *urban Germans*, die vor allem in der Eisenindustrie arbeiteten und ihre eigene Vereinskultur entwickelten. Neben Schule, Kirche und Feuerwehr gab es Turn-, Schützen- und Wohltätigkeitsvereine, Chöre und Theatergruppen, ja, sogar eine Schillergesellschaft. Doch selbst eine deutsche Zeitung konnte nichts daran ändern, dass die Gegensätze unter den Landsmannschaften überhand nahmen und auf die Dauer ein *German cultural imprint* verhinderten.

Prominenz, wirtschaftliche Blüte und Sklaverei (ein Aufstand war fehlgeschlagen), das allein schon rückte Rich-

mond ins Zentrum konföderierter Machtkonzentration. 1861 zog Jefferson Davis als Südstaaten-Präsident ins »Weiße Haus«, und vier turbulente Jahre lang diente das Kapitol als Regierungssitz des abgefallenen Staatenbundes. Dann kam die Rechnung: Nach mehrfacher Belagerung wurde die Stadt 1865 von Ulysses S. Grants Truppen gestürmt und in Schutt und Asche gelegt.

Wer heute über Park Avenue, diese beneidenswerte Wohnstraße zwischen Boulevard und Monroe Park, in die Stadt kommt, sieht von diesem Desaster natürlich nichts mehr. Im Gegenteil. Richmond wirkt hier äußerst ansprechend und weckt erst einmal Sympathien für die 200 000-Einwohner-Stadt am James River. Kontraste folgen jedoch prompt. Das sich kurze Zeit später abzeichnende Baugemenge von Downtown wirkt alles andere als überwältigend. »Richmond? Lieber nicht!« bekommt man deshalb an der Ostküste hin und wieder zu hören.

Die Vorbehalte scheinen chronischer Natur. Wer früher nach Richmond reiste, dem riet man, vorher seine Konföderiertenfahne und seinen Familienstammbaum einzupacken. Die Stadt galt als die Festung der im geschichtsbewussten Virginia auch sonst herrschenden Familien, jener »First Families of Virginia« (FFVs), die mit Vorliebe und hohen Stimmen beim *high tea* darüber zu diskutieren liebten, wer mit welchem Schiff und wann an der amerikanischen Küste gelandet sei. In den Nachbarstaaten kursieren immer noch Witze darüber. Um eine Glühbirne zu wechseln, brauche man zwei Virginier. Einen, der sie auswechselt und einen, der darüber redet, wie alt sie ist.

Noch vor nicht allzulanger Zeit galt die Gesellschaft in Richmond als äußerst konservativ und zugeknöpft –

preppy, wie man sagte. Fremde und Zugereiste bekamen nur schwer ein Bein auf die Erde. Wer irgendwie auffiel und anders war als die Mehrheit, wurde schief angesehen. Das alles hat sich geändert. Man ist offener gegenüber anderen Lebensstilen und ethnischen Gruppen geworden – vor allem gegenüber Japanern und Hispaniern.

Dabei kann Richmond sich rühmen, zumindest ein Stadtviertel zu haben, das traditionell von Schwarzen bewohnt wird und dessen wirtschaftliche Entwicklung weit über die Landesgrenzen hinaus Beachtung gefunden hat: **Jackson Ward**. Schon vor dem Bürgerkrieg lebte hier die größte Gemeinde freier Sklaven im Land, die später als »Mekka der Schwarzen« bekannt wurde und sich zum führenden afroamerikanischen Geschäfts- und Kulturzentrum in Virginia entwickelte.

Spuren davon bewahrt das Black History Museum ebenso wie das Denkmal des einst berühmten schwarzen Stepptänzers Bill »Bojangles« Robinson, der in den 1930er Jahren auf den Bühnen der Vaudeville-Theater und in Hollywoodfilmen zusammen mit Shirley Temple auftrat. Unweit davon steht das Haus von Maggie Lena Walker, die zu ihrer Zeit (1867–1934) nicht nur als schwarze Feministin *(feme activist)* galt, die den Emanzipationsprozess schwarzer Frauen förderte, sondern 1903 auch die Sparkasse der Saint Luke Penny Savings Bank gründete und daraufhin zur ersten weiblichen Bankpräsidentin in den USA aufstieg. Eine eher seltene Karriere, die dazu beigetragen hat, dem Viertel den Beinamen »Geburtsstätte des schwarzen Kapitalismus« zu geben. In der isolierten *(segregated)* Ghetto-Lage entwickelten die Schwarzen ihre eigenen Institutionen.

Mit seinen einstöckigen Häusern, kleinen Geschäften, Restaurants und Clubs ist Jackson Ward lebendig geblieben.

Virginia Capitol, Richmond

Downtown Richmond

Andere Stadtviertel sind zu neuem Leben erwacht. **Shockoe Slip** und **Shockoe Bottom** zum Beispiel, die ehemaligen Lagerhausviertel am Fluss, eine bunte Mischung aus Boutiquen, Bars und Hotels.

Die aus der Gründungszeit der Stadt (1737) stammende und damit älteste Nachbarschaft, **Church Hill**, ist wieder wohnlich und ansprechend hergerichtet. Und regelrecht im Trend liegt **Fan District** (so genannt, weil hier, westlich der Universität und des Monroe Park, die Straßen fächerförmig auseinander streben), wo sich jede Menge Cafés inmitten einer gemischten Laden- und Wohnszene eingenistet hat.

Vielleicht reicht die Zeit für einen ersten Eindruck, beispielsweise einen kurzen Gang zum **Capitol Square**, dem schönen, eisern eingefassten Park mit altem Baumbestand – ein ebenso staatlicher wie stattlicher *hortus conclusus*, der das Kapitol, den dritten Jefferson-Bau auf der heutigen Reiseroute, umgibt.

Als Botschafter der USA in Paris wurde Jefferson 1785 mit dem Entwurf des Parlamentsgebäudes von Virginia beauftragt. Er verfiel auf das Maison Carrée in Nîmes, änderte daran herum und schickte die Pläne heimwärts, aus denen eine Art römischer Tempel wurde, der deutlicher noch als Monticello oder die Rotunda in Charlottesville die Vorbildfunktion seiner Architektur zur Geltung bringt.

Ebenfalls im grünen Zentrum liegt die **Governor's Mansion**, einer der ältesten Regierungssitze der USA von 1813, den schon die Präsidenten Monroe und Tyler als Residenz nutzten.

University of Virginia (UVA)
Charlottesville, VA 22906
✆ (434) 924-0311, www.virginia.edu
1819 von Thomas Jefferson als »akademisches Dorf« entworfen und gegründet. Heute Prestige-Uni mit berühmten Ehemaligen: Woodrow Wilson, Robert und Edward Kennedy, E.A. Poe. Führungen.

 Monticello
Rt. 53, Charlottesville, VA 22902
✆ (434) 984-9822
www.monticello.org
März–Okt. 8–17, sonst 9–16.30 Uhr
Eintritt $ 15/8
Landsitz und Plantage des *gentleman farmer* Thomas Jefferson; begonnen 1768, ab 1796 neu entworfen und 1809 fertig gestellt. Die meisten Möbel und Bücher brachte Jefferson aus Frankreich mit. Die *guided tour* dauert ca. 30 Min. (zzgl. Wartezeit) für die Paterreräume.

 Ash Lawn-Highland
1000 James Monroe Pkwy. (Rt.53/795)
Charlottesville, VA 22902
✆ (434) 293-8000
www.ashlawnhighland.org
Sommer 9–18, sonst 11–17 Uhr
Eintritt $ 10/5
Plantage aus dem frühen 19. Jh.: simples Farmhaus von James Monroe, dem 5. Präsidenten der USA, entworfen von seinem Freund Thomas Jefferson, in schöner Umgebung. Führungen durch Haus und Garten, Demonstration alter Handwerkskünste.

 Michie Tavern
683 Thomas Jefferson Pkwy.
 Charlottesville, VA 22902
✆ (434) 977-1234
www.michietavern.com
Tägl. 9–16.20 Uhr
1784 hat diese Taverne, in der sich u.a. Jefferson und Monroe mehrmals trafen, ein paar Meilen entfernt an einer Post-

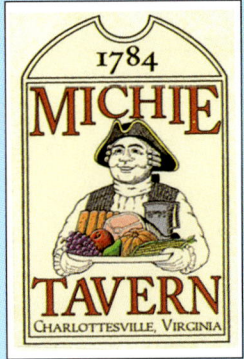

kutschenroute gestanden, bevor sie 1927 hierher gebracht wurde.
Die Busse auf dem Parkplatz verraten: das Lunch-Buffet in **The Ordinary**, einem 200 Jahre alten Blockhaus (11.15–15.30 Uhr), ist höchst beliebt. $

 Virginian Restaurant
1521 University Ave.
Charlottesville, VA 22903
✆ (434) 984-4667
Einfache Küche, meist muntere Gäste und *student hangout*. $

 Boar's Head Inn
200 Ednam Dr. (Rt. 250 W.)
 Charlottesville, VA 22903
✆ (434) 296-2181 und 1-800-476-1988
www.boarsheadinn.com
Schön gelegenes Resort am See in Uni-Nähe: Sport und Gesundheit werden groß geschrieben (Ballonfahrten, Fahrräder, Reiten, Tennis, Golf) und renommiertes Restaurant (**The Old Mill Room**, $$$). $$$$

 Cavalier Inn
105 N. Emmett St. (Exit 118-B von I-64)
 Charlottesville, VA 22903
✆ (434) 296-8111
Fax (434) 296-3523
www.cavalierinn.com
In Uni-Nähe: einfach und gut, Pool; mit kleinem Frühstück. $$$–$$$$

Richmond: die Residenz des Gouverneurs

 Richmond Convention & Visitors Bureau
401 N. 3rd St.
Richmond, VA 23219
℡ (804) 783-7450 und 1-800-370-9004
www.visit.richmond.com
Im Sommer tägl. 9–18, im Winter 9–17 Uhr

 The Virginia State Capitol
1 Capitol Sq.
Richmond, VA 23219
℡ (804) 698-1788
www.virginiacapitol.gov
Mo–Sa 8.30–17, So 13–16 Uhr
Von Thomas Jefferson nach dem Vorbild des römischen Tempels im französischen Nîmes entworfen und 1785–88 entstanden. **Washington-Statue** von Jean Antoine Houdon in der Rotunda.

 Jefferson Hotel
101 W. Franklin & Adams Sts.
 Richmond, VA 23220
℡ (804) 788-8000 und 1-800-424-8014
 Fax (804) 225-0334
www.jeffersonhotel.com
Palast von 1895 mit prunkvoller Rotunda und opulenter Marmor-Lounge. Renommiertes Restaurant: **Lemaire** ($$–$$$, So geschl.). Pool. $$$$

 Berkeley Hotel
1200 E. Cary St. (Shokoe Slip)

 Richmond, VA 23219
℡ (804) 780-1300 und 1-888-780-4422
Fax (804) 648-4728
www.berkeleyhotel.com
Solides Haus in günstiger Lage. Im Restaurant ist man besonders stolz auf die Weinkarte ($$$). $$$–$$$$

 Linden Row Inn
100 E. Franklin St. (1st St.)
 Richmond, VA 23219
℡ (804) 783-7000 und 1-800-348-7424
Fax (804) 648-7504
www.lindenrowinn.com
Früher Mädchenschule, heute feine Adresse mit historischem Ambiente aus der Mitte des 19. Jh. Der schöne Garten inspirierte schon E. A. Poe. Fragen Sie nach einem Zimmer zum Garten. Zum Empfang gibt es Käse und Wein; Pool, Fitnesseinrichtungen. Mit kleinem Frühstück. $$$–$$$$

 Jackson Ward
Belvidere, Marshall, Forth Sts. & I-95/64
Richmond, VA 23219
Ursprünglich von deutschen Siedlern bewohntes Stadtviertel, das nach dem Bürgerkrieg zum Prototyp einer wirtschaftlich erfolgreichen Schwarzengemeinde wurde.

Hier liegt auch das **Black History Museum and Cultural Center of Virginia** (3 E. Clay St., ℡ 804-780-9093, Fax 780-9107, Di–Sa 10–17 Uhr, Mo/So geschl., Eintritt $ 5).

Die *Greek Revival*-Villa (1832), vom Deutsch-Amerikaner Adolph Dill gebaut, später Offiziersklub für schwarze Soldaten, Bibliothek und Schule, dokumentiert mit vielen Textbelegen den Einfluss prominenter Schwarzer auf das Stadtviertel.

 Shockoe Slip
Zwischen 12th, 14th & Canal Sts.
 Richmond
Alte Lagerhäuser haben sich zu einem Entertainment-Viertel verjüngt – Shops,

Boutiquen, Restaurants und Bars bevölkern die rote Backsteinzeile.

 Shockoe Bottom
Zwischen 15th, 14th, Main & Canal Sts.
Richmond
 Ältester *business district* der Stadt, an der Stelle eines indianischen Handelsplatzes, ähnlich wie der French Market in New Orleans.

Farmer's Market (Do–So, Main & 17th Sts.), Restaurants, Nachtclubs, Galerien und Geschäfte mit über 300-jähriger Geschichte, angesiedelt dort, wo einst Tabak hergestellt und Sklaven versteigert wurden.

 The Tobacco Company Restaurant
1201 E. Cary St. (Shockoe Slip)
Richmond, VA 23219-4115
✆ (804) 782-9555
www.thetobaccocompany.com

Populäres Gasthaus (amerikanische Küche) über mehrere Ebenen; mit Bar und Lounge. $$

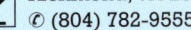 **Hana Zushi**
1309 E. Cary St. (Shockoe Slip)
Richmond, VA 23219-4138
✆ (804) 225-8801
Gekonnte Fisch-Chirurgie: Sushi und Sashimi. Lunch und Dinner. So geschl.
$–$$

Weitere Informationen zu Richmond finden Sie S. 178 ff. ✿

Das Jefferson Hotel in Richmond, ein Palast von 1895

⑪ Hauptstadt mit Nebenschau-plätzen
Richmond

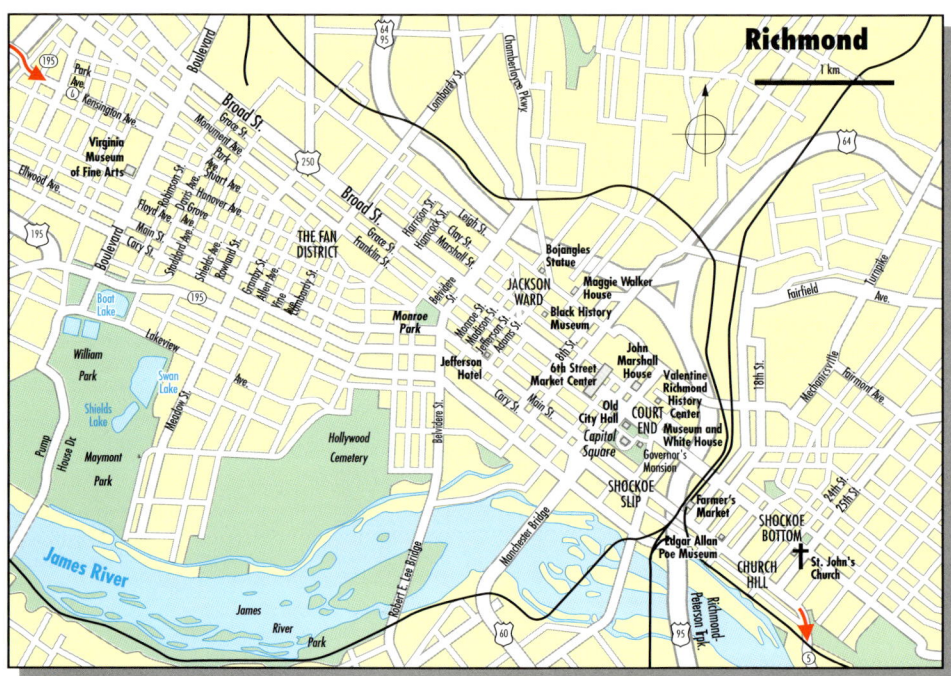

11. Programm: Richmond

Vormittag — Zu Fuß: **Capitol Square, Museum and White House of the Confederacy, Valentine Richmond History Center.**

Nachmittag — Mit dem Auto: **Virginia Museum of Fine Arts** (und/oder: **St. John's** und **E. A. Poe Museum**).

Alternativen: Ein Gag für Liebhaber unterhaltsamer Architektur. In den späten 1970er Jahren verdutzte die New Yorker Designer- und Architektengruppe »SITE« (abgekürzt für »Sculpture In The Environment«) die konservativen Gemüter in Richmond, als sie im Auftrag der Versandhauskette BEST einen ihrer damaligen Verkaufsräume gestaltete: **Richmond Forest Building** (vgl. S. 179).

Nichts leichter, als Richmond schnell wieder den Rücken zu kehren und zu meinen, man habe nichts versäumt. Die Überraschungen, die die Stadt zu bieten hat, sind eben nicht auf Anhieb fassbar. Im Gegenteil: Gestalt gewinnt die alte Konföderierten-Metropole nicht durch das bauliche Riesengebirge ihrer physischen Erscheinung, sondern eher auf Schleichwegen durch Geschichte und Geschichten, architektonische Rosinen und Kirchen.

Ein morgendlicher Rundgang durch Richmond könnte praktischerweise dort beginnen, wo er wahrscheinlich abends aufgehört hat: am **Capitol Square**. Aus grauem Granit und im Stil viktorianischer Neugotik lässt die **Old City Hall** den Regierungstempel von Jefferson klein aussehen. Auch wenn der asymmetrische Bau heute nicht mehr jedermanns Geschmack sein dürfte, wurde er zur Zeit seines Architekten Elijah E. Myers kurz vor der Wende zum 20. Jahrhundert von der Handelskammer als »Werbung für den guten architektonischen Geschmack« von Richmond gepriesen.

Die 12th Street bietet den kürzesten Weg zum angrenzenden **Court End District**, einem alten Stadtteil, der nach den Gerichtsgebäuden benannt wurde, die in seiner Nähe lagen. Man kann aber auch einen kleinen Schlenker über Broad Street nach Osten machen, an der **Monumental Church** vorbei, und an College Street links einbiegen, wo man sich en passant an der extravaganten Fassade des **Egyptian Building** erfreuen kann, hinter der sich ursprünglich die Medizinische Hochschule von Richmond befand. Bei Schulbauten war die Formensprache des klassischen Altertums stets gefragt.

Rundblick auf dem Capitol Square: das alte Rathaus von Richmond

Richmond im Südstaaten-Look

Praktisch um zwei Ecken herum liegt das **Museum of the Confederacy**, das Dokumentationszentrum des Krieges aus Sicht der Südstaaten. Schon das bunte Sortiment im Museumsshop lässt das Herz jedes Konföderierten-Fans höher schlagen: die Tischkanonen und Zinnsoldaten, die Original-Munition, Quartett- und Schachspiele mit den beiden Truppen, Zinnbecher und -laternen, *kepi* (Südstaatenkappen) und *haversacks*, die weißen Furagebeutel der Soldaten. Während im Erdgeschoss der glorreiche Totenkult der Kriegsführer dominiert, breitet sich im ersten Stock eine realistischere und eher nüchterne Darstellung der Südstaaten vor und nach dem Krieg aus: Sklaverei und Plantagenwirtschaft ohne Pathos und faulen Zauber.

Wand an Wand mit dem Museum steht das **White House of the Confederacy**, ein verputzter Ziegelbau von 1718, in dem einst Jefferson Davis wohnte und regierte – nicht gerade ein architektonisches Juwel, aber doch zumindest von voyeuristischem Interesse, weil man es doch gern einmal gesehen haben möchte.

John Brockenbrough, ein Mehl-Magnat, richtete die Villa 1857 in viktorianischer Manier ein, mit Brüsseler Teppichen, Leuchtern und meist in Rot. Die Hauptstadtgelüste von Richmond brachten die Stadtväter wenige Jahre später dazu, sie für Jefferson Davis anzukaufen, auch mit der Nebenabsicht, Washington eine lange Nase zu machen. Tatsächlich stieg das Haus während des Krieges zu einer Art Olymp der Eleganz und des brillanten Entertainments auf. Der Absturz folgte jäh nach Kriegsende, das Interieur wurde zum größten Teil versteigert.

Die meisten Originalmöbel sind inzwischen wieder heimgekehrt; von Teppichen und Vorhängen wurden Reproduktionen angefertigt. Dennoch sieht die ehemalige Regierungszentrale äußerlich noch ziemlich arm aus. Im Foyer des Museums ist daher angeschlagen: THE WHITE HOUSE OF THE CONFEDERACY IS FACING ITS TOUGHEST BATTLE SINCE THE CIVIL WAR – ein Spendenaufruf für die Sanierung der Villa, deren Schauseite dem kleinen Garten im Hinterhof zugewandt ist und nicht der Straße.

Beide Enklaven der Kriegsgeschichte sind heute von den Gebäudemassen des Virginia Hospital umzingelt, in dessen Umkreis es von schwarzen Krankenschwestern und weißen Ambulanzwagen nur so wimmelt. Der Krankenhauskomplex, zusammen mit dem dazugehörigen Medical College of Virginia

(1838 eröffnet) zählt zu den größten Kliniken der USA.

Ein paar Schritte entfernt liegt die nächste Schatzkammer, das **Valentine Richmond History Center**, dessen Gemälde, Fotos und Objekte die Geschichte der Stadt erzählen. Im Gartenstudio residieren auf Regalen und Hockern immer noch die Büsten der Südstaaten-Heroen, allesamt Werke des Bildhauers Edward Virginius Valentine (1838–1930). Eine seiner besten Arbeiten wird später auf der Reise in Lexington zu sehen sein: die überlebensgroße Statue des sterbenden Südstaatengenerals Lee.

Die gefälligere Seite im Geschichtsbuch von Richmond schlägt das hübsche und geräumige **Wickham Valentine House** nebenan auf, denn schon die neoklassizistisch ausgemalten Räume – Götter, Symbole und Medaillons – deu-

ten an, dass es außer Krieg noch andere Dinge gab, die die Stadt bewegten.

Der weitere Tagesverlauf gleicht, wenn man nichts verpassen will, ein wenig dem Froschhüpfen, ohne Auto ist es nicht zu machen. Am besten nützt man es zuerst einmal für eine Lunchpause – entweder im Museum of Fine Arts oder im **Fan District** mit seiner ansprechenden Jahrhundertwende-Architektur und der höchsten Restaurantdichte in Richmond.

Das **Museum of Fine Arts** gilt zu Recht als eins der führenden Kunstmuseen des Südens. Sein großzügig gestalteter und von lichten Atrien durchsetzter Altbau versammelt die klassischen Werke. Im Neubau, die der Mellon Collection neuerer amerikanischer Kunst gewidmet ist, beeindruckt als erstes und vor allem die Eingangshalle aus rötlichem Marmor,

Alltag in Richmond: im Viertel von Shockoe Bottom

Oase in Church Hill: St. John's Episcopal Church, Richmond

die ihre dynamische Raumwirkung aus den quer verstrebten Laufstegen in Höhe des Obergeschosses bezieht.

Ein architektonischer Höhepunkt ganz anderer Art steht im ansehnlich restaurierten Stadtteil Church Hill: die **St. John's Episcopal Church** – eine schöne alte Kirche von 1741 mit stillem Friedhof, dem ältesten der Stadt. Edgar Allan Poes Mutter liegt hier begraben.

Ganz ihrem Sohn widmet sich das **Edgar Allan Poe Museum** im **Old Stone House** im angrenzenden, etwas heruntergekommenen Lagerhausviertel von Shockoe Bottom. Obwohl Poe einige Jahre in Richmond lebte, hier zur Schule ging, heiratete und als Redakteur beim »Southern Literary Messenger« zum ersten Mal nationale Anerkennung fand, hat er doch in diesem angeblich ältesten Haus der Stadt, das schon zu seinen Lebzeiten (1809–49) ein Denkmal war, nie gewohnt.

Die knapp einstündige Führung zeigt Porträts, Originalmöbel, Dokumente, eine Treppe aus dem Haus seiner Pflegeeltern und ein maßstabsgetreues Stadtmodell mit Hinweisen, wo er gewohnt und Lesungen gehalten hat: eine Stadtchronik im Spielzeugformat. Überhaupt, die Ausstellung hat nichts Bombastisches oder Spektakuläres; ihre einfühlsame und zurückhaltende Konzeption eignet sich daher um so mehr dazu, eine Vorstellung von der Zeit zu vermitteln, in der Poe gelebt hat – auch wenn Anglisten vielleicht bedauern mögen, dass es außer einem Brief keine Originalliteratur zu sehen gibt.

Eine Happy Hour im **Jefferson Hotel**, der guten Stube von Richmond, verlängert die lokale Geschichtskunde auf höchst angenehme Art und Weise. Rotunda, Marmorsäulen und Glasmalereien sorgen für die Opulenz dieser Nobelherberge, in der die Statue von Thomas

176

Jefferson (natürlich aus der Hand von Edward Valentine) den steinernen Gast spielt.

Im Auftrag des ursprünglichen Besitzers Major Lewis Ginter, einst führender Tabakmillionär der Stadt, entwarf eine damals renommierte New Yorker Firma den Palast, der bald als das Hotel des »Old Dominion« (wie sich Virginia gern nennt) bekannt wurde, als Schaubühne der Südstaaten-Aristokratie, vor allem der gereifteren Konföderierten – nur gelegentlich durchsetzt von Yankees.

Noch heute zählt der Sunday Brunch mit Pianoklang zu den gesellschaftlichen Highlights in Richmond. Da hört man auch schon mal, dass hier die stadtbekannteste Karriere begann: die von einem Bill Robinson, alias »Mr. Bojangles«, einem schwarzen Tänzer, der zu den Bediensteten des Hotels gehörte. Als er eines Tages erfuhr, dass ein einflussreicher Musikproduzent unter den Gästen war, verschüttete er gezielt ein wenig Kaffee über dem Kleid einer Dame,

sorgte damit für Aufruhr, entschuldigte sich unüberhörbar – und steppte dann vor den Augen aller über das Parkett zurück in die Kaffeeküche. Er bekam seinen Vertrag. Als Tänzer in New York.

Eine andere hoteleigene Anekdote handelt von jenen Alligatoren, die früher häufig von Gästen auf der Rückreise aus Florida als Souvenirs mitgeführt wurden. Spätestens in Richmond, vor dem letzten Sprung in die Heimat im Norden, wurden viele der Echsen überdrüssig und wollten sie loswerden. Das Hotel nahm sich ihrer an und hielt sie in Wasserbecken in der Lobby (1895–1948) – als Attraktion vor allem für Kinder und damit als Werbetrick, um die Familien der Stadt ins Hotel zu locken.

Der Spaß ging so lange gut, bis sich einer der gepanzerten Gesellen durch die Mithilfe eines Trunkenbolds aus dem Becken befreien konnte, in eine feine Abendgesellschaft einbrach und dort blankes Entsetzen auslöste. Danach war Schluss.

Das opulente Jefferson Hotel ist vor allem bei Brautleuten beliebt

Café Gutenberg
1700 E. Main St. (Farmer's Market)
Richmond, VA 23223
✆ (804) 497-5000
Netter Platz zum Frühstücken.

3rd St. Diner
218 E. Main St. (Downtown)
Richmond, VA 23219-3715
✆ (804) 788-4750
Rund um die Uhr solide Kost in familiärer Atmosphäre. $

The Museum and White House of the Confederacy
1201 E. Clay St.
Richmond, VA 23219-1615
✆ (804) 649-1861, www.moc.org
Mo–Sa 10–17, So 12–17 Uhr
Eintritt $ 8 (Museum), $ 11 (Museum und White House)
Das »Weiße Haus« der einstigen Südstaatenregierung und Museum.

Valentine Richmond History Center
1015 E. Clay St. (zwischen 11th & 10 Sts.)
Richmond, VA 23219-1527

✆ (804) 649-0711
www.richmondhistorycenter.com
Di–Sa 10–17, So 12–17 Uhr, Mo geschl.
Eintritt $ 8/7
Kleines, überschaubares Museum (1892 gegründet) mit Bildern, Fotos und Objekten zur Stadtgeschichte (Schwarze und Weiße, Hoch- und Alltagskultur, Rolle der Evangelisten im südstaatlichen Leben und wirtschaftliche Bedeutung des Tabaks): z.B. Möbel, Kostüme, Tabakschneidemaschine, Webstühle, Einrichtung eines Arbeiterhauses und Videos, die die Benutzung der historischen Geräte zeigen.
Nebenan das klassizistische **Wickham Valentine House** von 1811–13 von Alexander Parris, der auch den Gouverneurspalast baute. Er war ein Zeitgenosse von Robert Mills, Benjamin Latrobe, William Strickland und Charles Bulfinch, also Amerikas erster professioneller Architektengeneration. Der Bauherr, Rechtsanwalt und Banker John Wickham, war einmal einer der reichsten Männer der Stadt. Kleines Gartencafé.

Fan District
Main & Broad Sts., Monroe Park & Boulevard, Richmond
Der erste Vorort von Richmond wuchs mit der Entwicklung der Straßenbahn Ende des 19. Jh. (fächerartig vom Monroe Park ausgehend, daher der Name). Bebauung entsprechend durchweg 1880–1925 und gut erhalten.

Strawberry Street Café
421 N. Strawberry St. (Fan District)
Richmond, VA 23220
✆ (804) 353-6860
www.strawberrystreetcafe.com
Kleinigkeiten mittags (auch Dinner) und ein Gläschen *Virginia Wine*, auf den man hier spezialisiert ist. Originell: die Salatbar in der Badewanne. $

Virginia Museum of Fine Arts
200 N. Boulevard, Richmond, VA 23220
✆ (804) 340-1400, www.vmfa.state.va.us
Mi–So 11–17 Uhr, Mo/Di geschl.
Eintritt zur Sammlung frei
Im Altbau: klassische Kunst, Goyas und Gobelins, flämische und niederländische Malerei, französische Impressionisten und deutsche Maler (u.a. Kokoschka, Kirchner, Nolde). Außerdem indianische, nepalesische und tibetanische Kunst, Art-déco- und Art-Nouveau-Objekte und eine beachtliche Sammlung von Peter Carl Fabergés Ostereier-Pretiosen aus Russland.
Der Neubau, 1985 vom Architektenteam Hardy, Holzman und Pfeiffer erstellt, verträgt sich bestens mit dem klassizistischen Altbau. In der Mellon Collection: u.a. Chamberlain, Stella, Twombly, Johns, Dine, Segal, Oldenburg, und Wesselmann. Das **VMFA Café** im Garten beim Springbrunnen lädt Mi–So

11–14.30 zum Lunch, bis 16 Uhr zum kleinem Imbiss ein.

Virginia Historical Society
428 N. Boulevard (Kensington Ave.)
Richmond, VA 23220
✆ (804) 358-4901, www.vahistorical.org
Di–Sa 10–17, So 13–17 Uhr, Eintritt $ 5
Porträts, seltene Bücher, Dokumente (großes Fotoarchiv) und umfangreiche Sammlung von konföderierten Handfeuerwaffen; Bibliothek und schöner Leseraum. Die meisten Besucher betreiben Familienforschung, die Lieblingsbeschäftigung vieler Virginians.

St. John's Church
2401 E. Broad & 24th Sts.
Richmond, VA 23223
✆ (804) 648-5015
www.historicstjohnschurch.org
Führungen Mo–Sa 10–16, So 13–16 Uhr
Eintritt $ 5
Kirche von 1841.

Edgar Allan Poe Museum
1914–1916 E. Main St., Richmond, VA 23223
✆ (804) 648-5523, www.poemuseum.org
Di–Sa 10–17, So 11–17 Uhr, Führungen zur vollen Stunde, Eintritt $ 6
Poe-Memorabilien im Old Stone House von 1736.

Hollywood Cemetery
412 S. Cherry & Albemarle Sts.
Richmond, VA 23220
✆ (804) 648-8501
www.hollywoodcemetery.org
Im Sommer tägl. 8–18, sonst 8–17 Uhr
Alter Friedhof und Parkanlage von 1849. »Walhalla des Südens«: letzte Ruhestätte von Jefferson Davis und anderen Südstaaten-Heroen neben 18 000 Grauröcken; außerdem von James Monroe und John Tyler. Viele der z.B. in Gettysburg eilig Begrabenen wurden später nach Hollywood überführt; so auch Jefferson Davis, der zunächst in New Orleans begraben worden war.

Bemerkenswert auch die seltsame Symbolsprache der Gräber: weinende Engel, gefaltete Hände, zerbrochene Baumstämme, Anker und Fackeln, die auf dem Kopf stehen. Einen Friedhofsplan bekommt man im Büro, Ecke Cherry & Albemarle Sts., Mo–Sa 8.30–16.30 Uhr. Am Südende schöner Blick auf Fluss und Skyline.

Richmond Forest Building
9008 Quiocassin Rd.
(Exit Parham Rd. South)
Richmond, VA 23229-5506
www.siteenvirodesign.com
Projekt von 1978–80. Ein Gag für Liebhaber unterhaltsamer Architektur, eine Art Konsum-Biotop, der allerdings die konservativen Richmonder anfangs ganz schön verdutzte. Die Fassade dieses Gebäudes in einer waldigen Umgebung erweckt den Eindruck, als stünde ihm eine Invasion des Ahorn- und Eichenwaldes bevor.

Die Versandhauskette (auf Katalogbasis) BEST mit Hauptverwaltung in Richmond hat schon zahlreiche kontroverse Gestaltungsaufträge an die Gruppe SITE (»Sculpture In The Environment«) in New York vergeben, um die banalen Schuhkartons ihrer Niederlassungen extravagant zu verändern und den Aufmerksamkeitswert zu steigern.

Die erste Konzeption dieser Reihe in Richmond (1971/72) hieß »Peeling Project« und zeigte eine Ziegelsteinfassade, die sich an einer Ecke der Gebäudes wie eine Folie abrollte, sie gibt es nicht mehr. Im Forest Building residiert inzwischen die Presbyterian Church.

Millie's Diner
2603 E. Main St. (Church Hill)
Richmond, VA 23223
✆ (804) 643-5512, www.milliesdiner.com
Traditioneller Gourmet-Diner mit guter Küche, viele Weine. $–$$

Weitere Informationen zu Richmond finden Sie S. 169 ff. ✺

⑫ Welcome Home, America
An den Ufern des Lower James River

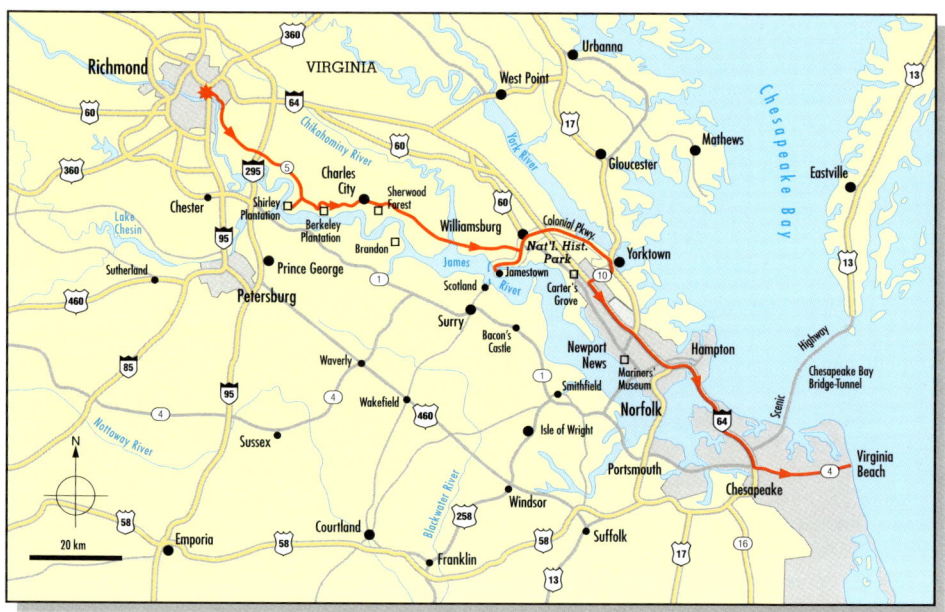

12. Route: Richmond – Jamestown – Williamsburg – Yorktown – Virginia Beach (206 km / 129 mi)

km/mi	Zeit	Route
0	8.30 Uhr	In **Richmond** über Main St. East (am Stadtausgang rechts halten), die zur S 5 (Tyler Memorial Hwy.) wird, an der Straße rechts Hinweis auf
34/21	9.00 Uhr	**Shirley Plantation** (Rundgang ca. 1 Std.). Weiter S 5 East, an S 614 (Greensprings Rd.) rechts, dann S 359 South auf den Parkplatz des
83/52	10.30 Uhr	**Jamestown Settlement** (Rundgang ca. 1 Std.). Vom Parkplatz links zum und über den **Colonial Pkwy.** den Schildern folgen nach

96/ 60	12.00 Uhr	**Colonial Williamsburg** (Besichtigung und Lunch ca. 2 $^1/_2$ Std.). – Nach der Ausfahrt vom Parkplatz zweimal links und über den Parkway (Schildern YORKTOWN folgen) nach
117/ 73	15.00 Uhr	**Yorktown** (kleiner Rundgang). – Ein Stück Colonial Pkwy. und Schildern zur US 17 folgen: US 17 South, S 105 West rechts ab, I-64 East, über Ausfahrt 284A auf die S 44 East (VIRGINIA BEACH) nach
206/129	17.00 Uhr	**Virginia Beach**.

Alternativen: Ein Tag reicht nicht für weitere, geschweige denn alle Plantagen am James River zuzüglich Jamestown, Colonial Williamsburg und Yorktown. Wer auf all dies nicht verzichten will, muss entweder in Williamsburg oder Yorktown übernachten (Hotelvorschlag für Yorktown vgl. S. 192) oder ein Bett für eine weitere Nacht in Richmond buchen. Dritte Möglichkeit: ein Tagesausflug von Virginia Beach nach Norfolk und Surry und mit der Fähre in Scotland nach Jamestown, vielleicht sogar unter Einschluss von Carter's Grove.

Wie Zwiebelringe durchfährt man beim Abschied Schicht um Schicht von Richmond: Downtown, Industrie- und Eisenbahngelände, ja, auch noch die Freizeitzone, denn die »Admiral Lee« wartet auf dem **James River** auf die nächste Lustpartie auf dem Fluss, der bis zu dieser Stelle schiffbar ist.

Die State Route 5, der **John Tyler Memorial Highway**, ist wieder so ein *Virginia Byway*, eine jener weniger befahrenen Landstraßen, die dafür um so schönere Ausblicke gewähren: diesmal auf weite Getreidefelder und Wiesen im Wechsel mit Alleen unter schattenspendenden Laubdächern.

Die eigentlichen Highlights liegen jedoch fernab von der Straße und in Flussnähe: die Plantagen am James River. Im Gegensatz zu ihren baulichen Kollegen im Tiefen Süden fehlt ihnen mangels kinematographischer Unterstützung aus Hollywood zwar der nostalgische Tara-Touch, doch ihre Bauherren

Shirley Plantation

Eine der bedeutendsten Plantagen am James River: Shirley

waren alles andere als architektonische Kostverächter.

Vor allem Englisches war in Virginia am Bau gefragt, insbesondere der georgianische Stil, in dem sich in der ersten Hälfte des 18. Jahrhunderts der Londoner Stadtadel gefiel und der deshalb zum Statuszeichen der Pflanzer avancierte. Auf dem wirtschaftlichen Polster steigender Tabakexporte wollte man durch die Bauform und eine entsprechend großzügige Lebensweise klarstellen, dass Virginia nicht gerade hinterm Mond läge. Wechselseitige Freundschaften und Familienbande, gemeinsame Feste und Jagdvergnügen waren üblich und ließen unter Zeitgenossen den Spruch kursieren, dass die Virginier nichts anderes zu tun hätten, als ihre Nachbarn zu besuchen.

Ein Paradebeispiel dafür ist bereits die erste Plantage am Weg: **Shirley Plantation**. Die Zufahrt dorthin hat man, wie öfter in dieser Gegend, im ursprünglichen Zustand belassen – staubiger Schotter also, und Schneckentempo. Vom Dach des Anwesens grüßt eine dicke Ananas, das Symbol kolonialer Gastfreundschaft. Der Gründer, Robert »King« Carter, galt als einer der

reichsten Männer im damaligen Virginia, und von Anfang an war Shirley ein bekanntes gesellschaftliches Zentrum im Land. Washington, Jefferson und Tyler genossen hier ebenso die Feste und Feiern wie später Teddy Roosevelt und John Rockefeller.

Das Anwesen überlebte ziemlich unbeschadet sowohl den Revolutionskrieg, in dem es als Versorgungs- und Horchposten der Kontinentalarmee diente, als auch die Schlacht von Richmond im Bürgerkrieg. Die Kontinuität der Geschichte von Shirley kommt auch darin zum Ausdruck, dass sie sich als einzige Plantage in Virginia noch in der Hand der Gründerfamilie (Hill-Carter) befindet.

Eintrittskarten sind im ehemaligen Waschhaus zu haben, das übrigens mal als Schule diente, in der unter anderen auch Robert E. Lee seine ersten Lernziele ansteuerte.

Besuchern stehen vier Räume der Villa offen, deren elegantes Interieur mit viel englischem Silber und Familienporträts geschmückt ist. Beeindruckend sind vor allem die kunstvollen Schnitzereien und Wandverkleidungen der Eingangshalle und deren kühne und leichtfüßige Treppe. Rustikaler erscheint die Umgebung: Scheunen (eine mit Eisdepot), Lagerschuppen, Räucherkammer und Stallungen zeugen von der jahrhundertelangen Bewirtschaftung dieser Plantage, auf der heute abwechselnd Weizen, Mais und Sojabohnen geerntet werden – dreimal im Zweijahresrhythmus.

Nach dem Rundgang gibt es im Küchenhaus (wie immer wegen der Feuergefahr vom Hauptgebäude getrennt) Kleinigkeiten zur Stärkung. Zuletzt, als I-Tüpfelchen auf dem roten Backstein-Ensemble von Shirley, steht da noch eine bauliche Pointe an der Pappelallee: ein hübsches rundes Taubenhaus. Rappelig geht es auch an den Weizenfeldern vorbei, die die **Berkeley Plantation** umgeben, die sich als ein intakter moderner Bauernhof erweist. Im Esszimmer des elegant im Stil des 18. Jahrhunderts eingerichteten Herrenhauses haben es sich nach George Washington noch weitere neun Präsidenten schmecken lassen. Außerdem sind einige backsteinerne Wirtschaftsgebäude *(outbuildings)* erhalten, die fast bis zur Mitte des vorigen Jahrhunderts im Besitz der politisch einflussreichen Harrison-Familie waren. Übrigens wurde auf der Plantage der erste Bourbon destilliert, bis heute eins der Lieblingsgetränke der Virginier und der Südstaatler überhaupt.

Wenn man den terrassierten Buchsbaumgarten Richtung Fluss (am Tea & Mint Julep Gazebo vorbei) hinuntergeht, trifft man am Ufer auf eine Schiffsattrappe: »The Good Ship Margaret«. 1619 gingen hier, nach 90 Tagen Fahrt, 38 Personen aus Bristol an Land, d.h. Berkeley war zwölf Jahre nach der ersten britischen Landung in Jamestown und rund ein Jahr vor der Ankunft der Pilgerväter in Neu-England bereits ein weiterer Schritt in der Besiedlung des James River.

Während die Kids auf das hinter den schiffsähnlichen Holzbrettern liegende Treppchen klettern, um sich (von vorn) als Seeräuber ablichten zu lassen, untermalen im Hintergrund aus den in den Bäumen versteckten Lautsprechern elisabethanische Klänge eine sonore Erzählerstimme, die das frühe Siedlerdrama pathetisch schildert. Optische und akustische Täuschung auf einen Streich: So macht man aus der Landesgeschichte den Familienspaß fürs Wochenende.

Westover zählt sicherlich zu den wohlproportioniertesten Villen des Landes und damit zu den Höhepunkten regional bestimmter georgianischer Architektur in den USA – mit einem anmutig verzierten Eingang. Umgeben von einer Pferdezuchtfarm, liegt das Herrenhaus friedli-

Westover Plantation, ein hervorragendes Beispiel des »Georgian Style« in Amerika

Diente zwei Präsidenten als Wohnsitz: Sherwood Forest Plantation

cher und näher am Fluss als die anderen, aber für Besucher ist sein Inneres *off limits.* Ihnen steht das alte Küchenhaus offen, wo man noch historische Haushaltsgeräte und Baupläne besichtigen kann. Was man nicht sehen kann, ist der unterirdische Fluchtweg zum Fluss, eine Vorsichtsmaßnahme gegen Indianerüberfälle.

Ein paar Meilen weiter östlich erlaubt der Chickahominy River zur Abwechslung einen großzügigen Weitblick. Auffällig viele Radler sind unterwegs, schwerbepackt und vollkonzentriert. Wie neuerdings einige Straßen im Osten der USA, trägt auch diese einen eingezeichneten Radweg und die Vorsichtsappelle an die Autofahrer SHARE THE ROAD.

Der Ort, an dem England zuerst den Fuß in die Tür zur Neuen Welt bekam, **Jamestown**, präsentiert sich dem Besu-

cher als zweifache historische Illusionsbildung: als Jamestown National Park und als Jamestown Settlement. Im ersteren deuten importierte Ziegel an, wie die ursprünglichen Grundmauern einmal ausgesehen haben könnten: ein archäologischer Rekonstruktionsversuch des historischen Jamestown von 1607. Was nämlich als erste feste englische Kolonie auf Jamestown Island entstand, wurde unwiederbringlich vom Fluss fortgespült.

Nur ein Sprung trennt die historische Fiktion von der touristischen: **Jamestown Settlement**, ein Geschichtspark unter freiem Himmel, der früher einmal (und bezeichnenderweise) »Jamestown Festival Park« hieß. Hier findet jeder etwas: Dümpelnde Nachbauten der Siedlungsschiffe am Anleger, ein mit kinderfreundlichen Schauspielern besetztes Palisadendorf aus eigelben Lehmhütten, eine simulierte Indianersiedlung, in der unter anderem Baumstämme ausgebrannt werden, um die Technik der Einbaumherstellung zu demonstrieren, und vieles andere mehr. Echt sind allein die herumlaufenden Hühner (im Dorf) und das Feuer (bei den Indianern).

Diese wohl präparierte Sonntagswelt, die dem Hörfunk-Oldie »Aus der Reihe 'Lebendige Vergangenheit'« alle Ehre machen würde, ist der als Freizeitversion fortgeschriebene Mythos von den ersten europäischen Siedlern, der sich in den Köpfen der Amerikaner schon früh festsetzte. Darin malte man sich die Herren als noble Engländer aus, die außer ihrem Christentum nichts als hehre Gesinnungen, Zivilisation und Demokratieverständnis im Gepäck hatten. Begeistern konnte man sich vor allem immer wieder an der Liebesromanze der indianischen Prinzessin Pocahontas, die sich in den Gründervater John Smith verliebte, was angeblich diesem den sicheren Tod durch den Häuptling Powhatan erspart haben soll.

In Wirklichkeit war die Geschichte von Jamestown alles andere als rosig und ziemlich entfernt von dem, was die europäischen Neulinge von 1607 im Sinn hatten. Überwiegend waren es Abenteurer auf der Suche nach dem schnellen Erfolg für ihre Gesellschaft, die »Sir Thomas Smith Virginia Company«. Sie hatten sich verdungen, sieben Jahre für sie zu arbeiten, um danach ihr eigenes Glück machen zu können.

Sie träumten von einem subtropischen Paradies mit friedlichen Eingeborenen und einem üppigen Füllhorn voller Diamanten und Gold. Der miserable Landeplatz lieferte nichts davon; statt dessen dauernde Feuergefahren und vor allem insektenverseuchtes Brackwasser mit Malaria und Typhus. In Virginia brachte es keiner zu was, schlimmer noch, die

Gesellschaft ließ sie am ausgestreckten Arm de facto in den ersten Jahren verhungern.

Erst langsam stabilisierte sich die Kolonie durch eine neue Landbesitzregelung, das so genannte *headright system,* das darauf hinauslief, dass jeder Siedler, der seine Überfahrt selbst bezahlt hatte, auch einen Batzen Land erhielt. Zwar legte schon 1619 das erste Schiff mit Sklaven in Jamestown an, aber zunächst einmal waren weiße Diener gefragt, die

Eine Attraktion von Jamestown: die Demonstration der indianischen Kanu-Baukunst

185

»Once Upon a Time in the East«: Jamestown spielt die frühe Siedlungsgeschichte nach

Dach in Grün: Jamestown Settlement

Sklaverei der Schwarzen etablierte sich erst gegen Ende des Jahrhunderts.

Durch den Tabak brachen bessere Zeiten an für die Kolonie, am Anfang zumindest für einige wenige. Aber über kurz oder lang machte das »schädliche Kraut« Jamestown zur Boomtown – und die Siedler zu Gewinnern, denn die Virginia Company ging leer aus. Sie löste sich auf, und 1624 übernahm England Virginia als erste Kronkolonie der Neuen Welt, die mit ihren weit verstreut lebenden Farmern sehr viel lockerer und partikularistischer verfasst war als beispielsweise die Gemeinden in New England.

Die gepflegte Panoramastraße des **Colonial Parkway** zwischen Jamestown und Williamsburg durchzieht – zuerst am James River entlang und dann landeinwärts – eine schöne Marsch- und Wasserlandschaft, unterbrochen von Creeks, großzügigen Picknickplätzen, kleinen Stränden mit Badegästen und Hobby-Anglern.

In **Colonial Williamsburg** schließlich geht der Vorhang zur Hauptbühne des amerikanischen Historientheaters auf. Vor der weitläufigen Kulisse einer wie

aus dem Ei gepellten Kleinstadt spielt ein fest angestelltes Ensemble aus 4 000 Mitwirkenden in bunten Kostümen alltäglich und ganzjährig die koloniale Welt von damals.

Mit einer solch spektakulären Wiederauferstehung der alten Hauptstadt war ab 1780, als die Staatsregierung nach Richmond umzog, eigentlich nicht mehr zu rechnen. Williamsburg drohte das Aus. Doch kurz zuvor gelang es Reverend Goodwin, einem lokalen Seelsorger, den finanzstarken John D. Rockefeller von der Notwendigkeit einer Renaissance des kolonialen Kleinods zu überzeugen.

Rockefeller machte enorme Mittel für eine so genannte »interpretative« Sanierung locker; 1926 öffnete Colonial Williamsburg als erstes Freilichtmuseum der USA seine Tore und löste in allen Mittleren Atlantikstaaten ein wahres Restaurationsfieber aus.

Seither ist der Andrang vor Ort gewaltig. Schon im Keller des Visitors Center beginnt das *tourist processing,* denn ab hier rollen die Busse zur wohl keimfreiesten Inszenierung der Kolonialzeit. Die meisten Besucher haben den »Patrioten-pass« umbaumeln und dürfen sich damit jedes Hausmuseum von innen ansehen. Die wenigen, die nur eine Eintrittskarte vorweisen können, dürfen das nicht. Sie haben zwar Geld gespart, aber sie werden dafür auch nicht ernst genommen und bleiben außen vor.

Wenn die Paraden und Shows losgehen, die Trommeln schlagen, Kanonen ballern, die Zöpfe auf- und die Kerzen angesteckt werden, dann lässt Williamsburg alle vergleichbaren Simulations-techniken alt aussehen: Bad Segeberg und Kommern, Karl May und Micky-maus, ja selbst die Herrgottsschnitzer aus Oberammergau. Williamsburg verlebendigt keine Geschichte, sondern ein zeitgenössisches Marketingmodell für Freizeitangebote an die ganze Familie, strategisch umringt von Hotels und Golf-Lodges, Tagungs- und Tennisplätzen, Einkaufszentren und Nippes-Shops.

Nicht alle finden deshalb die »schönsten historischen Ferien«, die der deutsch-sprachige Prospekt für Williamsburg in Aussicht stellt, nach ihrem Geschmack. Schon Simone de Beauvoir ärgerte sich über die »üble Papiermachédeko-ration« und die »verlogen wirkenden Häuser«. »... schwarze Lakaien in prächtigen Livreen fahren in Kaleschen hin-gerissene Familien durch den österli-chen Morgen. In den Läden und Schenken empfangen uns Frauen mit gepu-derten Perücken und Reifröcken. Dieser kalte Fasching langweilt uns«, schreibt sie in ihrem Tagebuch.

Hat denn Williamsburg einmal wirk-lich so ausgesehen? William Least Heat Moon verneint das in seinem Buch »Blue Highways«: »Denn ganz bestimmt ist das ursprüngliche Williamsburg eine ziemlich klamaukige Frontier-Stadt gewesen, ein Schauplatz von Krawall und Krieg, wo man die Wäsche raushängte

Trommlercorps gehören zum festen Ensemble des Spielplans von Williamsburg

und die Hunde in die schlammigen Gossen pinkelten, wo es stark nach Mist und Pferdeschweiß roch.«

Mag die amerikanische Geschichte in Williamsburg auch auf puren Unterhaltungswert reduziert sein, so war ihre Rekonstruktion doch richtungsweisend. **Merchant's Square** war Vorbild für viele Shopping Centers und Fußgängerzonen *(pedestrian malls)* in den USA, und erst recht diente **Gloucester Street**, die Hauptstaße und als Hommage an Rockefeller konzipiert, als Vorlage für zahllose *suburbs* der weißen Mittelklasse.

Östlich von Williamsburg hält der Colonial Parkway sein landschaftliches Niveau: als schattige Waldstraße, die sich beschaulich am Kings Creek und weichen Wattwiesen vorbei dem York River nähert. Nicht im Traum käme man auf den Gedanken, dass sich hinter der Naturszenerie links und rechts gewaltige Waffenlager verbergen.

In **Yorktown**, dem Schauplatz der letzten großen militärischen Aktion des Unabhängigkeitskrieges, kann man im Visitor Center die Chronik dieser Trennung verfolgen. Der Ort selbst ist nur ein paar Schritte entfernt. Am Victory Monument vorbei gelangt man über die von historischen Häusern flankierte Main Street und über Ballard Street zum Fluss hinunter und zu jenem Stadtteil, der Yorktown »Under The Hill« heißt und sogar über einen kleinen Strand und eine Uferpromenade verfügt.

Nächtliches Entertainment: Atlantic Avenue in Virginia Beach

Hier unten am York River liegt auch die **Cornwallis Cave**, ein Felsloch, in dem der britische General 1781 sein Lager aufschlug, in dem er sich dann aber vor den Amerikanern verstecken musste, als diese ihn vom Wasser aus zu beschießen begannen. Am 18.10.1781, nach sechs Jahren Kampf gegen die Kolonialherren, wurde der General mit der britischen Armee zur Kapitulation gewungen.

Ein Stückchen Wald, ein Stückchen Interstate, noch ein Fischerboot, zwei flotte Sportfischer und ein Containerschiff – dann geht es in den **Hampton Roads Bridge Tunnel**, die heftig befahrene Autoschlucht durch die größte Meeresbucht der USA, die Chesapeake Bay. Der Verkehr kommt nicht von ungefähr angesichts des Konglomerats der Hampton-Roads-Städte: Newport News, Hampton, Norfolk, Portsmouth, Suffolk, Chesapeake und Virginia Beach bilden einen Wirtschaftsraum, der es auf über eineinhalb Millionen Einwohner bringt. Ein traditionelles Navy-Gebiet, aber mit deutlich prosperierender Tendenz.

Eine der erstaunlichsten Entwicklungen hat dabei **Virginia Beach** durchgemacht, die 1963 plötzlich als größte Stadt in Virginia (440 000 Einwohner) dastand und deren Wachstum weiter anhält. Ihre Skyline steht an der Ozeanbrandung, nicht in Downtown, weil es die gar nicht gibt. Noch sind die Grundstückspreise nicht so gestiegen, dass man höher bauen müsste; die Stadt bleibt erst mal weit gestreut und parzelliert und damit ohne Sanierungsprobleme. Arbeitgeber Nummer eins ist das Militär. Im Gegensatz zu anderen US-Stützpunkten drohen Norfolk und Virginia Beach noch keine Kürzungen, was weiter die Hoffnung nährt, die strategische Lage könne dies auch in Zukunft verhindern.

Virginia Beach: erster Kontakt mit dem Atlantik

Die Zusammenhänge zwischen Militär und Stadt sind spezifischer Natur, denn Soldaten haben Angewohnheiten, die auf die lokale Ökonomie durchschlagen. Sie kaufen mehr Autos als andere Bürger und verkaufen sie auch schneller wieder; sie schaffen mehr Nahrungsmittel *(extra food)* an, weil der Staat dies subventioniert; sie halten ihre Häuser besser in Schuss als andere, weil sie sie bei Versetzungen möglichst mit Gewinn verkaufen wollen (dies wiederum kommt den Handwerksbetrieben zugute), und – sie gehen erheblich häufiger als andere zum Friseur. Der Trend zum diffusen Einzelhandel, zur versprengten Einkaufslandschaft: Bevölkerung und Stadtgestalt passen zueinander.

Virginia Beach lebt außerdem von einer starken Landwirtschaft, was man bei einer Stadt von dieser Größenordnung nicht unbedingt vermuten würde. Aber in großem Stil wachsen abwechselnd Mais, Weizen und Sojabohnen. Und Erdbeeren: die »Princess Anne Strawberries« sind die begehrtesten und gelten als besonders saftig.

Viele Erdbeerfelder in der »Boomtown by the Sea« werden allerdings bald zu Golfplätzen, wenn man die Zeichen der Zeit richtig interpretiert, denn ohne Zweifel wird der Tourismus mehr und mehr zum führenden Wirtschaftsfaktor in der Region werden. Neue Investitionen in Museumserweiterungen und Kongresszentren sprechen dafür.

Virginia Beach: Die Straße endet am Meer, genauer gesagt vor einem Holiday Inn, und die ersten Beach Boys und Badehosen kommen ins Bild – luftige Alternativen zur reichlichen Kostümgeschichte an diesem Tag. Besonders am nördlichen und stilleren Ende des Boardwalk kann man ungestört am Wasser entlanglaufen und die nimmersatten Blackbirds beobachten, die an der Flutlinie nach der Devise *all you can eat* nach Würmern stochern. Die Pelikane holen sich ihre Kost weiter draußen durch gezielte Stürze ins Wasser.

Die Naturschauspiele täuschen allerdings darüber hinweg, dass Virginia Beach (wie die meisten übererschlossenen Badeorte an der nördlichen Atlantikküste) mit einer gewaltigen *beach erosion* zu kämpfen hat. Die Strände entsprechen ohnehin nicht dem Willen der Natur. Sie sind künstlich erweitert, und zwar von jenen, die dafür landesweit ausgebildet und zuständig sind, dem Army Corps of Engineers, dem technischen Bautrupp der Armee. Jedes Frühjahr kommt neuer Sand vor die Haustür von Virginia Beach. Der Staat Virginia, die Stadt und die Hausbesitzer bezahlen dafür.

Das Layout der Straßen am Ozean verfährt nach dem an der gesamten Ostküste vielfach praktizierten Strick-

muster. Vorn, in der ersten Reihe, verläuft der Boardwalk zwischen Strand und Hotelkette; dahinter kommt Atlantic Avenue, der so genannte *main drag* – und das heißt T-Shirts und Pizza, Sonnencremes und Wachsmuseum, Horrorkabinett und ein silbriges Stahlgerüst zum Bungee-Springen.

Die nächste Parallele landeinwärts heißt Pacific Avenue, an der die Motels schon etwas preiswerter sind; einen Block dahinter lockt Arctic Avenue mit Minigolf-Lustbarkeiten, und schließlich gibt es noch Baltic Avenue – am Ende der Welt von Virginia Beach.

Das Thema Straßenordnung wird hier überhaupt großgeschrieben. So hat man ganz unamerikanisch die Elektrokabel unterirdisch verlegt und statt der hässlichen Pfähle moderne Lampen aufgestellt, die das abendliche Treiben auf den Straßen ausleuchten – auch das beliebte Cruising, das eigentlich verboten ist. Wer innerhalb kurzer Zeit mehrmals an derselben Ecke vorbeilärmt, dem blüht etwas. Die meisten schreckt das nicht: Munter kreuzen auf Atlantic Avenue die Watt- und Pferdestärken abends durchs Zwielicht.

Doch was sind schon die knatternden Kisten gegen die Militärjets, denen der Himmel über Virginia Beach gehört! Die nahe Air Force Base macht's möglich, Starts und Landungen gehören halt zur täglichen Routine. Nichts besonderes für die Einheimischen. Ihnen ist der Donner längst in Fleisch und Blut übergegangen. Sie nennen ihn auch nicht so, sie sprechen vom »sound of freedom«.

Abends werfen die (zu) nah ans Meer gebauten Hotels Schatten auf den Strand, je später es wird, um so längere. Sonnenuntergang? Nicht an der Ostküste. Wer hier auf himmlische Farbspiele setzt, muss früh aufstehen.

Infos: Charles City, Williamsburg

Shirley Plantation

501 Shirley Plantation Rd., 9.5 Meilen westl. von Charles City, VA 23030
℗ (804) 829-5121 und 1-800-232-1613
www.shirleyplantation.com
Tägl. 9.30–17 Uhr, letzte Führung 16.30 Uhr, Eintritt $ 11/7.50
Älteste Plantage in Virginia (1613) mit schlichtem klassizistischem Herrenhaus von 1723: striktes geometrisches Layout, doppelter Portikus von 1830; 1868 zerstört.

Berkeley Plantation

12602 Harrison Landing Rd. (von SR 5)
Charles City, VA 23030
℗ (804) 829-6018 und 1-888-466-6018
www.berkeleyplantation.com
Tägl. 9–17 Uhr, Führungen, Eintritt $ 11/6
Plantagenhaus von 1726, wie es in Stein über der Seitentür gemeißelt steht.

Westover Plantation
7000 Westover Road (von John Tyler Memorial Hwy.)
Charles City, VA 23030
℗ (804) 829-2882, tägl. 9–18 Uhr
Grundstück und Garten. Die Villa selbst ist privat und kann nicht besichtigt werden; erbaut in den späten 1730er oder 1750er Jahren von William Byrd II, dem Gründer von Richmond.

Westover Church
6401 Westover Rd. (off John Tyler Memorial Hwy.)
Charles City, VA 23030
℗ (804) 829-2488

www.westoverparish.org
Schlichte Kirche aus Backstein mit Schindeldach von 1731, umgeben von einem alten Friedhof.

Sherwood Forest Plantation

14501 John Tyler Memorial Hwy.
Charles City, VA 23030
℗ (804) 829-5377
www.sherwoodforest.org
Tägl. 9–17 Uhr
Eintritt $ 10; Hausbesichtigung nach Voranmeldung
An diesem längsten Holzhaus der USA (100 m und schmal) ist mehr als ein Jahrhundert gebaut worden (seit 1730); es diente zwei Präsidenten als Wohnsitz: John Tyler (1841–1845) und W. H. Harrison. Während die Interieurs der übrigen Plantagen meist ein Stilgemisch vorführen, zeichnet sich Tyler's Wohnsitz dadurch aus, dass seine Einrichtung ganz auf den Zeitgeschmack des 19. Jh. zugeschnitten ist.

Ursprünglich war Sherwood eine Tabakplantage, doch im 19. Jh. wurden Mais, Weizen und Gerste angebaut.

Jamestown Settlement

Rt. 31 & Colonial Pkwy.
Williamsburg, VA 23187
℗ (757) 253-4838 und 1-888-593-4682
www.historyisfun.org
Tägl. 9–17 Uhr
Eintritt $ 14/6.50
Koloniale Freilichtbühne der ersten europäischen Siedlung, die 1607 in der Nähe gegründet wurde: Powhatan-Indianerdorf, Siedlerdorf mit nachgestelltem Leben der Jahre 1610–14 (James Fort), drei nachgebaute Siedlerschiffe, Museum.

Jamestown Colonial National Historical Park

Colonial Pkwy. (ausgeschildert)
℗ (757) 898-2410
www.nps.gov/colo/
Tägl. 9–17 Uhr, Eintritt $ 10
Archäologischer Park mit Fundamenten

und Ausstellungsstücken der kolonialen Frühgeschichte von Jamestown.

Colonial Williamsburg
Williamsburg, VA 23187

© (757) 229-1000 und 1-800-447-8679
www.history.org

Tägl. 9–17 Uhr, Eintritt ab $ 36
Rekonstruierte Hauptstadt von Virginia 1699–1780. Über 500 Shops, Tavernen, öffentliche Bauten und Wohnhäuser strahlen im Look des 18. Jh. einschließlich der Kutschen und Parkangestellten. Zu den baulichen Highlights gehören u.a. **Governor's Palace, The Capitol** und **Svan Tavern**. Kleine Spezialgeschäfte und Sandwich-Läden im **Merchants Square** (Käse, italienische Delikatessen und Wein). Reisende mit mehr Zeit und Faible für historisches Dekor sollten in der rustikalen **Shields Tavern** (Duke of Gloucester St.) oder der feineren **Christiana Campbell's Tavern** (Waller St.) einkehren.

Yorktown Victory Center
Old SR 238, Yorktown, VA 23690
© (757) 253-4838 und 1-888-593-4682
www.historyisfun.org
Tägl. 9–17 Uhr, Eintritt $ 9.25/5
Aufwendiges Museum, ansehnlicher Ort und ein Schlachtfeld (als Drive-in vorbei an Truppencamps, Artilleriebatterie und Schützengräben).

Duke of York
508 Water & Ballard Sts.

Yorktown, VA 23690
© (757) 898-3232, Fax (757) 898-5922
www.dukeofyorkmotel.com
Einfaches Motel mit Pool, Lounge und Restaurant direkt am York River mit kleinem Strand und Uferpromenade. $–$$

Virginia Beach Visitors Center
2100 Parks Ave.
Virginia Beach, VA 23451
© 1-800- 822-3224, Fax (757) 437-4918
www.vbfun.com
Tägl. 9–17, im Sommer bis 19 Uhr

Holiday Inn SunSpree Resort
3900 Atlantic Ave. (39th St.)

Virginia Beach, VA 23451
© (757) 428-1711 und 1-800-465-4329

Fax (757) 425-5472
www.vboceanfrontnorth.com
Am ruhigeren (Nord-) Ende des Boardwalk. Pool, Wirlpool, Fitnessraum, Fahrradverleih, Waschsalon. Lounge mit Fernsicht, Restaurant. Kinder- und familienfreundlich. Frühjahr und Herbst preiswerter. $$$–$$$$

The Cavalier Hotel
4201 Oceanfront at 42nd St.

Virginia Beach, VA 23451
© (757) 425-8555 und 1-800- 446-8199
www.cavalierhotel.com
Zwei Gebäudekomplexe: ein moderner direkt am Wasser, der andere (historische) auf dem Hügel in Sichtweite. Dieses »Cavalier On The Hill«, einst das berühmteste Strandhotel von Virginia, ist heute ein weitläufiger Prachtbau mit Wintergärten und Lounges, in denen die Zeit stehen geblieben zu sein scheint. Hauptattraktion: ein riesiges Hallenbad. $$$–$$$$

La Quinta Inn &
Suites Virginia Beach

2800 Pacific Ave.
Virginia Beach, VA 23451
© (757) 428-2203 und 1-800-531-5900

Fax (757) 422-6043
www.lq.com
Solides Haus in der »zweiten Reihe« (Pacific Ave.), Frühstück, kostenlose Fahrräder, Pools, Fitnessraum, Waschsalon. $$

Outdoor Resorts of Virginia Beach
3665 S. Sandpiper Rd.
Virginia Beach, VA 23456
© (757) 721-2020 und 1-800- 333-7515
www.outdoor-resorts.com/vb
50 Stellplätze, Sauna und heiße Duschen, Bootssteg, Kiosk, Spielplatz, Tennisplätze. Ganzjährig.

First Landing Seashore State Park
2500 Shore Dr.
Virginia Beach, VA 23451

℡ (757) 412-2300 und 1-800- 933-7275
www.dcr.virginia.gov
März–Nov., Cabins ganzjährig
Eintritt $ 2–3
Viele Wanderwege durch pflanzenreiches Terrain – Zypressen, Eichen, *Spanish Moss*. Führungen, Radverleih. Camping: 222 Stellplätze, Cabins und Zeltplätze.

Virginia Beach Trolley
Virginia Beach, VA
℡ (757) 222-6100
www.hrtransit.com
1. Mai–1. Okt.
Der Bus fährt tägl. 10–2 Uhr und bringt auch Nachtschwärmer sicher nach Hause; verkehrt auf Atlantic Ave. zwischen 1st und 42nd Sts.

**Virginia Aquarium &
Marine Science Center**

717 General Booth Blvd.
Virginia Beach, VA 23451
℡ (757) 385-3474
www.virginiaaquarium.com
Sommer tägl. 9–18, sonst 9–17 Uhr
Eintritt $ 12/8 (Aquarium), $ 7.50/6.50 (IMAX) und $ 17/13 (Aquarium & IMAX)
In diesem in den Owls Creek hinein gebauten Institut werden die ökologische Zusammenhänge der Chesapeake Bay und der Marschen geschickt erschlossen. Alles, was im Süß-, Brack- und Salzwasser kreucht und fleucht, kommt zum Zuge, auch interessante Details über einige Bewohner der Bay, z.B. die *blue crabs*, deren weibliche Vertreter man an den roten »Fingernägeln« erkennt, oder an ihrer Unterseite. Während die Männchen dort den phallischen Umriss des Obelisken in Washington tragen, ziert die Weibchen dort die Umrisse des Capitols. IMAX 3D-Kino.

Catch 31
3001 Atlantic Ave.

Virginia Beach, VA 23451
℡ (757) 213-3472
Im Hilton Virginia Beach Oceanfront: gutes Fischrestaurant und Bar für muntere Happy Hours vor allem auf dem *outdoor patio*. $$–$$$

Gus' Mariner Restaurant
5700 Atlantic Ave.
Virginia Beach, VA 23451
℡ (757) 425-5699
Ocean dining: Meeresfrüchte, Lamm und Steaks. Lunch ($) und Dinner. $$–$$$

Lynnhaven Fish House Restaurant
2350 Starfish Rd.
Virginia Beach, VA 23451
℡ (757) 481-0003
www.lynnhavenfishhouse.net
Renommiertes Fischlokal in den Dünen mit schönem Blick. Lunch ($–$$) und Dinner. $$–$$$

Kanpai Sushi
371 Independence Blvd.
Virginia Beach, VA 23462
℡ (757) 499-4448
Exzellentes Sushi und Sashimi, angenehme Atmosphäre. $$

Rudee's Restaurant & Raw Bar
227 Mediterranean Ave.
Virginia Beach, VA 23451
℡ (757) 425-1777
www.rudees.com
Populäres Restaurant mit Austern-Bar. Lunch und Dinner. $$

Dolphin Watching Boat Trip
Virginia Beach Fishing Center

200 Winston Salem Ave.
Virginia Beach, VA 23451
℡ (757) 385-3474
www.virginiaaquarium.com
Ticket $ 18/14
Gut einstündige Bootstouren zu den Delphinen vor der Küste mit sachkundigen Erklärungen. Die Touren werden von April bis Okt. angeboten.

⑬ Land Between the Waters
Die Delmarva-Halbinsel

13. Route: Virginia Beach – Onancock – Chincoteague/Assateague Island – Berlin – Ocean City, MD (285 km/178 mi)

km/mi	Zeit	Route
0	9.00 Uhr	Von **Virginia Beach:** Atlantic bzw. Pacific Ave. nach Norden und weiter US 60 (Shore Dr.), US 13 North über den Chesapeake Bay Bridge and Tunnel durch Cheriton, Eastville bis Belle Haven, dort S 178 erst West, dann North links nach
123/ 77	10.30 Uhr	**Onancock**, wieder zurück zur US 13 und weiter nach Norden. Bei Oak Hall über die S 175 nach

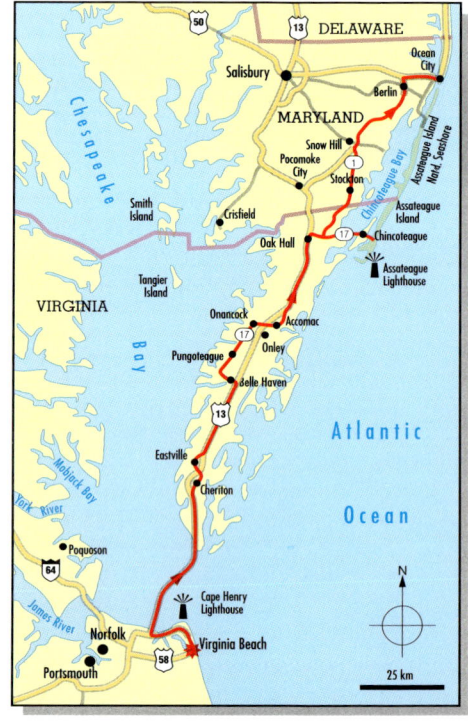

km/mi	Zeit	Route
181/113	11.30 Uhr	**Chincoteague Island** (evtl. Lunch oder Picknickversorgung) und weiter zum **Chincoteague Wildlife Refuge** und zum Strand der **Assateague National Seashore** (3 Std.).
	15.00 Uhr	Von Assateague Island zurück über S 175, hinter der NASA, S 679 rechts über Stockton auf die US 113 und über **Berlin** (vielleicht ein kurzer Stopp im **Atlantic Hotel**) und weiter auf die US 50 nach
285/178	16.30 Uhr	**Ocean City**.

Alternativen: Strand und Badebedingungen sind auch im **Assateague State Park** von Maryland (vgl. S. 200) sehr gut, und es ist ruhiger als in Ocean City: von Berlin über Bay St. und S 376 nach Osten, S 611 nach Süden zum **State Park**. Zurück über 611 und an US 50 rechts nach Ocean City.

Eine Übernachtung in **Chincoteague** (statt in Ocean City) bringt den Vorteil besserer Strände und größerer Ruhe. Anstelle von Hotelkästen und -ketten gibt es auf der Insel kleine individuelle Motels (vgl. S. 200).

Das Schild weist den Weg: zum **Chesapeake Bay Bridge and Tunnel**. Dort, am Schlund der Bay, geht es drunter und drüber, durch Tunnel und über Brücken. Erst seit 1964 ersetzt dieses 28 Kilometer lange Betonband die bis dahin teils beschaulichen, teils beschwerlichen Bootsfahrten durch ein eindrucksvolles Panorama auf einem der befahrensten Schiffahrtswege der Welt.

Wieder an Land, schrumpft das endlose Wasserpanorama zu nahen Augenweiden: Wattwiesen mit Pelikanen und *egrets* (Reiher) rechts und links vom Highway, der sich durch reizvolle und fruchtbare Landstriche der Südspitze von »Delmarva« zieht, über jene dreistaatliche Halbinsel, die sich Delaware, Maryland und Virginia teilen. Hauptsache: Erdbeeren und Austern.

Wer vom Highway abbiegt – etwa nach **Cheriton**, 1884 als Eisenbahnstation ins Leben gerufen, oder zum alten **Eastville**, 1677 als Bezirkshauptstadt *(county seat)* gegründet –, der trifft auf kleine Dörfer, deren Holzhäuser wie handgemalt aussehen.

Einiges aus dem ebenso ländlichen wie ozeanischen Füllhorn der so genannten Eastern Shore reicht bis an die Straße: Pumpkins, Melonen, Tomaten und Erdnüsse werden angeboten. Und Krebse und Krabben natürlich.

Ob nach **Nassawadox**, ursprünglich eine Quäkersiedlung aus dem 17. Jahr-

hundert, oder **Exmore** mit einem altmodischen Diner, **Pungoteague** mit der ältesten Kirche der Küstenregion (St. George Episcopal Church von 1652) oder Onancock – alle Seitenstraßen zu und zwischen den Dörfern bieten reizvolle Szenen fruchtbarer Landwirtschaft.

Onancock ist sicher das gefälligste Dorf weit und breit. Am Hafen, wo die Fähre nach Tangier Island ablegt, nistet der traditionelle Kramladen der **Hopkins & Brothers Store**, während an der Market Street gleich vier prächtige Kirchen und **Kerr Place**, ein stattliches altes Herrenhaus von 1799, aufgereiht sind.

Doch es kommt noch besser: im bunten und gleich einladend wirkenden **Chincoteague Island** mit seinen von Motels, Boutiquen und Fischrestaurants flankierten Hauptstraßen Main Street und Maddox Boulevard. »Gincoteague« hieß die Insel bei den Indianern, als 1671 die ersten Weißen hier von See aus auftauchten. Es waren angelsächsische Siedler, auf die deren heutige Nachfahren immer noch mit Stolz blicken, und sie lebten im wesentlichen von der Landwirtschaft und gelegentlich vom Recycling dessen, was die gestrandeten Schiffe vor Assateague Island an Land spülten.

Doch bald erwies sich das Wasser als Haupteinnahmequelle: Austern – seit 1830 Spezialität Nummer eins. Die Meeres-Delikatessen und die Nähe zu den vorgelagerten Badestränden von Assateague haben Chincoteague zu einem touristisch aufgepeppten Fischerdorf gemacht, in dem man gewöhnlich genauso viele Badegäste wie Holzenten oder anderes Schnitzgut zählen kann, das reihenweise unter den Messern der lokalen Kunsthandwerker entsteht.

Vorn am Wasser spielt nur noch die (geschützte) Natur ihre Trümpfe aus, und wie erholsam das sein kann, zeigt bereits die schöne Überfahrt hinaus zum **Chincoteague National Wildlife Refuge** auf dem virginischen Teil von **Assateague Island**, der, zusammen mit dem Inselstück in Maryland, die **Assateague National Seashore** bildet. Ein roter Leuchtturm ragt über das unberührte Wasser-Habitat des »Pools der Schneegänse« und der »Schwanenbucht«, die sich Enten und Stelzvögel untereinander aufteilen. Zwischendurch zockeln Wildponys über die Straße, vor denen gewarnt wird, weil sie angeblich beißen und treten. Aber weder Kinder noch Omas bringt das davon ab, die schnuckeligen Gesellen aus nächster Distanz auf den Urlaubsfilm zu bannen. Man hält sie für die Nachkommen jener Pferde, die sich aus den Wracks spanischer Galeonen an Land retteten.

Schwimmen gefällt ihnen auch heute noch, zumindest jedes Jahr im Juli, wenn sie den Sund zwischen den Inseln durchqueren – ein Publikums-Hit, bei dem die Freiwillige Feuerwehr aufpasst, dass nichts passiert und die kleinen Wilden unbeschadet in Chincoteague die Auktion erreichen.

Bei **Toms Cove** beginnen die Dünen und der herrliche Strand und damit Bade-Chancen, die man in vollen Zügen genießen sollte. Aber aufgepasst: NUDITY PROHIBITED steht da angeschlagen! Zu wild möchte man das Wildlife offenbar nicht haben.

Wer auf der Hin- oder Rückfahrt noch Zeit hat (etwa, weil er sich entschließt, auf Chincoteague zu übernachten), der sollte sich im **Oyster & Maritime Museum** umsehen, in einer Art kulinarischem Heimatmuseum, denn die hübsch aufbereitete Sammlung kreist rund um das höchste ökonomische Gut der Insulaner, die Auster. Man kennt gewöhnlich nur ihre genüsslichen Seiten – auf einer halben Muschel serviert, mit kaltem Bier oder eiskaltem Champagner, als Aphrodisiakum. Aber sonst? Wer weiß schon, wo sie überall siedeln? Schläuche, Röhren, Felsen, Flaschen, egal, in alles, was im Wasser landet, ziehen Austern sofort ein.

Berlin, heißt es, sei immer eine Reise wert. Gilt das auch für **Berlin**, Maryland? Nun, das hängt davon ab, ob man am (restaurierten) Jahrhundertwende-Charme des Örtchens Gefallen findet, in dessen Ziegelfassaden, Türmchen und dekorativen Schildern sich der gemächliche Lebensstil des *Eastern Shore life* spiegelt. Dieses Klein-Berlin entstand Ende des 18. Jahrhunderts auf dem Gelände einer alten Burley-Tabakplantage, deren Taverne, der »Burley Inn«, bei der Namensfindung für den Ort Pate gestanden haben soll. Berlin, Maryland: ein halbverschluckter Kneipenname.

Auf der heutigen Main Street lief damals ein Trail der Assateague- und Pocomoke-Indianer; in der Kolonialzeit der Post- und Handelsweg zwischen Philadelphia und den Handelsposten im Norden. Um 1900 erlebte dann Berlin einen bemerkenswerten Tourismus-Boom mit mehr Gästen und Hotels als im benachbarten Ocean City. Das **Atlantic Hotel** ist einer der letzten erhaltenen Zeugen dieser Zeit und immer noch das erste Haus am Platz. Wer Lust und Zeit hat, sollte einen Blick hineinwerfen: Die verflossene Kultur lebt hier heimelig weiter – vor allem abends und kulinarisch im stilvollen Speisesaal.

Auch zur schönen schmalen Insel des **Assateague Island National Seashore** in Maryland führen Brücken, garniert mit markanten Pferdeäpfeln, die verraten, wer sich hier außer Badegästen sonst noch aufhält: die schon aus Virginia bekannten wilden Ponys, von denen einige sogar auf dem Parkplatz am Strand herumschlendern und die Automarken beschnuppern – ihre mechanischen Nachfahren.

Die vorgelagerte Insel wurde wie alle übrigen ihrer Sorte über Jahrhunderte durch Wind und Wellen geformt. Der Name geht auf ein indianisches Wort zurück, das »die gegenüberliegenden Marschen« bedeutet – was auf eine Festlandsperspektive schließen lässt.

Diese *barrier islands* zählen zu den instabilsten und kinetischsten Landschaften der Region überhaupt. Zuletzt trennte 1933 der Hurrikan »Hazel« die Insel von **Ocean City** ab.

Die Beliebtheit dieses Badeorts zeigt sich an der dichten Hotel-Skyline, an einem **Boardwalk** und Rummelplätzen mit grellen Lustmaschinen für starke Nerven – *made in Germany* und *Switzerland*. Der ursprüngliche Boardwalk wurde 1879 erbaut, doch von Stürmen weggefegt; die heutige Version stammt aus den Jahren 1962 und 1990 und hat es inzwischen auf fast fünf Kilometer Länge gebracht, ein *cruising turf* für Teenies und Familien mit Kids – 24 Stunden geöffnet. Zur Grundnahrung zählen hier Pommes, Fudge und Hamburger, flankiert von der Ocean Gallery, einem mehrstöckigen Supermarkt der

Dauerkurgäste: Wildponys auf Assateague Island, Virginia

Komfort auf Stelzen: Lighthouse Club Hotel, Ocean City, Maryland

Souvenirs. Radeln kann man von früh-
morgens bis 22 Uhr; Skateboard fahren
dagegen gar nicht.

Der verlässliche Zustrom von Bade-
und Wasserfreunden aus den Großstädten (vor allem aus Baltimore) hat Ocean
City zu einem perfekten Beach Resort
durchorganisiert, das für alle Jahreszeiten, Altersgruppen und Geldbeutel
etwas aus dem Hut zaubert. Im Winter
sorgen Bootsschauen und Big Band
Sound fürs Entertainment der Unver-
wüstlichen; im Frühjahr öffnen sich die
Pforten der Golfparadiese, und während
im Sommer alle Register der Strand-,
Bade-, Sport- und Angelfreuden gezogen werden, herrscht im Herbst Festival Time: allen voran das Sunfest, das
Polkafest (nach dem sinnigen Motto
»Polka-Motion by the Ocean«) und das
Bayerische Volksfest mit obligatori-
scher Blaskapelle, Schuhplattlern und
viel Bier.

Die Strände vor den Dünen sind meist
makellos weiß, und wenn nicht, dann
werden sie so getrimmt. Dies kann allerdings nicht darüber hinwegtäuschen,
dass Ocean City Probleme mit seinem
Strand hat, denn er muss künstlich und
damit auf sehr kostspielige Weise erhalten werden, weil der Atlantik ihn immer
weiter wegfrisst.

Der Ort ist davon nicht allein betrof-
fen, sondern praktisch die gesamte Küste. Das wurde lange Zeit konsequent ig-
noriert, als man an den touristischen Fi-
letstücken die Dünen wegbaggerte und
Hochhäuser in die Brandungszonen
klotzte. Wie in Virginia Beach z.B. auch
in Ocean City. Aber weder Buhnen,
Molen noch Steinwälle, deren Bau und
Pflege Jahr für Jahr Unsummen verschlingen, haben sich bisher gegen die
Sturmwellen dauerhaft behaupten können. Andernorts sinnt man über Alternativen nach. Zum Beispiel in North

Carolina, wo man Baugenehmigungen inzwischen nur noch nach bestimmten Erosionszonen vergibt, die jeweils in Einheiten landeinwärts definiert werden. Praktisch heißt das, Neubauten gibt es nur noch im Hinterland, je höher, um so weiter landeinwärts.

In Maryland will man von solchen »Rückzugstheorien« noch nichts wissen und setzt statt dessen wie bisher auf Stabilisierung durch die fleißigen Armee-Ingenieure des »Army Corps of Engineers«, die mit schwerem Gerät den Elementen trotzen möchten. Und das, obwohl der Wasserspiegel der Ozeane weltweit steigt und sich die Steuer-

zahler in Kansas immer häufiger fragen, warum ausgerechnet sie für die Wohlfahrt der Seebäder am Atlantik zahlen sollen.

Wem das sportive Dauerprogramm der Strandläufer und Burgenbauer, der Jet-Skier und Speedboat-Freaks, der Para-Sailors und Surfer auf die Nerven geht, dem hält Ocean City eine attraktive Hintertür offen: das stille Watt, dessen Wiesen und Watvögel. Hier, »on the quiet side«, hat man die Natur erkennbar mehr in Ruhe gelassen als auf der Seeseite. Wenn dort die Hotels abends schon den Strand verdunkeln, geht hier wie eh und je die Sonne unter.

Dicke Freundschaft – in Ocean City, Maryland

Infos: Onancock, Chincoteague, Berlin

 Hopkins & Brothers
2 Market St.
Onancock, VA 23417
✆ (757) 787-3100
Einer der ältesten General Stores an der Ostküste – hauptsächlich für Angler-zubehör.

 Chincoteague Island Chamber of Commerce
6733 Maddox Blvd.
Chincoteague, VA 23336
✆ (757) 336-6161
www.chincoteaguechamber.com

 Chincoteague National Wildlife Refuge
P. O. Box 62, Chincoteague, VA 23336
✆ (757) 336-6122
Im Sommer tägl. 5–22, sonst 6–20 Uhr
Eintritt $ 10 pro Auto
Teil der **Assateague National Seashore**: ruhiger Badestrand, Umkleide-kabinen, gute Fahrradwege, wilde Ponys, Vögel; Visitor Center.

 Oyster & Maritime Museum
7125 Maddox Blvd.
Chincoteague, VA 23336
✆ (757) 336-6117
www.chincoteague.com/omm
Im Sommer tägl., im Frühjahr und Herbst an Wochenenden geöffnet. Im Winter geschl.
Unterhaltsames Sammelsurium kultur- und naturgeschichtlicher Exponate: Fos-silien, Walrossgebisse, indianische Ar-tefakte und Wrackreste. Hauptthema: die Geschichte des Austernfangs seit dem 17. Jh. – wie man sie fängt bzw. ern-tet und welche Mühe es kostet, bis sie schließlich auf dem Teller landen.

 Refuge Inn
7058 Maddox Blvd.
Chincoteague Island, VA 23336
✆ (757) 336-5511 und 1-888-257-0038
www.refugeinn.com
Angenehm und strandnah. 72 Zimmer,
Pool, Sauna, Fitnessraum, Spielplatz, Waschsalon, Fahrradverleih. $–$$

 Best Western Chincoteague Island
7105 Maddox Blvd.
Chincoteague Island, VA 23336
 ✆ (757) 336-6557 und 1-800-553-6117
Fax (757) 336-6558
Ordentlich und strandnah. 53 Zimmer, Pool, Waschsalon, Fahrradverleih. $$–$$$

 Tom's Cove Campground
8128 Beebe Rd.
Chincoteague, VA 23336
✆ (757) 336-6498, Fax (757) 336-3738
www.tomscovepark.com, März.–Nov.
Großer Campground am Südostende der Insel: Kiosk, Spielplatz, Badegele-genheit, Waschsalon.

 Atlantic Hotel
2 N. Main St. (Ecke Jefferson)
Berlin, MD 21811
✆ (410) 641-3589 und 1-800-814-7672
Fax (410) 641-9460
www.atlantichotel.com
Elegantes altes Hotel und exzellentes **Restaurant** ($$–$$$). $$$–$$$$

 Assateague Island National Seashore
7206 National Seashore Lane (Rt. 611)
Berlin, MD 21811
 ✆ (410) 641-1441
www.nps.gov/asis
Zwei Campingplätze (North Beach und Bayside) für RVs und Zelte, keine *hook-ups*. Reservierung: ✆ 1-877-444-6777, (410) 641-3030 und via Internet. Eintritt $ 15 pro Auto (schließt Chincoteague National Wildlife Refuge mit ein).

 Assateague State Park
7307 Stephen Decatur Hwy.
Berlin, MD 21811
 ✆ (410) 641-2120
Feiner weißer Strand, Baden bestens; Wander- und Reitwege, Wildgänse, Rei-her, Schildkröten und Campingplatz, Reservierung: ✆ 1-888-432-2267.

Ocean City Convention & Visitors Bureau
4001 Coastal Hwy.
Ocean City, MD 21842
℃ (410) 289-2931 und 1-800-626-2326
www.ococean.com
Local know how im Convention Center.

 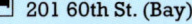 **Lighthouse Club Hotel**
201 60th St. (Bay)
 Ocean City, MD 21842
℃ (410) 524-5400 und 1-888-371-5400
 www.fagers.com
Luxus im Watt: im Stil eines typischen Chesapeake-Leuchtturms gebaut (23 Suiten). Pool, Jacuzzi. Ganzjährig. Kleines Frühstück inkl. $$$$

 The Coconut Malorie Resort
200 59th St. (Bay)
Ocean City, MD 21842
℃ 1-800-767-6060
Fax (410) 524-9327
www.coconutmalorie.com
Geschmackvoll möblierte Suiten und Studios mit kleiner Küche (85 Zimmer). Bei Sonnenuntergang karibisch angehaucht. Marmorbäder, Pool, Jacuzzi. Waschsalon. $$$–$$$$

 Holiday Inn Oceanfront
6600 Coastal Hwy. (67th St. & Oceanfront)
 Ocean City, MD 21842
℃ (410) 524-1600 und 1-800-837-3588
 www.ocmdhotels.com/holidayinn
 Mit renommiertem Restaurant, Tennisplatz, Pools, Sauna, Sonnenstudio, Fitnessraum. Ganzjährig. $$$–$$$$

 Majestic Hotel
7th St. & 613 N. Boardwalk
Ocean City, MD 21842
℃ (410) 289-6262
www.ocmajestichotel.com
Standardhotel (68 Zimmer) mit Mikroherd, Eisschrank und Pool. Mitte Mai–Ende Sept. $$$–$$$$

 Fager's Island Restaurant
201 60th St. & The Bay
Ocean City, MD 21842
℃ (410) 524-5500
www.fagers.com
Beliebt und entsprechend belebt: schöne Lage am Watt, gute Küche, reicher Weinkeller, große Bierauswahl. Lunch ($) und Dinner. $$–$$$

 BJ's On The Water
75th St. & The Bay
Ocean City, MD 21842
℃ (410) 524-7575
www.bjsonthewater.com
Populär – in der Nachbarschaft von Enten, Vögeln und Marschland. $$

 Galaxy 66 Bar & Grille
6601 Coastal Hwy.
 Ocean City, MD 21842
℃ (410) 723-6762
www.galaxy66barandgrille.com
Interessante leichte Gerichte in italienischer Geschmacksrichtung. Bar und Lunch ($) und Dinner. $$–$$$

 Seacrets Bar & Grill
117 West 49th St. & The Bay
 Ocean City, MD 21842
℃ (410) 524-4900
www.seacrets.com
Beliebter *night spot*, drinnen und draußen am Wasser – ein Hauch von Jamaica. Auch Lunch und leichtes Dinner. $

 Ocean Club Restaurant & Lounge
10100 Coastal Hwy. (Im Fontainebleau Hotel)
 Ocean City, MD 21842
 ℃ (410) 524-3535 , www.clarionoc.com
Gilt als bester Nachtclub, Live-Musik, Tanz, Restaurant. Lunch ($) und Dinner. $$

 Wichtigstes Fest
Sunfest Ende Sept.: *all you can eat,* Kunstgewerbe, Shows und Entertainment unter freiem Himmel. ❖

⑭ Monopoly am Meer
Atlantic City

15. Route: Ocean City – Lewes – Cape May – Atlantic City, NJ
(147 km/92 mi)

km/mi	Zeit	Route
0	9.00 Uhr	Von **Ocean City** nach Norden über S 1. In Höhe der 146th St. liegt linker Hand das **Fenwick Island Lighthouse**. Durch Bethany und Rehoboth Beach und in Lewes links zur Altstadt abbiegen (über Kings Hwy.).
52/32	10.00 Uhr	**Lewes** (Rundgang, Erfrischung, Museum ca. 1 Std.). In Einfahrtrichtung weiter auf Savannah Rd. über den Lewes-Rehoboth Canal hinweg, rechts an Cape Henlopen Dr. und dem Zeichen LEWES – CAPE MAY FERRY folgen zum Terminal der
56/35		**Fähre** (Fahrzeit 70 Min., Wartezeit max. 2–3 Std., Abfahrtszeiten morgens von Ocean City aus erfragen). – Nach der Ankunft US 9 North, S 109 South über die Brücke Richtung CAPE MAY und Ausfahrt beim Schild HISTORIC CAPE MAY rechts (über Lafayette St.) in den Ort bis etwa Höhe Bank St., dort steht das Welcome Center von
66/41	14.00 Uhr	**Cape May** (Rundgang, Lunch 2 Std.). – S 109 wieder nach Norden auf den GARDEN STATE PARKWAY, ATLANTIC CITY EXPRESSWAY East bis
147/92	17.00 Uhr	**Atlantic City**, an Pacific Ave. entweder links oder rechts.

Alternativen: Übernachtungstipps für **Cape May** und Welcome Center vgl. S. 213 f. – Morgens kann man sich in Atlantic City ein Rad leihen und den Boardwalk rauf- und runterfahren.
Wer dagegen eher Distanz zur Stadt sucht, sollte sich im ruhigen **Brigantine** (S 87 nach Norden) einquartieren (vgl. S. 215).

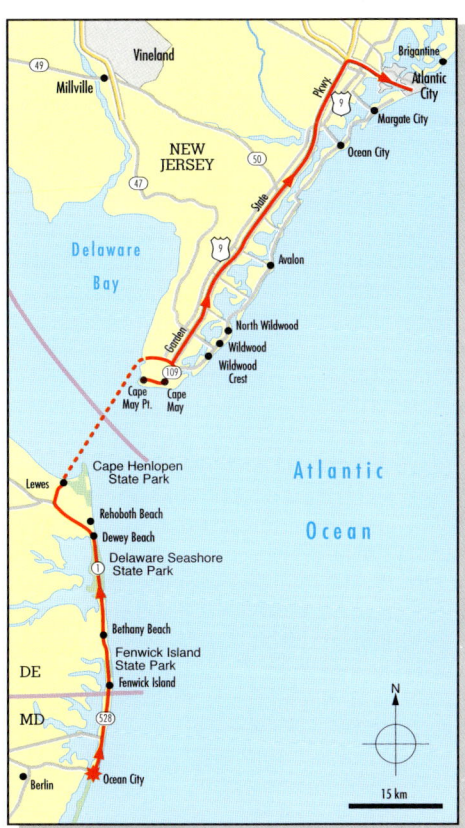

In den nördlichen Ausläufern von Ocean City steckt noch ein geschichtsträchtiges Detail, die Mason-Dixon Line, an die bei soviel Seeluft und Ferienhäusern niemand denkt. Gleichwohl: Am Zaun des alten **Fenwick Island Lighthouse**, in der Höhe der 146. Straße, stellt eine Plakette klar, dass hier jene Grenze verläuft, die einst Welten voneinander trennte. Fenwick Island selbst, schmal wie die meisten *barrier islands*, lädt in seinem State Park auf der Luv-Seite zum Bade und auf der Lee-Seite zum Bootsverleih.

Eingekeilt zwischen See und Watt, Dünen und Kiefern, strebt der Highway von einem Badeort zum nächsten.

Bethany Beach: im Sommer 12 000 Einwohner, im Winter 330. Aber selbst zur Hauptsaison setzt man hier auf Ruhe. Ein populärer Ice-Cream-Schuppen sorgt deshalb mehr fürs Nachtleben als Lokale mit *booze licence* – ganz anders also als in **Rehoboth Beach**, dem renommiertesten Seebad von Delaware, das im Sommer leicht auf quirlige 50 000 Einwohner anschwillt, während es im Winter auf 1730 schrumpft – auf ein konservatives Städtchen braver Kirchgänger. Stolz nennt es sich zur Hochsaison »Sommerhauptstadt der USA«, weil dann vorzugsweise *Washingtonians* hier eintreffen, die vor der Hitze der Potomac-Sümpfe ans Meer fliehen.

Irgendwie halten sich die großen Metropolen des Städtekorridors »ihren« Strandspielplatz: Baltimore schwört auf Ocean City, Philadelphia auf Atlantic City, Washington auf Rehoboth Beach. Dort erwartet Sie außer frischer Luft und meilenweit gepflegten Stränden seit 1915 ein kleiner Boardwalk, wo sich die Badegemeinde zwanglos mischt, Familien ebenso wie Schwule. Die kulinarische Versorgung hat sich praktischerweise auf Fastfood geeinigt. Und auch für die Kids ist gesorgt – in Funland, einem Kirmesplatz für jedermann. Morgens kann man bis 10 Uhr Fahrrad fahren, aber Inliner und (im Sommer) Hunde sind tabu.

Zwischen beiden Orten liegt der stille **Delaware Seashore State Park:** Nichts ON SALE, nichts wird verkauft, gebaut, erschlossen – eine natürliche Oase der strengen Park Ranger, ein Campground eingeschlossen.

Dass **Lewes** (gesprochen: Lu:s oder Lues) gewöhnlich links liegenbleibt, ist verständlich, weil alle nur die Fähre im Kopf haben und schnurstracks weiterfahren. Schade, denn dieses 1631 von

Schmuckstück: Zwaanendael Museum in Lewes, Delaware

Niederländern gegründete »Zwaanendael« besitzt ein hübsches historisches Viertel und ein kleines unterhaltsames Museum.

Die »First Town in the First State«, wie die lokale Handelskammer getextet hat, ist tatsächlich die erste europäische Kolonie von Delaware. Die Siedler dachten, auf dieser Landzunge zwischen Atlantik und Chesapeake Bay, das heute Cape Henlopen heißt, einen idealen Platz zur Errichtung einer Walfangstation ausgemacht zu haben. Doch bald gab es Streit mit den Indianern, und bei einem Überfall kamen

nahezu alle Weißen um. 1682 fiel das Land an William Penn und durch ihn an die Engländer; aus »Zwaanendael« wurde, als Reverenz an die gleichnamige englische Stadt, Lewes.

Doch der Ärger ging weiter. Der berüchtigte Captain Kidd und andere Piraten suchten die Siedlung heim und schleppten alles ab, was nicht niet- und nagelfest war. Im Revolutionskrieg nahm eine britische Fregatte den Ort unter Feuer. Allerdings ohne großen Erfolg. Lediglich ein Huhn kam um, und eine Sau wurde verletzt, denn nur eine Kugel traf 1813 das heutige 3000-Seelen-Städtchen. Die Einschlagstelle hat man sich gemerkt und ihr sogar einen Namen gegeben: Cannonball House (118 Front Street).

Im **Fisher-Martin House**, einem schönen Beispiel ländlicher Baukunst, gibt es einen Stadtplan für den Rundgang auf eigene Faust. Das Häuschen, so bodenständig es auch aussieht, wurde erst 1980 aus einem Nachbarort an die jetzige Stelle verpflanzt.

Die **Second Street** ist so etwas wie die gute Stube von Lewes. Sandwiches und Süßigkeiten locken zwischen den Shops, Boutiquen und ansehnlichen alten Hausfassaden, die Locals schwatzen miteinander oder lesen Zeitung auf den Bänken. Am Ende der Straße, im historischen Karree des **Shipcarpenter Square** stehen noch einige restaurierte Bauten aus dem 18. und 19. Jahrhundert, unter anderen das originelle **Doctor's Office** von 1850, eine Arztpraxis in Form eines Miniaturtempels.

Die Perle von Lewes ist aber zweifellos das **Zwaanendael Museum**. Schon der putzige Bau selbst wird die Herzen der niederländischen Besucher erwärmen, denn er weckt heimatliche Gefühle, weil es sich um eine verkleinerte Kopie des Rathauses des niederländischen Hoorn handelt, Herkunftsort der Siedler. Sie nannten ihre neue Heimat »Zwaanendael Settlement«, offenbar, weil es hier von Schwänen nur so wimmelte. 1931, 300 Jahre danach, errichtete man das Museum zum Andenken an diese Ursiedlung von Delaware. Drinnen werden Memorabilien niederländischer Kultur präsentiert, historische Kostüme, »Klompen«, Pfeifen, eine alte Spekulatiusbackform und etwas Delfter Porzellan.

Die maritime Tradition lebt in Lewes fort – am Hafen, wo eine beachtliche Charterboot-Flotte vor Anker liegt. Außerdem sitzen hier viele Lotsen, die von Lewes aus Cargo-Pötte und Öltanker nach Wilmington, Philadelphia und Camden durch die Bay geleiten.

Mit **Cape May** beginnt New Jersey, aber auf sehr untypische Weise. Denn zu den Überraschungen zählt nicht nur der Eindruck, in einem Festspielhaus des viktorianischen Architekturtheaters gelandet zu sein, das alles auf der bisherigen Reise Gesehene und stilistisch Verwandte in den Schatten stellt, sondern dazu gehören auch die hochhausfreien Strände.

Anders als Virginia Beach oder Ocean City, gibt sich Cape May von Grund auf europäisch. Wären da nicht die unverkennbar englische Formensprache der Kurhotels (die so genannte »Seaside Vernacular«) und die dem Ritual des *high tea* geweihten Nachmittage, man könnte sich angesichts der belebten Promenaden und bunten Sonnenzelte,

Harfe im Anmarsch: Chalfonte Hotel in Cape May, New Jersey

der Malkurse und öffentlichen Konzerte leicht ans Mittelmeer versetzt fühlen.

Diese vertrauenerweckende Ausstrahlung hat Tradition. Cape May rühmt sich, das älteste *seashore resort* der amerikanischen Ostküste zu sein, und mit Nachdruck verweist man auf Präsidenten-Prominenz (Pierce, Buchanan, Lincoln, Grant, Harrison), die sich hier einen guten Tag zu machen pflegte.

Kurz nachdem die Pilgerväter in Plymouth, Massachussetts, landeten, erkundete der holländische Kapitän Cornelius Jacobsen Mey den Delaware River und gab 1621 der Halbinsel seinen Namen. Doch ähnlich wie in Zwaanendael waren es nicht Niederländer, die den Ort besiedelten, sondern Walfänger aus Neu-England. Das mit dem Walgeschäft klappte allerdings auf Dauer nicht, und man wechselte im 18. Jahrhundert zur Landwirtschaft.

Ein gutes Jahrhundert später, seit 1761, präsentierte sich das inzwischen anglizierte Cape May schon als Seebadeort. Wenig später kam die Presse ins Spiel. 1766 war in einer Anzeige der »Pennsylvania Gazette« zu lesen, welche gesundheitlichen Vorzüge das Kap zu bieten hatte. Sie stammte von einem Farmer, der zugleich bekanntgab, dass er auch Räume an zahlende Gäste vermieten könne, weil seine Familie kleiner und damit sein Haus größer geworden sei.

Als dies Wirkung zeigte, waren die Besucher dennoch nicht die ersten, die die Sommerfreuden am Meer zu schätzen begannen; schon die Kechemeche-Indianer, eine Gruppe vom Stamm der Lenni-Lenapes-Indianer (deren Vorfahren die Siedlung von Zwaanendael zerstörten), hatten lange vorher bereits ihre Sommer am Kap verbracht.

Nach dem Krieg von 1812 wuchs die Popularität des Orts, obwohl die Anreise beschwerlich war – mit dem Pferd, der Kutsche oder dem Segelschiff. Erst die Dampfschiffe und die Eisenbahn brachten Schwung ins Gästeaufkommen, der bis in die 20er Jahre des 20. Jahrhunderts anhielt, danach aber abflachte, weil sich Atlantic City und Ashbury Park als die zeitgemäßeren Freizeitareale zu verkaufen wussten. Cape May wirkte plötzlich altmodisch.

Dabei hatten die Kräfte der Natur paradoxerweise dazu beigetragen, das Seebad architektonisch auf dem neuesten Stand zu halten. Verheerende Feuer sorgten 1878 dafür, dass die gewachsene Bausubstanz vernichtet wurde. Aber auch die viktorianische Renaissance von Cape May konnte den Trend der nachlassenden Badekonjunktur nicht aufhalten. Erst in den 60er Jahren des 20. Jahrhunderts wehte ein neuer Wind durch Cape May: Sein historischer Kern wurde wieder aufwändig in Schuss gebracht, und in den 70ern geriet er sogar komplett unter Denkmalschutz. Seither leuchtet sein Bauensemble in zarten Pastelltönen.

Ideal lassen sich die verspielten Formen dieser urbanen Puppenstube zu Fuß oder mit dem Rad erkunden – die Cupolas und Veranden, die Holzzäune und schmiedeeisernen Gitter, die Gazebos und die geschnitzten Ornamente im »Pfefferkuchenstil« *(gingerbread).* Das **Emlen Physick Estate**, das **Pink House**, aber auch ziselierte Herbergen wie der **Mainstay Inn** oder **Sea Mist** sind nur einige der zahlreichen Rosinen dieser Baukunst. Auch die **Washington Street Mall** lädt zum Bummeln ein, die Boutiquen ebenso wie die Straßencafés. Und erst recht die **Promenade** (Beach Avenue) vorn am breiten Strand! Sein kleiner Schönheitsfehler: er kostet. Nicht die Welt, aber immerhin ein paar Dollar. Normalerweise regeln die Hotels die Ticketfrage. Es gibt Dauerkarten und spezielle Hotelarrangements.

Über den Sunset Boulevard gelangt man in wenigen Minuten zum südlichsten Zipfel von New Jersey, nach **Cape May Point**, einem reizvollen kleinen Badeort (1875 vom Großkaufmann John Wanamaker aus Philadelphia gegründet), wo man am Sunset Beach die bei Kieselsteinsammlern begehrten Quarzbröckchen finden kann, die als »Cape May Diamonds« bekannt sind. Im angrenzenden **Cape May Point State Park** steht das alte Cape May Point Lighthouse von 1859.

Zügig eilt danach der Garden State Parkway nach Norden, ab und zu unterbrochen durch großzügige Ausblicke auf das Marschland und kleinkarierte Toll-Töpfe. **Atlantic City**, die Spielerstadt auf der Insel, profiliert sich vorn auf der Lagune als Skyline hoher Casino-Bunker und danach als ein Gemenge niedriger Schuppen, Buden und Parkplätze. Eine Tankstelle warnt und wirbt vorsichtshalber: WHY GAMBLE? BUY TEXACO SUPER UNLEADED.

Der schnellste Weg zum Wasser führt zwangsläufig zur Bekanntschaft mit dem **Boardwalk**, dessen Holzplanken sich breit und meilenweit am Strand entlang erstrecken – vorbei an der Phalanx der Spielpaläste und Piers, meist vollgepackt mit Flaneuren zu Fuß, per Rad und in eigenartigen Schiebewägelchen, die von artigen jungen Männern mit kurzen Hosen und strammen Waden geschoben werden.

Knapp 37 Millionen Besucher kommen jährlich nach Atlantic City, mehr als nach Disney World (Orlando) oder zu den Niagara-Fällen. Ein Grund dafür liegt auf der Hand, denn ein Drittel der gesamten US-Bevölkerung lebt im Umkreis von nicht mehr als 300 Meilen. Aber Orte, die Menschen so massenhaft anlocken, müssen etwas zu bieten haben. Und das hat Atlantic City in der zunächst ganz und gar unverträglich scheinenden, letztlich aber zugkräftigen Mischung aus Kurort und Casinos, Sommerfrische und Nervenkitzel. »Ocean, emotion and constant promotion«, reimt das städtische Verkehrsbüro.

Unterm Strich bedeutet das keineswegs nur Harmonie. Im Gegenteil. Hart knallt die Kraut-und-Rüben-Architektur der Wohnquartiere auf den glatten Glamour der Casinos, die South Bronx auf 1001 Nacht, in der so manchem kleinen Mann (aus dem Bus aus Philadelphia) die große Abgreife der einarmigen Banditen heimleuchten.

Nicht immer war *Slot City*, die Stadt der Geldschlitze, so widersprüchlich, denn am Anfang ging es einfach nur um das Geschäft mit der Salzluft. Lange im toten Winkel des Siedlerinteresses, begannen in der Mitte des vorigen Jahrhunderts einige Entrepreneure, auf Absecon Island einen Fluchtpunkt für Erholungsbedürftige aus den großen Nachbarstädten zu schaffen. Schienen wurden verlegt, ein Leuchtturm, Badehäuser und Hotels entstanden, und 1870 hatte der Eisenbahner Alexander Boardman die Idee, wie man verhindern konnte, dass ständig Sand in die Hotels geschleppt wurde. Er baute den später nach ihm benannten »Boardwalk«, den Großvater aller gleichnamigen Holzwege in den USA, der bis heute die Hauptstraße von Atlantic City geblieben ist.

Der Ruf des Seebads festigte sich bald, als in der Ostküstenpresse die ersten Lobsprüche und Slogans auftauchten. Atlantic City: die »Lunge von Philadelphia«, »America's First Resort« oder die »Queen of Resorts«. Kolorierte Ansichtskarten mit neckischen Badeni-

Kurgäste in »rolling chairs« auf dem Boardwalk von Atlantic City

xen überschwemmten den Handel und sorgten zusätzlich für Publicity.

1890 wurde auf Howard's Pier das erste Karussell Amerikas installiert, hergestellt vom deutschen Möbelschreiner Gustav Deutzel, der davon zuvor in Philadelphia ein Modell gebaut hatte. Es nährte fortan die Vorstellung von einem »Zirkus am Meer«, und sein erster Betreiber wurde steinreich. Der Typ des *amusement pier* war geboren und sollte Schule machen. Heute sind Karussell und Pier verschwunden.

Bis in die 1920er Jahre hinein durchlebte die Stadt ihre goldenen Jahre, geprägt von der Klientel der Luxushotels, der glitzernden Schönheitswettbewerbe um »Miss America«, den Besuchen von Al Capone und Konsorten. Dennoch war man von Anfang an weniger auf das *high life* als auf die Mittelklasse und jene kleinen Leute fixiert, die der Fabrikwelt und den innerstädtischen Slums entfliehen wollten. Für ein Zug-

ticket konnten sie sich auf dem Spielplatz am Meer ein paar Luxus-Imitate leisten. Auch die *rolling chairs* auf dem Boardwalk haben dort ihren Ursprung. Sie waren eigentlich Rollstühle für Gäste, die sich von der Seeluft Genesung von ihren wirklichen oder eingebildeten Leiden versprachen. Erst später wurden die Kleinkutschen zum Symbol des unbeschwerten Freizeitlebens umgebaut.

Shows, Tingeltangel und fauler Zauber beherrschten einstweilen die Entertainment-Szene in den Tanzschuppen, Biergärten und am Boardwalk. Auch ein gewisser William Claude Dukinfield war dabei und verdiente sich unter den Gauklern als Jongleur und Mädchen für alles erste Sporen; jener Mann, der sich später zu einem der bekanntesten Komiker entwickeln sollte, der Weihnachten, Hunde und Kinder hasste: W.C. Fields.

Es muss wohl schon damals etwas sehr Amerikanisches im Vergnügungsrummel dieses *glittering getaway* gesteckt haben, denn was vor Ort gefiel, verursachte in Europa zumindest zwiespältige Gefühle. Karl Baedeker erhob 1909 Atlantic City zwar zum achten Weltwunder, sah in ihm aber auch einen Ort, der durch seine Grobheit überwältige, dessen »Vulgarität« etwas »Kolossales« habe, der hassenswert und großartig zugleich wirke.

Während der Prohibition kamen andere Vergleiche in Mode. Illegaler Schnapshandel, Wetten und Bordelle machten Atlantic City zum East Coast Babylon. Der trotz weltweiter Depression florierende Bauboom regte einen Herrn Charles Darrow dazu an, für das von ihm entwickelte Gesellschaftsspiel »Monopoly« Straßennamen aus Atlantic City zu verwenden.

Erst nach dem Zweiten Weltkrieg ging es bergab. Die Reisegewohnheiten änderten sich, der wachsende Flugverkehr brachte die Urlauber aus New York, Philadelphia oder Wilmington schneller zu exotischeren Stränden: auf die Bahamas, in die Karibik, nach Florida. Der Versuch, an lukrative Tagungsdollars heranzukommen und Atlantic City zum Sitz der Vereinten Nationen zu machen, scheiterte.

In der Not bemühte man sich um die rechtlichen Voraussetzungen für die Zulassung des Glücksspiels, obwohl Kartenspiele, Lotterien, Hunde- und Pferdewetten immer schon gang und gäbe waren – aber eben nicht offiziell. 1976 gab eine landesweite Abstimmung grünes Licht für legale Spielcasinos in Atlantic City, und zwei Jahre später drehten sich die ersten Glücksräder im »Resorts International«.

Je schneller und extravaganter der Bau der Spielpaläste ins Rollen kam, umso mehr verfiel die alte Pracht der Hotelkultur. Bezeichnenderweise beginnt »Atlantic City«, der inzwischen legendäre Film von Louis Malle (1981), mit einer Abrissbirne, die das einst größte Hotel am Platz (»The Traymore«) niedermacht. Anderen historischen Substanzen erging es nicht besser. An ihre Stelle setzten sich die Casinos als geschlossene Festungen des Spielens, Schlafens, Essens und Kaufens. Der Rest der Stadt verfiel dem Ramsch. Bis heute.

Auch in puncto Entertainment besitzen die Hochburgen des Glücks das Monopol und machen die Nacht zum Tag. Vom Bolschoi-Ballett oder Cher bis zu Crosby, Stills & Nash – kein Superstar der Musikszene, der sich hier nicht blicken ließe.

Und während die Casino-Industrie immer raffiniertere Methoden entwickelt, um die Besucher möglichst rund um die Uhr bei der Stange zu halten und jährlich Millionen für freie Drinks, Snacks, Übernachtungen, Limousinen- und Helikopter-Service verschleudert, bleibt die Stadt im wesentlichen auf sich selbst gestellt.

Leere Grundstücke, notdürftig reparierte Fenster, Obdachlose – diese kaputten Kulissen im Hinterhof des Glücks sorgten für viele bittere Kontroversen zwischen Stadtverwaltung und Casino-Management. Ist die Industrie für das Allgemeinwohl zuständig und zur städtischen Sanierung verpflichtet, oder hat sie nicht schon genug investiert, um Atlantic City vor dem völligen Aus zu retten?

Der Staat New Jersey hält sich in dieser Frage bedeckt. Er hat sogar die Zuschüsse zur Touristenwerbung gekürzt. Prompt ist Atlantic City zur Zeit die einzige Stadt in den USA, wo der Übernachtungsgast eine *tourism promotion fee*, also Kurtaxe, bezahlen muss. Unverhofft erscheinen die paar Dollars morgens auf der Hotelrechnung, damit die rührigen Leute von der Kurverwaltung ihre Jobs nicht verlieren und weiterhin Vierfarbprospekte drucken können.

Boardwalk, der Brettersteg des Volksvergnügens: Handleser *(palm reader)*, CASH FOR GOLD- und ALL-YOU-CAN-EAT-Läden beherrschen das Angebot. Auch die morgendlichen Radler und Jogger können nur zeitweise darüber hinwegtäuschen, dass hier so mancher arme Teufel gestrandet ist, der mit Brise und Brandung, Basar und Billigkitsch für 99 Cents wenig anzufangen weiß. Schon gar nichts mit »Mme. Edith's Temple of Knowledge«, auch so einem altmodischen Schicksalsvorhersagedienst.

»Irene's« zeigt da schon mehr Erbarmen. Hier führt man nur Klimbim für 88 Cents – ein Klacks im Vergleich zu dem, was drinnen beim Big Business der Fantasy-Spielburgen abläuft. Für deren Architektur und Interieur wurde das Leihhaus der Kunstgeschichte gründlich geplündert, von Michelangelos »David«, Größe XL, bis zur maurischen Moderne am »Taj Mahal« des Immobilien-Moguls Trump.

Mehr als ein Dutzend solcher Luftschlösser überragt heute die 38 000-Einwohner-Stadt. Im klimatisierten fensterlosen Innern bieten fußballfeldgroße Spielsäle rund um die Uhr allen Raum, die ihr Glück versuchen wollen – den risikofreudigen *high rollers* und Hasardeuren ebenso wie den Rentnern aus

Kurgäste in Atlantic City

Strandidyll bei Atlantic City, New Jersey

den 1300 Charterbussen, die täglich Parkplätze und Straßen verstopfen und die einst gepriesene »Lunge von Philadelphia« in Atemnot bringen. An den rund 20 000 Automaten, bei den bunten Bildchen der Kirschen, Melonen und Glocken, harren die meisten mit Plastikbechern und angeschwärzten Händen stunden- und nächtelang aus, während es bei Black Jack oder Craps, Baccara oder Roulette schnell richtig teuer werden kann.

Nur Voyeure haben gute Chancen. Die Casinos erstatten die meisten Dollars der *casino package trips* der Gray Line von New York nach Atlantic City in 25-Cent-Stücken zurück und geben sogar noch ein paar Dollar mehr an Essenmarken oder ein bisschen Spiel-geld oben drauf. Wer der Versuchung widersteht, kann sich also einen preiswerten Nachmittag am Boardwalk machen.

Viele tun das auch. Überhaupt sieht man viele rundum zufriedene Badegäste und gutgelaunte Familien am Strand. Er ist keineswegs großartig, aber immerhin sauber und einladend, im Sommer bewacht und mit praktischen Badehäuschen bestückt.

Strände sonst? Ja, der von **Brigantine** zum Beispiel, nur ein paar Autominuten weiter nördlich. In diesem erholsamen Örtchen haben sich die Casino-Angestellten eingerichtet. Hier kann man gut Frisbee spielen, laufen, baden oder die urzeitlichen *horseshoe crabs* bestaunen, fossile und schwer gepanzerte Pfeil-

Spaß am Bau: Elefant »Lucy« in Margate, New Jersey

schwanzkrebse von beträchtlicher Größe, die an der nördlichen Atlantikküste
häufig vorkommen. (Ihr Blut wird in der
Krebsforschung verwendet.) Am Strand
stehen vereinzelt Jeeps und Angler. Die
Männer machen sich in langen Gum-
mihosen an den Geräten zu schaffen,
die Frauen sitzen beim Auto, lesen Lie-
besromane oder hören Radio.

In **Margate**, ein paar Meilen südlich
von Atlantic City, bietet **Absecon
Beach** die jugendlichere und gesellige-
re Alternative zum ruhigeren Brigantine und – einen Elefanten, die ebenso
haushohe wie berühmte »**Lucy**«, der
einzige Elefant der Welt, in den man
reingehen kann und aus dem man le-
bend wieder herauskommt. Natürlich
ist er nicht echt, sondern nachgebaut.

Das geschah 1881. Er diente als
Werbegag für einen Grundstücksmak-
ler, dann als Wahrzeichen und Blick-

fang für das »Elephant Hotel«, das sich
mit der Tierplastik wohl besonders bei
den Kindern beliebt machen wollte.
Anfangs leuchteten nachts »Lucys«
Augen, um den Seeleuten draußen vor
der Küste zuzuzwinkern, wo es lang-
ging. Dann verfielen Hotel und Galions-
figur, Holz und Blech. Doch in den
1970er Jahren nahm sich ein rühriges
»Save Lucy Committee« der Sanierung
des ulkigen Monsters an.

Am nächsten Morgen, wenn der
Wecker klingelt, hört sich das in Atlantic City so an, als rasselten die Münzen
in die eisernen Becken der Spielauto-
maten. Aber nichts da: *Farewell* statt
Jackpot!

Nach den grün beblätterten Röhren
der Parkways und Turnpikes weist zu
guter Letzt die silberne **Verrazano
Bridge** den Weg zum Flughafen in New
York.

Fenwick Island Lighthouse
RR 3, Fenwick Island, DE 19944
Zierlicher Leuchtturm von 1858 mit der Informationstafel über die historische Mason-Dixon Line.

Lewes Chamber of Commerce & Visitors Bureau, Inc.
120 Kings Hwy.
Lewes, DE 19958
✆ (302) 645-8073 oder 1-877-465-3937
Fax (302) 645-8412
www.leweschamber.com
Mo–Fr 10–16, Sa/So 10–14 Uhr
Im Fisher-Martin House von 1730 erhält man Auskünfte über die Stadt.

Zwaanendael Museum
102 Kings Hwy. (Savannah Rd.)
Lewes, DE 19958
✆ (302) 645-1148
Di–Sa 10–16.30, So 13.30–16.30 Uhr
Eintritt kostenlos
Stadtmuseum. Unterwasser-Archäologie des vor Ort gesunkenen Schiffs »De Braak« (Erdgeschoss). Oben: niederländische Kulturgeschichte.

Buttery Restaurant
102 2nd St.
Lewes, DE 19958
✆ (302) 645-7755
www.butteryrestaurant.com
Angenehmer Platz mit einfallsreicher Küche. Lunch und Dinner. $$–$$$

La Rosa Negra
1201 F Savannah Rd.
Lewes, DE 19958
✆ (302) 645-1980
www.larosanegrarestaurant.com
Italienische Leckerbissen und verführerische Desserts. Lunch Mo–Sa, Dinner täglich. $$

Hotel Rodney
142 2nd & Market Sts.
Lewes, DE 19958
✆ (302) 645-6466 und 1-800-824-8754
www.hotelrodneydelaware.com
Boutique Hotel (1926) im Zentrum. $$–$$$

Cape Henlopen State Park
42 Cape Henlopen Dr. (1 Meile östl. von Lewes in Nähe der Fähre)
Lewes, DE 19958
✆ (302) 645-8983
Ganzjährig 8 Uhr bis Sonnenuntergang
Eintritt $ 6
Kap der guten Erholung: Schwimmen, Wandern, Angeln, schöner Strand, Dünen, maritime Wäldchen und eine naturgeschützte Salzwasser-Lagune. Kein geringerer als William Penn erklärte das ihm 1682 übertragene Land als öffentlich und zum Nutzen aller. 1941 allerdings vereinnahmte die Navy diesen strategischen Posten und versteckte Bunker unter den Dünen; 1964 entstand der heutige State Park. Campground, Reservierung ✆ 1-877-98PARKS.

Fähre Lewes, MD – Cape May, NJ
✆ 1-800-643-3779
www.cmlf.com
Überfahrt: ca. 70 Min. Reservierungen mindestens 24 Std. vor Abfahrt. Ca. 1 Std. vor der Abfahrt dort sein – und warten.

Cape May Welcome Center
609 Lafayette St.
Cape May, NJ 08204
✆ (609) 884-9562
www.thejerseycape.net
Mai–Okt. tägl. 9–17 Uhr
Ehemalige Kirche (1853), heute weltliches Info-Center mit orientalisch angehauchter Cupola.

The Virginia Hotel
25 Jackson St., Cape May, NJ 08204
✆ 1-800-732-4236
Fax (609) 884-1236
www.virginiahotel.com
Hübsches Pfefferkuchenhaus (von 1879) mit 24 Zimmern in zarten Pastelltönen. *Afternoon tea.* Hervorragendes Restaurant (**The Ebbitt Room**; $$–$$$). $$$$

The Mainstay Bed & Breakfast Inn
635 Columbia Ave.
Cape May, NJ 08204
✆ (609) 884-8690
www.mainstayinn.com
Dieses viktorianische Prachtstück, ursprünglich ein Spielcasino und Herrenclub, hat das mit Abstand eleganteste Interieur weit und breit, *afternoon tea* und 16 Zimmer mit Frühstück. $$$$

 Emlen Physick Estate
1048 Washington St.
Cape May, NJ 08204-1737
✆ (609) 884-5404
Führungen ganzjährig
1879 erbaut von Frank Furness, einem Architekten aus Philadelphia. Museum für viktorianische Möbel, Kleider, Spiel- und Werkzeuge. Führungen.

 The Washington Inn
801 Washington St.
Cape May, NJ 08204-1651
✆ (609) 884-5697
www.washingtoninn.com
Edles Speiselokal (auch *garden dining*) in einem alten Plantagenhaus. Vorzügliche Steaks und Meeresfrüchte. Beachtlicher Weinkeller. Cocktail Lounge. Nur Dinner. $$–$$$

 The Lobster House
Fisherman's Wharf, Südende der Cold Spring Bridge (Garden State Pkwy.)
Cape May, NJ 08204
✆ (609) 884-8296
www.thelobsterhouse.com
Beliebter Lunch-Platz (und Fischmarkt) am Hafen. *Self service* mit frischen Meeresfrüchten: Hummer werden mit dem Holzhammer auf den Tischen zertrümmert. Cocktails, Lunch ($) und Dinner. $$–$$$

 Maureen Restaurant
429 Beach Dr. (Decatur St.)
Cape May, NJ 08204
✆ (609) 844-3774

Feine amerikanische Küche, viktorianisches Dekor. Terrasse mit tollem Meeresblick. Reservierung empfohlen. $$–$$$

 Lucy The Margate Elephant
9200 Atlantic & Decatur Aves.
 Margate City, NJ 08402
✆ (609) 823-6473
www.lucytheelephant.org
Eintritt $ 6/3
Spaß am Bau verrät dieser 90 Tonnen schwere Super-Elefant, der 1881 als Werbefigur für einen Grundstücksmakler gebaut wurde. Seit 1887 dient er als Touristenattraktion.

 Evergreen Woods Lakefront Resort
Rt. 575 & Moss Mill Rd.
 Pomona, NJ 08240
✆ (609) 652-1577
Campground mit 225 z.T. schattigen Plätzen, ganzjährig; See, Pool, Shuttle zu den Casinos in Atlantic City. Vom Garden State Pkwy. Exit 44, ALT 561 nach Süden.

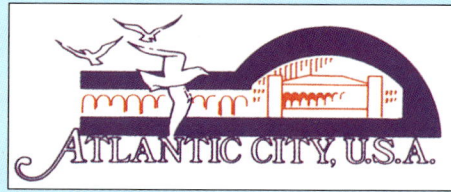

 The Greater Atlantic City Convention & Visitors Bureau
2314 Pacific Ave., Atlantic City, NJ 08401
✆ (609) 348-7100 oder 1-888-228-4748
Fax (609) 345-7287
www.atlanticcitynj.com
Auskünfte aller Art. Bei Anruf manchmal Hotel-Schnäppchen.

 Quality Inn Casino City
500 N. Albany Ave.
 Atlantic City, NJ 08401
✆ (609) 344-9085 und 1-877-424-6423
 Fax (609) 345-4049
85 Zimmer mit Kabel-TV, Pool. $$

Trump Taj Mahal Hotel & Casino
1000 Boardwalk
(Virginia Ave.)
Atlantic City,
NJ 08401
✆ (609) 449-1000
und 1-800-825-8786
www.trumptaj.com
Exotisch drapiertes
Mega-Casino (Baukosten 1 Milliarde
Dollar) mit 42 Stockwerken, Marmorbö-
den und Kristalllüstern, 3000 einarmigen
Banditen, Bars, Restaurants, Fitnessräu-
men und Dachpool.
$$$–$$$$

Die **Casinos** sind rund um die Uhr geöff-
net; Mindestalter 21 Jahre. **Tickets** für die
Shows kann man reservieren bei den
Vorverkaufsstellen der einzelnen Casi-
nos (casino box offices) oder bei **Ticket-
master,** ✆ 1-800-736-1420, www.ticket-
master.com.

Restaurants in den Casinos und im
Ocean One Pier haben meist moderate
Preise. Buffet-Empfehlung: **Food Court
Buffet** im 2. Stock des **Sands Casino** (S.
Indiana Ave.).

Pickles
Bally's Park Place Casino Resort am
Boardwalk
Atlantic City, NJ 08401
✆ (609) 340-2320
Delikatessen jüdischer Geschmacks-
richtung: cheese blintzes, matzo balls,
pastrami sandwiches u.a. $

Dock's Oyster House
2405 Atlantic Ave. (zwischen Florida &
Georgia Aves.)
Atlantic City, NJ 08401
✆ (609) 345-0092
www.docksoysterhouse.com
Seit über 100 Jahren auf Fisch eingestellt.
Altmodisch, angenehm. Gute offene
Weine! $$–$$$

Angelo's Fairmount Tavern
2300 Fairmount & Mississippi Aves.
Atlantic City, NJ 08401
✆ (609) 344-2439
www.angelosfairmounttavern.com
Bodenständiges italienisches Familien-
restaurant. $$–$$$

Capriccio
North Carolina Ave. & 1133 Boardwalk
(Resorts Casino Hotel)
Atlantic City, NJ 08401
✆ 1-800-932-0734
Exquisite Atmosphäre und hervorragen-
de italienische Küche mit Blick auf den
Atlantik. Reservierung empfohlen.
$$$

Clipper Ship Motel Apartments
105 E. Brigantine Ave.
Brigantine, NJ 08203
✆ (609) 266-7161
Fax (609) 266-4016
Einfach und strandnah. $$–$$$

FantaSea Resorts La Sammana
1400 W. Brigantine Ave.
Brigantine, NJ 08203
✆ (609) 266-4000 und 1-800-647-7890
www.fantasearesorts.com
Solides Motel in Strandnähe. $$–$$$

Wichtigstes Fest:
Die 4-tägige Wahl der **Miss America
Pageant** in der Woche des 2. Montags im
Sept.

Atlantic City

① Reif für die Inseln
Die Outer Banks

1. Route: Virginia Beach – Nags Head, NC (194 km/121 mi)

km/mi	Zeit	Route
0	10.00 Uhr	Von **Virginia Beach:** Hwy. 44, I-64 East, US 17 South, US 158 East über Elizabeth City und Kitty Hawk nach
194/121	12.30 Uhr	**Nags Head**; die US 158 ist hier die Durchgangsstraße *(bypass);* näher am Wasser verläuft die S 12.

Extras: Von Nags Head liegt ein Abstecher nach **Roanoke Island** nahe, zum Fort Raleigh, dem restaurierten englischen Fort von 1585, und den benachbarten **Elizabethan Gardens** (von der Whalebone Junction: US 64 Richtung Manteo, danach Zeichen folgen): sehenswerte Gartenanlagen am Roanoke Sound mit herrlichen alten Eichenbäumen voller *Spanish moss;* tägl. geöffnet, ℂ (252) 473-3234, Eintritt $ 5. Daneben liegt das **Lost Colony Theatre**, eine Freilichtbühne, die seit nunmehr fast 60 Sommern die Landung der ersten englischen Siedler melodramatisch nachspielt – mit vielköpfiger Komparserie, Feuerwerk und Spezialeffekten; tägl. außer Sa, Tickets und Auskunft vorher: ℂ (252) 473-3414. Bei Manteo ankert die **»Elizabeth II«**, der Nachbau eines für das 16. Jh. typischen Einwandererschiffs. Eintritt $ 4.

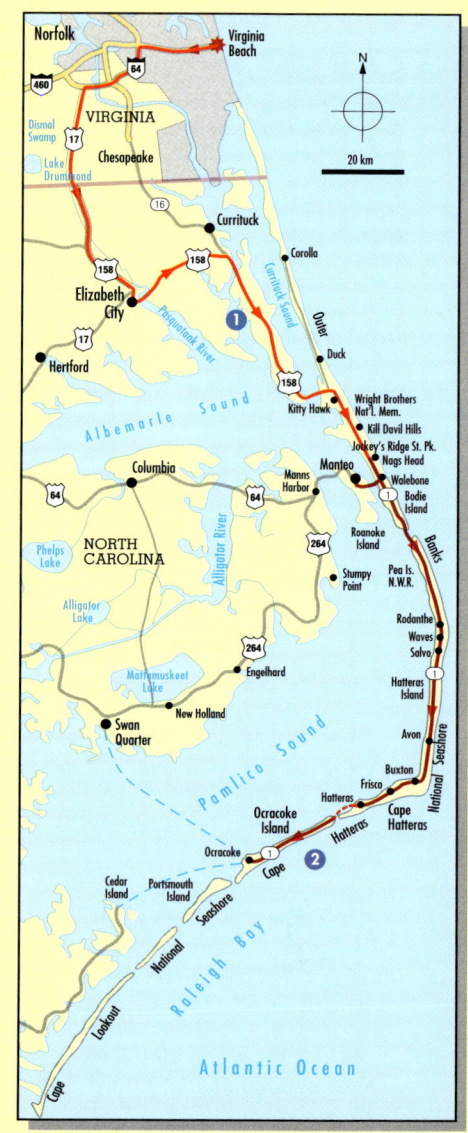

Südlich von Norfolk, nach der Überquerung des Elizabeth River, wird aus der US 17 eine schöne Waldstraße in einem riesigen Sumpfgebiet, dem **Great Dismal Swamp**.

Sümpfe haben es in sich. Die neue Vegetation schießt schneller empor, als die alte verrotten kann, und so wächst eine Torfschicht oberhalb des alten Sandbodens, der in uralten Zeiten einmal der Meeresboden war. Diese Schicht bildet zusammen mit den Wurzeln der Wasserpflanzen eine meterdicke schwimmende Torfmasse, den so genannten *peat*, eine Art Superschwamm. Das schwarzbraune Wasser rührt vom hohen Gerbsäuregehalt der Gummibäume und Zypressen her. Also verschmutzt? Nein, es ist so sauber und haltbar, dass es die Seeleute früher als Trinkwasser bei Atlantiküberquerungen mitnahmen.

Während sich rechts hinter den Bäumen der Sumpf erstreckt, breiten sich auf der linken Seite die erschlossenen Felder aus, die vor noch nicht allzulanger Zeit dem Urwald abgerungen wurden.

WELCOME TO NORTH CAROLINA: Mehr noch als bisher in Virginia zeigt jetzt der Süden ringsum seinen grünen Pelz. Bäume gleichen wuchernden Skulpturen, viele Lianen verschlingen sich so wild im Astwerk, dass die Bäume doppelte Kronen bekommen, eine oben, eine unten. An manchen Stellen drängen sich Nadelhölzer vor, die, vom Wind gebeutelt, wie gerupfte Hühner aussehen. Versöhnlich und konstant wirken dagegen nur die kleinen Baptistenkirchen, die weißen Wohnzimmer Gottes.

Hinter **Elizabeth City** führt der Highway über den Pasquotank River, aus dessen Fluten sich die Luftwurzeln recken, die die Zypressen am Leben halten. Rostige Scheunen wechseln mit schlanken Speichern, das einzig Aufrechte im platten Rund von Obstkultur und Landwirtschaft. Erst der Intracoastal Waterway, dann der Currituck Sound – Brücke auf Brücke ebnet die letzten Meilen zum Meer, zu dessen »äußeren Gestaden«, den **Outer Banks**, der von vielen Geschichten und Legenden umwobenen Kette aus *barrier islands*. Ihre Nasen haben sie tatsächlich vorn im Wind, den Rest aber noch im Windschatten des Massentourismus – und das

führt zu den schönsten Stränden, Dünen, Marschen und maritimen Wälder zwischen New York und Georgia.

Kartographische Darstellung der Outer Banks als »Friedhof des Atlantiks«

Stürmischer Natur war auch die Geschichte dieser weit in den Atlantik geschobenen insularen Vorhut, und sie verursachte oft Verwirrung und Ungemach. 1524 landete Giovanni da Verrazano hier und wähnte sich vor der Küste Chinas. Hinterhältige Strömungen und Untiefen ebenso wie tropische Hurrikane und wilde Nordostwinde *(nor'easters)* übertrafen sich beim Schiffeversenken. Erst im Laufe des vorigen Jahrhunderts wurden die Unglücksfälle durch ein dichtes Netz aus Leuchttürmen und Rettungsstationen gemildert.

Was Wind und Wetter nicht schafften, das besorgten die Piraten. Neben Charleston, South Carolina, waren North Carolina und hier vor allem die seichten *sounds* und *inlets* der Outer Banks bis ins 18. Jahrhundert hinein als beliebter Unterschlupf für Freibeuter, Flüchtige und illegale Händler bekannt.

Rauhe See und rauhe Sitten – daran denkt heute kaum einer, der zwischen Nags Head und Ocracoke zum Baden, Surfen, Angeln oder Windsurfen geht. Im Sommer sorgt der nahe Golfstrom für erfrischende Brisen, im Winter macht sich seine Milde angenehm bemerkbar, und ganzjährig schüttet er sein reiches Sortiment an *frutti di mare* aus. Kurz, die Outer Banks sind ein Paradies für Faulenzer, Sportangler und Brandungsfischer.

Unmerklich kriecht die fragile und bewegliche Inselgruppe langsam Richtung Festland, weil der Sand von der See- auf die Sundseite getragen wird. Doch obwohl sich die Inseln der Küste nähern, erweitern und vergrößern sich die *bays* und *sounds* des Wattenmeers, denn zum einen steigt der Wasserspiegel der Weltmeere überhaupt, und zum anderen entwickelt sich dadurch an der Festlandküste ein Wellenschlag, der diese schneller erodieren lässt, als sich die Inseln auf sie zubewegen.

Die erste Siedlung auf den drei schmalen Inseln Bodie, Hatteras und Ocracoke Island, die als **Cape Hatteras National Seashore** seit den 50er Jahren des verflossenen Jahr-

Dünenwanderung im Jockey's Ridge State Park

hunderts unter Naturschutz stehen, heißt **Kitty Hawk,** und der Name, der schon 1738 auf der Landkarte auftauchte, ist, wie die meisten hier, indianischen Ursprungs: »Killy Honk« hieß »Zeit der Gänsejagd«.

Die Wetterstation von Kitty Hawk war es auch, von der aus Orville Wright eine Nachricht telegraphierte, die aus der Luftfahrtgeschichte nicht mehr wegzudenken ist. Kurz zuvor, am 17. Dezember 1903, hatte er sich von den nahen Kill Devil Hills in einem motorisierten Gleiter in die Lüfte erhoben und 41 Meter zurückgelegt, für die er genau zwölf Sekunden brauchte. Noch am selben Tag verlängerte sein Bruder Wilbur auf 284 Meter und 59 Sekunden. Seither ist diese Großtat auf den Autokennzeichen von North Carolina festgeschrieben: FIRST IN FLIGHT.

Kill Devil Hills – was für ein Name! Man erklärt ihn gern mit dem Hinweis auf eine besondere Rumsorte, die aus den Wracks angespült wurde, denn der »Kill Devil« muss ein Ratzeputz gewesen sein.

Wo einst die flugbesessenen Brüder starteten, herrscht immer noch Fluglust. Ein bisschen weiter südlich, bei den hohen Dünen von **Jockey's Ridge State Park,** suchen die *hang glider* und *parashuter* ihr Glück über den mächtigen »Gletschern aus Sand«. Die verhältnismäßig schwache Brandung hat die ungewöhnliche Höhe dieser Dünen ebenso gefördert wie die Tatsache, dass es aus den Ablagerungen der vielen Flüsse überhaupt viel Sand zu verteilen gibt.

In **Nags Head** laden erst einmal kleine Kunstdschungel, Go-Karts, Minigolfplätze und andere Vergnügungen zum *family entertainment,* späte Nachkommen jener Seebad-Ambitionen, die der Ort schon früh verspürt hat. Bereits 1830 gab es hier ein Hotel für 200 Badegäste, die für ganze 75 Cent pro Tag mit Vollpension ihre Sommerfrische verleben konnten, um den Mücken der Plantagen zu entkommen.

Früher, so wird erzählt, hätten die Landpiraten ihren Gäulen (*nag* = alter Gaul) Laternen um den Hals gehängt und sie in den Dünen und am Strand auf und ab getrieben, um den Jungs auf See einen einladenden Hafen vorzutäuschen. Als die Schiffe dann auf die Sandbänke liefen, ging es der Besatzung an

Optische Täuschung in Nags Head: Die Laternen sollten den Schiffern einen Hafen vortäuschen

den Kragen. Später (1825) reagierten die Behörden auf derlei optische Täuschungen. Der Kongress stellte unter Strafe, am Strand Lichter anzuzünden, die Schiffe verwirren und in Schwierigkeiten bringen konnten.

Heute ist Nags Head typisch für die Outer Banks, wo man mühelos eine Woche lang mit einem T-Shirt und einer Hose auskommen kann, fernab von den Ritualen des amerikanischen Freizeitvertreibs, von Boardwalks, Transistoren und Sportmaschinen, aber auch von Golfplätzen, Racquet-Clubs und Gourmet-Restaurants. Statt dessen kann man laufen und lesen, dösen und Drachen steigen lassen oder nachts im Mondschein den Sternenhimmel oder die *ghost crabs* beobachten.

Abends, an der Bar, macht sich aber auch Ärger Luft. In den letzten Jahren habe sich einiges verschlechtert. »Things have become awful. It's just like the coast of New Jersey.« Das ist sicher übertrieben, aber tatsächlich sind auf Bodie Island in den letzten Jahren mehr und mehr Zweithäuschen, Shopping Centers und Tankstellen aus dem Sand geschossen. Dagegen seien die Inseln nördlich von Kitty Hawk ganz anders: Duck zum Beispiel – mehr *high class* und waldig, so dass man sich vorstellen könne, wie es in Nags Head einmal ausgesehen hat, bevor das ganze Holz der Bäume verbaut wurde. Von neuzeitlicher Erosion gäb's da keine Spur,

*Amerikas erstes Baby britischer Herkunft:
Virginia Dare*

der Sand bleibe da, wo er sei, und die Dünen
würden von nichts anderem zusammenge-
halten als vom Strandhafer. Das geschmack-
volle Shopping Center von Scarborough
Faire liege schattig unter Bäumen – ein höl-
zernes Ensemble aus Gazebos, Bänken und
Boutiquen. In der Tat, von »Stuck in Duck«,

Elizabethan Gardens, Roanoke Island

dem alten Slogan (»begraben in Duck«), redet längst keiner mehr.

Am Strand, die Dünen im Rücken, sind die
Inselfreuden allerdings auch in Nags Head
ungetrübt. Die zwischen Blau und Grün
changierenden Wasserfarben wirken frischer
und klarer noch als in Virginia Beach. Hier
findet man versteinerte Muscheln und ab und
zu einen toten Kugelfisch, während sich die
Pelikane ins Wasser stürzen, um mit gefüllten
Maultaschen wieder aufzutauchen.

Ein Extratag in Nags Head käme für einen
Ausflug nach Roanoke gelegen, zu jener Insel, die Sir Walter Raleigh für den ersten kolonialen Gründungsversuch 1585 inspirieren
ließ. Zwei Jahre später setzten seine Kapitä-
ne die 150 Siedler an Land, und während das
erste amerikanische Mädchen britischer Eltern, Virginia Dare, das Licht der Welt auf
Roanoke Island erblickte, fuhren die Crew
nach England zurück, um Nachschub und
weitere Siedler zu holen.

Bei ihrer Rückkehr fanden sie das Dorf
von Roanoke verlassen. Nur der Name eines
Indianerstamms, CROATOAN, war in einen
Baumstamm geritzt. Ob die Siedler mit
freundlichen Indianern weitergezogen waren?
Man fand keine Spuren. Die einzige elisabethanische Kolonie Nordamerikas, der von
Raleigh und Elisabeth I. gemeinsam gehegte
te Traum einer dauerhaften Kolonie, verschwand auf rätselhafte Weise von der Bildfläche. Erst 20 Jahre später sollte er sich in
Jamestown erfüllen. Dennoch gilt Raleigh als
der eigentliche »Vater des englischen Amerikas«.

Bei **Manteo** wird die Insel besonders dem
Geschichts- und Gartenfreund gut gefallen,
weil er dort die »Elizabeth II«, einen typischen
Segler aus dem 16. Jahrhundert, die Reste
des historischen **Fort Raleigh** und die hübschen Gärten der **Elizabethan Gardens** bewundern kann.

Britische Töne sind den Inseln auch sonst
nicht fremd. Das liegt an deren eigenartigen
Menschenschlag, »hoi toiders« genannt, die
ihren eigenen Dialekt, den *high tide accent*,
sprechen. Leute, die man jederzeit nach
Südengland verfrachten könnte, ohne dass
ihr »Hochwasser-Akzent« dort auffallen würde.

Infos: Nags Head, Manteo

 Outer Banks Visitors Bureau
One Visitors Center Circle
Manteo, NC 27954
℗ (252) 473-2138 und 1-877-629-4386
Fax (252) 473-5777, www.outerbanks.org

 Wright Brothers National Memorial
US 158 Bypass, Milepost 8
Kill Devil Hills, NC 27954
℗ (252) 473-2111
www.nps.gov/wrbr
Sommer 9–18, sonst 9–17 Uhr
Eintritt $ 4
Denkmal für die Flugpioniere Orville und Wilbur Wright, denen hier am 17. Dez. 1903 der erste motorisierte Flug gelang oder besser gesagt: eher ein Luftsprung. Das Visitor Center zeigt Faksimiles der Flugmaschinen.

 Jockey's Ridge State Park
US 158 Bypass, Milepost 12 1/2
Nags Head, NC 27959
℗ (252) 441-7132
www.jockeysridgestatepark.com
Im Sommer tägl. 8–21, sonst früher geschl. Die höchsten Dünen an der Ostküste: Drachenfliegen, Klettern, Picknick. Auch Flugkurse, Anmeldung z.B. **Kitty Hawk Kites**, 3933 NS. Croatian Hwy., Nags Head, ℗ (252) 449-2210.

 Nags Head Inn
4701 S. Virginia Dare Trail
Ocean Front, Milepost 14
Nags Head, NC 27959
℗ 1-800-327-8881
www.nagsheadinn.com
Nicht besonders attraktiv, aber nah am Wasser, mit Pool und Spa. $$–$$$

 Days Inn Oceanfront – Wilbur & Orville Wright
 101 N. Virginia Dare Trail, Milepost 8 1/2
Kill Devil Hills, NC 27948
℗ (252) 441-7211 und 1-800-325-2525
www.outer-banks.com/days-oceanfront
Einfaches Motel am Meer, Pool. Mit kleinem Frühstück. $$–$$$

 Camping
14 km südl. von Nags Head, Nähe Oregon Inlet, südl. von Coquina Beach
Wie alle 5 Campingplätze der Cape Hatteras National Seashore: Duschen, Trinkwasser, Grills, Toiletten; keine *hookups*; Juni–Aug. durch Ticketron zu reservieren. Oregon Inlet, Cape Point in Buxton, Frisco nur *first come, first served*.

 Sam & Omie's
7228 S. Virginia Dare Trail
 Nags Head, NC 27959
℗ (252) 441-7366
Oldtimer für Seafood und Kleinigkeiten: ideal zum Frühstück, aber auch Lunch und Dinner. Bar. $

 The Blue Point Bar & Grill
1240 Duck Rd.
 Duck, NC 27949
℗ (252) 261-8090
www.goodfoodgoodwine.com
Eklektische Küche: frisch, raffiniert, auch fürs Auge. Probieren Sie *tuna sushi* und die Nachspeisen. Dazu unterhaltsame Ausblicke auf Enten und den Sonnenuntergang über dem Currituck Sound. Im Winter Mo/Di geschl. $$–$$$

 Elizabeth's Cafe & Winery
1177 Duck Rd.
(Scarborough Faire Shoppes)
Duck, NC 27949
℗ (252) 261-6145
www.elizabethscafe.com
Schattig im Grünen: originelle Gerichte, umfangreiche Weinkarte. Nur Dinner. Reservierung empfohlen. $$$

 Weeping Radish Brewery & Bavaria Restaurant
North Caratoke Hwy.
Jarvisburg, NC 27947
℗ (252) 491-5205
www.weepingradish.com
Bayern auf Roanoke Island: Schnitzel, Würstl, Sauerkraut und selbstgebrautes Bier vom Fass. Lunch und Dinner. $–$$.

② Im Wind die Nase vorn
Nags Head, Cape Hatteras, Ocracoke

2. Route: Nags Head – Ocracoke (122 km/76 mi)

Die Route finden Sie in der Karte auf S. 216.

km/mi	Zeit	Route
0	10.00 Uhr	Von **Nags Head** S 12 nach Süden
10/ 6		Ausfahrt zum **Bodie Lighthouse** (Stopp ca. $^1/_2$ Std.) und weiter über Rodanthe, Salvo, Avon, Buxton zum
77/48	11.30 Uhr	**Cape Hatteras Lighthouse** (Pause 2 Std.). Weiter nach Süden über Frisco nach Hatteras Village und zur
101/63	14.00 Uhr	Fähre (ca. 35 Min. Fahrt) nach
122/76	15.00 Uhr	**Ocracoke.**

Alternativen: Für Camper gibt es reihenweise schöne Plätze auf der Insel, z. B. südlich von Salvo, **Camp Hatteras** (Cape Point) und **KOA** (bei Rodanthe) oder östlich von Frisco, nordöstlich von Ocracoke. – Wer abkürzen möchte, kann über Washington nach New Bern fahren: Von Nags Head US 64, US 264 – landschaftlich abwechslungsreich, durch Swamps und wasserreiches Tidewater. Engelhard und New Holland wirken schon recht südstaatlich mit adretten Holz- und heruntergekommenen Schrottvillen, begrünten Schuppen und Scheunen, Fischern und weißgetünchten Kirchen.

Beim Frühstück sind die Tische in der Holzbude rappelvoll. Die meisten futtern Bratkartoffeln, trinken Bier und kommentieren lautstark die Sportschau im Fernsehen. Diese groben Gesellen mit den kessen Baseballkappen auf den wüsten Haaren vertreten das, was man hier *Outer Bankish* nennt. Sie setzen als moderne Breakfast-Piraten das Erbe von Blackbeard fort, das noch nie für zarte Gemüter bestimmt war.

Im Nu beginnt südlich von Nags Head das Naturschutzgebiet, das erst einmal meilen-

weit der Bauwut erfolgreich Paroli bietet. Nach ein paar Meilen geht es rechts ab zum **Bodie Island Lighthouse** mit seinem **Natural History Museum** bzw. links zum **Coquina Beach**, benannt nach der kleinen farbenfrohen Muschelsorte *(coquina clam) und* einer der besten Inselstrände zum Baden und Picknicken, mit Badehäuschen und dem Wrack der »Laura Barnes«, die 1921 hier strandete. Die Überreste des Schiffs haben inzwischen ein touristisches *upgrading* durchgemacht. Sie sind vom wertlosen Abfallholz zum tragischen Skelett romantischer Seefahrtsträume geworden.

Das Pea Island National Wildlife Refuge erstreckt sich zwischen dem Oregon Inlet und Rodanthe. In den Vogelgebieten, in denen Kanada- und Schneegänse zwischen September und Mai alljährlich Winterurlaub machen, gibt es Beobachtungsdecks, *self guided trails*, und jede Menge Parkplätze – für Strandliebhaber und Surfer.

Wenig später verraten Ferienwohnungen in Gestalt penetrant grauer Holzhäuser, welche Wege die Liebe zur Natur auch gehen kann. Sie stehen nicht nur klumpenweise auf Stelzen, gestelzt wird auch für sie geworben. DARE TO DREAM THE IMPOSSIBLE DREAM, lautet das Motto der Makler.

Unter den zahlreichen Rettungsstationen ist **Chicamacomico** (gesprochen: tschike me'-KA:miko) die am besten konservierte. Auch die kleinen Nester Salvo oder **Avon** haben kleine *life saving stations*, aber wenig *life*. Avon, das bis 1873 übrigens Kinnakeet hieß, war einmal berühmt für seinen Schiffsbau, denn die dichten Zedern- und Eichenwälder ringsum eigneten sich bestens zum Bau der Clipper und Schoner. Das ging so lange, bis der Raubbau den Wäldern den Garaus machte und das Terrain mehr oder weniger den Sanddünen überlassen blieb.

Eine Vertikale bringt schließlich Spannung in die Inselbilder: der wie ein steinernes Mikadostäbchen alles überragende Leuchtturm von **Cape Hatteras**. Vorn am schäumenden Wasser kann man umherlaufen, die Luft genießen, den Surfern und springenden Delphinen zusehen, baden. Das traumhaft klare Wasser lädt, mal grün, mal blau, dazu ein.

Die Rangerstation befasst sich mit der Vergangenheit und verrät deshalb einiges über den »Friedhof des Atlantiks« im Umfeld von Cape Hatteras. Östlich des Leuchtturms, wo der warme Golfstrom aus dem Süden und die kalten Wasser aus dem nördlichen Labrador aufeinander treffen, reichen unter Wasser Sandbänke *(diamond shoals)* rund 15 Kilometer weit ins Meer, die Hunderten von Schiffen zum Verhängnis wurden.

Während der beiden Weltkriege haben deutsche U-Boote hier Handels- und Kriegsschiffe abgeschossen und damit den bisher

Wrack der »Laura Barnes«, Coquina Beach

jüngsten Beitrag zur hohen Todesquote dieser Gegend geleistet, die ihr den Namen Torpedo Junction einbrachte. Zwischen Januar und August 1942 versenkten hier ganze acht U-Boote 397 Schiffe und damit mehr Tonnage, als Japan im ganzen Pazifik zerstörte. 5 000 Menschen kamen dabei um.

Buxton sieht so aus, als sei es schon etwas in die Jahre gekommen – mit wettergeprüften Holzhäusern, gemütlichen Veranden und einer kleinen Dorfbuchhandlung. Am Südende der Insel wird die Vegetation üppiger, was man an den hochgewachsenen, verkrüppelten und verwilderten Urbäumen erkennen kann. Irgendwo baumelt eine dreistöckige Hängematte: Die Knüpfkünste der (Outer) Banker sind bekannt.

In **Hatteras Village** (einige Motels, Restaurants, Camping) führt das unübersehbare FERRY-Zeichen zur Fähre, die eine halbe Stunde bis nach **Ocracoke Island** braucht, der nächsten Insel in der Reihe, die sich linker Hand mit Dünen, rechts wie ein Stück Amrum einführt – wären da nicht die allamerikanischen *telephone poles*.

Kurz vor dem Ort Ocracoke tummeln sich die »Ocracoke Banker Horses«, rund zwei Dutzend wilde Ponys, deren Herkunft unklar ist. Seit dem Bau der Straße leben sie aus Sicherheitsgründen eingezäunt unter der Aufsicht des Park Service. Draußen, wo Ozean und Inlet sich treffen, siedeln Ibisse, die ebenso aus Afrika eingewandert sind wie die *egrets*, die weißen Reiher, die man allenthalben beobachten kann.

Ocracoke ist ein pittoreskes Fischerdorf und zugleich die älteste Siedlung auf den Outer Banks. Die ersten Europäer ließen sich hier bereits um 1500 sehen; Anfang des 18. Jahrhunderts wurde der Ort als Lotsensiedlung anerkannt, 40 Jahre später dann als Stadt. Sein Hafen eignete sich für Schiffe mit größerem Tiefgang und als *hangout* und Operationsbasis für Piraten, allen voran für den legendären Blackbeard.

Die Hochsaison der Freibeuter in diesen Gewässern fiel in die Jahre 1713–18. Zuvor schon hatten sich die überwiegend britischen Seeräuber an den reichbeladenen Handelsschiffen der Spanier in der Karibik und um die Bahamas schadlos gehalten. Als England allerdings gegen die schwarzen Flaggen der *buccaneers* vorging (unter anderem auch,

Leuchtturm in Ocracoke

weil selbst die eigenen Schiffe nicht verschont blieben), flohen viele Missetäter an die nordamerikanische Küste. Auch Blackbeard. Seit 1689 waren Piraterie und illegaler Handel in den Kolonien entlang der Festlandküste gang und gäbe – ein dickes Geschäft und obendrein auch noch von der Bevölkerung unterstützt, weil es deren antibritischer Einstellung entgegenkam. Die Handelsgesetze Englands waren so nachteilig für die Kolonien, dass man Plünderung und Schmuggel zollfreier Waren als legitim ansah.

Zunächst war Charleston, South Carolina, der beliebteste Hort der Piraten. Als jedoch der Druck der Obrigkeit wuchs, zogen sie sich nach North Carolina zurück, das dadurch um 1700 in den Ruf geriet, mit Freibeutern, Flüchtigen und Schwarzhändlern gemeinsame Sache zu machen.

Von Blackbeard, alias Edward Teach, soll auch der Name »Ocracoke« stammen. In Erwartung eines bewaffneten Konflikts am Morgen soll er ungeduldig und lautstark den Hahn zum Krähen animiert haben: »O crow cock.« (Dieser Version widersprechen allerdings ältere Landkarten, die den Ort mit dem indianischen Namen »Wokokon« ausweisen.)

Der Star-Pirat und Seeteufel wurde schließlich von der Royal Navy zur Strecke gebracht und hingerichtet. Erst mehr als zweihundert Jahre später schlossen Ocracoke und die britische Armee wieder Freundschaft. Da die Amerikaner zu Beginn des Zweiten Weltkrieges technologisch noch in den Kinderschuhen steckten, halfen Briten im U-Boot-Krieg aus. Deshalb gibt es noch heute einen britischen Friedhof, auf dem Gefallene aus dem Zweiten Weltkrieg begraben sind.

Ein Rundgang durch den Ort wird zwangsläufig vom **Silver Lake** ausgehen oder dort enden. Die Ränder der Hafenbucht säumen einige Shops und Marinas, von denen die Boote zum Thunfischfang und die Fähren auslaufen. Nicht nur das Hochseeangeln, auch das Brandungsfischen nach Barsch, Makrele, Forelle und Pompano ist beliebt. Neben Austern und Shrimps gilt die Flunder als der profitabelste Fisch.

Nicht weit vom Hafen liegt **Howard Street**, ein kleines Gedicht aus alten bewachsenen

Eichen und dichtem Grün, hinter dem sich hübsche Hütten mit Veranden und Schaukelstühlen verstecken, auch kleine Läden und lokales Kunsthandwerk. So hat ganz Ocracoke einmal ausgesehen, sagen die Alteingesessenen. Verständlich also, dass viele Ocracoker die *developers* am meisten fürchten.

Ein, zwei Gebäude des Dorfes, ohne Rücksicht auf die natürliche Umgebung gebaut, werfen bereits Schatten voraus und schüren die Angst, dass die Küste von New Jersey dereinst sogar bis nach Ocracoke reichen könnte. Aber noch ist es so, dass die Leute kommen, weil Ocracoke nichts zu bieten hat, weder TV noch Shopping Malls, Fun Parks, Schickimickis oder Yuppies.

Ocracoke, die Gemütlichkeitsoase. Nicht zuletzt rührt das auch daher, dass der Ort zum *Bible Belt* gehört, zu jener Region der USA also, in der die Einflüsse der Kirche, insbesondere der Baptisten und Fundamentalisten stark und die *liquor laws* entsprechend streng sind. Alkohol gilt schlicht als Teufelszeug. Noch heute gibt es deshalb Farmer, die mit dem Auto herumfahren und trinken, weil ihnen das ihre Frauen zu Hause verbieten. Dennoch, Bibel hin, Gürtel her – trotz der

Howard Street, Ocracoke

Restriktionen soll es gerade auf den Inseln viele geben, die während der langen Winterabende Trost bei der Flasche suchen. Verständlich, denn gegen Ende jeden Jahres verwandelt sich die bunte Sommerfrische in einen fast menschenleeren Treff der kanadischen Wildgänse.

Im Gehege: Wilde Ponys auf Ocracoke

Cape Hatteras National Seashore (Park Headquarter)
1401 National Park Dr.
Manteo, NC 27954
℃ (252) 473-2111 und 1-877-444-6777
(Reservierungen für Camper)
Fax (252) 473-2595, www.nps.gov/caha
Naturschutzgebiet seit 1953. Infos zu naturkundlichen Fragen, Camping und Veranstaltungen.

Bodie Island Lighthouse
Nähe SR 12 (Schildern folgen)
Nags Head, NC 27959
℃ (252) 441-5711
Der erste im leuchtenden Trio auf dem kargen Kap: horizontal schwarzweiß gestreift, seit 1872 tätig, nachdem sein erster Vorgänger wegen Baufälligkeit und sein zweiter im Krieg kollabierte.

Cape Hatteras Lighthouse
Cape Hatteras, NC 27943
℃ (252) 995-4474
Im Sommer tägl. 9–17.30 Uhr
Eintritt $ 7/3.50
Ein schweres Erdbeben und an die 40 Hurrikane überstand der Leuchtturm von 1870, 69 m hoch, der höchste übrigens in den USA. Seit den Tagen, als der uniformierte Leuchtturmwärter seinen Vorrat an

Walöl prüfte und die 267 Stufen hochstieg, um die Linsen zu putzen, wirft der als Schwarzweiß-Spirale getünchte Backsteinturm seine warnende Lichtnadel über die gefährlichen Untiefen der küstennahen Atlantikwellen – seit Memorial Day 2000 eine halbe Meile weiter landeinwärts: Weil das Wasser über die Jahre immer näher gekommen war, musste der Aufrechte sicherheitshalber zurückversetzt werden – auf einem eigens gebauten Runway mit dem Tempo einer Meeresschildkröte von 30 cm in der Minute.

Während sich viele Ortsansässige gewünscht hatten, dass der zuständige National Park Service weitere Strandbefestigungen anbringt und Sand aufschüttet, entschloss sich dieser statt dessen zum Rückzug. 23 Tage dauerte der Turm-Transfer. Kosten: knapp 12 Mill. Dollar.

Fähre Hatteras/Ocracoke
℃ 1-800-293-3779, www.ncferry.org
Kostenlos, Fahrzeit 40 Min.

Ocracoke Island Campground
3 Meilen nördl. von Ocracoke, NC 27960
℃ (252) 473-2111 und 1-877-444-6777
www.ocracoke-nc.com/camp
Kann als einziger Platz auf den Outer Banks per Kreditkarte reserviert werden.

Captain's Landing
324 Hwy. 12 (Hafen), Ocracoke, NC 27960
℃ (252) 928-1999
www.thecaptainslanding.com
Geschmackvoll eingerichtete Suiten mit kompletter Küche und eigenen Schiffsanlegern. Balkone über dem Wasser: schöner Blick über den gesamten Silver Lake. Kostenlose Fahrräder. $$$$

Island Inn
100 Lighthouse Rd. (Nähe S 12)
Ocracoke, NC 27960
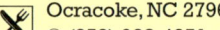
℃ (252) 928-4351 und 1-877-456-3466

www.ocracokeislandinn.com
Hübscher alter Inn mit traditionellem Restaurant (**Dining Room**, $–$$), be-

Silver Lake, Ocracoke Island

heiztem Pool und Sauna. Zimmer des historischen Gebäudes (1901) im Großmutterstil, im Anbau nüchterner. Kleines Frühstück inkl. Fahrradverleih. $$

Ocracoke Island Lighthouse
Point Rd.
Ocracoke, NC 27960
Die dritte Leuchte im Bunde, im weißen Uni-Look von 1823 und der älteste an der Küste von North Carolina.

Ocracoke Coffee Co.
226 Back Rd., Ocracoke, NC 27960
℡ (252) 928-7473
Hangout für schrullige *locals*. Angenehm zum Frühstück.

Back Porch Restaurant
110 Back Rd., Ocracoke, NC 27960
℡ (252) 928-6401
Schöne Veranda und angenehmer Service: *Seafood* mit einer Spur von *sophistication*. $$

Cafe Atlantic
1139 Hwy. 12 (Ortseingang)
Ocracoke, NC 27960

℡ (252) 928-4861
Solide Küche. *Dinner only* und – Sunday Brunch. $–$$

Pony Island Restaurant
51 Ocean View Rd. (Nähe S 12 und ausgeschildert), Ocracoke, NC 27960
℡ (252) 928-5701
Seit 1959: Solides zum Frühstück und Abendessen für die ganze Familie. $–$$

Village Craftsmen
170 Howard St., Ocracoke, NC 27960
℡ (252) 928-5541
www.villagecraftsmen.com
Kunterbunter Kunstgewerbeladen: Glasgeblasenes, Besticktes, Holzkästchen, Kacheln, Taschen, Fingerpuppen, Musikinstrumente etc.

Howard's Pub
S 12 (Ortseingang), Ocracoke, NC 27960
℡ (252) 928-4441
www.howardspub.com
Einzige Bar am Ort, aber, wie überall auf der Insel gibt's nur Wein und Bier (über 200 Sorten) zu Pizza, Hamburgern und Fisch. $–$$ ✤

③ Ins Hinterland
Beaufort, New Bern, Raleigh

3. Route: Oracoke – Beaufort – New Bern – Raleigh (299 km/187 mi)

km/mi	Zeit	Route
0	9.30 Uhr	Von **Ocracoke** mit der Fähre (vgl. S. 236, Überfahrt ca. 2 ¹/₂ Std.) nach **Cedar Island**. S 12 nach Süden, dann, südlich von Stacy auf US 70 über Smyrna nach
61/38	12.30 Uhr	**Beaufort** (am besten geradeaus weiter, im Ort über Live Oak St. bis Front St., dort rechts und zwischen Queen und Turner St. am Wasser parken (Pause ca. 1 Std.). – Von Front St. stadteinwärts über Turner, Orange oder Moore St. bis Cedar St. (= US 70), dort links weiter

	US 70. Vor New Bern: Abfahrt Front St. (NEW BERN HISTORIC DISTRICT), über die Brücke des Trent River, an Pollock St. links nach
121/ 76 14.30 Uhr	Downtown **New Bern**. Besichtigung von **Tryon Palace** oder Stadtrundgang ca. 2 Std. – Weiterfahrt: Broad St. (= US 17) nach Westen, US 70 West nach
299/187 18.30 Uhr	**Raleigh**; in der Stadt von US 70/US 401 auf Wilmington St. bis zur Höhe des **State Capitol** (Edenton St.) oder des Capital Area Visitor Center (Ecke Lane & Blount Sts.).

»Cupola House«, Edenton, 408 S. Broad Street

Alternativen und Zusatztage: In Ocracoke kann man die Reise beenden und kehrtmachen Richtung New York: Fähre nach Swan Quarter, US 264/S45 nach Washington, US 17 North über Windsor, Edenton, Elizabeth City nach Virginia Beach und von dort am nächsten Tag weiter. – Wer jedoch länger am Meer bleiben möchte, der sollte unbedingt auch die südlichen »Outer Banks« vor der Küste von North Carolina kennenlernen: durch (mindestens) zwei Extratage weiter nach Süden (siehe gestrichelte Routenskizze).

Zunächst aber gibt es gute Gründe, in der Gegend von **Beaufort** zu bleiben. Vom quirligen Hafen aus setzen Skipper zu den wunderschönen Sandstränden der **Shackleford Banks**, zu den Wildpferden auf **Carrot Island** oder zum Leuchtturm der **Cape Lookout National Seashore** über. Wer den Dingen auf den Grund gehen möchte, dem hilft das Tauchzentrum von **Morehead City** weiter. Es zählt zu den größten auf dem Kontinent. Kein Wunder bei all den Unterwasserschätzen, die hier vermutet werden: **Olympus Dive Center**, Morehead City Waterfront, 713 Shepard St., ℰ (252) 726-9432, www.olympusdiving.com.

In **Beaufort** selbst lohnt ein Besuch des **North Carolina Maritime Museum**, das Meerestiere, maritime Geschichte und Schiffsbaukunst zeigt und auch Boots-Exkursionen veranstaltet: 315 Front St., ℰ (252) 728-7317, Mo–Fr 9–17, Sa 10–17, So 13–17 Uhr. Einladende Unterkünfte: **The Cedars by the Sea** (mit Frühstück und Hängematte), 305 Front St., Beaufort, NC 28516, ℰ (252) 728-7036, Fax 728-1685, $$$$; **Inlet Inn** (größerer B&B im neokolonialen Look), ℰ (252) 728-3600, $$$. Dinner-Tipp: **Bluemoon Bistro**, 119 Queen St., ℰ (292) 728-5800, www.bluemoon bistro.biz. Raffinierte Vorspeisen, gute Fischgerichte und Weine, $$–$$$.

Für einen ruhigen Badetag eignen sich auch die **Bogue Banks** mit den Stränden von Atlantic Beach (10 km und 15 Min. Fahrzeit von Beaufort: In Morehead City links und bei der Ortseinfahrt von **Atlantic Beach** rechts halten und dem Schild NC AQUARIUM folgen). Alternative zum Baden: der Besuch des **North Carolina Aquarium at Pine Knoll Shores** am Hwy. 58, ℂ (252) 247-4003. – Übernachtung mit Blick aufs Meer, direkt am Strand, schön angelegter Garten in den Dünen: **Atlantis Lodge**, 123 Salter Path Rd., Atlantic Beach, NC 28512, ℂ (252) 726-5168 oder 1-800-682-7057, Fax 726-8103, www.atlantislodge.com, $$$. Zahlreiche **Campgrounds** gibt es auf der Insel in Salter Path und Emerald Isle.

Nur einen Katzensprung entfernt, am östlichen Zipfel der Insel, liegt **Fort Macon State Park**, ein sehenswertes Exemplar militärischer Backsteinbauweise des frühen 19. Jh. (1826–34). Die Konföderierten knackten es 1861, aber die Yankees holten es sich ein Jahr später wieder zurück. Wohltuend abgelegen zum Sonnen, Wandern und Besichtigen der Kasematten: tägl. 8 Uhr bis Sonnenuntergang., ℂ (252) 726-3775.

Eine Autostunde südlich liegt **Wilmington**, die 1732 von Briten gegründete Hafenstadt am **Cape Fear River**, die sich als ein überraschend prall gefülltes Schatzkästlein südstaatlicher Kolonialarchitektur entpuppt – mit hübschen Kirchtürmen, schmucken Stadtvillen und einem attraktiv aufgepäppelten Flussufer mit Bars und Restaurants zum Draußensitzen. Ja, es gibt sogar noch ein prächtiges altes Opernhaus (Thalian Hall). Seit Mitte der 1980er Jahre hat sich hier die Filmindustrie breitgemacht, mit viel Geld und noch mehr jungen Leuten.
Cape Fear Coast Convention & Visitors Bureau, 24 N. Third St., Wilmington, NC 28401, ℂ (910) 341-4030 oder 1-877-406-2356. Angenehmer Platz am Fluss zur Stärkung: **Elijah's**, Chandler's Wharf, 2 Ann St., ℂ (910) 343-1448 ($–$$); oder (daneben) **The Pilot House**, ℂ (910) 343-0200 ($$). In der Stadt empfiehlt sich mit soliden Pasta-Gerichten, Salaten und einer legeren Atmosphäre das **Caffe Phoenix**, 9 S. Front St., $–$$. Übernachtungstipps: **Wilmington**

Anglerfreuden bei Fort Macon

Hilton, 301 N. Water St., Wilmington, NC 28401, ✆ (910) 763-5900 oder 1-800-HIL-TONS, $$$; oder **Rosehill Inn** (intimer B&B) 114 S. Third St., Wilmington, NC 28401, ✆ (910) 815-0250 oder 1 800-815-0250, www.rosehill.com, $$– $$$.

Das muntere **Wilmington** (100 000 Einwohner) erweist sich zugleich als idealer Ausgangspunkt für Ausflüge (oder eine Rundreise) auf die vorgelagerten Inseln, auf denen Wasserratten und Strandläufer schnell ins Schwärmen geraten: **Wrightsville Beach, Carolina Beach, Kure Beach** und **Fort Fisher** (mit besonders schönem Strand) lauten die guten Adressen. – Übernachtungstipp: **Blockade Runner**, 275 Waynick Blvd., gleich am Strand, Wrightsville Beach, NC 28480, ✆ (910) 256-2251 und 1-800-541-1161, www.blockade-runner.com, $$–$$$.

Der mit Abstand beste Fleck – und auch nur mit der Fähre erreichbar – aber heißt **Bald Head Island**, ein in der Tat recht »kahlköpfiges« (und autofreies) Eiland mit einem poetischen Leuchtturm, herrlichen Dünen und uralten Eichenwäldern, die van Gogh nicht hätte knorriger malen können. Die weißen Sumpfvögel staksen wie leicht desorientierte Bibliothekare a.D. im Wasser herum, stets in sicherem Abstand zu den Alligatoren, die in den Lagunen auf der Lauer liegen. Und vor der Haustür hat man den wahrscheinlich feinsten

Old Baldy: der Leuchtturm auf Bald Head Island

Traumstand der südlichen Ostküste: **Cape Fear**. Nichts ist schöner, als hier herumzulaufen und den Pelikanen zuzusehen, die unermüdlich ins Wasser schießen, um mit gefüllten Maultaschen wieder aufzutauchen. Gut aufgehoben ist man im **Marsh Harbour Inn**, 21 Keelson Row, Bald Head Island, NC 28461, ✆ 1-800-680-8322, Fax (910) 454-9420, www.marshharbourinn.com, einem feinen B&B mit Blick auf Marina und Marsch. Die Gäste werden gut versorgt – u. a. mit einem Elektroauto und Fahrrad, um die Insel zu erkunden, außerdem mit einer Fax-Version der New York Times auf dem Frühstückstisch. Wein und Hors-d'œvres am Nachmittag, freier Zugang zu den Sportanlagen und dem Restaurant des Bald Head Island Club, www.marshharbourinn.com, $$$$. – Fährverbindung in Southport: ✆ 1-800-BY FERRY.

Reiseroute: Beaufort – Wilmington: US 70, S 24, 172 (= Abkürzung durch Militärgebiet, kein Problem), US 17 South, die in der Innenstadt zu Market St. wird und geradewegs in die historische Altstadt führt. Von hier nach Wrightsville Beach: den Schildern folgen (20 Min.). Whrightsville Beach – Carolina Beach: US 74, US 76, S 132, US 421 ($^1/_2$ Std.) und eine weitere halbe Stunde bis Fort Fisher und dem Anleger der Fähre nach Southport. Dort entweder zurück nach Wilmington (S 87, S 133, US 17) oder zur Fähre nach Bald Head Island (Schildern folgen; Überfahrt 20 Min.). – Wilmington – Raleigh: US 17 North, I-40 West, d. h. 206 km, 2 Std.

Über zwei Stunden lang bleiben die Möwen diesmal der Fähre treu, deren vibrierendes Eisen das Sonnenbad an Deck so richtig entspannend macht.

Nach der Landung in **Cedar Island** und der Begrüßung WELCOME TO THE CRYSTAL COAST folgen Kiefern und Marschland, zerfurcht von Wasserläufen, deren Fischreichtum an der Zahl der Angler und Vögel zu erkennen ist. Wie graue Girlanden bekränzen die ersten Sabberbärte von Spanischem Moos die Bäume (ziemlich die einzigen übrigens auf dieser Reise). Gelbe und orangefarbige Teppiche aus *wild flowers* säumen den

Neptun auf Kollegenfang: Tauchzentrum in Morehead City, North Carolina

Highway im Mai, und südlich von Stacy sind die ländlichen Kirchen sonntags von parkenden Autos umstellt. Auch in **Smyrna** fallen die vielen adretten Gotteshäuser auf, die hier offenbar ausschließlich von Weißen besucht werden.

Im stets aufgeräumten **Beaufort** (gesprochen: 'BOUfet) ermuntert die **Front Street** zum Shopping und der Boardwalk, wo die Freizeitkapitäne mit ihren *power boats* festmachen, zum Flanieren.

Als Hafenstadt hatte sich Beaufort von Anfang an gegen Überfälle von See aus zur Wehr setzen müssen, Mitte des 18. Jahrhunderts überfielen sogar die Spanier die englischen Kolonisten und besetzten die Stadt tagelang. Eine Reihe von Forts wurde gebaut, aber keins davon hat überlebt. Das heutige Fort Macon, ein Stück weiter auf der Insel Bogue Banks gelegen, ist neueren Datums und kam erst im Bürgerkrieg zum Einsatz: als Spielball zwischen den beiden Truppen.

Vor oder nach dem Lunch lohnt ein kleiner Rundgang durch das historische Städtchen, entweder über Front Street weiter nach Westen oder rund um jene so genannten »Restauration Grounds«, wo auch das **Welcome Center** liegt, das im historischen Joshua Bell House untergebracht ist. Gleich nebenan stehen weitere Zeugen der Frühgeschichte der 1722 gegründeten Gemeinde, einer der ältesten in North Carolina überhaupt: Gerichtsgebäude, Gefängnis und Apotheke. Der **Friedhof** um die Ecke an der Ann Street (Old Burying Grounds von 1731) bildet eine ebenso besinnliche wie schattige Oase zwischen den weißen Villen mit ihren umlaufenden Veranden, deren Bauart so aussieht, als wären Neuengland und die Karibik wie Wetterfronten aufeinandergetroffen.

Nach dem Abschied von Beaufort kommt es hölzern und knüppeldick, denn die US 70 schlägt durch den **Croatan National Forest** eine Schneise grüner Langeweile – da bleibt nur Augen zu und durch.

Um so mehr lohnt es sich, sie in **New Bern** wieder weit aufzumachen. Dieses Bern der Neuen Welt auf der Halbinsel am Zusammenfluss von Neuse und Trent River wirkt nämlich sehr behaglich und ist wie geschaf-

![Tryon Palace, New Bern]

Tryon Palace, New Bern

fen zum Gehen und Sehen, Sitzen und Schauen. Der Blick von den Brücken, vor allem von der über den Neuse River, bietet ansehnliche Panoramen mit Kirchtürmen und einer Moschee-Zwiebel (Sudan Shrine Temple), die etwas Exotik in die biedere Stadt-Land-Fluss-Szene bringt.

Das rund 28 000 Einwohner zählende New Bern wurde 1710 vom schweizerischen Baron Christoph von Grafenried gegründet, zusammen mit schweizerischen und pfälzischen Siedlern, die hier nach politischer und religiöser Freiheit suchten. Daraus entstand die zweitälteste Stadt in North Carolina. Die Indianer kannten den Platz unter dem Namen »Chattawka«: »der Ort, wo die Fische gefangen werden«.

Bei dieser Beschäftigung fühlten sie sich durch die neuen Siedler offenbar gestört, denn schon bald nach der Stadtgründung (übrigens in Form eines Kreuzes) nervten Aufstände der Tuscarora-Indianer die Eu-

ropäer derart, dass viele von ihnen in die Alte Welt zurückkehrten.

So richtig aufwärts ging es mit New Bern erst sehr viel später, und zwar durch den Schiffsbau. Als dann die Stadt dank so prosaischer Produkte wie Teer, Pech und Terpentinöl reich wurde, war dies zusammen mit ihrer strategisch vorteilhaften Lage zwischen zwei Flüssen die Voraussetzung für den Bau von **Tryon Palace**. Von ihm aus regierte der Königliche Gouverneur William Tryon nicht nur die Kolonie, sondern er nutzte ihn auch zur Inszenierung eines aufwändigen gesellschaftlichen Lebens. Später, als New Bern von der Hauptstadt der Kolonie zu der des Staates aufstieg, übernahm Tryon Palace die Rolle des ersten Kapitols von North Carolina.

Zwischen Unabhängigkeits- und Bürgerkrieg blieb die Stadt auf Erfolgskurs und entwickelte zugleich ein reges kulturelles Leben durch die Gründung von Schulen und

Akademien, Theatern und Kirchen. Nach dem landesweiten Tief der Reconstruction hatte New Bern abermals gute Karten: Die Holzindustrie sorgte für rasche wirtschaftliche Erholung. Und da war noch etwas. Kurz vor der Jahrhundertwende erfand der ortsansässige Apotheker C.D. Bradham in seinem Drugstore ein süßes Gesöff, das er als »Brad's Drink« verkaufte und das heute weltweit bekannt ist: Pepsi Cola.

Wer sich Tryon Palace schenken und lieber an die frische Luft möchte, der wird an dem alten Städtchen seine Freude haben. Ein kleiner Spaziergang führt vom Visitors Bureau in der Pollock Street Richtung Neuse River durch den Picknick Park, um Union Point herum am Ufer des Trent River entlang und über Hancock Street wieder zurück.

Wie zuvor bietet die US 70 auch weiterhin nicht viel. Erst nach einer Weile lichten sich die grünen Seitenvorhänge der Fahrrinne zugunsten bunterer Bilder. Zwischen Mais- und Tabakfeldern türmen sich frische Äpfel, Melonen und Pfirsiche an Straßenständen in Höhe von Dover, Kinston und Goldsboro.

Vor aufgelockertem Himmel wirft die tiefstehende Sonne ein versöhnliches Licht auf die Skyline von **Raleigh**, der Landeshauptstadt. Ihr Name erweist dem Vater des »englischen« Amerika ebenso Referenz wie der ländlichen Umgebung (*raleigh* = »Wiesen für das Wild«).

Die Großstadt, 1792 gegründet, löste New Bern als Regierungssitz von North Carolina ab. Trotz heftiger Neigungen für die Sache der Union entschloss man sich 1861 zur Sezession und machte Raleigh zum Hauptquartier der Konföderiertentruppen. Als General Sherman vier Jahre später einrückte, ergab man sich ohne Widerstand, was der Stadt eine Menge Ärger ersparte und ihr historisches Kostüm weitgehend rettete.

Ein bisschen länger als 200 Jahre hat sie gebraucht, um bisher rund 380 000 Menschen aufzunehmen und zu einem Wirtschaftszentrum heranzuwachsen, das zusammen mit den benachbarten Städten Durham und Chapel Hill eine der führenden amerikanischen High-Tech-Hochburgen bildet – mit ca. 1,6 Millionen Einwohnern im Einzugsbereich.

Die Capital Area, oder besser gesagt, die **Lafayette Street Mall**, ist reich an alten Bäumen, Blumen und plätschernden Brunnenbecken und insofern für einen ersten Eindruck wie geschaffen. (Wenn heute nicht mehr, dann morgen früh.) Die grüne Oase verdankt ihre schattenspendende Existenz der Tatsache, dass Raleigh, bevor es entstand, erst einmal auf Papier gemalt wurde: im typischen Schachbrettmuster, aber eben mit einer zentralen begrünten Mitte, in der sich die Regierungs- und Verwaltungsbauten großzügig verteilten.

Im Park der Mall steht das städtische Wahrzeichen als Skulpur: eine dicke Eichel. So wie in New York an Silvester ein großer Apfel auf die Stadt niedergeht *(The Big Apple)*, so tut das in Raleigh eine Eichel. Wegen der vielen Bäume verfiel man denn auch auf den Beinamen *city of oaks* oder *a park with a city in it.* »Freundliche Leute und viel Grün«, lautet deshalb der häufigste Kommentar der Stadtbesucher.

Verwöhnt durch die Architektur in Virginia, erscheint das **State Capitol** als ein eher durchschnittliches Werk des Klassizismus. Mit dem in Richmond, wo Thomas Jefferson seine planerische Hand im Spiel hatte, kann es nicht mithalten. Reizvoller ist da schon der Sitz des Gouverneurs, die **Executive Mansion**: ein schönes Beispiel ornamentaler Begabung des ausgehenden 19. Jahrhunderts.

Viktorianisches ist auch im angrenzenden **Oakwood Historic District** Trumpf. Hunderte von zierlichen Anwesen entstanden hier zwischen 1870 und 1900, ein Wohn- und Vorzeigeviertel in einem – den alten **Oakwood Cemetery**, einst für die Toten aus dem Lager der Konföderierten errichtet, eingeschlossen.

Lebendiger geht es gewöhnlich weiter südlich zu, in den Shops, Bars und Restaurants von **City Market**, dessen historische Markthallen, wie in vielen anderen US-Städten auch, gründlich saniert und modernen Freizeitbedürfnissen angepasst wurden.

Lauf-Faule können sich tagsüber getrost dem Pendelbus mit dem klingenden Namen »The Raleigh Trolley« anvertrauen, der für ein paar Cents an beiden Seiten der Mall entlangtrudelt.

Fähre Ocracoke – Cedar Island
Silver Lake, Ocracoke Island, NC
✆ 1-800-293-3779, www.ncferry.org
Fahrplan und Tickets telefonisch erfragen und unbedingt reservieren. Fahrtdauer: 2 1/4 Std. $15/Auto

Beaufort Historical Association Welcome Center
130 Turner St., Beaufort, NC 28516
✆ (252) 728-5225 und 1-800-575-7483
www.beauforthistoricsite.org

Clawson's 1905 Restaurant
425 Front St.
Beaufort, NC 28516
✆ (252) 728-2133
www.clawsonsrestaurant.com
Alteingesessene, gemütliche Gaststätte und Bar. Leichte oder deftige Kleinigkeiten zum Lunch ($-$$); abends volle Küche. $$–$$$

New Bern/Craven County Convention & Visitors Center
203 S. Front St., New Bern, NC 28563
✆ 1-800-437-5767
www.newbern.com

Tryon Palace Historic Sites & Gardens
610 Pollock St. (George St.)
New Bern, NC 28562
✆ (252) 514-4900 und 1-800-767-1560
www.tryonpalace.org
Mo–Sa 9–17, So 13–17 Uhr, Eintritt $ 15/6
Gebaut 1767–70 als Gouverneurssitz; später erstes Kapitol von North Carolina (1777). Der vom englischen Architekten John Hawks errichtete Bau bezog Elemente der Kolonialarchitektur ein, indem Ställe und Küche vom Haupthaus getrennt wurden; 1798 abgebrannt. Anfangs stieß der Bau nicht auf ungeteilte Zustimmung, denn viele *Carolinians* hielten den üppigen Palast für eine Verschwendung von Steuergeldern.

1952–59 wurde das Haus nach Originalplänen einschließlich der umgebenden Gärten wiederaufgebaut. Schöne Bibliothek, Salon im englischen Geschmack des ursprünglichen Hausherrn, Treppenhaus. Touren dauern 1 1/2 Std.

Im Umkreis stehen weitere historische Villen und Gärten: das schlichte John Wright Stanly House (307 George St.) von 1780 und das Dixon-Stevenson House von ca. 1828.

The New Bern Academy Museum
Hancock & New Sts.
New Bern, NC 28560
✆ (252) 514-4941
Mo–Sa 13–16 Uhr Eintritt $ 2/1
Die Akademie wurde 1764 gegründet. Der solide Backsteinbau mit Cupola-Häubchen zwischen den Kaminen zeigt Stadtgeschichte von 1710 bis zum Ende des Bürgerkrieges (u.a. die Rolle von New Bern als »a Union city in the midst of the Confederacy«; New Bern fiel schon 1862 in die Hände der Yankees und blieb dort). Der Schwerpunkt der Ausstellung liegt auf der Entwicklung des Erziehungssystems.

Christ Episcopal Church
320 Pollock St., New Bern, NC 28563
✆ (252) 633-2109
www.christchurchnewbern.com
Mo–Fr 9–17 Uhr
Ansehnliche Kirche (Grundmauern von 1750) mit schattigem Friedhof. Führungen.

The Chelsea
335 Middle & Broad Sts.
New Bern, NC 28560
✆ (252) 637-5469, www.thechelsea.com
Für *locals*: luftig und locker. Vom *Maryland crab cake* bis zur *shrimp quesadilla*. Tägl. Lunch, Dinner Mo–Sa. $–$$

Capital Area Visitor Center
5 E. Edenton St.
Raleigh, NC 27601
✆ (919) 807-7950 und 1-866-724-8687

http://ncmuseumofhistory.org/vs
Mo–Sa 9–17, So 12–17 Uhr
U.a. Stadtplan für eigene Rundgänge: Executive Mansion, Kapitol und viktorianisches Viertel von Oakwood.

Greater Raleigh Convention & Visitors Bureau
421 Fayetteville Street Mall, Suite 1505
Raleigh, NC 27601
✆ (919) 834-5900 und 1-800-849-8499
Fax (919) 831-2887
www.visitraleigh.com

Clarion Hotel – State Capitol
320 Hillsborough St.
Raleigh, NC 27603-1786
✆ (919) 832-0501 und 1-877-424-6423
Fax (919) 833-1631
www.clarionhotel.com/hotel/NC376
Hotel in zentraler Lage, Pool, Sauna, Fitnesscenter und Dachrestaurant. $–$$$

The Oakwood Inn Bed & Breakfast
411 N. Bloodworth St.
Raleigh, NC 27604
✆ (919) 832-9712, Fax (919) 836-9263
www.oakwoodinnbb.com
Passend zum viktorianischen Villenviertel von Oakwood: 6 Zimmer mit Kamin, reichliches Frühstück. $$$–$$$$

The William Thomas House Bed & Breakfast
530 N. Blount St.
Raleigh, NC 27604
✆ (919) 755-9400 und 1-800-653-3466
Fax (919) 755-9638
Kleiner B&B von 1881: 4 geräumige Zimmer, zentrale Lage. $$$–$$$$

North Carolina State Capitol
1 E. Edenton St. (am Nordende der Fayetteville St. Mall)
Raleigh, NC 27601
✆ (919) 733-4994 oder (919) 807-7950
www.ncstatecapitol.com
Mo–Fr 8–17, Sa 10–16, So 13–16 Uhr
Kostenloser Eintritt und Führungen
Zwischen 1833 und 1840 erbaut, 1976 restauriert.

Executive Mansion
Jones, Lane & Person Sts., 200 N. Blount St.
Raleigh, NC 27601
✆ (919) 807-7950
Im so genannten *Eastlake*-Stil aus rotem Backstein mit ornamentreichen Verzierungen (Eingang, Veranda und Balkone) errichtet, hat der Bau seither mehr als zwei Dutzend Gouverneursfamilien beherbergt. Halbstündige Touren nach Voranmeldung im Capital Area Visitors Center.

City Market
Moore Sq. (Downtown, via Martin St.)
Raleigh, NC 27601
✆ (919) 821-8023
www.citymarketraleigh.com
Tägl. 10–24 Uhr
Shops und Restaurants im ehemaligen Markthallenviertel im spanischen Missionsstil von 1914.

42nd Street Oyster Bar & Seafood Grill
508 W. Jones St., Raleigh, NC 27603
✆ (919) 831-2811
www.42ndstoysterbar.com
Umgebaute populäre Lagerhalle – alles aus dem Meer. Besonders schmackhaft: die *crab legs*. Große Bierauswahl. Lunch ($) und Dinner. $$–$$$

North Carolina State Farmers Market
1201 Agriculture St.
Raleigh, NC 27603
✆ (919) 733-7417
www.agr.state.nc.us/markets
Markthallen für alles: Lebensmittel *(local food)*, kunstgewerbliche Produkte der Region und einige Restaurants. Etwas außerhalb der Stadt, aber ideal für ein *Saturday morning breakfast*.

Weitere Informationen zu Raleigh finden Sie S. 244.

④ **Dreisprung**
Raleigh, Chapel Hill und Winston-Salem

4. Route: Raleigh – Chapel Hill – Winston-Salem (176 km/110 mi)

km/mi	Zeit	Route
0	9.00 Uhr	In **Raleigh** vom State Capitol (Edenton St.) oder dem Capital Area Visitor Center (Ecke Lane & Blount Sts.): Salisbury St. und an Hillsborough St. stadtauswärts (nach Nordwesten). An Blue Ridge Rd. rechts zum
10/ 6	9.30 Uhr	**North Carolina Museum of Art** (ca. 1 $1/2$ Std. Museum und Lunch). – Zurück und gleich rechts: I-40 West und den Schildern CHAPEL HILL/GREENSBORO folgen (nicht nach DURHAM), Ausfahrt 273B über S 53 (auf einigen Landkarten steht 54) West nach
51/ 32	12.00 Uhr	**Chapel Hill** (Wegbeschreibung zum Parkplatz auf dem Unigelände: S 54 wird in Chapel Hill South Rd., an South Carolina rechts, an Cameron Ave. wieder rechts, bis links das Schild VISITORS PARKING auftaucht), Pause, Rundgang, Imbiss ca. 1 $1/2$ Std. – Über North Columbia St. (= S 86 North), I-40 West bis Exit Cherry St. oder Main St. nach
176/110	15.00 Uhr	**Winston-Salem**, Bummel durch **Old Salem** und Hotel-Check-in.

Alternativen: Da das Kunstmuseum in Raleigh montags geschlossen ist, bleibt entweder mehr Zeit für die anderen Programmpunkte des Tages oder für einen (besonders für Tabakhistoriker interessanten) Zwischenstopp in **Durham** (218 000 Einwohner), der Arbeiter- und Fabrikstadt mit fast 50 Prozent schwarzer Bevölkerung, Sitz der Chesterfield-Zigarette und der Duke University. Attraktivstes Gebäude der Skyline: das

North Carolina Mutual Building, eine Versicherung, die seit 1898 Schwarzen gehört. Sehenswert sind vor allem der Familiensitz des Tabakmoguls James B. Duke (s. u.) und die von ihm gestiftete **Duke University** (1924), eine edle Tat, die ihn in die Gönnergruppe der »Medici des Tabaks« einreihte. Duke University zählt zu den angesehensten Privat-Universitäten im Süden, besonders ihre juristische und medizinische Fakultät, und sie ist zugleich der größte Arbeitgeber der Stadt. Viele Regierungsberater in Washington kommen von hier.

Wer die Hillsborough Street in Raleigh stadtauswärts fährt, der sieht schon dem Gewusel auf den Straßen an, dass er sich mitten in einer Hochschullandschaft befindet, der North Carolina State University von 1887. Mit gegenwärtig 26 000 Studenten ist sie die meistbesuchte im Staat und übertrifft damit jene älteste in Chapel Hill, die unter anderem heute auf dem Programm steht. Uni und Regierung dominieren Raleigh in vielerlei Hinsicht.

Doch Vorrang hat erst einmal das **North Carolina Museum of Art** an der Blue Ridge Road, ein wehrhafter Backsteinbau, freistehend auf den weitläufigen Rasen gesetzt, und zwar ausgerechnet neben das Jugendgefängnis. Das Museum ist nicht groß, aber funktional und übersichtlich gegliedert, mit kleinen feinen Highlights: unter ihnen eine liebliche Riemenschneider-Madonna, Bilder von Stefan Lochner, Pieter Brueghel (d. Ä.) und von beiden Lucas Cranachs, Paul Rubens' »Heilige Familie« und zwei eindrucksvolle Claude Monets (»Die Klippen in der Bretagne« und »Die Seine bei Giverny im Morgennebel«).

Super-Kröten: Wandmalerei an einem Parkplatz der Universität von Chapel Hill

Wenn man es nicht wüsste, zu sehen ist es nicht, das so genannte »Forschungs-Dreieck«, der **Research Triangle Park**. Dieses 1955 gegründete Wirtschaftszentrum besteht aus rund 50 privaten High-Tech-Betrieben, Labors und gemeinnützigen Forschungsinstituten mit etwa 20 000 Angestellten, gespeist von den Kapazitäten der umliegenden Hochschulen in Raleigh (NC State University), Durham (Duke University) und der University of North Carolina in Chapel Hill: ein Hoffnungsträger für die technologische Zukunft von North Carolina. Ökologische Forschung, Pharma- und landwirtschaftlich-chemische Industrie sollen die traditionell starken Branchen Tabak und Textilien, Honig und Geflügel, Ziegelsteine und Möbel diversifizieren.

Wie gesagt, der (meist verkehrsreiche) Highway lässt dies allenfalls erahnen, nur ab und zu blitzt einmal ein Baukasten durchs Grün. Dafür zeigt **Chapel Hill** gleich auf Anhieb, was es zu bieten hat: eine weitläufige Uni, die viele für die beste öffentliche Hochschule südlich der Mason-Dixon-Linie halten. Neben ihren besonders angesehenen Fachrichtungen (Kunst, Englisch, Sport) spielt hier ein berühmtes Basketball-Team. Ganz North Carolina gilt ja als basketballbesessen.

Nicht nur voluminöse Gebäude passieren Revue, sondern auch scharenweise Studenten mit und ohne Mountainbikes, Beuteltiere meist, denn die mehr denn je florierende akademische Rucksackkultur wiegt schwer. Die **University of North Carolina at Chapel Hill**: ein quirliger Campus, der für Autos höchstens Schrittempo zulässt.

Am besten also, man macht's wie alle hier, läuft, sitzt oder liegt im schattigen Grün des landschaftlich und architektonisch vielseitigen Gelehrtenparks. Rund um den alten Brunnen, den **Old Well**, das inoffizielle Wahrzeichen der Hochschule und mehr als ein Jahrhundert lang die einzige Wasserquelle weit und breit, gruppieren sich die ältesten Gebäude, das **Old East** von 1793, die **Person Hall** von 1797, deren originale handgemachte Ziegelsteine noch an Ort und Stelle sind, das **South Building**, in dem einst, als es noch als Studentenheim fungierte, Präsi-

dent James K. Polk 1818 untergebracht war, ja, und das Denkmal für Thomas Wolfe, das an den Autor von »Schau heimwärts, Engel« erinnert, der hier 1920 studierte.

Oder man spaziert die Franklin Street entlang, die eigentliche Lebensader der munteren Kleinstadt und der 50 000 *Chapel Hillians*. Sie ist sicher eine der belebtesten Straßen von North Carolina überhaupt, eine mit reicher kulinarischer Palette dazu: vom »Asia Cafe« zur »Yoghurt Oasis«, von »Miami Subs« zum »Spanky's« und »Rathskeller« (in den USA stets mit »h« geschrieben).

Westlich der Stadt macht sich der Piedmont immer deutlicher bemerkbar. Die Straßen steigen und fallen in hügeligem Rhythmus. Leider erhöht das ihre landschaftlichen Reize nur wenig, denn wieder verdichten sich die Bäume zur undurchdringlichen Sichtblende. Immerhin, die hier meist anzutreffende Verkehrsdichte kann Konzentration beim Fahren vertragen, mehr jedenfalls als die Werbeschilder, allen voran die des ubiquitären CRACKER BARREL, der größten Familienrestaurantkette in den USA.

Winston-Salem, das riecht förmlich nach Tabak, nach Zigaretten mit und ohne Menthol. Keine Frage, die Stadt ist »Tobaccoville«, ähnlich wie das benachbarte Durham oder Richmond, Virginia, und Louisville, Kentucky. Winston-Salem hält bundesweit die Spitze in puncto Zigaretten, Pfeifen-, Kau- und Schnupftabake. Wie keine andere Firma hat R.J. Reynolds mit seinen heute über 12 000 Angestellten in der Branche Standards gesetzt: bei den Produkten, Verpackungsformen und im Marketing. 1913 war »Camel« die erste landesweit populäre Marke, ab 1950 debütierten »Winston«, als Filter- und »Salem« als Mentholstengel. R.J.R. brachte die erste 20er Packung auf den Markt und war auch bei der Zellophanumhüllung und anderen Frischhaltetechniken der Konkurrenz um Längen voraus.

Das Erbe des Richard Joshua Reynolds ist in der Zwillingsstadt allgegenwärtig. Keinem noch so flüchtigen Besucher werden die riesigen Fabrikanlagen von Reynolds Tobacco verborgen bleiben; da gibt es die Whitaker Park Plant, wo man die Herstellung und Verpackung der Zigaretten mitverfolgen kann, und »Reynolda«, den feudalen Landsitz der Familie; in Stadtnähe steht das von R.J.R. eingerichtete Tanglewood, ein beliebtes Sport- und Erholungszentrum. Selbst die Wake Forest University wäre nicht hier ohne die Millionen des Tabakmagnaten, mit denen er sie in den 1950er Jahren von Raleigh nach Winston-Salem lockte.

Inzwischen setzen die 200 000 Einwohner nicht mehr nur auf den blauen Dunst, sondern auf Textilien und Elektronik. Parallel zum benachbarten »Research Triangle«, hat sich die Region auch ein Markenzeichen ausgedacht, um dem Wirtschaftszentrum von Winston-Salem, High Point und Greensboro mehr Profil zu geben: »Triade«.

Doch Winston-Salem trüge keinen Doppelnamen, wenn es nicht noch ein zweites Erbe gäbe: das von Salem, der Gemeindegründung der *Moravians*, der Böhmischen Brüder, die in der Mitte des 18. Jahrhunderts aus Lititz und Bethlehem, Pennsylvania, ins Piedmont-Gebiet von North Carolina weiterzogen. Es waren Anhänger der protestanti-

schen Mährischen Kirche, auch *Unitas Fratrum* genannt, die seit dem 15. Jahrhundert in Böhmen und Mähren im Gebiet der heutigen Tschechischen Republik in der Nachfolge von Jan Hus florierte, bis die Gegenreformation sie buchstäblich vernichtete. Rom machte Jan Hus, dem Reformator und Märtyrer, in Konstanz den Prozess und ließ ihn 1415 als Ketzer verbrennen.

Die religiös Verfolgten flüchteten zu Beginn des 18. Jahrhunderts zunächst nach Deutschland, wo sie in der vom sächsischen Grafen Nikolaus Ludwig von Zinzendorf auf seinem Gut Berthelsdorf im Lausitzer Bergland geschaffenen Kolonie Herrnhut Unterschlupf und geistliche Erneuerung fanden (1722). Von hier aus verteilten sie sich mit missionarischem Eifer über die ganze Welt. Ihr erster Siedlungsversuch 1734 unter der Führung von August Gottlieb Spangenberg in Savannah, Georgia, wo man die Küstenindianer bekehren wollte, schlug fehl. Unter dem Druck der Spanier zogen sie nach Nazareth und Bethlehem, Pennsylvania, weiter.

»Dixie Country Fair« in Winston-Salem

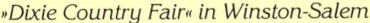

241

Wahrzeichen von Old Salem

Mit ihnen wurden ein starker christlicher Glaube, Fleiß, Geschick im Handel und eine charakteristische Kirchenmusikkultur importiert; in den Hymnen, Chorälen und Posaunenchören klingt diese reiche Tradition nach. So wird denn auch die *singstunde* gepflegt, die Abendandacht mit viel Gesang, und das so genannte *lovefeast*, bei dem man gemeinsam Brot isst, Kaffee trinkt und Blasmusik hört. Die ist vor allem am Ostersonntag gefragt.

Reste ihrer ersten Niederlassung von 1753 liegen heute eine knappe Viertelstunde von Downtown Winston-Salem entfernt, in Bethabara (dem »Haus der Durchreise«), einem provisorischen Grenz- und Handelsposten, von dem noch die restaurierte Kirche, das »Gemeinhaus«, steht. Sie pflanzten Flachs und, da gemäßigte Raucher, auch Tabak. An die *frontiersmen* verkaufte man Nahrungsmittel, Tonwaren und Medikamente.

Erst 1766 gründeten sie das Dorf Salem (von *shalom*, hebräisch: »Frieden«) als eigentlichen Ausgangspunkt für ihre wirtschaftlichen und religiösen Absichten, die sie von Anfang an durchaus miteinander zu verbinden wussten. Materielles und geistliches Wachstum gelten als zwei Seiten derselben Medaille.

Die **Moravian Church** ist seit 1848 als autonome Kirche etabliert und heute in 20 US-Bundesstaaten und Kanada aktiv. Rigoros wacht sie von jeher über ein ebenso bibelfestes wie gottgefälliges Leben in Christus und eine strenge Kommunalordnung, in der anfangs die Mitglieder nach Geschlecht, Alter und Status getrennt einem jeweiligen »Chor« *(choir)* zugewiesen wurden. Später erlaubte man ihnen, in eigenen Häusern zu leben.

Das »Salem Academy and College« verdankt seine Existenz ebenfalls dem Bestreben, der Erziehung, insbesondere der ästhetischen, großes Gewicht zu verleihen. Der Zug zu einer Reformpädagogik erinnert uns nicht nur an die Zinzendorf-Schulen, sondern auch an Impulse des Johann Amos Comenius, der im 17. Jahrhundert Bischof und Kirchenführer der Brüdergemeinde war. Er schlug ein Präsidentschaftsangebot der Havard-Universität aus und blieb im Exil in Polen, England und den Niederlanden.

Die Siedler nannten ihr Gebiet in North Carolina »Wachau«, später angliziert: »Wachovia«, weil die Schönheit des Landstrichs sie an die österreichischen Besitzungen ihres Gönners erinnerte, an jenes enge, von Wäldern, Reben und Burgen besetzte Donautal zwischen Melk und Krems.

Salem ist also die Keimzelle der heutigen Zwillingsstadt. Doch schon ein Jahr später wurde der Grundstein für Winston gelegt, zum einen, weil die Moravier nicht wollten, dass Salem Regierungssitz wurde, zum anderen, weil der Ort zu dieser Zeit noch den Moraviern vorbehalten war und die meisten Neuankömmlinge deshalb hier nicht wohnen durften.

Als Winston 1913 Salem eingemeindete, waren die meisten Böhmischen Brüder schon weggezogen und arbeiteten in den Tabak- und Textilfabriken. Obwohl inzwischen viele Nicht-Moravier in Salem wohnten, konnten auch diese nicht verhindern, dass es dort abwärts ging. Erst nach dem Zweiten Weltkrieg kümmerte sich die gemeinnützige »Old Salem, Inc.« um die noch vorhandene Bausubstanz und stellte jenen Schwebezustand zwischen Authentizität und Nostalgie her, der heute die Atmosphäre dieser Straßenzüge ausmacht.

Beinah jeder, der sich nach **Old Salem** aufmacht, passiert früher oder später die blinkende Kaffeekanne, die seit 1858 lange Zeit einer Blechschmiede als Werbegag diente, inzwischen aber längst den Rang eines Denkmals erreicht hat, das auf Abbildungen und Souvenirs ebenso häufig kursiert wie die hauchdünnen und pikant gewürzten »Moravian Spice Cookies«, leckere Ingwer-Kekse, die hier überall zu haben sind.

Auch die schlichten Bauten, Gärten und Geschäfte an der Main Street sind ganz nach diesem Geschmack. Rund 100 Gebäude hat man inzwischen restauriert, und zwar picobello, vor allem die beiden Vogler-Häuser. Hübsche Messingtürgriffe, geschnitzte Figuren und andere Trade-Mark-Zeichen, Schilder und Symbole erinnern an die alten Tage. In einzelnen Werkstätten wird vorgeführt, wie Steingut, Zinngeräte und Kerzen hergestellt werden und Wolle gefärbt wird.

Freundliche Männer mit schicken Hüten, in Kniebundhosen und Schnallenschuhen, Frauen in weiten Schürzen und weißen Häubchen, duftende Backwaren und alte Handwerksgeräte machen es leicht, das tägliche Leben von einst nachzuempfinden. Weit leichter als in Williamsburg, weil überschaubarer und marginaler – geht es doch, anders als bei den englischen Siedlungsformen, »nur« um einen kleinen Aspekt des mitteleuropäischen Erbes im amerikanischen Süden.

Auch außerhalb von Old Salem bleibt der Einfluss der Moravier spürbar. Unübersehbar blickt das Logo der Wachovia National Bank auf die Stadt hinunter, jene inzwischen in North Carolina führende Bank, die einst von den fleißigen Protestanten gegründet wurde. Sie scheint gut im Geschäft. An vielen Baustellen (nicht nur an Sanierungsprojekten in Old Salem) prangt ihr Schild mit dem dezenten Hinweis, wer hier in Vorleistung tritt.

Hymnenkomposition und Notensammlung prägten die moravische Musikgeschichte. Sie hat Winston-Salem nicht nur den Ruf eingebracht, die »Brutstätte Haydns« zu sein, sondern stets seine Kulturszene belebt. Kunstakademie, Performing Arts Center,

Plätzchen-Bäcker haben in Old Salem rund ums Jahr Hochkonjunktur

Theater und Parks resultieren aus engagiertem »Kultursponsoring«, bei dem sich die Betuchten der Stadt zu übertreffen suchen, allen voran R. Philip Hanes, Jr., Mitinhaber eines lokalen Strumpf-Imperiums.

Und so wie der Ruf der schönen Künste Top-Leute und Kapital nach Winston-Salem zieht, tun es im größeren Stil seit einigen Jahren die Initiativen des Staates zur Ansiedlung internationaler Niederlassungen. BMW in Spartanburg und Bosch in New Bern sind nur einige deutsche Beispiele dafür.

Abends, wenn das Licht der *blue hour* die scharfkantigen Häuserblöcke von Winston aufweicht, entspannt sich in den Gartenrestaurants langsam der städtische Alltag. Der Himmel ist meist noch gerötet, wenn die ersten Windlichter auf den Tischen entzündet werden. Wenn dann die *tree frogs*, die Zikaden in den Baumkronen, ihre Nachtmusik und die Ventilatoren unter schattenspendenden Holzdächern zu kreisen beginnen, ist mit oder ohne *jambalaya* die südstaatliche Welt in Ordnung.

Big Ed's City Market Restaurant
220 Wolfe St.
Raleigh, NC 27601
℃ (919) 836-9909
Im restaurierten Markthallenviertel: Früh-stück und Lunch. So geschl. $

 North Carolina Museum of Art
2110 Blue Ridge Rd.
Raleigh, NC 27607-6494
℃ (919) 839-6262, Fax (919) 733-8034
www.ncartmuseum.org
Di–Do 9–17, Fr 9–21, So 10–17 Uhr
Eintritt kostenlos
Die 1956 von Edward Durell Stone (Archi-tekt des Kennedy Center in Washington, DC) entworfene Kunstfestung präsentiert höchst übersichtlich die staatliche Kunst-sammlung, mit der 1947 begonnen wur-de. Von Rang: europäische Malerei vom 13.–19. Jh. und amerikanische Kunst. Das **Museumscafé** hat Stil und Ausblicke ins Grüne. Das Museum wird derzeit erwei-tert, die Eröffnung ist für 2010 geplant.

 The University of North Carolina at Chapel Hill/Visitors Bureau
 250 E. Franklin St.
(Morehead Planetarium Building)
Chapel Hill, NC 27599
℃ (919) 962-1630
www.unc.edu, Mo–Fr 9–17 Uhr
Infos, Video, Karte für Rundgang, Parkmar-ken für Besucher. Älteste Staatsuniversität der USA: 1789 gegründet, erster Student 1795. 26 800 Studenten. Studiengebühr und Lebenshaltungskosten für das akade-mische Jahr 2006: $ 14 000 (für Studenten aus NC), $ 28 000 für alle übrigen.

 Old Salem Visitor Center
900 Old Salem Rd.
Winston-Salem, NC 27101
℃ (336) 721-7300 und 1-888-653-7253
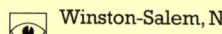 www.oldsalem.org
Di–Sa 9–17, So 12.30–17 Uhr
Eintritt $ 21/10
Information und Start der Touren durch das restaurierte Dorf, u.a. zur **Winkler Bakery**

von 1800, wo das Brot in holzbefeuerten Öfen wie zu Urgroßvaters Zeiten geback-en wird (Butterkuchen, Ingwerplätzchen etc); zur **Old Salem Tavern**, 800 S. Main St., von 1784 und aus Backstein, die von der Kirche für Nicht-Gemeindemitglieder (Kunden und Händler) eingerichtet wurde; **John-Vogler Haus**, Ecke Main und West Sts., von 1819; Haus eines Uhrmachers und Silberschmieds mit Originalmöbeln; **Single Brothers House**, 600 S. Main St., eine Nachbildung des Originalbaus von 1769: für Junggesellen ab 14 Jahre, um ein Handwerk zu erlernen (heute sind hier verschiedene Kunsthandwerksläden un-tergebracht.); **Miksch Shop and Garden**, 532 S. Main St., ältester Tabakladen der USA, 1771 eröffnet; **Boys School/Wachovia Muse-um** (1794) mit kulturhistorischen Doku-menten der Mährischen Brüder; **Shultz Shoemaker Shop** von 1827 und das **Vierling House and Apothecary** (1802) an der Church St., das einen Überblick über die Krankheiten und Heilmittel des frühen 19. Jh. gibt. Achtung: Mo geschl.

 Winston-Salem Convention & Visitors Bureau
200 Brookstown Ave.
Winston-Salem, NC 27101
℃ (336) 728-4200 und 1-866-728-4200
Fax (336) 721-2202
www.visitwinstonsalem.com

 Historic Bethabara Park
2147 Bethabara Rd. (ca. 10 km über Cherry St. nach Norden; Cherry St. wird University Pkwy.)
Winston-Salem, NC 27106
℃ (336) 924-8191, www.bethabarapark.org
April–Ende Nov. Di–Fr 10.30–16.30, Sa/So 13.30–16.30 Uhr, Eintritt $ 2/1
Friedliches Gelände der ersten Gemein-degründung der Mährischen Brüder. Das erhaltene Gemeinhaus von 1753 gilt als die älteste Sektenkirche in den USA. Besucherzentrum, Ausstellungen, Sied-lungsmodel und Gottesacker.

Reynolda House Museum of American Art

2250 Reynolda Rd.
Winston-Salem, NC 27106
© (336) 758-5150, www.reynoldahouse.org
Di–Sa 9.30–16.30, So 13.30–16.30 Uhr, Mo geschl., Eintritt $ 10
Rund 100 Zimmer umfasst die Villa (1914–17) des späten R. J. R. inmitten eines stattlichen Gartens mit eigenem Telefonsystem, Kraftwerk, Postamt, Schule, Kirche und Bedienstetenunterkünften. Im Haus: ungewöhnliche Kollektion amerikanischer Tafelbilder, Drucke, Plastiken von 1755 bis heute. Highlights u.a.: Arbeiten von J. S. Copley, Frederic E. Church, Lyonel Feininger, Jasper Johns, James Rosenquist, Frank Stella und Georgia O'Keeffe. Anfahrt: Cherry St. nach Norden geht in den University Pkwy. über. An Coliseum Dr. links, an Reynolda Rd. rechts und wieder rechts dem Schild zum Eingang nach.

 Shaffner House Inn

150 S. Marshall St.
Winston-Salem, NC 27101
© (336) 777-0052 und 1-800-952-2256
Fax (336) 777-1188
www.shaffnerhouse.com
Wie ein Fels in der Brandung des neuzeitlichen Verkehrs thront dieses viktorianische Lustschlösschen in der Nähe von Old Salem, mit viel Geschmack eingerichtet und keineswegs überladen ausgestattet. $$$–$$$$

 Winston-Salem Marriott

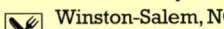 425 N. Cherry St.
 Winston-Salem, NC 27101
© (336) 725-3500 und 1-877-888-9762
Fax (336) 728-4025
Zimmer mit Internetanschluss und Kabel-TV. Im Hotel befindet sich auch ein Steak-Restaurant. $$–$$$$

 Brookstown Inn Bed & Breakfast

200 Brookstown Ave.
Winston-Salem, NC 27101
© (336) 725-1120 und 1-800-845-4262

www.brookstowninn.com
Ehemalige Textilmanufaktur (1837) im soliden mährischen Stil mit 71 Zimmern und Suiten: Balkendecken, Ziegelwerk, Quilts. Old Salem liegt vor der Haustür. Fitnessraum. Mit Frühstück. $$$

 Zevely House

901 W. Fourth St.
Winston-Salem, NC 27101
© (336) 725-6666
www.zevelyhouse.com
Dinner Di–Sa, Lunch So 11–14 Uhr
Gute Küche mit Neigung zu Fisch, ergiebige Weinkarte, viktorianisches Flair, attraktive Gartenterrasse, freundlicher Service. $$

 Cumberland Café

4665 Brownsboro Rd.
Winston-Salem, NC 27106
© (336) 759-3113
www.cumberlandcafe.com
Eher simples Dekor, aber raffinierte Küche, vor allem frischer Fisch! Lunch und Dinner. So/Mo geschl. $$

 Salem Tavern Dining Room

736 S. Main St. (Old Salem)
Winston-Salem, NC 27101
© (336) 748-8585
www.oldsalemtavern.com
Böhmisch-mährisch und rustikal: kostümierte Bedienung. Auch zum draußen Sitzen. Tägl. Lunch ($), Mo–Sa Dinner. $$

 Michael's on Fifth Restaurant

848 W. 5th St.
Winston-Salem, NC 27101
© (336) 777-0000
Fine dining in einer geschmackvoll sanierten Villa; Patio und Lounge, oft Entertainment. $$$

 Wichtigstes Fest: Das jährliche Top-Ereignis ist das **Festival of Light,** ein mehrere Kilometer langes Lichtspektakel *(animated light show)* im Tanglewood Park (Mitte Nov.– Neujahr).

⑤ In die Blauen Berge
Boone, Blue Ridge Parkway und Asheville

5. Route: Winston-Salem – Boone, Blue Ridge Parkway – Asheville (304 km/190 mi)

km/mi	Zeit	Route
0	9.00 Uhr	In **Winston-Salem** über Marshall St. auf I-40 nach Westen; US 421 nach Norden (Richtung Wilkesboro) nach
139/ 87	10.30 Uhr	**Boone** (Pause/Lunch 1 1/2 Std.). Über US 321 zur Auffahrt des **Blue Ridge Parkway** nach Süden
181/113	13.00 Uhr	**Linville Falls** (Wanderung zu den Wasserfällen 2 Std.). Weiter südlich über den Parkway bis zum
		Craggy Gardens Visitors Center (kurzer Ausflug zu den »Heideglatzen«). Weiter Parkway und Abfahrt bei US 70, an Tunnel Rd. rechts und durch den Tunnel nach
304/190	17.00 Uhr	Downtown **Asheville**.

Alternativen: Blowing Rock, einer der ältesten Luftkurorte in North Carolina (1880), Linville Viaduct, Grandfather Mountain, etc. – Von Asheville ist es nicht mehr weit nach Atlanta, d.h. zum nächsten internationalen Flughafen. (Routenvorschlag: Blue Ridge Pkwy., Cherokee, Athens, Georgia, und Atlanta.)

Nach einer Weile erhebt sich die Straße aus der Rinne ihrer tiefen Fahrspur und gibt den Blick frei auf die rötliche Erde – ein frischer Farbkontrast zum monotonen Immergrün der Chlorophyllpiste. Verständlich, dass alle auf den Oktober warten, damit sich das Laub verfärbt und die *foliage* leuchtet.

Kurz vor Boone machen sich liebliche Matten- und Almlandschaften von Voralpenformat breit. Baumschulen tauchen auf und jede Menge grasendes Vieh. Nur die *hot boiled peanuts*, die an der Straße angeboten werden, verhindern, dass sich die Phantasie im Allgäu verläuft, denn hier erheben sich nun mal die Appalachian Mountains.

Boone ist eine *college town* mit Höhenluft, was man bisweilen dem Outfit der Studenten ansieht, die sich von ihren Kommilitonen im Flachland durch einen gewissen Yeti-Look unterscheiden: dicke Anoraks, festes Schuhwerk, rote Nasen – schließlich kann es kalt und zugig werden hier oben in den Bergen. Ihre Alma mater heißt ASU: kein Kürzel für die Abgassonderuntersuchung, sondern für die Appalachian State University.

Als dominierender Arbeitgeber vor Ort drückt sie ihm seinen Stempel auf, was diesem offenbar gut bekommt. Siehe **King Street**: ein gutes Terrain, um sich die Beine zu vertreten und zu stärken – ob gediegen im hölzernen »Dan'l Boone Inn & Restaurant« oder leger in der besonders von Locals frequentierten »Boone Bagelry«. Im Mast General Store gibt es haufenweise Kolonialgeschichte zu kaufen, Lampen, Klamotten und anderen historischen Schnickschnack.

Ansonsten dominieren die Angebote der sportlich und kunstgewerblich ausgerichteten Neuzeit: Handgeschnitztes *(wood art),* Rehe, Bänke, Gartenzwerge zwischen Alpen Hotel, Alpine Plaza, Rock Shop und Ski Rental erinnern an das Erzgebirge.

Der **Blue Ridge Parkway** bringt dagegen Ruhe in die Szene. Bis Asheville verläuft er von hier aus auf höchstem Niveau, d.h. auf rund 1000 Metern (teils auch darüber) und verbindet Viadukte, Tunnel und schöne Aussichten auf geruhsame, aber wechselhafte Weise: zwischen Hell und Dunkel, Nah und Fern, Oben und Unten, Links und Rechts.

Im **Lincove Information Center** kann man an einem hübschen Modell etwas über die angeblich umweltfreundliche Bauweise der Brücke erfahren. Sie liegt unterhalb des **Grandfather Mountain**, der seinen Namen wegen der Ähnlichkeit mit dem Profil eines bärtigen alten Mannes erhielt – von Norden aus gesehen. Die Höhlen des Knapp-Zweitausenders (1946 m) und höchsten Bergs der Blue Ridge Mountains dienten im Bürgerkrieg den Fahnenflüchtigen als Versteck. Heute ist die Bergregion ein beliebtes Ausflugsziel. Ebenso wie die **Linville Falls** (William Linville war ein Jagdkumpan von Daniel Boone), denen man sich auf einer kurzen Wanderung durch den Wald nähern kann.

Der Parkway, so gemächlich er sich auch windet, steckt voller Überraschungen. Ab und zu taucht ein Igel, ein grasendes Pferd oder ein possierliches Opossum auf – und jederzeit kann plötzlich ein Wetter einbrechen, das im Nu die Bergidylle in eine Waschküche verwandelt, die jeder Wagneroper gut anstehen würde. Da treiben die Wolken heran, vernebeln die Straße und reduzieren die

Auf der Durchreise: Snack in Boone

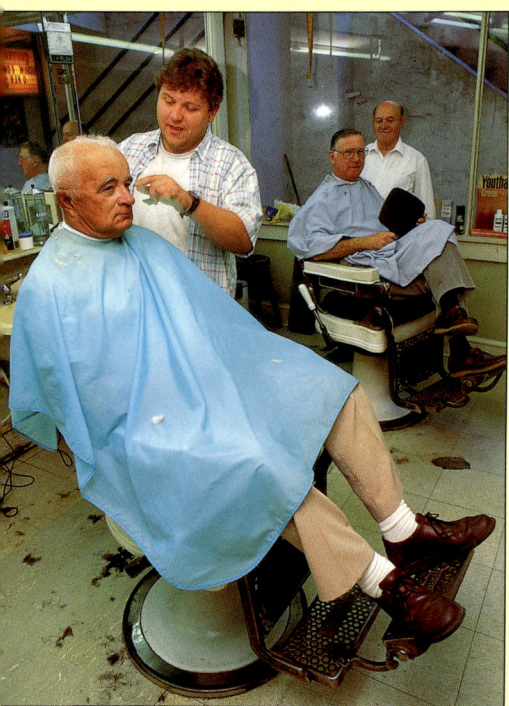

Einheimisch: Friseur in Boone

Sicht auf nahezu Null. Wer dann aussteigt, merkt schnell, dass er falsch angezogen ist.

Ein derartiger Notstand könnte z.B. für eine Wanderung zu den **Craggy Gardens** hinderlich sein, zu jenen merkwürdigen *heath balds* oder »Heideglatzen«, auf denen Lorbeer und Rhododendron wachsen. Doch manchmal vergehen keine fünf Minuten, bis die Sonne wieder scheint und aller Spuk ein Ende hat.

Ramponiertes und Saniertes: Ein Rundgang durch Downtown **Asheville** rekapituliert schnell die typischen Symptome der meisten amerikanischen Innenstädte. Doch nach langem gründlichen Verfall schreitet die Rettung in kleinen Schritten voran – klein, weil, anders als meist in Europa, Kommunen und Staat sich finanziell bedeckt halten und es allein privaten Investoren überlassen bleibt, die historische Bausubstanz wieder in Schuss zu bringen.

Dabei kann das rund 74 000 Einwohner zählende Asheville auf ein vergleichsweise reiches architektonisches Erbe zurückgreifen. Das hängt damit zusammen, dass sich der Ort nach Ankunft der Eisenbahn 1880 zu einer gefragten *resort town,* entwickelte, die neben zahlreichen wohlhabenden und prominenten Gästen aus dem Norden – allen voran George Washington Vanderbilt – auch solche anlockte, die schwach auf der Brust waren und deshalb die gesunde Bergluft besonders zu schätzen wussten.

So entstanden nicht nur üppige Paläste wie das Biltmore Estate oder Luxushotels wie der Grove Park Inn, sondern auch besonders viele Bauten im Art-déco-Stil, nicht zuletzt deshalb, weil die Stadt halt jene Baumeister und Handwerker weiterbeschäftigte, die hier ohnehin für das Anwesen der Vanderbilts arbeiteten. Das zahlte sich ästhetisch aus, denn die baulichen Ergebnisse während des ersten Drittels des vorigen Jahrhunderts gerieten in der Regel eine Spur gekonnter und kesser als die des zeitgenössischen Standards im Land ringsum. Als geradezu verwegen galt das **Rathaus**, das bis heute den ohnehin schon einfallslosen Kasten des Landgerichtsgebäudes vis-à-vis noch ärmer aussehen lässt, und das, obwohl die Landesväter dafür extra einen Architekten aus New York anheuerten! So sehr wollte man sich vom kühnen Design des Rathauses distanzieren.

Architektonische Highlights in landschaftlich schönem Rahmen – diese reizvolle Wechselbeziehung blieb lange Zeit die Stärke von Asheville. Die anspruchsloseren Sommerfrischler wohnten in einfacheren Pensionen, von denen zumindest eine literarische Karriere machte, und zwar das Gästehaus, in dem Thomas Wolfe seine Kindheit verbrachte. Heute wird die hübsche Villa stolz als **Thomas Wolfe Memorial** angepriesen, aber nicht immer war das Andenken an den Dichter so ungetrübt, denn Stadt und Bürger kamen in seinem Roman ziemlich schlecht weg. Aus Rache war jahrelang kein Exemplar davon in der Stadtbibliothek zu haben.

Im Juli 1998 brannte das Haus plötzlich, vermutlich wegen Brandstiftung. Seit 2004 ist es wieder offen. Wolfe selbst hasste dieses Gästehaus, in dem er noch nicht einmal ein

eigenes Bett besaß, weil sein jeweiliger
Schlafplatz davon abhing, wieviele Übernachtungsgäste seine Mutter gerade hatte.

Der Verklärung der kulturellen Geschichte
von Asheville tut das allerdings schon lange
keinen Abbruch mehr. Im Gegenteil. Sein reges Theaterleben, Dutzende von Kunstgalerien, lokales Kunsthandwerk und eine lebendige Musikszene erscheinen als selbstverständliche Fortschreibung der Tatsache, dass
Asheville immer schon Künstler aller Art faszinierte, die es denn auch schafften, einen
kosmopolitanen Hauch in das Städtchen hinterm Berge zu bringen. Sei es nun Henry
James, der auf Biltmore zu Gast war, oder F.
Scott Fitzgerald, der sich in den 1930er Jahren im Grove Park Inn einquartierte (dort
allerdings mehr der Flasche als der Literatur
zusprach), oder Béla Bártok, der sogar eine
Sinfonie in Asheville komponierte. Auch auf
die akademische Prominenz des nahegelegenen **Black Mountain College** verweisen die

*North Carolina Highway zwischen Winston-
Salem und Boone*

stolzen Ashevilleaner gern, weil dort u.a. Josef Albers, John Cage und Buckminster Fuller unterrichteten.

Blue Ridge Parkway bei Asheville, North Carolina

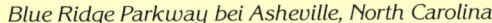

Boone Bagelry
516 W. King St., Boone, NC 28607
Nette Snack-Bude – drinnen und draußen. $

 Dan'l Boone Inn & Restaurant
130 Hardin St. (Ecke King St. und US 321)
Boone, NC 28607
✆ (828) 264-8657, www.danlbooneinn.com
Ansehnliches Haus (auch gute Informationsquelle), solide Küche. $$

 Mast General Store/Old Boone Mercantile
630 W. King St., Boone, NC 28607
✆ (828) 262-0000
www.mastgeneralstore.com
Fundgrube für Klamotten und Memorabilien aus der guten alten Zeit.

 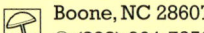 **Boone KOA**
123 Harmony Mountain Lane (Rt. 2)
Boone, NC 28607
✆ (828) 264-7250
www.koa.com/where/nc/33145
5 km auf S 194 nach Norden, an Ray Brown Rd. links (1,6 km). Campingplatz mit schönem Blick, Pool, Waschsalon und Minigolf.

 Linn Cove Viaduct and Visitors Center
Milepost 304.4 (Blue Ridge Pkwy.)
Linn Cove, NC
✆ (828) 733-1354, Mai–Okt. tägl. 9–17 Uhr
Dokumentation der letzten Bauphase des Parkway.

 Grandfather Mountain
Blue Ridge Pkwy. (Milepost 305) Linville Exit, Linville, NC
✆ (828) 733-4337 und 1-800-468-7325
www.grandfather.com
Im Sommer 8–19, sonst kürzer
Eintritt $ 15/7
Beliebtes Wandergebiet mit herrlichen Ausblicken vom höchsten Gipfel der Blue Ridge Mountains.

 Linville Falls
Milepost 316.4, Blue Ridge Pkwy.
NC 28647

✆ (828) 765-1045, Mai–Okt. tägl. 9–17 Uhr
Links vom Pkwy. führt die Spur Rd. zum **Visitor Center**, wo zwei Wanderwege zu den Fällen beginnen. Der bequemere von beiden ist der **Erwins View Trail** (2,6 km hin und zurück), der erst mal über die Brücke führt – mit diversen Ausblicken auf die oberen und unteren Fälle des Linville River.

 Crabtree Meadows
Milepost 339.5, Blue Ridge Pkwy., NC
✆ (828) 675-4236
Coffee Shop, Tankstelle, Wanderwege, Picknick, Campground in der Nähe (Crabtree Falls).

 Craggy Gardens Visitors Center
Milepost 364.6 (24 Meilen nordöstl. von Asheville), Blue Ridge Parkway
Ashville, NC 28803
✆ (828) 271-4779
Mai–Okt. tägl. 9–17 Uhr
Info, Picknickplätze und Wanderwege.

 Asheville Area Chamber of Commerce/Convention & Visitors Bureau
151 Haywood St.
Asheville, NC 28801
✆ (828) 258-6101 und (828) 210-2720
Fax (828) 254-6054
www.exploreasheville.com

 Haywood Park Hotel
1 Battery Park Ave., Asheville, NC 28801
✆ (828) 252-2522 und 1-800-228-2522
Fax (828) 253-0481
www.haywoodpark.com
Ehemaliges Kaufhaus, heute luxuriöses Hotel mit 33 geräumigen Zimmern. Zentrale Lage. Gutes Restaurant **Flying Frog Cafe**, Bar, Sauna, Fitnessraum, kleines Frühstück. Parkhaus. $$$$

  Richmond Hill Inn
87 Richmond Hill Dr.
Asheville, NC 28806
✆ (828) 252-7313 und 1-800-545-9238
reservations@richmondhillinn.com

www.richmondhillinn.com
Traumvilla im Grünen mit renommiertem Restaurant **Gabrielle's** in tollem Speiseraum ($$$). (Zufahrt von Downtown Asheville: I-240 West, US 19/23 Richtung Weaverville nach Norden, Abfahrt bei Hill St. und Schildern folgen.) $$$$

The Grove Park Inn Resort and Spa
290 Macon Ave.
 Asheville, NC 28804
℡ (828) 252-2711 und 1-800-438-5800
Fax (828) 253-7053
www.groveparkinn.com
Traditionsreiches (seit 1913), oberhalb von Asheville gelegenes Resort-Hotel. Während die Deckenlampen an schweren Eisenketten baumeln, bilden wuchtige unbehauene Granitsteine die Wände der Lobby, der **Great Hall**, die auf das Format der Nibelungenriesen Fafnir und Fasolt zugeschnitten scheint. Schöne Terrasse, exzellente Sport- und Fitness-Einrichtungen, Pool in romantischem Grotten-Look, Golfplatz. $$$–$$$$

Four Points by Sheraton Asheville Downtown
22 Woodfin St., Asheville, NC 28801
℡ (828) 253-1851
Fax (828) 252-9205
Preisgünstig und zentral: 149 Zimmer und Suiten, Cocktail Lounge, Pool, Sportgeräte. $$

Flying Frog Cafe
Haywood Park Hotel (Souterrain)
Asheville, NC 28801
℡ (828) 254-9411
www.flyingfrogcafe.com
Mo/Di geschl.
Eklektische Küche: internationale *(rasta pasta)*, indisch/asiate *(striped bass,* eingepackt in einem süßlich schmeckenden Malangablatt von einem asiatischen Baum) und – deutsche Gerichte *(Reibekuchen, Weiner Schnitzel)*. Zahlreiche offene Weine, luftige *chambres separés*. $$–$$$

The Market Place Restaurant
20 Wall St., Asheville, NC 28801
℡ (828) 252-4162
www.marketplace-restaurant.com
Einfallsreiche Küche auf hohem Niveau. Nur Dinner. So geschl. $$–$$$

Zambra
85 Walnut St., Asheville, NC 28801
℡ (828) 232-1060, www.zambratapas.com
Wine and dine heißt die Devise: muntere Bodega mit großer Wein- und spanischer und portugiesischer Tapa-Auswahl und Weinen. Manchmal spanische Bands. $–$$

Tupelo Honey Cafe
12 College St., Asheville, NC 28801
℡ (828) 255-4863
www.tupelohoneycafe.com
Southern food in Hip-Atmosphäre. Gute Reibekuchen, *catfish,* viele Appetizer. Beliebt spät in der Nacht, wenn die Bars der Stadt schon geschlossen haben. Mo geschl. $–$$

Mountain Dance and Folk Festival
In der ersten Augustwoche (seit 1927) erklingt der *lonesome ballad sound*, die einsamen Balladen der Berge. der Banjo-, Fiedel-, Mundharfen- und Gitarrenspieler neben Bluegrass Bands und Tanzgruppen.

Weitere Informationen zu Asheville finden Sie S. 260. ⚜

Pumpkin Power: am Blue Ridge Parkway

⑥ Heile Welt
Jonesborough

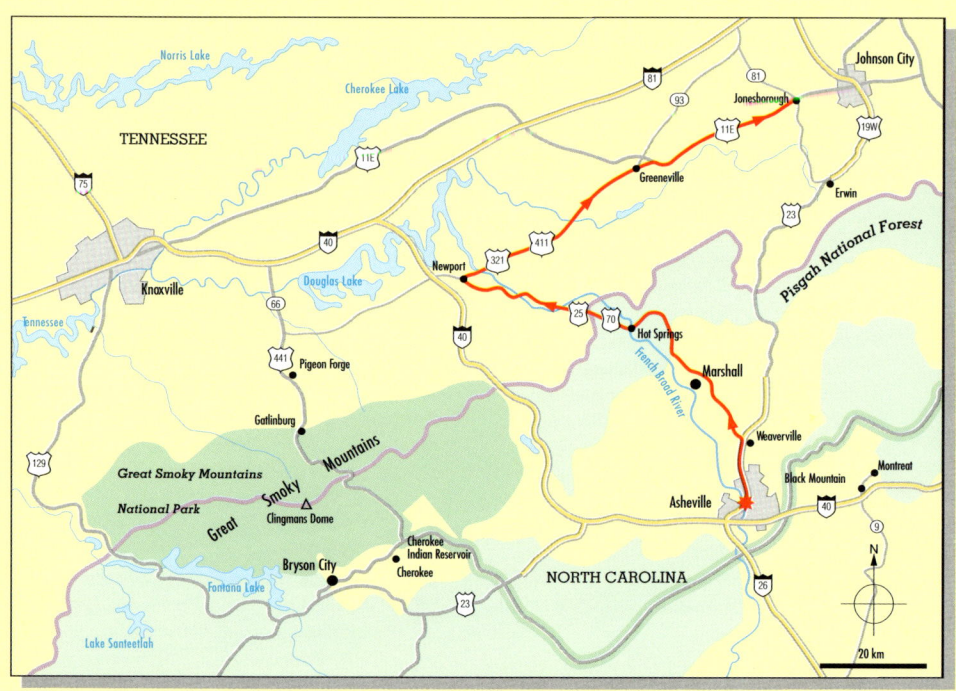

6. Route: Asheville – Jonesborough, TN

km/mi	Zeit	Route
	Vormittag	In **Asheville: Biltmore Estate** oder **Thomas Wolfe House** oder Ausflug nach **Black Mountain** (Route s.u.).
	Mittag	Lunch in **Asheville**.
0	13.00 Uhr	Ab **Asheville** US 19/23 nach Norden (Richtung Weaverville), US 70/25 über Hot Springs nach
101/ 63	14.30 Uhr	**Newport**. Von dort US 411/321 nach Greeneville, US 11E nach
182/114	15.30 Uhr	**Jonesborough**.

Extras: Ausflug nach **Black Mountain**: I-40 East, Exit 64, SR 9 in den Ort (32 km, 1/2 Std.). **My Father's Pizza & Pasta,** 110 Cherry St., Black Mountain, NC 28711, ℂ (828) 669-4944: Amerikanisch-italienische Gerichte, besonders schön, wenn man auf der Terrasse sitzen kann. $ – Oder: **Dripolator Coffeehouse,** 221 W. State St., Black Mountain, NC 28711, ℂ (828) 669-0999: Angenehmer Nachbarschaftstreff: Kaffee, Espresso, Kleinigkeiten, Internetzugang. Die ausgelegten Visitenkarten zeigen, worum sich das Leben in Black Mountain dreht: Yogakurse, kabbalistische Heiler, Gruppen- und Hypnotherapie, Massage, Gesundbeter, Telekommunikation mit Pferden, Katzen und Hunden. $ – Sehenswert: **Light Center,** P.O. Box 1146, Black Mountain, NC 28711, ℂ (828) 669-6845, Fax (828) 669-8037, www.urlight.org: Ca. 20 Min (14 km) fährt man von Black Mountain auf SR 9 und folgt den Schildern zum weißen geodesischen *Dome* des Meditationszentrums.
Übernachtung: **The Red Rocker Inn**, 136 N. Dougherty St., Black Mountain, NC 28711, ℂ (828) 669-5991 und 1-888-669-5991. www.redrockerinn.com: Schönster B&B Inn vor Ort: 18 Zimmer, vorzügliches Restaurant. $$–$$$
Abkürzung: Der schnellere Weg nach Jonesborough: US 18/23 nach Norden Richtung Weaverville; und die schönere Strecke (Mais, Tabak, Quilts, Früchte, Baptistenkirchen) über Erwin und SR 81 (107 km, knapp 2 Std.).

D ie Wespe am Frühstückstisch labt sich an den Blumen. Ein Störenfried? Nein, ein Aufklärer: die Blumen sind echt. Von der Terrasse des Grove Park Inn auf der Anhöhe, aus der Distanz, ist der Vorzug von Asheville besonders gut zu erkennen: seine Lage, eingebettet in Hochwälder und Berge.

Und so gibt es denn nicht nur in der Stadt, sondern auch drumherum den einen oder anderen schönen Fleck, den man sich vor der Abreise noch ansehen könnte: Das **Biltmore Estate** zum Beispiel, jenes Mega-Château und größte Privathaus in den USA, das auf den ersten Blick so aussieht, als sei es hier auf einem fliegenden Teppich von der Loire gelandet. Das stimmt natürlich nicht, denn als ehemaliges Sommer- und Gästehaus von Millionär George Vanderbilt ist es

Wie an der Loire: Biltmore Estate in Asheville, North Carolina

Der French Broad River bei Hot Springs, North Carolina

In eine ganz andere Welt führt der Ausflug nach **Black Mountain**, der kleinen Berggemeinde, die sich durch Billy Graham, der von hier stammt, einen Namen gemacht hat. Heute lebt der Alt-Reverend im angrenzenden Montreat (mit nicht gelisteter Telefonnummer); außer seinem Hauptquartier in Minneapolis unterhält er in Asheville noch ein Billy Graham Training Center.

Überhaupt, im Gegensatz zur feudalen Schatztruhe der Biltmore-Villa scheint Black Mountain sich weniger dem Irdischen als dem Höheren verschrieben zu haben – als ein Hort kirchlichen Seminaristentums und diverser New-Wave-Gruppen. Rund um **Cherry Street** geben sich einige Antiquitäten-, »Black Mountain Bikes«-Läden und die »Berliner Kindl Deli« zwar noch handfest, aber andere Akzente überwiegen. Der Bio-Laden »Natural Foods« zum Beispiel oder Handwerksbetriebe, in denen Musikinstrumentenbauer, Silber- und Ofenschmiede tätig sind. Besonderer Wert wird auf den Nachbau jener Instrumente gelegt, die in der lokalen Bluegrass-Musik eine Rolle spielen. (Was nicht darüber hinwegtäuschen sollte, dass die ursprüngliche Musik von North Carolina die der Schwarzen ist, allem voran der Blues, wie die großen Namen Dizzy Gillespie und John Coltrane belegen.)

Die wohl ausgefallenste Art, Kontakte mit dem Jenseits aufzunehmen, praktiziert die Gemeinde des **Light Center** in den nahen Bergen – in einem leuchtend weißen Kuppeldom, der dem Gebet, der Meditation und Yoga-Kursen dient. Außer viel Licht steht den Gemeindemitgliedern der beträchtliche Landbesitz ringsum zur Verfügung, wo man sich demnächst baulich ausbreiten will, um spirituelle Erleuchtung und Resort-Komfort, Meditieren und Residieren in Einklang zu bringen.

Von Asheville führen viele Wege nach Tennessee, und einer ist schöner als der andere. Ob über Erwin (US 23) oder Marshall (US 25/70), ja selbst über die I-40 – stets zeigen sich Berg und Tal, Waldesruh und Tabakfelder von ihren besten Seiten. Und das erst recht, wenn noch ein wildwürziger Flusslauf hinzukommt wie auf der Route über Marshall, Hot Springs und Newport, die eng

purer amerikanischer Herkunft. Mr. Vanderbilt erkor das hübsch gelegene Bergstädtchen zum Standort für seine extravagante Residenz, weil ihm Asheville wie die schönste Stadt der Welt vorkam.

»Imagine life if this were home«: So macht Biltmore heute den Besuchern den Mund wässrig. Schließlich bietet das von Weingärten umgebene Schloss in seinen 250 Zimmern und Salons Wohnkultur vom Feinsten: den Palmengarten mit der aufwändigen Glaskuppel über tropischem Grün z.B. oder den Bankettsaal und die eindrucksvolle Bibliothek – Meißener Porzellan und Stiche von Dürer eingeschlossen.

Für die raumgreifenden Gartenanlagen sorgte Frederick Law Olmsted, der Designer-Gärtner und Landschaftsarchitekt, dem die New Yorker ihren Central Park und die Washingtonians die grüne Rahmung ihrer Kathedrale und des Kapitols verdanken.

mit dem **French Broad River** auf Tuchfüh-
lung bleibt.

Zügig verzieht sich zunächst der Highway
aus Asheville, und zwar großspurig durch
die Berge nach Norden, um sich dann in
Richtung Hot Springs zur Landstraße zu ver-
engen. Sofort rücken goldgelbe Tabaknä-
schen ins Bild und Vieh, das unter den Bäumen Schatten sucht.

Das winzige **Hot Springs**, früher mal Luftkurort für Lungenkranke und im Ersten
Weltkrieg Lager für deutsche Kriegsgefange-
ne, führt den besagten French Broad River
vor, der sich von nun an noch häufiger zeigen wird – als der *wide river that flows to
the west*. Dieser Westen war vor 1803 das
französisch kontrollierte Louisiana Territory.
Der Fluss strömt aus den Bergen östlich von
Asheville nach Westen, vereinigt sich mit
dem Holston River östlich von Knoxville und
bildet mit ihm den Tennessee River. Zwischen den Überquerungen zeigen sich lusti-
ge Kudzu-Gesellen, zugewachsene Schrott-
busse, die Grenze zu Tennessee, verlassene
Buden und immer wieder Tabakhütchen.

Ab **Newport** garantiert der Tennessee
Scenic Parkway (prosaisch: US 11E) für eine Weile traumhafte Landschaften, grüne
Weiden mit grasendem Vieh, ordentlich ge-
rolltem Heu, durchsetzt vom braungelben
Patchwork aus Tabakfeldern und Trocken-
schuppen – ein bukolischer Bilderbogen wie
aus »Peter und der Wolf«.

Zur Abwechslung präsentiert die Main
Street von **Greeneville** die gefällige Schauseite einer Stadt, in der einer der größten Ta-
bakmärkte der Welt ansässig ist. Dann
schweift der Blick erneut über das Weideland,
während im Vordergrund wieder fleischige
Blätter für Farbkontraste sorgen: starker To-
bak für zünftige Zigarren- und Pfeifenraucher,
der so genannte *burley*, der im östlichen
Tennessee ebenso wie in Virginia wächst; der
bright leaf für die Zigaretten kommt meistens
aus North und South Carolina.

Von jeher war das Grenzland zwischen
Virginia und North Carolina die angestamm-
te Heimat des amerikanischen Tabaks. Hier
trafen die ersten Tabaksamen aus der spani-
schen Karibik ein, von John Rolfe 1612
zunächst in Virginia eingeführt. Bekanntlich

*Reif für den Kudzu: Zapfruine zwischen
Asheville und Newport, Tennessee*

bläst heute der Trend in den USA heftig gegen den blauen Dunst. Längst sind die Zeiten passé, als die Blätter wie goldgelbe
Geldscheine gehandelt wurden, was ihnen
den Namen *cash crop* einbrachte. Die Saat
behauptet sich nur deshalb nach wie vor
gut, weil man die Verluste auf dem ab-
bröckelnden heimischen Markt durch Ex-
portsteigerungen kompensieren kann.

Ein Pickup hat überholt und ist auf und
davon, so dass sein Aufkleber sich gerade
noch lesen lässt: TOBACCO MONEY PAYS
MY BILLS – SMOKER'S RIGHT. Nun, ob
Raucher oder Nichtraucher, ästhetisch gibt
es ringsum nichts einzuwenden. Diese noch
weitgehend unberührte Nordostecke von
Tennessee gehört zu den malerischsten Abschnitten der Reiseroute.

Ihrer natürlichen Anmut entspricht der geschichtliche Reichtum der südlichen Appalachen, wo die ersten *mountaineers* Pfade für

Quartett: Erntedankfest in Newport, Tennessee

die nach Westen drängenden Siedler suchten. Daniel Boones Wilderness Trail läuft durch diese Gegend; das Geburtshaus von Davy Crockett (1787–1836) und das Haus von Präsident Andrew Johnson liegen hier. Ein paar Meilen vor (sprich: westlich von) Jonesborough geht's zum Davy Crockett Birthplace State Park.

Auf den ersten Blick zählt **Jonesborough** zu jenen typischen amerikanischen Kleinstädten, in denen die Welt rundum in Ordnung ist. Jeder kennt jeden, und alle sind freundlich, zueinander wie zu Fremden – ein bescheidener Kosmos von rund 3000 Menschen für sich, die nichts anderes im Sinn zu haben scheinen, als unbeirrt jene Ideale zu verkörpern, die Thornton Wilder in seinem Nachkriegsstück »Unsere kleine Stadt« so rührend auf die Bühne gebracht hat.

Die altmodische Schreibweise von Jonesborough, die der Vereinfachung von »borough« zu »boro« getrotzt hat, bestätigt diese Eindrücke nicht nur, sondern beruft sich darüber hinaus auf gute Gründe, denn schließlich ist dies die älteste Stadt von Tennessee, und sie wird respektvoll von manchen auch als dessen »Mutter« gesehen.

Im Jahr 1779 gegründet, wurde Jonesborough fünf Jahre später sogar Hauptstadt des sogenannten *State of Franklin* – eine eigensinnige und von niemandem jemals anerkannte Staatsgründung auf einem von North Carolina an die Bundesregierung abgetretenen Territorium. Die Region fühlte sich daraufhin im Stich gelassen und den Drang zu gründeln. Doch der Versuch, sich als Vierzehnter im Bunde mit den 13 ursprünglichen

Pastoral: zwischen Newport und Greeneville, Tennessee

257

Gründerstaaten zu etablieren, war von kurzer Dauer. North Carolina nahm sich das Land gewaltsam zurück, es floss Blut, und den Bürgern von Jonesborough blieb fortan nur das nostalgische Andenken an den *Lost State of Franklin*.

An seiner Stelle entstand das heutige Tennessee; 1796 trat es als 16. Staat der Union bei. Jonesborough wurde wichtige Wegstation der Pioniere in Richtung Westen und tat sich vor allem im Presse- und Verlagswesen mit Anti-Sklaven-Publikationen hervor. Die mehr oder weniger offenen Sympathien für die Union bescherten der Stadt vergleichsweise harmlose Visiten der Konföderierten.

Main Street, überragt vom Washington County Courthouse, dient auch Jones-borough als Aushängeschild. Wie anderswo ähnlich, präsentiert sie sich als gefällige Mixtur der unterschiedlichsten Stile. Kein Wunder, denn die Baumeister waren meist keine gelernten Architekten, sondern Zimmerleute und andere Handwerker, die dem jeweils herrschenden Zeitgeschmack unbekümmert hinterher bauten. Außerdem mischten die Hausbesitzer kräftig mit. So kommt es, dass Main Street letztlich eine muntere Kombination von Versatzstücken aus dem klassizistischen und viktorianischen Baukasten darstellt.

Die Läden bieten vorwiegend lokales Kunsthandwerk, Keramik, Bleiverglasung und immer wieder Quilts, die vor Ort geknüpft werden. Überhaupt übt das Städtchen eine starke Anziehungskraft auf die traditio-

Main Street in Jonesborough, Tennessee

nellen Handwerkerberufe aus. So werden etwa in alter Manier und mit historischen
Werkzeugen Möbel hergestellt.

Es passt also ins Bild, dass sich ausgerechnet Jonesborough um die Renaissance
der Plaudertaschen, das *storytelling,* verdient
gemacht hat. Am ersten Oktoberwochenen-
de treffen sich hier die Erzähler beim **Storytelling Festival**, um in verschiedenen Zelten
ihre Anekdoten, Legenden und Lügenge-
schichten zum Besten zu geben – zur Unterhaltung, aber auch, um sie vor dem Vergessen zu bewahren. Die Gebrüder Grimm hätten ihre helle Freude gehabt, und selbst
Baron Münchhausen hätte noch dazulernen
können. Das neue **International Storytelling
Center** informiert ganzjährig über die populä-

*Indianer als Geschichtenerzähler auf dem
jährlichen Storytelling Festival in Jonesborough*

re Erzählkunst. Die wortgewaltigen Vorträge
bilden gewissermaßen die sprachliche Variante der in Tennessee verbreiteten *popular
culture,* nur sind sie weit weniger populär
und international vermarktet als Elvis Pres-
ley in Memphis oder der Country & Western-
Sound von Nashville. Ein paar Bücher mit
Originaltexten, ein paar Kassetten mit O-
Ton, das ist es auch schon.

Der jährliche Treff der *storyteller* basiert
auf einer Tradition mündlicher Erzählkultur,
deren Repertoire aus späten und insgesamt
pragmatischeren Nachkommen der europäischen Märchen besteht. Den Geschichten
fehlen durchweg nicht nur die übernatürli-
chen und phantastischen Züge, sie sind auch
insgesamt kürzer, humoristischer und – werden meist von Männern erzählt. *Storytelling
sessions* gibt es heute vielfach im Süden,
vom Okefenokee Swamp in Georgia bis zum
Mississippi-Delta.

Überhaupt scheinen die Südstaaten ein
guter Nährboden für diese Volkskunst. Die
dort verbreitete Neigung zum Geselligen, der
Hang zum Bewahren und eine starke münd-
liche Tradition fördern das Weiterleben von
Geschichten ebenso wie die vielen Schaukel-
stühle auf den Veranden, die sich so gut zum
Erzählen eignen, weil immer ein kühlender
Luftzug geht.

Thomas Wolfe Memorial

52 N. Market St.

Asheville, NC 28801

℃ (828) 253-8304

www.wolfememorial.com

Im Sommer Di–Sa 9–17, So 13–17, sonst 10–16 Uhr, Mo geschl.

Eintritt $ 1

Hübsches Haus aus dem Jahre 1883 im Queen-Anne-Stil, in dem Thomas Wolfe (1900–38) seine Kindheit verbrachte und das in seinem Roman »Schau heimwärts, Engel« als das *Dixieland boardinghouse* vorkommt. Die anspruchsloseren Sommerfrischler, die nach Asheville kamen, wohnten in solchen einfacheren Pensionen.

Heute wird die hübsche Villa stolz als Thomas Wolfe Memorial angepriesen, aber nicht immer war das Andenken an den Dichter so ungetrübt. Stadt und Bürger kamen in seinem Roman nämlich ziemlich schlecht weg. Aus Rache war

jahrelang in der Stadtbibliothek kein Exemplar davon zu haben.

In der Tat hasste Wolfe das Gästehaus, in dem er noch nicht einmal ein eigenes Bett besaß, weil sein jeweiliger Schlafplatz davon abhing, wie viele Übernachtungsgäste seine Mutter gerade einquartiert hatte.

Biltmore Estate

US 25, 3 Blocks nördl. der I-40

Asheville, NC 28801

℃ (828) 225-1333 und 1-800-411-3812

www.biltmore.com

Tägl. 9–17 Uhr, Eintrittskarten So–Do bis 17, Fr/Sa bis 20.30 Uhr, Eintritt $ 33–59

Vom damals berühmten Architekten Richard Morris Hunt 1895 für George Washington Vanderbilt entworfen, den reichen Enkel des New Yorker Eisenbahnmagnaten Cornelius Vanderbilt.

Opulentes Schloss, blühende Gärten, edle Winzerei (in der ehemaligen Molke-

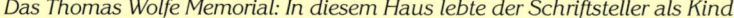

Das Thomas Wolfe Memorial: In diesem Haus lebte der Schriftsteller als Kind

rei). Wer hier auch noch übernachten möchte, kann im **Biltmore Estate Inn** einkehren, einer Luxusherberge mit 213 Zimmern, von deren Balkonen, Veranden und Gasträumen sich spektakuläre Blicke auf die Berge eröffnen. Mit Restaurant, Bibliothek, Swimmingpool und Fitnessraum. Biltmore Estate Inn, 1 Lodge St., Asheville, NC 28803, ✆ (828) 255-1600 oder 1-800-411-3812.

 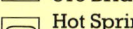
Magnolia's Raw Bar & Grille
26 Walnut St. (Market St.)
Asheville, NC 28801
✆ (828) 251-5211
Gut zum Lunch (auch draußen). Frische Meeresfrüchte nach südstaatlichem Geschmack. Bar. Lunch und Dinner. Im Winter So geschl. $$

Hot Springs Resort & Spa
315 Bridge St.
Hot Springs, NC 28743
✆ (828) 622-7676
www.nchotsprings.com
Heilwasser seit 1779; heiße Mineralbäder, Massagen, Campground, Cabins.

Historic Jonesborough Visitors Center
117 Boone St.
Jonesborough, TN 37659
✆ (423) 753-1010 und 1-866-401-4223
www.jonesboroughtn.org
Mo–Fr 8–17, Sa/So 10–17 Uhr

International Storytelling Center
116 W. Main St.
Jonesborough, TN 37659
✆ (423) 753-2171 und 1-800-952-8392
Fax (423) 913-8219
www.storytellingcenter.net
Di–Sa 10–17 Uhr
Das Haus mit der hübschen Holzveranda entstand Ende des 18. Jh. und hat nicht nur zahlreiche Präsidenten beherbergt, sondern auch Charles Dickens. Heute dient es als Info-Zentrum zum Thema Storytelling. Souvenirshop. In den Sommermonaten gibt ein Erzähler Geschichten zum Besten.

Jonesborough Bed & Breakfast
100 E. Woodrow Ave. & Cherokee St.
Jonesborough, TN 37659
✆ (423) 753-9223
Gemütliches Haus von 1848 (Shipley-Bledsoe House), Schaukelstühle auf der Veranda und großes Frühstück. Keine Schlüssel – weder zum Haus noch zum Zimmer. $$

Aiken-Brow House
104 S. 3rd Ave., Jonesborough, TN 37659
✆ (423) 753-9440
Haus im *Greek Revival*-Stil von 1850. Klimatisierte Zimmer mit eigenem Bad. $$

Hawley House Bed & Breakfast
114 E. Woodrow Ave.
Jonesborough, TN 37659
✆ (423) 753-8869 und 1-800-753-8869
Fax (423) 753-8870
www.hawleyhouse.com
B&B im ältesten Fachwerkhaus der Stadt (seit 1793). 3 klimatisierte Räume mit eigenem Bad. $$

Persimmon Ridge Campground
1527 Persimmon Ridge Rd.
Jonesborough, TN 37659
✆ (423) 753-2036
45 Plätze mit *full hookups*, Duschen, Naturpfaden, Spiel- und Sportplätzen. Ganzjährig. Ein paar Minuten westlich der Stadt auf der US 11E, an der Ampel links in die Persimmon Ridge Rd.

Bistro 105
105 E. Main St., Jonesborough, TN 37659
✆ (423) 788-0244
Gute Küche, angenehme Atmopshäre. Frühstück, Lunch und Dinner. $$

Wichtigstes Fest: Das berühmte **National Storytelling Festival**, das 1993 sein 20-jähriges Bestehen feierte – mit über 80 Geschichtenerzählern am ersten Oktoberwochenende. Zimmerreservierung dringend angeraten. Info: ✆ (423) 753-2171 und ✆ 1-800-952-8392.

⑦ Talfahrt
Ins Shenandoah Valley

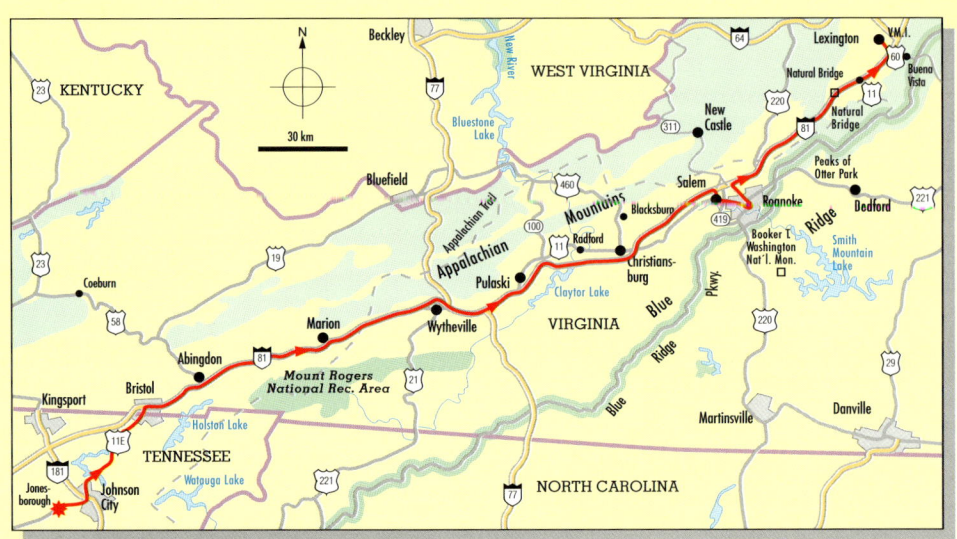

7. Route: Jonesborough – Roanoke – Lexington, VA (379 km/237 mi)

km/mi	Zeit	Route
0	8.30 Uhr	Von **Jonesborough:** US 11E North durch Johnson City und dann Zeichen zur I-81 folgen, I-81 North bis zur 2. Ausfahrt von SALEM (S 311)
290/182		**Salem**, an E. Main St. rechts durch den Ort und wieder zurück: E. Main St. wird Melrose Ave., dann Orange. Auf die I-581 nach Roanoke, hier Exit 6 (Elm St. und Zeichen CENTER IN THE SQUARE): über Elm St., an Jefferson St. rechts, an Campbell St. rechts, dann parken in
	12.30 Uhr	**Roanoke**, Center in the Square (Lunch ca. 1 $\frac{1}{2}$ Std.). – I-581 zurück zur I-81 und diese nach Norden bis zur
	15.00 Uhr	**Natural Bridge**. Von hier die US 11 nach
379/237	15.30 Uhr	**Lexington** (US 11 wird hier zur Main St.).

Alternativen: Der Exit 17 von der I-81 führt nach **Abingdon**; der Exit 132 zu den **Dixie Caverns**. Wer sich die **Natural Bridge** ansehen möchte, kommt entsprechend später in Lexington an.

Da sonntags die Märkte in **Roanoke** geschlossen bleiben, empfiehlt sich statt dessen eine Wanderung vom Blue Ridge Pkwy. aus. Route von Roanoke: Elm St. stadtauswärts (= S 24 East) führt auf den Pkwy. Dort lohnt eine Pause an den **Peaks of Otter** (Wanderwege, Camping, Picknick; Peaks of Otter Visitor Center, Milepost 86, Bedford, VA 24523 ℂ (828) 298-0398, tägl. 9–17 Uhr, oder bei der rustikalen **Peaks of Otter Lodge** am See gegenüber: P.O. Box 489, Bedford, VA 24523, ℂ (540) 586-1081 und 1-800-542-5927, Fax (540) 586-4422, www.peaksofotter.com ganzjährig mit Restaurant, ab $$. Man kann dort campen, faulenzen oder wandern, z. B. um den Bergsee oder über den Flat Top Trail, der durch den Wald zu felsigem Terrain ansteigt. Anschließend: Abfahrt bei US 60 über Buena Vista nach Lexington.

B ratäpfel und Erdbeermus, Muffins und Kartoffeln, Orangensaft und Kaffee: Der Frühstückstisch im Bed & Breakfast Inn in Jonesborough ist üppig gedeckt. Nur *grits* fehlt, Maisbrei. Der sei, so die kundige Hausfrau, eben kein *mountain dish*.

Die reichliche Bergkost kommt heute gerade recht, denn Lexington, das Tagesziel, liegt nicht gerade um die Ecke. Rollende Hügel, Scheunen und Farmen, Mais und Tabak begleiten den Interstate Highway auf dem Weg nach Nordosten, während im Hintergrund die höheren Lagen der Blue Ridge Mountains zu sehen sind.

Ein Abstecher nach **Abingdon** lohnt eigentlich nur, wenn man die Frühstücksfreuden in Jonesborough verpasst oder schon nach einer Stunde wieder Hunger hat. Dann nämlich käme der altehrwürdige **Martha Washington Inn** gerade recht. Und wäre es abends, könnte man gegenüber ins adrett herausgeputzte **Barter Theatre** gehen, wo die Schauspieler während der Depressionszeit nicht für Geld, sondern im Tausch gegen Naturalien spielten. Daher der Name. Besser in Virginia leben als in New York verhungern, hieß damals die Devise. Viele junge Talente wurden hier entdeckt, unter ihnen Ernest Borgnine und Gregory Peck.

Ansonsten wird zu dieser Tageszeit in Abingdon nur dem Kunstfreund etwas geboten, denn die Stadt (1778 gegründet und eine der ältesten Gemeinden in der Region) möchte nicht mehr nur ein banales Handels-

zentrums für Tabak und Vieh sein, sondern sich im Ruf einer *artsy craftsy town* sonnen – ein nicht ganz einfach zu übersetzendes Etikett, das bedeutet, es wimmelt von Kunstgewerbe, und die Grenzen zum Kitsch sind fließend.

Mit oder ohne Abstecher verändert die Interstate langsam ihr Aussehen. Kudzu-Pflanzen zeigen Kostproben ihres Könnens, überwuchern ganze Felsbrocken und verwandeln Bäume, Büsche und Sträucher in grüne Skulpturenparks. Der tiefblaue New River und waldige Engpässe bereiten die Ankunft des Shenandoah Valley vor, das sich im Süden bis Roanoke hinzieht.

Mit **Salem** verhält es sich wie mit den meisten Kleinstädten in Virginia, denn wiederum

Mahlzeit mal drei: in Bristol, Virginia

Die Natural Bridge, Virginia, umrankt von Vignetten aus der Landesgeschichte

macht die Hauptstraße den besten Eindruck. Ursache dafür war das vor einiger Zeit mit staatlichen Geldern geförderte *Main Street Program*. Es setzte denkmalpflegerische Prioritäten und verlieh den gewachsenen Stra-ßenzügen neuen Glanz, um den Trend zum Shopping auf der grünen Wiese zu stoppen.

Roanoke hieß früher mal *Big Lick* – wegen der ausgedehnten Salzmarschen, die Scharen von Wild anlockten und zum

Lecken verleiteten. Heute scheint es eher so, als zöge die 100 000-Einwohner-Stadt Obst und Gemüse in rauhen Mengen an. Jedenfalls quillt der **Farmer's Market** davon über. Die angrenzende Markthalle enthüllt eine wahre Lunch-Oase, in der es brutzelt, kocht und duftet. Das **Center in the Square** schließt außerdem noch ein Planetarium und ein Museum ein: Downtown Roanoke auf einen Streich.

Die **Natural Bridge** wird gewöhnlich über den grünen Klee gelobt. Doch schon das im Pseudo-Kolonialstil errichtete Natural Bridge Village – ein Riesenparkplatz, umstellt von Shopping Mall, Hotel und einem Wachsfigurenkabinett – lässt Böses ahnen. Tatsächlich, die Eintrittsprozedur und der Weg zur Felsbrücke führen durch einen grellen Supermarkt, der den rheinischen Drachenfels, Europas meistbestiegenen Berg, als ein reines Glück im Winkel erscheinen lässt. Keine Frage, der imposante Kalksteindurchbruch, von den Monacan-Indianern als »Brücke Gottes« verehrt und von deren Nachfolgern oft als eins der Sieben Weltwunder apostrophiert,

erweist sich im touristischen Getümmel als schwer, wenn überhaupt, genießbar. Und dazu auch noch teuer.

Dabei kaufte Thomas Jefferson 1774 das steinerne Nadelöhr für ganze 2.40 Dollar von König Georg III. »Denn das Entzücken des Betrachters, wenn er diesen wunderschönen, leichten, himmelanstrebenden Bogen anstaunt, entzieht sich wirklich jeder Beschreibung«, gesteht Jefferson in seinen »Betrachtungen über den Staat Virginia«.

Heute müsste er bereits für deren kurzes Wiedersehen das Dreifache hinblättern – vom Kombipreis einschließlich Höhle und Wachsmuseum ganz zu schweigen. Naturliebe allein reicht für den Genuss der Naturbrücke also nicht; man muss schon eine ruhige Minute erwischen.

Das gepflegte und leicht überschaubare **Lexington** lebt erkennbar gut von seiner Geschichte und seinen beiden Universitäten – sicher einer der Gründe, sich das bayerische Eichstätt als Schwester- bzw. Partnerstadt zu wählen. Die Hälfte der 7000 Einwohner sind denn auch Studenten der beiden renom-

Downtown Lexington, im Hintergrund die Zinnen des Virginia Military Institute

mierten Lerninstitute, der geisteswissen-
schaftlich orientierten **Washington and Lee
University** und des **Virginia Military Institute**
VMI, einer Mischung aus technischer Berufs-
schule und Kadettenanstalt.

Das Militärische spielt die Hauptrolle in
der Stadtgeschichte von Lexington, denn
nicht weniger als vier prominente Generäle
haben an ihr mitgeschrieben. Der erste,
George Washington, rettete die Universität
1796 vor dem Bankrott; der zweite, Süd-
staatengeneral Robert E. Lee, wurde (kaum,
dass der Bürgerkrieg für den Süden verloren
war) ihr Präsident und befreite sie aus ihrer
Provinzialität; der dritte, General Thomas J.
»Stonewall« Jackson (ebenfalls ein Konföderierter), kaufte hier das einzige Haus seines
Lebens; und der vierte, George C. Marshall,
wurde vom VMI graduiert und entwickelte
nach dem Zweiten Weltkrieg den nach ihm
benannten Sanierungsplan für das ruinierte
Deutschland.

Main Street durchzieht den kleinen Stadt-
kern aus gerade mal zwölf Straßenblocks
und wartet mit einer Reihe hübscher alter
Geschäftshäuser auf, die ebenso wie die ver-
klinkerten Gehsteige und die unterirdisch
verlegten Telefonkabel ihre Verschönerung
dem erwähnten landesweiten Sanierungs-
programm verdanken, von dem viele Kleinstädte Virginias profitiert haben.

Die hübsche **Lawyer's Row** am Court
House Square z.B. entstammt den 1880er
Jahren; das **Stonewall Jackson House**, der
ehemalige Wohnsitz des Generals, lässt sich
von der E. Washington Street aus besichtigen; an der Hauptkreuzung von Main und
Washington steht das als Filmkulisse ge-
schätzte **Alexander-Withrow House** von

1789, und das **Willson Walker House** bietet
ein wunderschönes Foyer und geschmackvoll arrangiertes Mobiliar.

Im frühen Abendlicht ist ein Spaziergang
von Campus zu Campus eine feine Sache.
Die Studenten sind schon zu Hause oder
sonstwo, und nur die Zickaden halten die
Stellung und erfüllen die Luft mit beruhi-
gendem Gezirpe, während die steinernen
Stützen der akademischen Gesellschaft
durch das Blätterwerk der alten Bäume
blinzeln.

Die private **Washington and Lee University**, 1749 gegründet und heute von ca.
2000 Studenten besucht, entpuppt sich als
ein weiterer Musterknabe unter den älteren
amerikanischen Hochschulen. Wie schon
Princeton, Charlottesville oder Chapel Hill
spiegelt ihr Layout den Einfluss der ländlichen Phase der frühen Besiedlung und insbesondere Thomas Jeffersons Idee von einer
Universität weit weg von den Zerstreuungen
und Verlockungen der Städte. Alle verdanken ihre Existenz dem Ideal vom Lernen im
Grünen. Das paart sich mit der Vision von
der Schule als klassischer Freistaat, wie sie
in der Säulenkultur der meisten Campusge-
bäude zum Tragen kommt.

Doch trotz der Pracht der Kolonnaden, das
Prächtigste auf dem Campus steht vis-à-vis
von **Washington Hall** und unter noch höheren als akademischen Weihen: die **Lee Chapel**, eine viktorianische Rarität – wegen der
überwältigenden Wirkung ihres schlichten
Innenraums. Eine schlohweiße überlebensgroße Statue zeigt den Feldherrn in voller
Uniform schlafend auf dem Schlachtfeld –
eine der besten Arbeiten des Bildhauers Edward V. Valentine, dem ein Museum in Richmond gewidmet ist. Die Kirche wurde noch
unter der Aufsicht von Lee gebaut, der das
College von 1865–70 leitete. Heute versammelt man sich hier zu Gottesdiensten, Vor-
trägen, Konzerten und Seminaren.

Dem Säulen-Image der Geisteswissen-
schaft entspricht der Fort-Look des angrenzenden Militär-Colleges. Er beherrscht die
natursteinbelassenen Gebäude des **Virginia
Military Institute**, die die Seiten eines zentralen rechteckigen Parade- und Exerzier-
platzes begrenzen. Hier hängen keine Stu-

denten faul herum, sondern schneidige Jungs schreiten daher, und zwar wie ihre Ausbilder in weißen Uniformen, weißen Handschuhen und gemeinsam auf einen strengen Ehrenkodex eingeschworen. Elitedenken statt High-School-Chaos, Disziplin statt Drogen: das macht staatliche Colleges wie dieses in den USA so beliebt. Wer lügt, betrügt, mopst oder dergleichen duldet und dabei erwischt wird, fliegt. Die Studiengebühren des Internats sind deshalb allerdings nicht ermäßigt. Für Nicht-Virginianer zum Beispiel betragen sie immerhin mehr als tausend Dollar pro Monat.

Doch der martialische Schein trügt. Das College bildet seine rein männliche Besatzung (zur Zeit ca. 1500) keineswegs zum Kriegsdienst aus, sondern zu technischen Berufen, in der Regel zu Ingenieuren – freilich mit Drill. Mit dem knüpft die 1839 gegründete Schule an eine Tradition an, die begann, als ihre Kadetten auf Seiten der Konföderierten im Sezessionskrieg mitkämpften.

General Thomas J. »Stonewall« Jackson lehrte hier 1851–61 Physik und Artillerietaktik, bevor er in den Krieg zog und dort selbst von ihr Gebrauch machte. Nach und nach wurden die Lernziele des VMI dann ziviler. Die meisten Mitarbeiter der staatlichen Straßenbaubehörde, des State Highway Department, rekrutieren sich inzwischen aus ihm. Andere Graduierte verpflichten sich als Reservisten bei Armee, Marine oder Luftwaffe.

Vor den Pforten der **Barracks** steht der steinerne Jackson wie ein Übervater neben jenen Kanonen, die er einst als Unterrichtsmittel einsetzte. Pünktlich um 18.15 Uhr ertönt Trompetenschwall und ein Urknall, während eine jugendliche Spezialeinheit die beiden Fahnen einholt.

Abends, nach dem Essen in der alten Plantagenvilla außerhalb der Stadt, sind Mondsichel und Sterne über dem Shenandoah-Tal aufgezogen, über der *Avenue of Invasion*, wie es im Süden genannt wird. Und es zirrt und rasselt in den Baumkronen: O-Töne des Südens.

Akademische Säulen: Washington and Lee University, Lexington

Martha Washington Inn
150 W. Main St.
Abingdon, VA 24210
℗ (276) 628-3161 und 1-888-999-8078
Fax (276) 628-8885
www.marthawashingtoninn.com
Mischung aus Südstaaten-Grandeur und Seniorenheim: die ehemalige Villa eines Generals von 1832 – jetzt ein feines Hotel (61 Zimmer) mit ebenso feinem Restaurant **The Dining Room** für Lunch ($) und Dinner ($$–$$$). $$$$

Withers Hardware Restaurant
260 W. Main St.
Abingdon, VA 24210
℗ (276) 628-1111
Pasta, Fisch und Steaks – ohne Flausen. Frühstück, Lunch, Dinner, Cocktails. $–$$

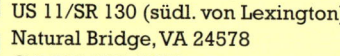
Natural Bridge of Virginia
US 11/SR 130 (südl. von Lexington)
Natural Bridge, VA 24578
℗ 1-800-533-1410
www.naturalbridgeva.com
Tägl. 8–19.30 Uhr
Über 80 m hoher Kalksteinfelsen, Eintritt $ 13/8. Gleich daneben die als verhext geltenden Höhlen der **Natural Bridge Caverns,** gut 100 m unter der Erdoberfläche und damit die tiefste Höhle im Osten der USA. (Im **Natural Bridge Inn & Conference Center**: Hotel, Restaurant, Pool, Tennis.)

Natural Bridge Lexington KOA
16 km südl. von Lexington
214 Kildeer Lane
Natural Bridge, VA 24578
℗ (540) 291-2770 und 1-800-562-8514
www.naturalbridgekoa.com
Ganzjährig in ruhiger Lage: 105 Stell- und Zeltplätze, Cabins, Duschen, Pool, Kiosk, Waschautomaten, Spielplatz.

Lexington Visitor Center
106 E. Washington St.
Lexington, VA 24450
℗ (540) 463-3777 und 1-877-453-9822

info@lexingtonvirginia.com
www.lexingtonvirginia.com
Tägl. 9–17 Uhr
Infos und Broschüren für eine *self guided tour* durch das historische Viertel.

The McCambell Inn
11 N. Main St.
Lexington, VA 24450
℗ 1-877-283-9680, Fax (540) 463-7262
Hübscher Inn von 1809 im historischen Zentrum. $$$

Maple Hall Country Inn
3111 N. Lee Hwy., US 11 nördl. von Lexington, VA 24450
℗ 1-877-283-9680, Fax (540) 463-2114
www.lexingtonhistoricinns.com
Schöne Antebellum-Plantage von 1850. B&B, Pool, Tennisplatz, Fischteich, Wanderwege. Empfehlenswert: **Maple Hall Dining Room.** $$

Holiday Inn Express
880 N. Lee Hwy. (US 11, nördl. der Stadt)
Lexington, VA 24450
℗ (540) 463-7351 und 1-800-181-3656
Fax (540) 463-5464
www.dominionlodging.com
72 Zimmer, solider Standard. Mit Restaurant, Pool und Lounge. Frühstück inkl. $$$

Willow Pond Farm Bed & Breakfast
137 Pisgah Rd. (ca. 22 km nordwestl. von Lexington auf Hwy. 252)
Raphine, VA 24472
℗ (540) 348-1310 und 1-800-945-6763
Fax (540) 348-1359
April–Okt.
Elegantes Landhaus, ruhig und schön gelegen mit allem Komfort: Garten mit Pool, offene Kamine, Fahrräder, Jacuzzi, reichliches Frühstück. $$$–$$$$

Longs Campground
82 Campground Lane (8 km westl. von Lexington auf Rt.39)
Lexington, VA 24450

☎ (540) 463-7672
März–Dez. geöffnet
45 Stellplätze mit *full hookups*, Duschen, Pool, Kiosk, Waschautomaten, Kinderspielplatz, Minigolf.

»Stonewall« Jackson House
8 E. Washington St.
Lexington, VA 24450
☎ (540) 463-2552
www.stonewalljackson.org
Mo–Sa 9–17, So 13–17 Uhr
Eintritt $ 6/3
Wohnhaus (1801) des Südstaatengenerals, der hier 1859–61, also bis zum Ausbruch des Bürgerkriegs, wohnte. Jackson liegt auf dem nach ihm benannten Gedenkfriedhof in Lexington begraben. Führungen.

Washington and Lee University
Nähe Jefferson St. (US 11)
Lexington, VA 24450
☎ (540) 458-8400
www.wlu.edu
Im Sommer Mo–Sa 9–17, So 13–17, sonst Mo–Sa 9–16, So 14–17 Uhr
1749 zunächst als eine kleine Akademie von irisch-schottischen Presbyterianern errichtet und 1782 vom Staat Virginia übernommen. 1803 zog sie nach Lexington und wurde in Washington College umbenannt, weil George Washington mit Geld ausgeholfen hatte, das er aus seinen Anteilen an der James River Company zog, die den Bau des Kanals entlang des oberen James River betrieb.

Als das College nach dem Bürgerkrieg ramponiert und mittellos dastand, brachte sie General Robert E. Lee als Universitätspräsident wirtschaftlich wieder auf die Beine.

Auf dem Gelände u.a. die hinreißende **Lee Chapel** und das Lee House, eine für Lee gebaute Villa, in der dieser 1869 starb. Die umläufige Veranda war vor allem für seine Frau gedacht, die an den Rollstuhl gefesselt war. Seit seinem Tod Wohnsitz der Uni-Präsidenten.

Lee Chapel and Museum
University Campus
Lexington, VA 24450
☎ (540) 458-8768
Im Sommer Mo–Sa 9–17, So 13–17, sonst bis 16 Uhr, Eintritt $ 5/3
Viktorianische Backsteinkirche von 1867/68 mit starker Raumwirkung. Unterhalb der Kirche liegt das Familiengrab, im Keller das Büro, das so belassen wurde, wie Lee es zuletzt benutzt hat. Zahlreiche Familienstücke.

Virginia Military Institute (VMI)
Off Main St., Letcher Ave.
Lexington, VA 24450
☎ (540) 464-7334
www.vmi.edu/museum
Tägl. 9–17 Uhr, Führungen Mo–Fr 11 und 15, Sa 11 Uhr
Das erste staatliche Militär-College in den USA wurde 1839 gegründet, wobei die Militärakademie von West Point und die École Polytechnique in Frankreich Modell standen. Rigorose Disziplin, körperliche Fitness und moralische Charakterfestigkeit gehören zu den angestrebten Lernzielen.

Wichtigstes Fest ist am ersten Wochenende im Dezember **Holiday In Lexington** mit Theater, Konzert, Ballett, Ausstellungen, Führungen durch die historischen Villen, u.a. von Georg C. Marshall, der 1950/51 auch Verteidigungsminister der USA war. ✸

⑧ Virginia Transfer

Appomattox, Farmville, Petersburg, Virginia Beach

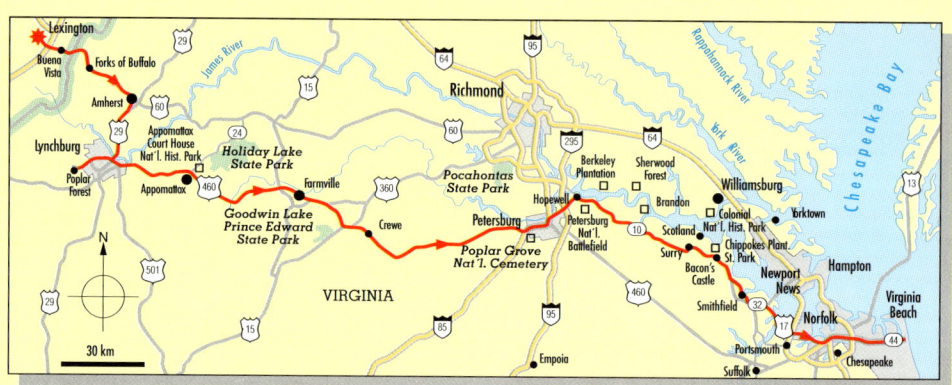

8. Route: Lexington – Appomattox – Farmville – Petersburg – Smithfield – Virginia Beach (475 km/297 mi)

km/mi	Zeit	Route
0	8.30 Uhr	In **Lexington** via Nelson St., die zur US 60 East wird. Bei Amherst US 29 South nach Lynchburg. Dort US 221 South folgen, an S 661 links dem Schild THOMAS JEFFERSON POPLAR FOREST folgen nach
93/ 58	10.00 Uhr	**Poplar Forest** (ca. 1 Std.). – US 221 zurück, an US 460 Business/US 501 East rechts, dann US 460 nach Osten. Braunen Schildern APPO-MATTOX PARK (= S 24 East) folgen zum
147/ 92	11.30 Uhr	**Appomattox Court House Park** (Rundgang 1 Std.). – S 24 West zurück Richtung Appomattox (Ort), US 460 East. Ausfahrt beim Schild FARMVILLE HISTORIC DISTRICT über S 15 nach
197/123	13.15 Uhr	**Farmville** (Lunch ca. $1/2$ Std.). – US 460 East, I-85 North, Ausfahrt bei DOWNTOWN PETERSBURG (WASHINGTON und WYTHE ST.); dann Washington St., rechts an S. Sycamore, am Ende rechts zum Visitor Center von

306/191 15.00 Uhr **Olde Town Petersburg** (Rundgang und/oder **Siege Museum** 1 Std.).
– Zurück über S. Sycamore, links an Wythe St. (kurzer Abzweiger an S 301 = Crater Rd. für die Blandford Church möglich), die wird zur S 36, S 156. Rechts an S 10 (East) über Surry und Bacon's Castle nach **Smithfield**, östlich davon von der S 10 links auf die S 32/258 North wechscln (Hampton/Chesapeake), dann rechts auf die US 17 South (Portsmouth) und später Schildern TO I-264 folgen. I-264 East, S 44 East nach

475/297 18.30 Uhr **Virginia Beach.**

Extra: Eine zusätzliche Übernachtung in Lexington bringt nicht nur etwas Entspannung in die Reise, sondern u. a. auch die Gelegenheit, sich das **George C. Marshall Museum and Library** (auf dem Campus des VMI) anzusehen: ✆ (540) 463-7103, Fax 464-5229, im Sommer tägl. 9–17 Uhr. Hier wird den Besuchern eine gelungene Dokumentation zur Geschichte des Zweiten Weltkrieges und der Nachkriegszeit im Zeichen des Marshall-Plans vorgeführt. Eintritt $ 5/0.

Der »rote Faden« der heutigen Reise ist sicherlich keine touristische Goldader. Im Gegenteil, sie erfordert Zeit, Geduld und am besten noch Siebenmeilenstiefel. Dafür verbindet sie aber auch gleich alle drei Regionen der Mittleren Atlantikstaaten: Appalachian Mountains, Piedmont und Tidewater. Landschaftliche Höhepunkte sind vor allem am Anfang und am Ende mit von der Partie – quer durch ganz Virginia.

Zum Auftakt strebt die US 60 lieblichen Berghängen zu, während sie dabei eine Weile den Maury River begleitet, der trotz seines stellenweisen Entenflotts besonders bei Wildwasserfreunden beliebt zu sein scheint. Das verraten die Boote im Wasser ebenso wie der Kanuverleih an der Straße, der, völlig unpassend, in einem Gebäude in Form einer großen Kaffeekanne Unterschlupf gefunden hat.

Im kleinen **Buena Vista** (gesprochen: bjune viste) wird jedem klar, dass der klangvolle Name die schöne Aussicht auf die Berge meint, nicht den Ort. Oben auf dem Kamm duckt sich die Straße unter den Blue Ridge Parkway, um sich anschließend kurvig und rasant wieder abwärts zu neigen – begleitet von einer Kudzu-Parade von bisher noch nicht erlebter Üppigkeit. Die Wucherungen haben ganze Waldstücke fast bis zur Unkenntlichkeit entstellt und fleischig-grüne Teppiche aus ihnen gemacht.

Dieses lose Blattwerk geriet eher durch Zufall in den amerikanischen Süden. Japaner brachten das Grünzeug Ende des 19. Jahrhunderts ins Land: als Deko-Material für eine Ausstellung. Daraufhin pflanzte man den aus der Familie der Bohnen stammenden Kudzu hier und da zur Beschattung der Veranden. Als aber in den 1930er Jahren das Agrarministerium Kudzu in großem Stil importierte, um der Bodenerosion beizukommen, verselbständigte sich der »grüne Würger« im Zeitraffertempo. Seither zieht er über alles her, was sich ihm in den Weg stellt: Holz und Haus, Schuppen und Schilder. Er modelt und rundet, verformt und verhüllt und legt dabei eine plastische Gestaltungskraft an den Tag, deren vegetabile Ergebnisse nicht ohne Unterhaltungswert sind.

Nach dem angesichts seines Namens überraschend friedfertigen Flecken **Forks of Buffalo** kommt es südlich von Amherst zu einem unverhofften Wiedersehen mit dem

271

Thomas Jeffersons Zweitwohnsitz: Poplar Forest

James River, der aus den Allegheny Mountains kommt, sich durch die Blauen Berge windet und hier am Stadtrand von Lynchburg vorbeirauscht, allerdings weit zurückhaltender als später an der Falllinie bei Richmond. Immerhin bleibt festzuhalten, dass er über seine gesamte Länge von 544 Kilometern Virginia treu bleibt, gastfreundlich wie eh und je – zu Indianern und Industrie, Adlern und Austern, Feldfrüchten und Fabrikprodukten, Kriegen und Kirchen.

Bis zum Beginn des Bürgerkrieges begleitete ihn ein Kanal, der ähnlich wie der entlang dem Potomac River nach Plänen von George Washington den Ozean mit dem Ohio River verbinden sollte. Von der projektierten Gesamtlänge des James River & Kanawha Canal wurde allerdings nur das Stück zwischen Richmond und Buchanan (westlich von Lynchburg) fertig gestellt.

Jenseits des Flusses erhebt sich die Skyline von **Lynchburg**, aber nicht sie ist der Grund des Besuchs, sondern eine Kleinigkeit am Rande und außerdem ziemlich versteckt:

Poplar Forest, das zweite Landhaus von Thomas Jefferson, das als Refugium *(retreat)* von ihm geplant und gebaut wurde, um der gesellschaftlichen Betriebsamkeit von Monticello nach Bedarf entgehen zu können. »Wenn es fertig ist, wird es das beste Wohnhaus im Staat sein, Monticello ausgenommen; vielleicht diesem sogar vorzuziehen, weil es besser auf die Belange einer Privatperson zugeschnitten ist«, schrieb Jefferson 1812.

Tatsächlich entzog er sich mehrere Male im Jahr erfolgreich dem Besucherstress von Monticello, um in Poplar Forest »die Einsamkeit eines Einsiedlers« zu genießen, wie er selbst einmal sagte. Die Enkelkinder, die er gelegentlich mitbrachte, haben ihn dabei wohl nicht gestört.

Den »Pappelwald«, die übrigen Gebäude und die umgebende Landschaft bevölkern heute außer Touristen (unter ihnen 1993 sogar Michail Gorbatschow) hauptsächlich Architekturhistoriker, Konservatoren und Landschaftsarchäologen, die sich von den laufenden Restaurierungsarbeiten Aufschluss darüber erhoffen, wie Haus und Gärten des wichtigsten Gründungsvaters der Nation einmal ausgesehen haben mögen.

Zur Zeit lässt sich nämlich nur ahnen, was an diesem angeblich schönsten Landhaus in den USA so schön sein soll. Ein Feuer hatte 1845 den Bau derart beschädigt, dass seither zahlreiche Erneuerungen und Veränderungen ausgeführt wurden. Poplar Forest, die ungewöhnlich oktogonale Backsteinvilla, wirkt wie ein Puzzle. Einige originale Bauteile sind erhalten, einige gehen aus historischen Plänen und Briefen von und an Jefferson hervor, und wieder andere müssen aus den Prototypen Monticello und der Universität von Virginia indirekt erschlossen werden.

Der Highway östlich von Lynchburg bleibt waldig und hügelig, nichts Besonderes, aber auch nicht unangenehm. Mitunter flitzen zerzauste Bäume vorbei oder Kudzu-Figuren, die ein wenig die Phantasie in einer Gegend anregen, die das selbst eher unterlässt.

Ziemlich am Anfang der Reise stand der Besuch jenes Geländes auf dem Programm, auf dem die ersten Schlachten des Bürgerkrieges geschlagen wurden: Manassas. Jetzt, gegen Ende der Mid-Atlantic-Tour, naht das Kriegsende: die Kapitulation der Konföderierten in **Appomattox Court House** am 9. April 1865.

Der Bürgerkrieg verhilft ja vielen im amerikanischen Süden zu einer ganz eigenen Zeitrechnung. Nahezu alles, was zurückliegt, passierte entweder *vor* oder *nach*, *kurz vor* oder *lange nach*, *im* oder *seit* dem Bürgerkrieg, den im übrigen überzeugte Südstaatler gar nicht so nennen. Sie sprechen von »The War Between the States« oder »The War«, manchmal auch vom »War of Northern Aggression« oder lapidar von der »late unpleasantness«, einer »ehemaligen Unannehmlichkeit«. Auch an Appomattox scheiden sich die Zeitgeister, denn amerikanische Geschichte zerfällt in Ereignisse »vor Appomattox« und in solche danach.

Im **Court House**, in dem auch das Visitor Center untergebracht ist, findet der Besucher einmal keine Schlachten in Öl, sondern eine hochmoderne und digitalisierte Show

der letzten Kriegstage, die Robert E. Lee in einem der Häuser gegenüber, im McLean House, durch seine Unterschrift beendete. Das Haus wurde dem Original von 1848 entsprechend erst später wieder aufgebaut, und sorgsam hat man vor allem jenen Raum eingerichtet, in dem sich einst die Generäle Lee und Grant an kleinen Schreibtischchen gegenübersaßen.

Auf der ziemlich schnurgraden grünen Piste schalten bald die ersten *billboards* ein neues Programm ein: Möbel. Verständlich bei so viel Holz und bei der Nähe zu **Farmville**, der Möbelmetropole von Virginia und der Heimat von »The Green Fronts Furniture«,

Schräge Sache: Trapezium House, Petersburg, Virginia

wo sich von jeher scharenweise Virginians mit geeigneten Stücken für ihr *home, sweet home* versorgen.

Unabhängig davon (oder gerade deswegen?) ist Farmville auf touristischen Landkarten ein blendend weißer Fleck. Aber was heißt das schon? Wer einmal aussteigt und (etwa) über Main Street zwischen dem Courthouse und den riesigen Möbellagern auf und ab geht, bekommt einen ziemlich genauen Begriff vom Arbeitsalltag einer amerikanischen Kleinstadt. Hier bringen die Farmer ihr Geld zur Bank, kaufen Geräte und andere nützliche Sachen. Und während das Möbelgeschäft blüht, donnern die Trucks durch die Stadt und verpuffen schwarze Qualmwolken. Nein, Farmville ist kein Luftkurort und nichts für zarte Seelen oder sonstwie Zimperliche, dafür aber Teil von Virginia im 21. Jahrhundert und frei von jeder geschichtlichen Verklärung.

Der nächste Streckenabschnitt sieht dem ähnlich. In Crewe posieren Landmaschinen, jemand hat sich einen Panzer in den Vorgarten gepflanzt, und die schwarzen Loks der Norfolk Southern Railroad neben der Straße runden den Dreiklang der Maschinen ab.

Da hat **Petersburg** auf Anhieb mehr zu bieten – auch, wenn hier ab und zu die Hölle in Form eines Tornados einbricht. Der letzte fegte im Sommer 1993 über die **Olde Town** weg, tötete und verletzte Menschen, deckte ab, machte platt, zerzauste Bäume und legte den gerade erst wiederhergestellten Bahnhof in Schutt und Asche. Damals klebten Plakate in der Altstadt:

> *The Tornado Did*
> *To Petersburg In About*
> *22 Seconds, What The*
> *Union Army Couldn't Do*
> *In 10 Months.*

Die Publizität hielt sich landesweit in Grenzen. »Tornados haben keinen Namen, deshalb sind Hurrikane viel bekannter«, klagten die Geschädigten, die den Wiederaufbau zu organisieren hatten. Motto: »We're Putting Petersburg Back. Together.« Und das klappte.

Die heute 33 000-Einwohner-Stadt begann als *trading post* und Fort zum Schutz gegen die Indianer in der Mitte des 17. Jahr-

hunderts am Appomattox River. Ab 1740 wuchs sie unter ihrem Gründungsvater William Byrd II zu einem wichtigen Umschlagplatz für Tabak und Baumwolle. Schifffahrt und Eisenbahn beflügelten die städtische Kultur und machten Petersburg bis zum Bürgerkrieg zu einer reichen Stadt – mit der damals größten Gemeinde von freien Schwar-

zen. (Eine der ältesten Schwarzenkirchen in den USA, die First Baptist Church, liegt ganz in der Nähe des alten Zentrums an Harrison Street.) Zwar zerstörte ein Feuer 1815 viele der hölzernen Wohn- und Lagerhäuser des Geschäftsviertels am Fluss, aber sie erlebten ihr Comeback aus Ziegelstein, was man teilweise heute noch im **Olde Town & Historic**

District sehen kann. Nicht nur die Märkte, sondern vor allem ihre liberale Kultur- und Theaterszene sorgten für den guten Ruf von Petersburg in der ersten Hälfte des 19. Jahrhunderts.

Doch die strategische Lage wurde der Stadt schließlich zum Verhängnis. Die berüchtigte »Battle of the Craters« brachte

Nah am Wasser gebaut: Virginia Beach

ihr die längste Belagerung des gesamten Bürgerkrieges ein. Zehn Monate hungerten die Blauröcke die Bevölkerung aus; 65 000 Menschen starben in dieser letzten Schlacht. Eine Woche später kapitulierte Lee, wie wir im Laufe des Tages schon in Appomattox erfahren konnten.

Die Belagerung ist bis heute so etwas wie der kleinste gemeinsame Nenner geblieben, auf den die Stadtgeschichte geschrumpft ist. Das **Siege Museum** bereitet dieses Thema und Trauma anschaulich auf: Einblicke in die von der Außenwelt abgeschnittene Stadt, Kriegsgeschichte aus der Sicht der Opfer.

Das skurrile **Trapezium House**, eine durch und durch schiefe Sache, überlebte den jüngsten Tornado, während die »Appomattox Iron Works« sich als weniger standfest erwiesen. Dieses Eisenwerk stammt aus dem 19. Jahrhundert und war bis zuletzt ein Open-Air-Museum der Industriegeschichte, in dem kostümierte Arbeiter historische Werkzeuge und Arbeitsmethoden demonstrierten. Ob sie es je wieder tun werden, bleibt abzuwarten.

Die Raffinerieanlagen bei **Hopewell**, wo der Appomattox in den James River fließt, deuten auf nichts Gutes, doch das ist falscher Alarm. Der folgende **Colonial Trail** (Route 10) zwischen den Hafenstädten Petersburg und Porthsmouth gehört zu den schönsten Highways in Virginia. Wie sein Pendant, die (schon bekannte) Route 5 am Nordufer des James, wurde der Colonial Trail von den Kolonisten auf alten Indianerpfaden gebaut, aber die so genannte *Southside* ist weit weniger bekannt und folglich ihr ländlicher Tourismus *(rural tourism)* gemächlicher ausgeprägt. Friedlich windet sich die Landstraße durch Felder voller Mais, Sojabohnen, Erdnüsse und Baumwolle (je nach Saison), vorbei an vereinzelten Farmhäusern, Denkmälern und kleinen Dörfern.

Apropos: *peanuts*. Lange bevor Georgia sich an die Spitze der Produktion setzte, zählten die Nüsse neben Tabak zu den wichtigsten Feldfrüchten in Virginia. Schon bald nach der Ansiedlung in Jamestown brachten die Sklaven sie aus Afrika mit. Die *goobers* gediehen prächtig in den sandigen Böden der *Southside*, und Smithfield, Suffolk und Norfolk etablierten sich als führende Erdnussmärkte.

Der James River, unangefochtener König der Flüsse in Virginia, bleibt freilich stets außer Sichtweite, was nicht heißt, dass es unterwegs nicht zahlreiche Wege gäbe, seinen immensen Breiten nahezukommen, z.B. auf der Fähre bei Scotland oder bei der Chippokes Plantation – nur reicht heute die Zeit dafür nicht.

Der kleine Umweg durch **Smithfield**, vom alten Kolonialhafen am Pagan River zur heutigen Schinken-Metropole von Virginia aufgestiegen (Top-Marke: »Edward's Ham«), führt durch den historischen Ortskern mit zahlreichen Bauten aus dem 18. und 19. Jahrhundert.

Gleich dreimal kurz hintereinander hebt sich dann die US 17 über Flussläufe hinweg, die die Gewässer der Hampton Roads und schließlich die der Chesapeake Bay füllen: über den Chuckatuck Creek, den Nansemond und den Elizabeth River. Das späte Tageslicht lässt die einzelnen Farbkomponenten besonders leuchten, die gelben Gräser, grünen Ufer und das tiefblaue Wasser, auf das die Marinas und vereinzelte Segler ihre weißen Tupfer setzen.

Der Waterside Drive in **Norfolk** führt vor dessen Skyline dicht am Wasser vorbei und beinah zwangsläufig zu einer stabilen Steinkirche, die keine mehr ist, sondern eine gemütliche Taverne mit allem drum und dran. **Freemason Abbey**, seit 1873 mal christliches Gotteshaus, mal Versammlungsort der Freimaurer, durchlief 1988 diesen jüngsten Funktionswandel: Statt auf himmlische Hoffnungen kapriziert man sich auf irdisch Lieferbares – zum Beispiel auf Hummer, der stets frisch aus New England eingeflogen wird.

Nach dem Stopp ergibt sich vielleicht noch die Gelegenheit, im besten Abendlicht an der Promenade der **Waterside** herumzulaufen und den Schiffen zuzusehen. Schließlich gibt es hier einen »richtigen« Sonnenuntergang. Dafür kann man am Meer dann später abends am Boardwalk oder mit den Füßen im Wasser am Strand entlanglaufen, zur meist friedlichsten Zeit in **Virginia Beach**.

Thomas Jefferson's Poplar Forest
S 661, Nähe Lynchburg, Forest VA 24551
℗ (434) 525-1806, Fax (434) 525-7252
www.poplarforest.org
April–Nov. Mi–Mo 10–16 Uhr, Eintritt $ 10/?
Von Jefferson 1806–23 entworfen und
ausgeführt – eine (oktogonale) Villa, die
an Palladio erinnert und die ihm als Ort
der Zuflucht diente.

 **Appomattox Court House National
Historic Park**
 S 24, nordöstlich von Appomattox
VA 24522
℗ (434) 352-8987, www.nps.gov/apco
Tägl. 8.30–17 Uhr, Eintritt $ 4
Rekonstruiertes Dorf, in dem 1865 die
Südstaatenarmee kapitulierte. Museum,
diverse Gebäude, im Sommer *living his-
tory programs* mit kostümierten Soldaten
des Bürgerkriegs.

Historischer Photo Shop, Virginia Beach

 Cheese & Company
Nähe Kreuzung Main St. & US 460
 214 N. Main St., Farmville, VA 23901
℗ (434) 392-5559
Combo aus Picknickbedarf (Honig,
Säfte, Käse, Bier, viele Körbchen) und
Imbissstube (Sandwiches) mit Saloon-
Möbeln und altem Klavier. So geschl. $

 Petersburg Visitors Center
425 Cockade Alley, Petersburg, VA 23803
℗ (804) 733-2400 oder 1-800-368-3595
Tägl. 9–17 Uhr

 Farmers Bank
19 Bollingbrook St., Petersburg, VA 23803
℗ (804) 733-2400
April–Okt. Fr–Mo 10–17 Uhr, Eintritt $ 3/2
Bank, Notenpresse und sozialer Treff von
1817. Die 6 Sklaven hatten u.a. täglich
die Aufgabe, den superschweren Eisen-
safe ins Hinterzimmer zu tragen und dort
ein paar Meter tief zu versenken. Hinter
der Bank: Gewürzgarten, Wachhäu-
schen, Sklavenhaus, Räucherstube – eine städtische Mini-Plantage.

 Siege Museum
15 W. Bank St., Petersburg, VA 23803
℗ (804) 733-2404
Tägl. 10–17 Uhr, Eintritt $ 5/4
Die im Exchange Building von 1839 un-
tergebrachte Sammlung zeigt, wie die
Petersburger im Bürgerkrieg die Belagerung überlebten. Bemerkenswertes
Thema: die Rolle der Frauen (Versorgung der Verwundeten etc.).

Trapezium House
244 N. Market St., Petersburg, VA 23803
℗ (804) 733-2400
Öffnungszeiten auf Anfrage
Bei der Planung dieser windschiefen Sache (1817) erfuhr der exzentrische iri-
sche Hausherr, Charles O'Hara, angeblich von seinem westindischen Diener,
dass böse Geister nur in parallel verlaufenden Wänden und rechten Ecken nisten würden. Also baute er keine.

Dixie Restaurant
250 N. Sycamore St., Petersburg, VA 23803
✆ (804) 732-5761
Home cooking mit freundlichen alten
Damen. $

 Centre Hill Mansion
1 Centre Hill Court
Petersburg, VA 23803
✆ (434) 733-2401
Tägl. 10–17 Uhr, Eintritt $ 3/2
Villa im *Federal Style* mit einladender
Veranda von 1823; im geräumigen Innern sind besonders die Holzverklei-
dungen und die kunstvollen Stuckar-
beiten bemerkenswert. Ein Backstein-
tunnel führt zum Fluss.

 Old Blandford Church and Cemetery
301 Rochelle Lane (I-95, Exit Crater Rd.)
Petersburg, VA 23803
✆ (434) 733-2396
Tägl. 10–17 Uhr, Eintritt $ 5
Die Kirche (1734–37) wurde 1901 zur
Gedenkstätte für gefallene Konföderierte erklärt. Auf dem mit alten Eisengittern
bestückten verwitterten Friedhof liegen
30 000 Soldaten begraben. Ihnen zur Ehre entwarf Louis Comfort Tiffany die
Glasmalereien der Kirchenfenster.

Horrorkabinett, Virginia Beach

 Chippokes Plantation State Park
CR 634, Surry, VA 23883
✆ (757) 294-3625
Seit 1621 bis heute kontinuierlich bewirt-
schaftete Plantage am James River, Herrenhaus (1642–1700, und 1854), Gärten
aus den 1920er Jahren. Der Tabakanbau
(Aussaat im März, Ernte im Herbst) erforderte eine große Zahl an Arbeitssklaven.
Zuvor lebten hier die Algonquin-Indianer,
die neben Tabak, Erbsen, Bohnen, Kartoffeln, Squash vor allem Mais anbauten.

 Smithfield Station Restaurant
415 S. Church St., Smithfield, VA 23430
✆ (757) 357-7700
www.smithfieldstation.com
Für eine Stärkung – mit Blick auf die

Marschlandschaft am Pagan River. Lunch
($) und Dinner ($$), So nur Brunch.

 Freemason Abbey
209 W. Freemason & Boush Sts.
Norfolk, VA 23510
✆ (757) 622-3966
www.freemasonabbey.com
Kulinarische Abtei: Bar und Restaurant
unter hölzernem Dachstuhl. Amerikanische und karibische Küche. Anfahrt von
I-264: Exit Waterside Dr., am Wasser entlang, an Boush St. rechts, dann auf der lin-
ken Seite. Lunch ($) und Dinner. $$–$$$

**Informationen zu Virginia Beach fin-
den Sie S. 194 f.**

SERVICE

REISEPLANUNG

REISEDATEN

Reiseplanung

An- und Einreise

Zur Einreise in die USA benötigen Besucher aus Deutschland, Österreich und der Schweiz (auch Babys und Kinder) einen **maschinenlesbaren Pass,** der mindestens bis zum Ende der geplanten Reise gültig sein muss. Für deutsche Staatsangehörige ist nur der rote Europapass zulässig. Vorläufige Reisepässe, Kinderausweise oder Einträge in den Reisepässen der Eltern werden nicht mehr akzeptiert. Reisepässe, die nach dem 25. Okt. 2006 ausgestellt wurden, müssen zusätzlich über **biometrische Daten** in Chipform verfügen. Das gilt jedoch nicht für Reisende, die ein US-Visum besitzen.

Seit Januar 2009 müssen USA-Reisende zusätzlich und mindestens 72 Stunden vor Reiseantritt online eine sogenannte **ESTA-Genehmigung** (Electronic System for Travel Authorization) beantragen, dies gilt auch für Kinder. Für diese Online-Reiseanmeldung ist ein Fragebogen mit persönlichen und anderen Daten im Internet auszufüllen, der bisher während des Flugs ausgeteilt wurde. Die ESTA-Genehmigungsnummer wird dem Reisenden per E-Mail zugeschickt. Sie ist bis zu zwei Jahre oder bis zum Ablauf des Passes für mehrere Reisen gültig.

Am besten erkundigt man sich vor seiner Abreise nach den aktuellsten Bestimmungen: ✆ 0900-185 00 55 (1,86 € pro Min.) oder www.usembassy.de.

Zu den strengeren Sicherheitsbestimmungen seit dem 11. Sept. 2001 gehört auch, dass **verschlossene Gepäckstücke** mit großer Wahrscheinlichkeit von den Behörden mit Gewalt aufgebrochen werden. Deshalb sollte man die Koffer besser mit einem Gurt sichern als ein Zahlenschloss zu benutzen.

Der Zielflughafen für die Ostküste der USA ist meist der **J. F. Kennedy International Airport** in New York oder der Flughafen **Newark.** Nonstop-Flüge verschiedener Fluggesellschaften erreichen aus Europa nach rund 7 Stunden Flugzeit (und 6 Stunden Zeitunterschied) meist am frühen Nachmittag die Metropole am Hudson River. Über preiswerte

Holiday- und andere Sondertarife sowie Charterflüge informieren die Reisebüros.

Vor der Gepäckausgabe wartet der *immigration officer*, der Beamte der Einwanderungsbehörde, der einen **Fingerabdruck** ab- und ein **digitales Foto** aufnimmt. Er ist für die Festsetzung der Aufenthaltsdauer zuständig und erkundigt sich deshalb nach Zweck *(vacation)* und Dauer der Reise, manchmal auch nach dem Rückflugticket und der finanziellen Ausstattung.

Die Autovermieter haben eigene Pendelbusse, die Sie zum jeweiligen Mietbüro bringen.

Falls Sie zunächst ein paar Tage in New York bleiben, sollten Sie den Mietwagen erst am Abreisetag übernehmen und mit dem Taxi oder öffentlichen Verkehrsmitteln in die Stadt fahren. Der **J.F. Kennedy Airport** liegt 15 Meilen östlich von Manhattan in Qeens. Der **AirTrain**, der im Flughafenbereich Terminals, Parkhäuser, Hotels und Mietwagenfirmen verbindet, stellt auch den Anschluss zur Long Island Railroad (LIRR, Jamaica-Station), zu den Subway-Stationen Jamaica (Linien E, J/Z) und Howard Beach (Linie A) und verschiedenen Buslinien von NYC Transit und Green Bus her (www.panynj.gov/airtrain, $ 5). **Mit der Subway-Linie A** ab **Howard Station** gelangt man in 45 Minuten ins Zentrum, und das für ganze $ 2.

Das Taxi ins Stadtzentrum kostet (für maximal 3 Gäste) $ 45 plus Trinkgeld (15 %) und Brückenzoll und braucht je nach Verkehr 30–90 Minuten. Etwa drei Dutzend **Buslinien der Port Authority** verkehren zu Grand Central, Penn Station und Port Authority Bus Terminal für $ 13.

Ärztliche Versorgung

In den USA ist man automatisch Privatpatient, und die Arzt- bzw. Krankenhauskosten sind extrem hoch. Man sollte also tunlichst vorsorgen und sich zunächst bei seiner Krankenkasse nach einer Kostenerstattung erkundigen. Falls nicht alle in den USA erbrachten Leistungen übernommen werden, ist unbedingt eine **Auslandskrankenversicherung** anzuraten, die für Urlaubsreisen preiswert zu haben ist. Allerdings: selbst wenn Sie versichert sind, in den USA muss beim Arzt oder im Krankenhaus sofort bezahlt werden, meist sogar im voraus. Für solche Notfälle erweist sich wiederum eine Kreditkarte als sehr nützlich. Erkundigen Sie sich gegebenenfalls auch, welche Leistungen Ihre (oder eine) Kreditkarte im Krankheitsfall im Ausland einschließt.

Apotheken *(pharmacy)* sind meist in *drugstores* zu finden, die auch Toilettenartikel und Kosmetika verkaufen. Ständig benötigte Medikamente sollte man von zu Hause mitbringen (ärztliches Attest ausstellen lassen für den Fall, dass der Zoll Fragen stellt). Viele Medikamente, die in Europa rezeptfrei zu haben sind, können in den USA nur vom Arzt verschrieben werden.

Für das eigene Wohlbefinden benötigt man an der Ostküste naturgemäß etwas gegen **Mücken**, **Stechfliegen und Moskitos**, denn sie fordern unerbittlich ihren touristischen Blutzoll. Was am besten gegen Stiche hilft, ist allerdings bei Kennern und Opfern gleichermaßen umstritten. Einige halten sich an lokale Repellentien, die vor Ort im *drugstore* zu haben sind, andere schwören auf die Creme von der legendären Avon-Tante (»Avon's Skin-So-Soft«), die es ebenfalls in *drugstores* gibt. Findige behaupten, die Mücken hätten sich längst an Avon gewöhnt, weit besser sei das etwas streng riechende »Dolmix« (in hiesigen Apotheken). Unumstritten: Aloe vera, das man sich eigentlich als erstes in den USA kaufen sollte. Und für Campingfreunde gilt Netz-Zwang.

Auskunft

Botschaft der Vereinigten Staaten von Amerika
Pariser Platz 2, 10117 Berlin
Postanschrift: Clayallee 170, 14195 Berlin
✆ (030) 238 51 74, www.usembassy.de

Vertretungen von Mid-Atlantikstaaten in Deutschland:

Reiseplanung

NYC & Company
Sonnenstr. 9, 80331 München
✆ (089) 23 66 21 49, newyork@aviareps.com

– North Carolina Travel & Tourism
Sonnenstr. 9, 80331 München
✆ (089) 23 66 21 35
northcarolina@aviareps.com

– Pennsylvania Tourism
c/o Wiechmann Tourism Services
Scheidswaldstr. 73, 60385 Frankfurt am Main
✆ (069) 255 380, Fax (069) 255 381 00
info@wiechmann.de

– Washington, DC & the Capital Region
(Virginia, DC, Maryland)
c/o Claasen Communication
Hindenburgstr. 2, 64665 Alsbach
✆ (062 57) 687 81, Fax 683 82
www.capitalregionusa.de

Surftipps:
www.citysearch.com – ausgewählte US-Städte
www.visitnj.org – für New Jersey
www.crystalcoastnc.org – für die North-Carolina-Küste
www.visitmaryland.org – für Maryland
www.virginia.com – für Virginia
www.philadelphia.com – für Philadelphia
www.sunnync.com – für die North-Carolina-Küste
Außerdem schicken die meisten Städte, Counties und Bundesstaaten der USA auf Anfrage Vorabinformationen (Stadtpläne, Hotellisten etc.). Die Adressen und Rufnummern dieser regionalen **Chambers of Commerce** bzw. **Convention & Visitors Bureaus** finden Sie jeweils auf den blauen und gelben Seiten dieses Buches.

Automiete

Bei der Landung in New York sollten Sie die Frage Auto- oder Campermiete längst beantwortet haben. So oder so nämlich sollten Sie den Wagen bereits von Deutschland aus gemietet und vor Reiseantritt bezahlt haben. Das ist preislich günstiger.

Wer den gemieteten Wagen nicht wieder in New York, sondern irgendwo sonst zurückgeben möchte, muss meist eine zusätzliche **Einweggebühr** *(drop off charge)* zahlen, deren Höhe von der Entfernung des Rückgabeorts abhängt.

Mit dem PKW ist man besonders in den Städten flexibler, an Bord eines Wohnwagens häufiger an der frischen Luft, beweglicher, was die Zeiteinteilung angeht, und insgesamt – vor allem im Essensbereich – ein bisschen billiger dran. Anfragen (Wochenpauschalen, Freikilometer und Überführungsgebühren) richtet man an das Reisebüro oder die internationalen Autovermieter.

Erfahrungsgemäß befahren mehr Reisende im Leihwagen die Ostküste als im Camper. Das mag unter anderem daran liegen, dass New York als ein besonders schlechter Anmietplatz für Wohnwagen gilt. Es gibt dort relativ wenige Anbieter. Einen besseren Ruf als Anmietstation für Camper im Osten der USA genießen Chicago, Atlanta und Miami.

Bei der Anmietung des Fahrzeugs vor Ort muss man den nationalen **Führerschein** vorlegen. Eine **Kreditkarte** ist nahezu unersetzlich, denn ohne sie muss man im voraus bezahlen und eine Kaution hinterlegen. Die angebotene Vollkaskoversicherung – *Collision Damage Waiver* (CDW) – ist zwar nicht billig, kann sich aber bei Blechschäden auszahlen.

Achtung bei verdeckten Kosten! Die Autovermieter jubeln dem Besucher (über den CDW hinaus) gern weitere Versicherungen unter. Prüfen Sie vorher, ob diese nicht durch Ihre sonstigen Versicherungsleistungen (Haftpflicht, Kreditkarten) oder mit dem Gutschein für die bezahlte Automiete *(voucher)* abgedeckt sind. Den übernommenen Wagen sollte man zunächst genau überprüfen (Reserverad, Automatikschaltung) und sich insbesondere beim Camper alles genau erklären lassen.

Bedenken Sie: nach einem Transatlantikflug können Müdigkeit und Schwierigkeiten mit der Zeitumstellung leicht zu Konzentrationsstörungen beim Autofahren führen. Durch

Reiseplanung

den Verzicht auf Alkohol, Kaffee und Tee während des Flugs kann man dem *jet lag* entgegenwirken. Dennoch sollten Sie erwägen, sich per Bus oder Taxi nach New York bringen zu lassen und den Leihwagen erst beim Verlassen der Stadt, d. h. zu Beginn der eigentlichen Rundreise, zu übernehmen.

Eisenbahn: Strecken/Tickets

Das Streckennetz der amerikanischen Eisenbahngesellschaft AMTRAK ist im Osten der USA effizient und bietet durchaus eine Alternative zum Auto, wenn man seine Reiseroute im Wesentlichen auf den Nordostkorridor der großen Städte **New York, Philadelphia, Baltimore** und **Washington, DC,** beschränkt.

Aber auch Erweiterungen sind per Zug möglich (vgl. Skizze S. 17). Von Washington hat man Anschluss nach **Staunton** (über **Charlottesville**). Dort holen die Betreiber der B&Bs die Gäste vom Bahnhof ab, und alles Übrige kann man hier zu Fuß (oder mit dem Leihrad) machen. Nach **Virginia Beach** (Endstation: Radisson Hotel) kommt man mit dem Amtrak-Bus von **Newport News** (Virginia) aus, das am Ende der Strecke Washington – **Richmond – Williamsburg** liegt (Reservierung erforderlich.) In **Atlantic City** ist es nur ein Katzensprung zum Boardwalk.

Empfehlenswert für eine längere Ostküstentour ist der **Amtrak East Region Rail Pass**, der zzt. je nach Saison um die € 300 kostet und 30 Tage gilt. (Es gibt auch Rundreisetickets für nur 15 Tage). Diese Netzkarte mit unbegrenzten Stopps ist nur außerhalb der USA zu erwerben, und sie gilt vor Ort lediglich in Kombination mit einem ausländischen Reisepass. Die »East Region« reicht von Neuengland bis Florida und westlich bis zum Mississippi (New Orleans, Memphis, Chicago). Auskünfte und Reservierungen in Reisebüros und bei Reiseveranstaltern.

Wer nur einzelne kürzere Strecken mit dem Zug fahren möchte (etwa mit dem *Metroliner*), der kauft sich die Billetts am besten vor Ort. Z. B.:

Amtrak
60 Massachusetts Ave.
Washington, DC 20002
✆ 1-800-USA-RAIL

Geld/Devisen/Reisekosten

Die Reisekasse verteilt man am besten auf zwei Zahlungsmittel: **US-Dollar Bargeld** und einen oder mehrere **Kreditkarten** (Eurocard, Visa oder American Express). Sie dürfen bis zu $ 10 000 in bar oder anderen Zahlungsmitteln in die USA mitbringen.

Der US-Dollar ist in 100 *cents* unterteilt. Es gibt **Münzen** zu 1 *cent (penny)*, 5 *cent (nickel)*, 10 *cent (dime)*, 25 *cent (quarter)*, 50 *cent (half dollar)* und 1 Dollar.

Vorsicht: **Dollar-Scheine** *(bills, notes)*, die im Wert von 1, 2, 5, 10, 50 und 100 Dollar kursieren, sind alle gleich groß und meist grün. Größere Geldscheine (schon Hunderter) werden ungern gesehen und in manchen Läden und Tankstellen nicht akzeptiert, vor allem nachts nicht. Lieber im Hotel wechseln lassen oder von zu Hause bereits Bargeld in $-20- und $-50-Stückelung mitnehmen.

In den USA werden Preise grundsätzlich ohne **Umsatzsteuer** angegeben, d. h., auf alle ausgezeichneten Beträge kommen, je nach Region und Kommune, mindestens 6 % *(sales tax)* hinzu! Die meisten Hotels (besonders in den Großstädten) satteln auf den Zimmerpreis noch eine zusätzliche Parkgebühr (zzt. bis zu $ 20 pro Übernachtung).

Die Höhe der **Reisekosten** lässt sich nicht verbindlich bestimmen, da sie weitgehend im individuellen Ermessen bzw. Vermögen liegt. Dennoch gibt es Anhaltspunkte. So berechnet der Amerikanische Automobilclub (AAA) zzt. die durchschnittlichen Reisekosten wie folgt: für Hotel-/Motelübernachtung $ 74 für 2 Personen pro Nacht (für 1 Person sind es 15 % weniger; jede zusätzliche Person kostet rd. $ 5 pro Tag mehr). Für Essen wurden $ 30 pro Tag, pro Person errechnet, für das Auto (Benzin, Öl, Reifen) je 100 Meilen (161 km) $ 6.60 (bei Mietwagen etwas preiswerter). Nicht berechnet sind Getränke, Eintritt, Trinkgeld, Einkäufe, gebührenpflichtige Brücken, Straßen und Fähren. Die AAA-Sätze sind als eine bescheidene Untergrenze der möglichen Kosten zu verstehen.

Apropos **Eintrittspreise**. Alle Museen der Smithsonian Institution in Washington und einige wenige andere Museen an der Ostküste sind kostenlos. Der überwiegende Teil der Sammlungen, Gedenkstätten, Nationalparks jedoch kosten. Vor allem der Eintritt in die US-Geschichte erweist sich als vergleichsweise happig: Für Schlachtfelder, Plantations, Jamestown etc. sind $ 10 und mehr pro Person durchaus normal. Colonial Williamsburg übertrifft alle und nähert sich preislich bereits Disneyland (ca. $ 36)!

Verständnis ist hier zumindest angebracht: In den allermeisten Fällen wird die Unterhaltung der Einrichtungen – anders als in Europa – ausschließlich privat und ohne staatliche Zuschüsse betrieben.

Gepäck/Kleidung

Normalerweise legt die Reise eine lockere **Freizeitkleidung** für alle Lebenslagen nahe. Wer allerdings in den großen Städten schick ausgehen will, braucht noblere Garderobe, denn die meisten feineren Restaurants bestehen auf einer konservativen Kleiderordnung (*dress code*). Insgesamt aber passt man sich mit Jeans, T-Shirts, Freizeithemden und Turnschuhen dem amerikanischen Alltag am besten an. Für Frühjahr und Herbst (erst recht für den Winter) sind wärmere Pullover und Jacken mitunter in den Höhenlagen der Appalachen gefragt.

Je heißer es draußen ist, um so eisiger wirken viele Klimaanlagen, was für die meisten Europäer ungewohnt ist und deshalb Probleme schaffen kann. Deshalb sollte man kleidungsmäßig vorbereitet sein.

Für den eigenen Rasierapparat oder Fön (die auf 110 Volt umstellbar sein müssen) sollte man einen **Adapter** für amerikanische Steckdosen mitbringen. In den USA muss man oft lange danach suchen.

Reisezeit

Die Ostküsten-Route ist grundsätzlich ganzjährig befahrbar. Lediglich der Skyline Drive im Shenandoah Park oder der Blue Ridge Parkway können im Winter eventuell wegen Schnee geschlossen sein. Frühjahr und Herbst sind die besten Reisezeiten.

Im **Frühjahr**, wenn die Temperaturen und das Touristenaufkommen in der Regel noch erträglich sind, stehen die Südstaaten bereits in voller Blüte. Die schönste Zeit für die Appalachian Mountains: 1., 2. und 3. Woche im Mai.

Im **Sommer** locken zwar die Bademöglichkeiten im Atlantik und in den Hotel-Pools und auch in den Höhenlagen des Shenandoah Parks bis hinunter nach Asheville kann man es gut aushalten, aber besonders im Piedmont etc. drückt meist die Bullenhitze im Inland.

Die ruhige Zeit des **Herbstes** beginnt ab Labor Day Anfang September, wenn die meisten Touristen sich verzogen haben, Licht und Sicht klarer werden und das Herbstlaub im Shenandoah National Park seine Farbenpracht entfaltet. Für die Berge am besten: 2. und 3. Woche im Oktober.

Die **Winter** decken die Mid-Atlantic-Staaten im Osten meist mit Regen und Schnee ein, die südlicheren Küsten jedoch mit milden Temperaturen – oft mit dem besten Licht. Für den Nachteil der kürzeren Tage und Öffnungszeiten von Museen, Sehenswürdigkeiten und Naturparks gibt es ein Trostpflaster: die Fülle von Festivals, Feiern und Fiestas.

Übrigens: »**Sommer**« bedeutet im touristischen Jahr der USA (und in den Info-Teilen dieses Buchs): zwischen Memorial Day (letzter Montag im Mai) und Labor Day (1. Montag im September); »**Winter**« heißt: **der Rest des Jahres**.

Reservierungen

Verbreitete Vorstellungen vom »typischen Amerikaner« – zupackende Direktheit, kaugummikauende Lässigkeit, Pragmatismus und Improvisationstalent – legen oft den

Schluss nahe, das tägliche Leben in den USA sei eine jederzeit jedermann zugängliche *drop-in culture*, eine Gesellschaft, in die man mir nichts, dir nichts hineinplatzen kann, weil es schon irgendwie klappen wird.

Leider sieht die Praxis meist sehr anders aus: ob Campingplatz oder Nobelrestaurant, Hotel oder Opernabend, Fähre oder Festival – die Standardfrage lautet »Haben Sie reserviert?« Amerikaner sind geradezu besessen von Reservierungen; sie gehören zu den festen Spielregeln. »Es ist sehr selten, dass ein Amerikaner auf Reisen geht, ohne zuvor jede Meile seines Reisewegs festgelegt und Hotelzimmer vorbestellt zu haben«, fand schon Simone de Beauvoir 1947 heraus.

Unterkunft

Hotels und Motels in den USA sind in der Regel einwandfrei und zuverlässig. Über die Hotels der großen Ketten wie Holiday Inn, Best Western International kann man sich im Internet informieren.

Hotelgutscheine (für 1–4 Personen) sind erheblich billiger. Sie werden u. a. von folgenden Ketten angeboten: **Days Inn, Holiday Inn, TraveLodge, Sheraton** und **Hilton**. Meist beträgt die Mindestabnahme 5 Stück – kein Risiko auf einer mehrwöchigen Reise.

Als besonders preiswert, sauber und dazu noch meist verkehrsgünstig gelegen gelten die Motels der Kette **Motel 6.** Der Übernachtungspreis liegt z. Zt. um die $ 30–40 für eine Person; die zweite zahlt rund $ 6 extra. Außerdem: für $ 1.50 kann man sich ein Zimmer im nächsten Zielort reservieren lassen, so dass man sich mit der Anreise Zeit lassen kann.

Die weitaus meisten der gelisteten Hotels/ Motels können von Europa aus reserviert werden. Innerhalb der USA benutzt man dazu am besten die gebührenfreie 1-800er-Nummer. Vorausbuchungen sind besonders während der Hauptreisezeit Juni, Juli, August oder an Wochenenden und Feiertagen anzuraten, besonders für überlaufene Gebiete: New York, Atlantic City, Annapolis, Washington und alle Strandbäder.

Oktober-Warnung: während der schönsten Jahreszeit in den Appalachen, zwischen bunten Herbstblättern und College-Festen, wird es entlang dem Blue Ridge Parkway eng mit der Unterkunft. An Wochenenden sind dann die Zimmer oft schon ein Jahr im Voraus belegt – also am Skyline Drive oder etwa in Staunton, Lexington und Asheville.

Auch bei der telefonischen Hotelreservierung läuft ohne eine Kreditkartennummer immer weniger (an Wochenenden und Feiertagen außerhalb der Städte sogar überhaupt nichts). Mit Karte wird das Zimmer garantiert, ansonsten muss man bis **spätestens 18 Uhr** einchecken. Bei der kurzfristigen Zimmersuche sind die örtlichen Visitors Bureaus behilflich.

In den Großstädten bieten die Hotels günstige Wochenendpauschalen (*weekend specials:* Fr–So), um ihre geringe Auslastung zu kompensieren, z. B. in Philadelphia, Washington, Baltimore, Richmond und Raleigh.

Die angegebenen Preiskategorien gelten jeweils für einen *double room*. Einzelzimmer sind nur unwesentlich billiger, während man für ein zusätzliches Bett etwa $ 5–10 zuzahlen muss. Für Kinder, die im Zimmer der Eltern schlafen, wird meist kein Aufpreis berechnet. Die Bedeutung der Dollarsymbole für einen *double room* (zwei Personen) in diesem Buch:

$	–	bis 70 Dollar
$$	–	70 bis 110 Dollar
$$$	–	110 bis 180 Dollar
$$$$	–	über 180 Dollar

Bed & Breakfast ist das angelsächsische Pendant zum Hotel garni: Zimmer mit Frühstück also, und zwar meist in historischem Rahmen. Bei den Amerikanern werden sie immer beliebter. Offenbar wissen viele das gemütliche Frühstück mit hausgemachter Marmelade zu schätzen und ziehen das Flair nostalgischer Räumlichkeiten den stereotypen Motelräumen vor. Außerdem wirkt das im Preis eingeschlossene Frühstück (so mager es sein mag), als spare man Kosten. Deshalb schmücken sich neuerdings sogar einige Motelketten mit dem Zusatz »Inn« und ser-

Reiseplanung

vieren ein kostenloses *(complimentary)* Mini-Frühstück. Europäischen Besuchern bieten B&Bs unter Umständen den Vorteil, dass sie Gespräche und Kontakte fördern.

Camping ist überall außerhalb der großen Städte beliebt. Die Campgrounds liegen oft sehr schön in der unmittelbaren Nähe zu Wanderwegen und Stränden. Die staatlichen Campgrounds befinden sich meist in State Parks, haben Feuerstellen, Holzbänke und -tische sowie Waschanlagen. Vorbestellung ist oft nicht möglich, daher sollte man besser früh einchecken. Die privaten Campingplätze sind meist vorzüglich ausgestattet, mit sauberen Duschen, Grillplätzen und oft mit kleinem Laden.

Der Wohnwagen befreit von den täglichen Hotel- und Restaurant-Ritualen und bringt Abwechslung auf den Speiseplan, weil man die preiswerten, hervorragenden Obst- und Gemüseangebote der Supermärkte nutzen kann. Außerdem fördert Camping die Bekanntschaft mit Gleichgesinnten. Wildcampen für mehrere Tage wird nicht so gern gesehen, doch kann man durchaus über Nacht sein Motorhome – nach Rücksprache an der *front desk* – auf Hotel- und Motelparkplätzen, hinter Tankstellen und auf Supermarktparkplätzen abstellen, möglichst auf solchen, die 24 Stunden geöffnet sind. Die Preise schwanken zwischen $ 15–30 für zwei Personen pro Nacht.

Beim **US National Park Service** gibt es eine zentrale und kostenlose Reservierungsnummer, unter der man für jeweils einen Tag im Voraus einen Campingplatz in einem der Nationalparks reservieren kann: ℂ 1-877-444-6777.

Von Europa aus kann man **KOA-Campingplätze** online reservieren: http://koa.com/reservations/.

Zoll

Zollfrei in die USA mitbringen darf man außer der persönlichen Reiseausrüstung (Kleidung, Kamera etc.):
– 200 Zigaretten oder 50 Zigarren oder 1 500 g Tabak
– 1 Liter Alkohol
– Geschenke im Wert von bis zu $ 400.
Tierische und pflanzliche Frischprodukte (Obst, Wurst, Gemüse) dürfen nicht eingeführt werden. Die Zollbeamten sind da unerbittlich – Wurststulle und Orange werden konfisziert. Dagegen sind Gebäck, Käse und Süßigkeiten (keine Schnapspralinen!) erlaubt.

Den eigenen Wagen darf man (bis zu einem Jahr) mitbringen, was sich aber nur ab einer Aufenthaltsdauer von mindestens 2 Monaten lohnt. Bleibt man länger als 12 Monate, muss das Fahrzeug nach den amerikanischen Sicherheitsbestimmungen umgerüstet werden. Wenn man seinen Wagen nach einer Reise in den USA verkaufen möchte, heißt es ebenfalls umrüsten und zusätzlich Zoll bezahlen.

Bei speziellen Fragen zu den amerikanischen Zollbestimmungen setzt man sich am besten mit dem nächsten US-Konsulat in Verbindung.

Bevor man den günstigen Dollar-Wechselkurs für Einkäufe nutzt, sollte man sich darüber im Klaren sein, dass Zigaretten, Alkohol, Parfüm usw. nur bis zu einer bestimmten Grenze frei sind und alle übrigen Mitbringsel ab einem Wert von € 175 bei der Einfuhr in Deutschland verzollt werden. Bis zu einem Wert von € 350 werden pauschal 13,5 % erhoben, bei allem, was darüber liegt, wird genauer gerechnet. Das können bei einem Einkaufswert von € 2000 schon € 570 sein – wenn kein Vorsatz vermutet wird, ansonsten wird es noch viel teurer. Auskünfte erteilt das Zoll-Infocenter unter ℂ (03 51) 448 34-510, www.zoll.de. ✸

Reisedaten

Auskunft vor Ort

Fast alle Orte besitzen ein meist gut ausge-
schildertes *Visitors Bureau* oder eine *Chamber of Commerce*, die Unterkünfte vermitteln
und viele Tipps für Unternehmungen und Ver-
anstaltungshinweise geben (vgl. Infos). Man
muss dort nicht unbedingt hinfahren, sondern
kann auch anrufen.

Wer mit dem PKW unterwegs ist, kann sich
die regionalen *Tourbooks* des amerikanischen
Automobilclubs AAA (American Automobile
Association) besorgen (gegen ADAC-Ausweis
kostenlos), die ein recht verlässliches Hotel-
verzeichnis enthalten – als Ergänzung der hier
im Buch empfohlenen Häuser (Adressen der
AAA-Büros siehe »Autofahren«).

Autofahren

Als europäischer Autofahrer hat man auf den
US-Highways leichtes Spiel. Man fährt dort
immer noch rücksichtsvoller und langsamer
als hierzulande. Meistens jedenfalls.

Landkarten und **Stadtpläne** bekommt
man an vielen Tankstellen, *drugstores* und
Buchhandlungen. Exzellente Karten und Aus-
kunft über den Straßenzustand gibt es in den
AAA-Büros (gewöhnlich Mo–Fr 8.30–17.30
Uhr) z.B. in:

AAA New York
1881 Broadway & 62nd St.
New York, NY 10023
✆ (212) 757-2000

AAA Mid-Atlantic
1801 Market St.
Philadelphia, PA 19103
✆ (215) 399-1180

AAA Mid-Atlantic
1201 Mall Dr.
Richmond, VA 23235-4737
✆ (804) 379-4487

AAA Maryland
2133 York Rd.
Lutherville Timonium, MD 21093
✆ (410) 616-1000

AAA Washington, DC
1405 G St. N.W.
Washington, DC 20005
✆ (202) 481-6811
Mo–Fr 9–17.30 Uhr

AAA Raleigh
2301 Blue Ridge Rd.
Raleigh, NC 27607
✆ (919) 832-0543
www.aaacarolinas.com

AAA Winston-Salem
606 S. Stratford Rd.
Winston-Salem, NC 27103
✆ 336) 774-1200

AAA Office Fairfax
4100 Monument Corner Dr.
Fairfax, VA 22030
✆ (703) 222-4200

Einige Verkehrsregeln und Verhaltensweisen
unterscheiden sich von denen in Europa:
– Die **Höchstgeschwindigkeit** ist ausgeschildert: auf Interstate Highways 55 m.p.h. (Meilen pro Stunde oder 89 km/h) bzw. außerhalb
von Städten auf freien Strecken 65 m.p.h. (105
km/h); auf US und State Highways 55 m.p.h.,
in Ortschaften 25–30 m.p.h. (40–48 km/h).
– **Schulbusse** mit blinkender Warnanlage,
die Kinder ein- und aussteigen lassen, dürfen
nicht passiert werden. Das gilt auch für Fahr-
zeuge aus der Gegenrichtung!
– **Rechtsabbiegen an roten Ampeln** ist in allen US-Staaten außer in New York City erlaubt
– aber erst nach vollständigem Stopp und
Vergewisserung, dass kein Fußgänger oder
andere Wagen behindert werden.
– Außerhalb von Ortschaften muss man zum
Parken oder Anhalten mit dem Fahrzeug **voll-
ständig von der Straße runter**.
– Fußgänger, besonders Kinder, haben immer Vorfahrt!
– Die **Farben** an den Bordsteinkanten markie-
ren Parkregeln:

Reisedaten

Rot: Halteverbot
Gelb: Ladezone für Lieferwagen
Gelb und Schwarz: LKW-Ladezone
Blau: Parkplatz für Behinderte
Grün: 10 Minuten parken
Weiß: 5 Minuten parken während der Geschäftszeiten
Wenn keine Farbe aufgemalt ist, darf man ungestraft und unbegrenzt parken, aber nie an Bushaltestellen und vor Hydranten!

An **Tankstellen** zahlt man oft **im Voraus** (PAY FIRST) bzw. hinterlegt eine Kreditkarte. Die Preise variieren: gegen Barzahlung und/oder bei Selbstbedienung (SELF SERVE) gibt es mehr Sprit als auf Kreditkarte und/oder beim Tankwart (FULL SERVE).

Bei **Pannen** sollte man sich unbedingt als erstes mit seiner **Leihfirma** in Verbindung setzen, um die weiteren Schritte abzusprechen. An den Autobahntelefonen (*call box*) oder am nächsten Telefon wendet man sich bei Notfällen und Pannen an die örtliche Polizei oder – auf Autobahnen – an die *Highway Patrol*. Diese informiert dann Abschleppdienste, Notarzt usw.

Auch der AAA unterhält einen eigenen Pannendienst, den man als Mitglied des ADAC, ÖAMTC und anderer Clubs beanspruchen kann. In den USA fährt man tagsüber häufiger als hierzulande mit **Licht**. Als Faustregel gilt: bei laufenden Scheibenwischern Licht einschalten. In allen Staaten, durch die die Reise geht, herrscht **Gurtpflicht** für jeden im Auto.

Diplomatische Vertretungen in den USA

Deutsche Botschaft in den USA
4645 Reservoir Rd., N.W.
Washington, DC 20007
℡ (202) 298-4000, Fax (202) 298-4249, 333-2653
www.washington.diplo.de

Österreichische Botschaft
3524 International Court, N.W.
Washington DC 20008
℡ (202) 895-6700, Fax (202) 895-6750
www.austria.org

Schweizer Botschaft
2900 Cathedral Ave., N.W.
Washington, DC 20008
℡ (202) 745-7900, Fax (202) 387-2564
www.eda.admin.ch/washington

Feiertage/Feste

An den Feiertagswochenenden (besonders im Sommer) quellen die Atlantik-Strände über. Da viele US-Feiertage auf Montage fallen, entstehen lange Wochenenden und gewöhnlich touristische Staus. Das Superbowl Weekend im Januar z. B. ist stets besonders fest in amerikanischer Hand; dasselbe gilt für Festivals aller Art. – Banken, öffentliche Gebäude, Sehenswürdigkeiten und viele Museen sind feiertags geschlossen.

Offizielle Feiertage:

Neujahrstag (1. Januar)
Martin-Luther-King-Tag (3. Montag im Januar)
Presidents' Day (3. Montag im Februar)
Memorial Day (letzter Montag im Mai, Beginn der Reisesaison)
Unabhängigkeitstag (4. Juli)
Labor Day (1. Montag im September)
Columbus Day (2. Montag im Oktober)
Veterans Day (11. November)
Thanksgiving (4. Donnerstag im November)
Weihnachten (25. Dezember)
Richtig und öffentlich gefeiert wird davon eigentlich nur der 4. Juli. Termingerecht macht sich an diesem Tag der enorme Patriotismus der Amerikaner Luft.

Die wichtigsten lokalen Feiern und Veranstaltungen finden Sie in den einzelnen Tagesinformationen.

Hinweise für Behinderte

In den USA sind die Einrichtungen für Rollstuhlfahrer insgesamt erheblich besser als in Deutschland. Allgemein kann man sich darauf verlassen, dass alle öffentlichen Gebäude

(z. B. Rathäuser, Postämter) mit Rampen versehen sind. Das gilt auch für die meisten Supermärkte, Museen, Sehenswürdigkeiten und Vergnügungsparks.

Durchweg sind Bordsteine an den Fußgängerüberwegen abgeflacht. In vielen Hotels und Hotelketten (z. B. **Motel 6**) gibt es Rollstuhlzimmer. Die Firma **AVIS** vermietet Autos mit Handbedienung.

Kinder

Die Amerikaner sind durchweg kinderfreundlich. Kindermenüs, eigene Sitzkissen und Kindertische in den Restaurants, billige, wenn nicht gar kostenlose Unterbringung in Hotels und Motels sind selbstverständlich.

Besonders mit dem Camper macht den Kindern die Rundfahrt Spaß: Grillen oder auch kleine Wanderungen lassen Langeweile nicht aufkommen. Auch die Amerikaner reisen viel mit Kind(ern), so dass Kontaktmöglichkeiten nicht ausbleiben: Kinder mit Kindern und Eltern mit Eltern. Wenn man mit Kind(ern) reist, empfiehlt es sich, die Tagesplanung etwas lockerer zu gestalten.

Das zuständige Visitors Bureau und die Hotels in den Städten vermitteln Ihnen Babysitter.

Maße und Gewichte

Die Umstellung der USA auf das metrische System ist nicht in Sicht, also bleibt alles beim Alten: *inch* und *mile*, *gallon* und *pound*. Man

Temperaturen:

Fahrenheit (°F)	104	100	90	86	80	70	68	50	40	32
Celsius (°C)	40	37,8	32,2	30	26,7	21,1	20	10	4,4	0

Bekleidungsmaße:

Herrenkonfektion

Deutsch	46	48	50	52	54	56	58
Amerikanisch	36	38	40	42	44	46	48

Damenkonfektion

Deutsch	38	40	42	44	46	48
Amerikanisch	10	12	14	16	18	20

Kinderbekleidung

Deutsch	98	104	110	116	122
Amerikanisch	3	4	5	6	6X

Kragen/collars

Deutsch	35–36	37	38	39	40/41	42	43
Amerikanisch	14	$14\frac{1}{2}$	15	$15\frac{1}{2}$	16	$16\frac{1}{2}$	17

Strümpfe/stockings

Deutsch	35	36	37	38	39	40	41
Amerikanisch	8	$8\frac{1}{2}$	9	$9\frac{1}{2}$	10	$10\frac{1}{2}$	11

Schuhe/shoes

Deutsch	36	37	38	39	40	41	42	43	44	45	46	47
Amerikanisch	5	$5\frac{3}{4}$	$6\frac{1}{2}$	$7\frac{1}{4}$	8	$8\frac{3}{4}$	$9\frac{1}{2}$	$10\frac{1}{4}$	11	$11\frac{3}{4}$	$12\frac{1}{2}$	$13\frac{1}{4}$

Reisedaten

Längenmaße:	1 inch (in.)	= 2,54 cm
	1 foot (ft.)	= 30,48 cm
	1 yard (yd.)	= 0,9 m
	1 mile	= 1,6 km
Flächenmaße:	1 square foot	= 930 cm²
	1 acre	= 0,4 Hektar
		(= 4 047 m²)
	1 square mile	= 259 Hektar
		(= 2,59 km²)
Hohlmaße:	1 pint	= 0,57 l
	1 quart	= 0,95 l
	1 gallon	= 3,79 l
Gewichte:	1 ounce (oz.)	= 28,35 g
	1 pound (lb.)	= 453,6 g
	1 ton	= 907 kg

(Name)
c/o General Delivery
Main Post Office
Ort, Kürzel des Bundesstaates
USA

Das Telefonsystem hat mit dem Postwesen in den USA nichts zu tun, daher findet man in den Postämtern auch keine Telefonzellen. Telegramme können bei der **Western Union Telegraph Company** aufgegeben werden (auch telefonisch).

Restaurants/Verpflegung

Ob Boom oder Rezession, die Restaurantszene in den USA gleicht einem Taubenschlag mit ständigem Kommen und Gehen. Trotz aller Sorgfalt der Recherche für die aktuelle Ausgabe dieses Buches, wird deshalb um Nachsicht gebeten, wenn einzelne Restaurants oder Cafés verschwunden oder geschlossen sind bzw. den Besitzer oder Namen gewechselt haben. Das passiert besonders oft in großen Städten.

Die kulinarische Vielfalt der USA mit ihren ethnischen Küchen hat sich inzwischen auch bei solchen Europäern herumgesprochen, die immer noch glauben, Amerikaner verschlängen grundsätzlich nur Hamburger und Hot Dogs. Dennoch soll nicht verschwiegen werden, dass die durch zahlreiche Buffets geförderte Angewohnheit des *all you can eat* weder gesunder noch besonders schmackhafter Kost förderlich ist.

Dennoch: der Trend zu fleischlosem Essen verstärkt sich. Dass die feinen Adressen (*white table cloth restaurants*) mehr und mehr auf Obst- und Gemüsegerichte setzen, wundert dabei weniger als die Tatsache, dass selbst *fast food outlets* mitmachen: mit Salatbars, *veggie (vegetable) burgers, veggie sandwiches, veggie fajitas* ... Seit einiger Zeit hat auch die »American Heart Association« ihr Herz für gesündere Kost entdeckt: Auf vielen Speisekarten findet sich ein Herzchen als Logo für leichte und fettarme Gerichte.

Im Vergleich zu Europa essen die Amerikaner früh zu Abend; vor allem in kleineren

muss sich also wohl oder übel umstellen. Die beiden Tabellen sollen Ihnen dabei behilflich sein.

Öffentliche Verkehrsmittel

Taxi-Unternehmen in den Städten findet man auf den gelben Telefonbuchseiten bzw. beim Hotelportier. In New York, Philadelphia und Washington, DC kann man Taxis leicht durch Heranwinken an der Straße bekommen; woanders geht das meist nur per Telefon oder vor den Hoteleingängen. In Washington sind Taxis besonders preiswert, in Atlantic City dagegen ungewöhnlich teuer. Effiziente U- und Straßenbahnen verkehren in New York, Washington, DC, Philadelphia und Baltimore.

Post

Postämter gibt es sogar in den winzigsten Orten. Und je kleiner das Nest, um so kürzer sind die Wartezeiten – für den, der ein Päckchen aufgeben oder Briefmarken kaufen will. Die Beförderung einer Postkarte in die Heimat dauert oft länger als eine Woche.

Man kann sich postlagernde Sendungen nachschicken lassen, wie folgt adressiert:

Städten neigt sich nach 21 Uhr alles dem En-de zu.

Fürs Picknick oder auch für die Abend-Vesper im Hotelzimmer empfiehlt sich, gleich zu Beginn der Reise einen ausreichend geräumigen (ab 20 l) Cooler bzw. eine (billi-gere) Styropor-Eiskiste für den Kofferraum zu kaufen. Eis gibt's reichlich in Supermärkten, kleinen Märkten und Tankstellen. (Nebenef-fekt der Kühlbox: Hitzeschutz für Diafilme im wasserdichten Beutel.)

Außerdem sollte man wissen, dass man sich in amerikanischen Restaurants grundsätzlich alles, was man einmal bestellt hat, einpacken lassen kann – zum Mitnehmen. Amerikaner kennen in dieser Hinsicht keinerlei Hemmun-gen: »*Would you, please, wrap this for us?*«

Angesichts der vielen zusätzlichen Ausga-ben, mit denen man nicht rechnet (Parken, Maut, Eintritt, Trinkgeld etc.), tut es gut zu wissen, dass viele Bars und Lounges (auch in Hotels) meist zwischen 17 und 19 Uhr kosten-los Snacks *(freebies* oder *munchies)* zu den Drinks servieren.

Britisch-insulare Sitten bestimmen in vie-lerlei Hinsicht die Gepflogenheiten an der amerikanischen Ostküste: anders als im Sü-den oder Westen heißen viele »Bars« deshalb »Taverns«, und in vielen Hotels und B&Bs ze-lebriert man nachmittags den *high tea.*

Für Kleinigkeiten und Zwischenmahlzeiten sind amerikanische **Supermärkte** meist wah-re Fundgruben, weil sie Gemüse, Obst, Sand-wiches, Gebäck usw. frisch, lecker und preis-wert anbieten – und oft zu jeder Tages- und Nachtzeit. Auch die Shops der Tankstellen sind als Versorgungsstationen nicht zu verachten.

Die Restaurants in diesem Buch sind nach folgenden Preiskategorien für ein Abendes-sen (ohne Getränke) gestaffelt:

$ – bis 15 Dollar
$$ – 15 bis 25 Dollar
$$$ – über 25 Dollar

Nichtraucher-Zonen sind in den allermeisten Restaurants und Coffee Shops gang und gäbe. Da der Ausschank von alkoholischen Geträn-ken in einigen Südstaaten an Sonntagen ge-setzlich eingeschränkt, überhaupt verboten oder nur aufgrund von Sonderlizenzen erlaubt ist, haben **viele Restaurants sonntags ge-schlossen.** In North Carolina gibt es überhaupt keine *liquor stores;* Hochprozentiges gibt es statt dessen in staatlich kontrollierten »ABC sto-res« *(Alcohol and Beverage Control),* Bier und Wein dagegen in lizenzierten Geschäften (Su-permärkte und Lebensmittelläden).

Reisesicherheit

Zu beurteilen, wie sicher ein Ort ist, wenn es um Leib und Leben geht, fällt meistens schwer und um so schwerer, je weiter dieser vom ei-genen Lebenskreis entfernt liegt. Die interna-tionale Presse, wenn sie z. B. über Gewaltver-brechen in Miami berichtet, verdrängt oft die nicht weniger ängstigende Tatsache, dass vie-le Straßen in der eigenen Stadt ebensowenig vor bösen Überraschungen sicher sind. Kurz, trotz der deprimierenden Kriminalstatistik in vielen amerikanischen Großstädten gelten al-le hier ausgewiesenen Adressen im Grunde als sicher. Tagsüber auf jeden Fall, aber auch abends (in Washington auch die Metro). Man muss ja nicht unbedingt nach dem Abendes-sen oder Barbesuch spät noch einmal »um den Block« spazieren oder zum Hotel zu Fuß zurücklaufen. Nehmen Sie ein Taxi!

Rückflug

Die Erfahrung spricht dafür, sich den Rückflug tags zuvor telefonisch bestätigen zu lassen.

Telefonieren

An öffentlichen Telefonen herrscht in den USA kein Mangel. Sie sind nützlich bei Auskünften, Reservierungen etc. und ersparen Enttäu-schungen. Mit Abstand sind die **Calling cards** das beste Mittel der telefonischen Kommunika-tion. Sie bringen nicht nur Geschäfts-, sondern auch Privatreisenden in den USA eine Reihe von Vorteilen. Man kann mit ihnen praktisch von jeder Straßenecke aus den Rest der Welt erreichen. Man spart die erheblichen Aufschläge der Hotels auf die Gebühreneinheiten, die Handhabung ist denkbar simpel und man bekommt für alle geführten Gespräche einen schriftlichen Beleg mit Nummer, Zeit, Datum und Betrag. Vergleichen Sie die Konditionen der verschiedenen Telefongesellschaften!

Wer nicht schon seine eigene Telefonkarte mitbringt, kann in fast jedem Supermarkt in den USA eine solche **Prepaid phone card** mit unterschiedlichen Kapazitäten (für $ 5–20 erwerben. Über eine Servicenummer und den sogenannten **Authorization Code** (beide auf der Karte angegeben) wählt man sich ein und danach wie üblich: **country code, area code** (ohne die »0«) und die gewünschte Nummer. Gegenüber normalen Telefongesprächen kann man mit diesen Karten fürs gleiche Geld vier- bis sechsmal so lange telefonieren und ist vom Münzensammeln befreit.

Europäische Mobiltelefone/Handys, die in den USA übrigens **cell phone** oder **mobile phone** heißen, funktionieren in den USA wie gewohnt, wenn es sich um sogenannte Mehrband-Mobiltelefone handelt (siehe Bedienungsanleitung oder beim Provider direkt erfragen). Allerdings zahlt man bei Benutzung in den USA eine höhere Minutengebühr. Grundsätzlich kann man von einem Mobiltelefon aus auch Telefonkarten (s. o.) mit der kostenlosen Zugangsnummer benutzen.

Im Voraus sollte man sich bei seinem Provider erkundigen, ob man in den USA 1-800er Nummern kostenlos anwählen kann, denn dann hat man über die Kombination Telefonkarte mit eigenem Handy eine kostengünstige Möglichkeit, in den USA zu telefonieren.

In den USA gibt es auch Gesprächsarten, die in Europa nicht oder nicht mehr üblich sind – z.B. R-Gespräche, die der Angerufene bezahlt. Man wählt dafür 0-Vorwahl-Nummer und bittet den Operator um einen collect call.

Gespräche nach Europa kosten für 3 Minuten ca. $ 6–8: Man wählt 011, Landes-, Stadtvorwahl (ohne die erste Null) und Nummer. Man kann sich auch in der Telefonzelle zurückrufen lassen. Vom Hotel/Motel aus kann man innerhalb der USA und auch nach Europa telefonieren.

Bei »Direkt«-Gesprächen ins Ausland wird man auf deutsch vermittelt und der Empfänger bezahlt die Gebühr:

Deutschland Direkt ✆ 1-800-292-0049 und Nummer
Austria Direkt ✆ 1-800-624-0043 und Nummer
Schweiz Direkt ✆ 1-800-305-0041 und Nummer.

Trinkgeld

Man gibt, man gibt: bei den *bellboys*, den Kofferträgern, je nach Hotelklasse etwa $ 1 pro großem Gepäckstück, Taxifahrern und Friseuren etwa 15–20 % vom Rechnungsbetrag, in den Bars etwa 50 cents je Drink und dem Zimmermädchen bei mehrtägigem Aufenthalt $ 3–4 pro Nacht.

Restaurants sind ein Kapitel für sich. Hier lässt man mindestens 15 % des Rechnungsbetrages als *tip* auf dem Tisch liegen. Das ist nicht viel, denn die Bedienung lebt im wesentlichen davon und nicht vom Gehalt.

Unterkunft

Wer nicht bereits von Europa aus reserviert hat, wird vor Ort an der Hotel-Rezeption mit dem denkbar höchsten offiziellen Übernachtungspreis *(rack rate)* konfrontiert, der aber oft verhandlungsfähig *(negotiable)* ist. Fragen Sie also bei jeder Gelegenheit: *What is your best package?* Oder: *What is your best rate available?* Nichtraucher sollten einen *non smoking room* verlangen; die meisten Hotels bieten ihn ohne Aufpreis an.

Zeitzone

Das Reisegebiet liegt in der *Eastern Time Zone*, der Zeitunterschied zu Mitteleuropa beträgt 6 Stunden.

Zwischen Ende April und November wird die Uhr ähnlich wie in Europa um eine Stunde auf Sommerzeit *(daylight saving time*, DST) vorgestellt. ☀

Textnachweis

Das Kapitel »Chronik – Abriss der Geschichte der Mittleren Atlantikstaaten«, stammt von Siegfried Birle.
Siegfried Birle, Dr. rer. nat., geboren in Berlin. Studium der Amerikanistik/Anglistik und Geographie in Berlin und Paris. Wissenschaftlicher Assistent am John-F.-Kennedy-Institut für Nordamerikastudien der Freien Universität Berlin. Dissertation über Bewässerungswirtschaft im Südwesten der USA. Langjährige Tätigkeit als Redakteur in Schulbuchverlagen. Seit 1988 freier Redakteur, Übersetzer und Autor.

Den Text zur 1. Route, »Stadt auf der Überholspur: New York«, hat Hannah Glaser verfasst.
Hannah Glaser arbeitet und lebt als freie Journalistin nahe Frankfurt.

Namenregister

Herrnhuter vgl. Mährische Brüder
Hirshhorn, Joseph 134
Hoban, James 111, 132
Hopkins, Johns 99
Hudson, Henry 22
Hunt, Richard Morris 260
Hus, Jan 241

Jackson, Andrew 33
Jackson, Thomas Jonathan
Stonewall 149, 266, 267
James I., König von England 22 f.
James, Henry 96, 249
Jefferson, Thomas 9 f., 23, 29, 30,
68, 69, 77, 109, 125, 132, 142 f.,
162 ff., 165, 168, 169, 170, 182,
191, 265, 266, 272, 277
Johnson, Andrew, Präsident 256
Johnson, Lyndon Baines 113
Johnson, Philip 137

Kearsly, John 75
Kechemeche-Indianer 206
Kennedy, Edward 111
Kennedy, Jacqueline 133
Kennedy, John F. 10, 129, 133,
169
Kennedy, Robert 129, 133
Kidd, Captain 204
King, jr., Dr. Martin Luther 38, 121
Kissinger, Henry 129

L'Enfant, Pierre-Charles 30 f.,
109 f., 124
Lafayette, Marie Joseph de Motier,
Marquis de 119, 145
Landis, George 84
Landis, Henry 84
Latrobe, Benjamin H. 119, 124,
132
Le Moyne, Jacques 20
Lee, Familie 141
Lee, Robert E. 9, 34, 144, 149,
182, 266, 269, 273, 276
Lee, W. Duncan 191
Lenni-Lenapes-Indianer 206
Lewis, Lawrence 145
Lincoln, Abraham, Präsident 34,
110, 136, 206
Linville, William 247

Madison, James, Präsident 23
Mann, Thomas 59
Marshall, George C. 266
Mary, Königin von England 23
Mason, Charles 27
Mason, Familie 141
Mason, George 143, 145
Meigs, Montgomery C. 136
Mellon, Andrew W. 134
Mencken, Henry 99
Mennoniten 7, 25, **80 ff.**
Michener, James A. 80
Miller, Henry 149 f.

Mills, Robert 36, 67, 96, 132
Mittelberger, Gottlieb 72
Monroe, James, Präsident 169,
170, 179
Moon, William Last Heat 187 f.
Moore, Henry 59
Moravians vgl. Mährische Brüder
Myers, Elijah E. 173

Nicholson, Francis 23
Nixon, Richard, Präsident 127
North, Oliver 119
Northcott, T.C. 152

O'Hara, Charles 278
Oldenburg, Claes 67
Old Order Amish vgl. Amische
Olmsted, Frederick Law 124, 254

Paca, William 113
Palladio, Andrea 142
Parris, Alexander 170, 178
Pastorius, Franz Daniel 61, 72
Peabody, George 97, 99
Peale, Charles Willson 98
Peale, Raffael 98
Peale, Rembrandt 98, 103
Pei, Ieoh Ming 102, 122
Penn, William 23, 24 f.
Pennsylvania Dutch 24 f., 60 f.,
80, 204, 213
Pierce, Franklin, Präsident 206
Poe, Edgar Allan 33, 99, 162,
169, 176
Polk, James K., Präsident 240
Pocahontas 185
Pope, John Russell 133
Powhatan 185
Pratt, Enoch 99

Quäker 23, 24, 69, 75, 80

Raleigh, Sir Walter 14, 20 f., 220,
234
Rauch, John 74
Reagan, Ronald, Präsident 39,
119
Renwick, James 121
Reynolds, Richard Joshua 240 f.,
245
Rittenhouse, David 86
Robinson, Bill »Bojangles« 167,
177
Rockefeller, John D. 182, 186
Rockwell, Norman 58
Roebling, Johann August 35
Rolfe, John 22, 255
Roosevelt, Franklin D., Präsident
121, 136, 157, 182, 191
Rosenfeld, Sandor Friedrich (Roda
Roda) 142
Rouse, James 38
Ruffin, Edmund 191

Schmoke, Kurt 95
Shawnee-Indianer 150
Sherman, William Tecumseh 127,
134
Simons, Menno 80
Sinclair, Upton 99
Smith, John 19, 21, 185
Smithson, James 33, 121
Spangenberg, August Gottlieb 86,
241
Stein, Gertrude 100
Steuben, Friedrich Wilhelm von
119
Strickland, William 69, 77
Stuyvesant, Peter 23
Sutter, Johann August 89

Taft, William Howard 113
Taylor, Elizabeth 129
Teach, Edward (Blackbeard) 224
Thornton, William 124, 130, 145
Tiffany, Louis Comfort 277
Trump, Donald 49
Tryon, William 233
Tuscarora-Indianer 25, 233
Tyler, John 170, 179, 182, 192

Valentine, Edward Virginius 175,
177, 266
Vanderbilt, Cornelius 260
Vanderbilt, George Washington
248, 253 f., 260
Vaux, Calvert 44
Venturi, Robert 74
Verrazano, Giovanni da 20, 218

Walker, Maggie Lena 167
Walters, Henry 99
Wanamaker, John 207
Washington, Charles 148
Washington, George, Präsident
23, 28 ff., 60, 69, 77, 96, 109,
124, 141 ff., 144, 145, 147 f.,
165, 183, 191, 266, 269
Weanock-Indianer 22
Wickham, John 178
Wilder, Thornton 256
William III., König von England 23
Wilson, Woodrow, Präsident 159,
169
Wolfe, Thomas 240, 260
Wright, Frank Lloyd 145
Wright, Orville 36 f., 221
Wright, Wilbur 221

Zappa, Frank 99
Zinzendorf, Graf Nikolaus Ludwig
von 86, 241
Zwingli, Ulrich 80

SUNNY SIDE UP

AMERICA Journal. Informationen über Reisen, Land und Leute.
Alle 2 Monate neu. Im Zeitschriftenhandel oder unter www.americajournal.de

VISTA POINT: DIE EN

West-Kanada
Alberta · British Columbia

ALASKA
UND
KANADAS YUKON

NORDWESTEN USA

Rocky Mountains

Kalifornien &
Südwesten

SÜDWESTEN USA

TEXAS

Map labels

Denali National Park and Preserve
McKinley Park
Cantwell
Fairbanks
Fort McPherson
Inuvik
ALASKA
Anchorage
Palmer
Eagle
Dawson City
Tsiigehtchic
Homer
Seward
Valdez
Kennicott
Keno
YUKON
Kluane Nat. Park
Haines Junction
Whitehorse
Teslin
Glacier Bay Nat. Park
Haines
Atlin
Watson Lake
Juneau
Sitka
DISTRICT OF MACKENZIE
NORTHWEST TERRITORIES
Great Bear Lake
Yellowknife
Great Slave Lake
Petersburg
Wrangell
Eddontenajon
Ketchikan
Stewart
BRITISH COLUMBIA
Prince Rupert
Hazelton
Smithers
Lake Athabasca
Bella Coola
Prince George
Dawson Creek
ALBERTA
SASKATCHEWAN
Port Hardy
Williams Lake
Jasper Nat. Park
Jasper
Edmonton
Cache Creek
Clearwater
Tofino
Kamloops
Revelstoke
Lake Louise
Banff Nat. Park
Banff
Golden
Calgary
Vancouver
Hope
Princeton
Victoria
Olympic Nat. Park
Nelson
Cranbrook
Lethbridge
Regina
Seattle
North Cascades Nat. Park
Mount Rainier Nat. Park
Glacier Nat. Park
Nat. Bison Range
WASHINGTON
Astoria
Portland
Spokane
Great Falls
Florence
Eugene
Hells Canyon
MONTANA
Billings
NORTH DAKOTA
Bismarck
OREGON
IDAHO
Stanley
Yellowstone Nat. Park
Cody
Devils Tower Nat. Mon.
Rapid City
SOUTH DAKOTA
Eureka
Mount Shasta
Craters of the Moon
Grand Teton Nat. Park
Mount Rushmore
Badlands Nat. Park
CALIFORNIA
NEVADA
WYOMING
NEBRASKA
San Francisco
Sacramento
Great Salt Lake
Salt Lake City
Dinosaur Nat. Mon.
Cheyenne
Scotts Bluff Nat. Mon.
Oakland
Santa Cruz
Monterey
Mono Lake
UTAH
Rocky Mountain Nat. Park
Denver
COLORADO
San Luis Obispo
Death Valley
Black Canyon N. P.
Colorado Springs
KANSAS
Santa Barbara
Las Vegas
Grand Canyon National Park
Navajo Nat. Mon.
Monument Valley
Durango
Great Sand Dunes Nat. Park
Kingman
Grand Canyon Village
Kayenta
Canyon de Chelly Nat. Mon.
Los Angeles
Joshua Tree Nat. Park
Williams
Gallup
Santa Fe
Palm Springs
Amarillo
Oklahoma
San Diego
ARIZONA
Albuquerque
Tijuana
Phoenix/Scottsdale
NEW MEXICO
OKLAHOMA
Ensenada
Tucson
Las Cruces
White Sands Nat. Mon.
Carlsbad
Fort Worth
Nogales
El Paso
Carlsbad Caverns Nat. Park
Ciudad Juárez
White's City
TEXAS
Guadalupe Mts. Nat. Park
Austin
Big Bend Nat. Park
Del Rio
Chihuahua
Study Butte
Ciudad Acuña
Laredo
Torreón
Monterrey
Saltillo

DECKUNG AMERIKAS

Asheville Convention & Visitors Bureau, North Carolina: S. 253, 260
Fridmar Damm, Köln: Titelbild (Mitte), S. 11, 12/13, 43, 46 r., 48, 88, 110, 142, 161, 163, 167, 186 l., 187
Dare County Tourist Bureau, Manteo, North Carolina: S. 226
Peter Ginter, Köln: Titelbild (oben), vordere Umschlagklappe (außen), Haupttitel (S. 2/3), S. 7, 44, 49, 50, 58 o., 59, 60, 61, 62, 71, 72, 73, 81, 82, 83, 84 o., 87, 89, 93, 94, 96, 98, 99, 100, 101, 106, 120, 121, 122, 123, 124, 125, 126, 128/129, 130, 131, 148, 149, 150, 151, 156, 159, 164, 165, 166, 168, 171, 173, 174, 175, 177, 188, 189, 199, 205, 229, 230, 233, 235, 239, 241, 243, 247, 248, 249 o., u., 251, 254, 255, 256, 256/257, 258, 259, 263, 267, 273, 274/275, 277, 278, hintere Umschlagklappe
Hannah Glaser, Frankfurt: S. 45, 46 l., 54
Christian Heeb/LOOK, München: S. 97 l., 107, 108, 109, 211
The Corporation for Jefferson's Poplar Forest, Forest, Virginia: S. 272
Lexington Downtown Development Association, Lexington, Virginia: S. 265
Luray Caverns, Public Relations Department, Luray, Virginia: S. 152, 152/153
North Carolina Travel & Tourism Division, Raleigh, North Carolina: Titelbild (unten), S. 15, 218
Horst Schmidt-Brümmer, Köln: Schmutztitel-Dia (S. 1), S. 58 u., 69, 80, 84 u., 85, 101, 111, 113, 141, 143, 154, 155, 170, 176, 181, 182, 183, 184, 185, 186 r., 191, 197, 198, 204, 210, 211, 220, 224, 225 o., u., 227, 231, 232
Carl Smith, Atlanta, Georgia: S. 10
Carina Sieler, Köln: S. 223
Alle anderen Aufnahmen stammen aus dem Archiv des Autors.

Umschlagvorderseite: Blick vom Skyline Drive ins Shenandoah Valley (oben). Foto: Peter Ginter, Köln; Das Kapitol in Washington, DC (Mitte). Foto: Fridmar Damm, Köln; Strandidylle an den Outer Banks (unten). Foto: North Carolina Travel & Tourism Division, Raleigh, NC
Vordere Umschlagklappe (innen): Übersichtskarte Ostküste USA mit den eingezeichneten Reiserouten
Haupttitel (S. 2/3): Old Order Amish im Pennsylvania Dutch Country. Foto: Peter Ginter, Köln

© Vista Point Verlag, Köln
5., aktualisierte Auflage 2009
Alle Rechte vorbehalten
Verlegerische Leitung und Reihenkonzeption: Horst Schmidt-Brümmer, Andreas Schulz
Lektorat: Kristina Linke
Layout und Herstellung: Sandra Penno-Vesper, Kerstin Hülsebusch-Pfau
Reproduktionen: HRP Reprotechnik, Essen; Litho Köcher, Köln
Karten: Berndtson & Berndtson Productions GmbH, Fürstenfeldbruck
Gedruckt auf chlorfrei gebleichtem Papier

ISBN 978-3-86871-104-2

VISTA POINT VERLAG
Händelstr. 25–29 · 50674 Köln · Postfach 27 05 72 · 50511 Köln
Telefon: 02 21/92 16 13-0 · Fax: 02 21/92 16 13 14
www.vistapoint.de · info@vistapoint.de

Über dieses Buch:

Die amerikanische Ostküste zwischen New York und North Carolina erscheint auf der Landkarte als kleiner Fleck und ist doch ein weites Feld.

Schwer zu sagen, wo deren schönste Ecken liegen. An der geschichtsträchtigen Mündung des James River, in den Dünen der endlosen Atlantikstrände oder in den »Blauen Bergen« des Appalachengebirges? Bei den Gedenkstätten des Revolutions- und Bürgerkriegs? Bei den großen Städten New York, Philadelphia, Baltimore und Washington? In deren einmaligem Angebot hochkarätiger Museen und Sammlungen, die mit Kunst und Industriegeschichte ebenso gespickt sind wie mit nautischem Gerät? Auf den prächtigen Plantagen, den architektonischen Schmuckstücken von Thomas Jefferson oder in den beneidenswert großzügigen Campusanlagen vieler Universitäten? Bei den Böhmischen Brüdern, den Amischen, Mennoniten und Quäkern, die die Mittleren Atlantikstaaten zur konfessionell vielfältigsten Region der USA machen? Oder bei jenem offenen, einfachen und weitgehend unbekannten Amerika, wie es sich vor allem in Teilen von Virginia, auf den »Outer Banks« in North Carolina und im Ostzipfel von Tennessee zeigt?

Entsprechend abwechslungsreich verläuft die vorgeschlagene Route: Ein »roter Faden«, der wie eine verwegene Achterbahn die Kurven nimmt und den Rhythmus des Reisens bestimmt – zwischen Stadt und Land, staubiger Historie und frischem Seewind, *highlands and islands.*

Über den Autor:

Horst Schmidt-Brümmer, Dr. phil., geboren in Köln, Germanist und Anglist, arbeitete als Dozent für deutsche Literatur an der Universität von Kalifornien in Los Angeles und ist heute Verleger und Reisejournalist. Neben Veröffentlichungen über Themen der amerikanischen Alltagskultur recherchierte und publizierte er zahlreiche Bildbände und Reiseführer durch Regionen der USA – u.a. über Kalifornien und den Südwesten, Texas, die Mittleren Atlantikstaaten, die Route 66 und die Südstaaten.

Zeichenerklärung

In diesem Buch werden folgende Symbole und Abkürzungen verwendet:

ℹ️	Information	🍴	Restaurant
🛏️	Hotel	☕	Café, Bistro, Snackbar
🚐	Camping	🍸	Bar, Nachtklub
👁️	Sehenswürdigkeit	🎵	Disco, Live-Musik
🏛️	Museum, Kunstgalerie	🎷	Jazzclub, -festival
🐟	Aquarium	🎭	Theater, Festival
👪	Für Familien mit Kindern geeignet	🚌	Bus-, Metroverbindungen
🎣	Hits für Kids	🚢	Schiffsfahrt, Personenfähre
🏃	Sport und Erholung, Wandern	🚗	Autofähre
🌳	Park, Naturschutzgebiet	🚤	Bootstour, -verleih
🌸	(botanischer) Garten	🚄	Zugverbindung, Bahnhof
🏊	Swimmingpool	🚕	Mietwagen, Taxi
🏖️	Strand, Strandnähe	✈️	Flugverbindung, Flughafen
🎁	Einkaufen		

Hotels: Die Preiskategorien für eine Übernachtung (im Doppelzimmer) werden durch $-Zeichen unterschieden:

$	–	bis 70 Dollar
$$	–	70 bis 110 Dollar
$$$	–	110 bis 180 Dollar
$$$$	–	über 180 Dollar

Restaurants: Die Preiskategorien für ein Abendessen (ohne Getränke) sind wie folgt gestaffelt:

$	–	bis 15 Dollar
$$	–	15 bis 25 Dollar
$$$	–	über 25 Dollar

Verwendete Abkürzungen:

St.	– Street	Hwy.	– Highway	W.	– West		
Rd.	– Road	Pkwy.	– Parkway	N.E.	– Northeast		
Ave.	– Avenue	Fwy.	– Freeway	N.W.	– Northwest		
Blvd.	– Boulevard	Cswy.	– Causeway	S.E.	– Southeast		
Pl.	– Place	N.	– North	S.W.	– Southwest		
Sq.	– Square	E.	– East				
Rt.	– Route	S.	– South				

VISTA POINT REISEPLANER erschließen attraktive Urlaubsziele durch eigens erprobte Routen, die die kostbare Ferienzeit optimal nutzen. Das Konzept, Reisegebiete in wohl dosierte Tagesabläufe umzusetzen, ist von erfahrenen Kennern der Region erarbeitet worden und ermöglicht eine optimale Urlaubsgestaltung.

Der rote Faden: Zwei Wochen durch die Capital Region und eine Extraroute für North Carolina

ISBN 978-3-86871-104-2

9 783868 711042